CIVIL
LITIGATION
CASES AND
LEGAL PROVISIONS
TUTORIAL

民事诉讼法
案例与法条教程

丁兆增　林艺容 ◎ 编著

中国财经出版传媒集团

经济科学出版社
Economic Science Press

·北　京·

图书在版编目（CIP）数据

民事诉讼法案例与法条教程／丁兆增，林艺容编著
. -- 北京：经济科学出版社，2024.4
ISBN 978 - 7 - 5218 - 5732 - 0

Ⅰ.①民… Ⅱ.①丁… ②林… Ⅲ.①民事诉讼法 -
案例 - 中国 - 教材 Ⅳ.①D925.105

中国国家版本馆CIP数据核字(2024)第061091号

责任编辑：卢玥丞
责任校对：靳玉环
责任印制：范　艳

民事诉讼法案例与法条教程
丁兆增　林艺容　编著
经济科学出版社出版、发行　新华书店经销
社址：北京市海淀区阜成路甲 28 号　邮编：100142
总编部电话：010 - 88191217　发行部电话：010 - 88191522
网址：www. esp. com. cn
电子邮箱：esp@ esp. com. cn
天猫网店：经济科学出版社旗舰店
网址：http: //jjkxcbs. tmall. com
北京季蜂印刷有限公司印装
787 ×1092　16 开　22.75 印张　300000 字
2024 年 4 月第 1 版　2024 年 4 月第 1 次印刷
ISBN 978 - 7 - 5218 - 5732 - 0　定价：75.00 元

　　民事诉讼法在我国法律体系中始终居于重要地位，也是历来高校法律教学和法律职业资格考试的重点和难点。为培养教育学习者对法律条文的理解能力、分析法律问题的具体能力和解决法律适用问题的应用能力，本书编著者在梳理现有案例教材、法律职业资格考试辅导资料基础上，汲取各方面意见和建议，以新颖的体例方式，对民事诉讼法相关重点知识进行深入浅出解读，以期对高校学生、法律职业资格考试人员、社会法律工作者具有一定的参考和启发价值。

　　本书作者福建师范大学法学院、纪检监察学院诉讼法专业硕士生导师丁兆增副教授与林艺容讲师负责全书的统筹与编撰。本书各篇章力争将理论与实务相结合，各专题讲解严格按照经典案例、编著者评析、知识梳理、真题自测、案例探讨的体例方式编排。全书有以下三个特点：一是编排新颖，力求科学，使读者易于学习和理解；二是知行合一，通过对典型案例的深入解读和评析，提高读者应用法律解决问题的能力；三是注重实用，广泛梳理历年法律职业资格真题和重点测试知识点，给读者以充分的启发思考。

　　由于水平所限，不足和疏漏在所难免，真诚期待读者朋友的批评指正。

本书编著者

二〇二四年五月

CONTENTS

目 录

Chapter 1

C 第一章
民事诉讼与民事诉讼法

经典案例

胡某诉某传媒公司劳动争议纠纷案
——网络主播签订艺人经纪合同是否成立劳动关系

【案情】胡某与某传媒公司于 2021 年 5 月 5 日签订《艺人演艺经纪合同》约定双方权利义务。合同包含经纪关系、管理关系、代理关系、直播收入分配等内容，并明确双方并非劳动关系。其中约定直播收入由胡某获得 70%，由某传媒公司获得 30%。胡某根据合同在第三方直播平台上从事演艺主播活动，与粉丝聊天互动，靠粉丝打赏收取提成，公司对胡某进行一定的管理和约束，但对直播时间和直播地点并无明显限制。胡某诉至人民法院请求确认劳动关系。

法院经审理认为，首先，胡某系完全民事行为能力人，与公司签订的《艺人演艺经纪合同》，期间未提异议，应遵守合同约定。其次，从管理方式上看，胡某在直播平台从事网络直播活动，对于直播地点、直播时间段并无明显限制，直播内容是基于胡某的专业技能，双方对直播天数及直播时长的明确约定是双方基于《艺人演艺经纪合同》项下的合作关系应当履行的合同义务，对于人身依附性的要求较低。再次，从收益分配上看，胡某的收入与直播中获得粉丝打赏有直接关联，某传媒公司无权决定和控制胡某的主要收入来源。最后，从工作内容上看，胡某是在第三方平台从事的网络直播活动，直播数据也是通过第三方平台获得，第三方平台的运营与某传媒公司无关，且某传媒公司无法控制第三方平台的具体工作。综上所述，胡某与某传媒公司之间不符合劳动关系的法律特征，对胡某的诉请不予支持。

评析：近几年，互联网的高速发展催生着网红经济的繁荣，网络直播成为新兴产业。"网红""直播""流量""带货"等新鲜词汇逐渐变得耳熟能详，网络直播也在一定程度上影响着商品流通模式及大众生活方式。与此同时，伴随而来的是网络直播合同纠纷的层出不穷。

网络主播是否认定建立劳动关系，可以综合考虑以下两点：（1）从直播的时间、空间、直播内容是否受限来判定是否存在隶属关系。（2）从收益分配约定中判定是否存在合作盈利模式。本案中，主播与传媒公司签订的经纪合同属于综合性合同，与劳动合同有较大区别。胡某网络主播的工作内容为网络直播表演，直播的时间、空间并未受限，不接受公司的管理约束；收入来源是第三方平台的粉丝打赏，属于合作盈利模式。双方在人身、经济方面均不具有从属性，不符合劳动关系的特征，故双方不属于劳动关系。因其可能包含了居间、委托、代理、服务等多重属性，属于有鲜明演艺行业特性的特殊商事合同。

演艺经纪合同的社会关注度较高，本案为新业态下网络主播法律关系的认定提供典型指导意义，裁判时应立足于弘扬社会主义核心价值观，为维护契约精神、引导直播行业的健康发展、优化营商环境、营造清朗的网络空间起到积极促进作用，促进互联网经济的健康有序发展。

> **知识梳理**
>
> 1. 民事纠纷与民事诉讼的关系
> 2. 民事诉讼法与相邻部门法的关系
> 3. 民事诉讼法的效力

一、民事纠纷与民事诉讼的关系

民事纠纷，又称民事争议，是指平等主体之间发生的以民事权利义务为主要内容的社会纠纷。

民事诉讼，是指法院在双方当事人和其他诉讼参与人的参加下，在审理和执行民事案件的过程中所进行的各种诉讼活动以及由这些诉讼活动所产生的各种民事诉讼法律关系的总和。其实质就是利用国家审判权解决平等主体之间人身、财产权利义务纠纷。

【例】某日，甲路过乙家楼下，被乙家阳台上坠落的花盆砸伤，经鉴定，甲头部脑震荡，需住院治疗。甲要求乙支付医疗费用，乙拒绝支付。甲遂向某法院起诉，要求乙支付医疗费、护理费等费用及赔偿其他经济损失。法院通知乙应诉。开庭审理时，证人出庭向法庭陈述了有关甲被乙坠落的花盆砸伤的事实经过，鉴定人宣读了甲身体伤害程度的鉴定意见。法院根据庭审查明的事实，依法作出判决。乙不服一审判决，上诉至二审法院。二审法院开庭审理后，作出了终审判决，维持原判。乙不服，拒不履行法院的生效判决。甲向法院申请强制执行，法院依法对乙的财产采取强制执行措施，最终维护了甲的合法权益。

分析： 本案中，甲、乙之间因侵权发生纠纷，可以通过多种手段解决。

1. 自力救济

当事人自决，即双方当事人平等协商自行解决民事权益争议。根据法律规定，当事人对争议的事项有较充分的处分权能，是否行使处分权能，何时行使处分权能以及以何种方式行使概由当事人自行决定。

2. 社会救济

（1）通过民间调解组织对双方当事人疏导教育调解解决。依照规定，人民调解委员会是在基层人民政府和基层人民法院的指导下，调解民间纠纷的群众性组织。调解组织在调解民事纠纷时遵循合理、合法、平等、自由和尊重当事人权利的原则。统计资料表明，人民调解有利于增强群众的团结，减轻群众的讼累，是防止矛盾激化，预防和减少犯罪维护社会稳定的有效手段。

（2）由仲裁机关仲裁解决。所谓仲裁是指在仲裁庭的主持下，在民事冲突双方当事人的参与下，依法对民事冲突居中审理并制作一定法律文书平息冲突的方法。仲裁属民间性质。仲裁的最大特点是快速、简便、灵活。仲裁的基础是民事冲突的可处理性和当事人的合意。依仲裁规定，提交仲裁必须以双方当事人合意为前提，在通常情况下，仲裁庭成员也由当事人选任。

3. 公力救济

公力救济，即民事诉讼，诉诸国家审判机关由人民法院通过诉讼的形式，解决民事权益矛盾和冲突。其中，民事诉讼手段是解决民事权益纷争的通用手段，也是重要手段，属于公力救济的范畴。该手段是国家运用国家强制力，依照法定程序和法律规定来解决民事纠纷，具有威慑力，所做的裁判具有最终确定纠纷当事人双方权利和义务的效力。民事诉讼是国家处理民事冲突的最有效的也是最后的手段。因此，国家往往要对诉讼的主体、程序、制度等作出严格的规定。

本案甲和乙无法自行解决，故诉至法院，请求公力救济。甲的起诉引起民事诉讼的开始，法院受理，乙应诉，证人出庭作证，鉴定人提供鉴定意见，法院主导民事诉讼的进行，即各个主体的诉讼活动及由此发生的诉讼关系的总和构成整个民事诉讼。在诉讼中，人民法院、当事人甲和乙以及其他诉讼参与人、证人、鉴定人等进行诉讼活动依据的都是民事诉讼法，其活动及由此发生的诉讼关系都受民事诉讼法调整和规范。

二、民事诉讼法与相邻部门法的关系

（一）民事诉讼法与民事实体法的关系

【例】2019 年 1 月 21 日至 2019 年 2 月 13 日期间，15 岁的小甲陆续三次到乙所开的"复刻刺青"文身店进行大面积文身。其中，第一次文身系小甲为了覆盖其身上原有的文身，第二、第三次文身的图案有手臂上的花、树叶、手枪，支付费用1135 元。小甲父母发现其文身后，为避免对小甲办理入学造成影响，于 2019 年7 月 3 日带小甲到某美容医院签订协议并进行文身清洗，共花费 18000 元。双方就赔偿事宜协商未果，故诉至法院。法院经审理判决乙退还小甲文身费用 1135 元，并判决乙赔偿小甲的文身清洗费用 12600 元。

分析：文身属于在人体皮肤进行侵入、改造的行为，具有难复原、易被标签化等特质，尤其是未成年人，进行文身可能对其日后入学、就业、参军等带来诸多不利影响。根据《中华人民共和国民法典》第 19 条以及《中华人民共和国未成年人保护法》第 4 条的规定，应当给予未成年人特殊、优先保护，对于涉及未成年的文身活动应依法加以限制。乙作为专门从事文身的经营者，明知文身直接构成对身体的侵入、改造，在未确认小甲系成年人，或小甲虽系未成年人但已取得其法定代理人同意的情况下，即对小甲进行文身，存在重大过错，应承担侵权责任。综上，一方面，家长要加强对未成年人的监护管理，引导其合理看待文身；另一方面，文身从业者应提高社会责任感，坚守道德底线，维护未成年人的合法权益。

一个国家的法律，除宪法之外，其他的法律从其总体的构成来观察，就是由实体法和程序法两大部分组成。所谓实体法，就是规定法律关系主体（自然人、法人等）的权利、职能、责任和义务，用通俗的语言表述，它规定着有关法律关系主体的作为和不作为法律的规范，如民法典、经济法、行政法、刑法等。所谓程序法，是相对于实体法而言的，它规定法律关系主体为实施其权利、职能、责任和义务的制度、程序，用通俗的语言表述，也可以称为实施实体法的手续法，如民事诉讼法、刑事诉讼法、行政诉讼法、仲裁法等。实体法和程序法是构成法律规范不可缺少的组成部分，两者既是相互依存又是相互对立的关系。

上述案例法院所作出的判决，是原告实体请求得以实现的标志，是根据实体法律规定所作出的。但是，原告的实体请求并不是一提出就可以实现，而是经过了一系列诉讼程序才能实现。比如原告起诉，法院受理，才使判决有了可能；又如法院受理了，传唤被告应诉，如果被告无正当理由拒不到庭，根据法律规定，法院应当按期开庭或者继续开庭审理，对到庭的当事人诉讼请求、双方的诉辩理由以及已经提交的证据及其他诉讼材料进行审理后，可以依法缺席判决。

综上，民事诉讼法与民事实体法的关系可以概括为以下两点。

1. 相互独立

其表现为：两者属于不同的法律部门，调整不同的法律关系，调整对象不同。民事诉讼法调整的是诉讼主体之间的民事诉讼活动和诉讼中产生的民事诉讼法律关系。民事实体法调整的是平等主体之间的人身关系和财产关系。

2. 相互依存

其表现为：民事实体法所规定的实体权利、义务无法自力救济时，就只能通过民事诉讼法所规定的诉讼程序寻求保护。因此，可以说，如果没有民事诉讼法规定的诉讼程序的保护，民事实体法就没有国家的强制力作后盾，它所确定的实体权利义务就难以实现。在民事诉讼中，法院依据诉讼法进行立案、审理、裁判和执行，但其解决纠纷，判明是非的标准是民事实体法。

总之，民事诉讼法和民事实体法是形式与内容、手段与目的、保障与被保障的关系，两者相辅相成，缺一不可。

（二）民事诉讼法与其他诉讼法的关系

1. 民事诉讼法与刑事诉讼法的关系

【例】2020 年 5 月，甲与乙为借款合同纠纷一案，南阳市中级人民法院审理后作出民事终审判决，判令被告乙于判决生效后 20 日内偿还原告甲借款本金 309 万元。判决生效后，因乙未主动履行，原告甲于 2020 年 6 月向法院申请强制执行。在执行过程中，法院依法拍卖了被执行人乙名下的一处房产，并将 160 万元执行款支付申请人甲。

在执行过程中查明，被执行人乙名下中国建设银行卡、中信银行卡、唐河县农村信用社银行卡账户均有流水，总金额达 130 万元。唐河县法院随即将掌握的线索移交至唐河县公安局，县公安局受理立案后查实：被执行人乙为隐藏、转移财产，于 2022 年 3 月将其名下的 50000 元存入其父亲农村信用社账户内，2022 年 1 月至 6 月多次将总计 82398 元存入其弟中国建设银行账户内。县公安局果断将乙转移的 132398 元财产冻结。2022 年 7 月，因涉嫌拒不执行判决、裁定罪，乙被唐河县公安局刑事拘留，后被唐河县人民检察院批准逮捕。

2022 年 8 月，唐河县人民检察院指控被告人乙犯拒不执行判决、裁定罪，向唐河县人民法院提起公诉。2022 年 10 月，唐河县法院对该案进行公开开庭审理。法院审理认为：被告人乙转移、隐匿财产，拒不执行法院判决，情节严重，其行为已构成拒不执行判决、裁定罪，唐河县人民检察院指控被告人乙罪名成立。依法判决：被告人乙犯拒不执行判决、裁定罪，判处有期徒刑 8 个月；公安机关在本案侦查阶段冻结乙存于其父和其弟名下银行账户内的 132398 元，划拨交付给申请执行人甲，用于偿还乙欠甲的债务。

分析： 履行法院生效的判决、裁定是每一个公民应尽的义务，执行过程中通过各种手段隐匿或转移名下财产导致判决、裁定无法执行，给申请执行人造成较大损失的，需承担相应的法律责任。

根据《中华人民共和国刑法》第 313 条规定，拒不执行判决、裁定罪是指，对人民法院的判决、裁定有能力执行而拒不执行，情节严重的，处三年以下有期徒刑、拘役或者罚金；情节特别严重的，处三年以上七年以下有期徒刑，并处罚金。单位犯前款罪的，对单位判处罚金，并对其直接负责的主管人员和其他直接责任人员，依照前款的规定处罚。

《中华人民共和国刑事诉讼法》（以下简称《刑事诉讼法》）是为了保证刑法的正确实施，惩罚犯罪，保护人民，保障国家安全和社会公共安全，维护社会主义社会秩序，根据宪法而制定的法律。

民事诉讼法和刑事诉讼法同属程序法，目的都是为了保证人民法院正确行使审判权，保证案件正确及时地审理。两者之间的许多基本原则、制度、程序有着相同或类似的规定，如人民法院独立审判原则、合议制度、两审终审制、公开审判制、回避制度等。但调整对象、目的和任务不同，导致两种程序法在具体诉讼程序上各具有特殊性，主要体现在：

（1）提起诉讼的主体不同。民事诉讼通常是由与案件有直接利害关系的当事人起诉，实行不告不理。而刑事诉讼除自诉案件外，是由人民检察院代表国家提起公诉，实行国家干预。

（2）某些基本原则不同。民事诉讼法中规定了诉讼权利平等原则、处分原则、辩论原则、调解原则、支持起诉原则等特有的原则。而刑事诉讼法规定了公、检、法三机关分工负责、互相配合、互相制约，犯罪嫌疑人和被告人有权获得辩护的原则等特有原则。

（3）当事人的诉讼地位不同。在民事诉讼中，双方当事人诉讼地位平等，诉讼权利义务对等。而在刑事诉讼中，检察院行使公诉权，而被告人处于被指控、被追究的地位，有的被告可能成为定罪科刑的对象。

（4）审理方式不同。民事案件法官可以在自愿和合法的基础上进行调解，如果达成调解协议，可以以调解方式结案，调解不成，由法院及时作出判决。而刑事案件（除自诉案件外）不能调解，必须用判决方式。

（5）举证制度和证明标准不同。民事诉讼中，原则上谁主张谁举证，同时人民法院也可以在法律规定的范围内依职权调查收集证据。而刑事诉讼（自诉除外）证据主要由公诉人举证，而且刑事案件的证明标准高于民事案件。

（6）执行程序不同。民事诉讼的生效裁判主要由当事人自觉履行，当事人拒绝履行时才由法院强制执行；刑事诉讼的生效裁判全部强制执行，除由人民法院执行外，交由专门司法机关执行。

2. 民事诉讼法与行政诉讼法的关系

【例】甲是江门市某食品有限公司的员工。2019 年 2 月 15 日，甲下班途中发生交通事故。2020 年 2 月 24 日，甲向江门市江海区人力资源和社会保障局（以下简称"江海区人社局"）提出工伤认定申请。江海区人社局于同日出具《工伤认定申请不予受理决定书》，决定不予受理。甲不服，认为其出院后在申请工伤认定期限届满前，因新冠疫情交通管制的原因，无法在一年内提出工伤认定申请，应适当扩宽审查标准，且江海区人社局出具的不予受理决定书未说明任何具体原因，即认为其申请不符合受理条件，是错误的行政行为，应予撤销，故提起本案行政诉讼，请求撤销该《工伤认定申请不予受理决定书》。

法院一审认为：甲申请认定工伤的事故发生在 2019 年 2 月 15 日，因事故造成全身多发伤并低血容量性休克等严重伤害，入院治疗将近一年之久，其出院后恰逢新冠疫情防控特殊时期，各地均实行交通管制等防控措施，甲所在的户籍地村委会亦出具证明证实其于 2020 年 1 月 22 日出院后回村居住，于 2020 年 2 月 5 日需要外出进行工伤认定申请，但因交通事故造成行动不便及疫情影响，最终无法前往。另据查，为应对新冠疫情，江门市区县政府采取了为期 13 天的交通管制、自然村及社区封闭式管理疫情防控措施，新冠疫情应属于不能预见、不能避免且不能克服的客观情况，其性质应被认定为不可抗力，根据《最高人民法院关于审理工伤保险行政案件若干问题的规定》第 7 条第 2 款第 1 项的规定，疫情影响期间应该不计算在工伤认定申请期限内。本案中甲于 2019 年 2 月 15 日受伤，扣除江门市疫情防控为期 13 天（2020 年 2 月 8 日至 2020 年 2 月 20 日）的交通管制期间后，申请工伤认定的截止日期为 2020 年 2 月 27 日，甲于 2020 年 2 月 24 日提出工伤认定申请，并未超出法定期限，符合工伤认定申请条件。江海区人社局在收到甲提交的《工伤认定申请书》及相关资料当日，认为甲的工伤认定申请不符合《广东省工伤保险条例》和《工伤认定办法》规定的受理条件，即出具涉案《工伤认定申请不予受理决定书》，认定事实不清，适用法律错误，处理不当，应予撤销。据此判决：一、撤销江海区人社局作出的涉案《工伤认定申请不予受理决定书》；二、责令江海区人社局于法定期限内重新作出行政行为。一审判决后，各方当事人均未提起上诉。

分析： 新冠疫情对群众生产、生活以及正常社会管理秩序产生了严重影响，行政机关在处理相关法律纠纷时应充分考虑疫情对当事人行使权利的影响程度，作出妥善处理，不宜机械执法。本案中，法院认定新冠疫情属于不可抗力，扣除当地疫情防控交通管制期间后，劳动者的工伤认定申请未超出法定期限。此外，本案受伤害的职工一直在住院接受治疗而未向社会保险行政部门提出工伤认定申请，亦属于存在正当理由的情形。该判决从工伤保险制度目的出发，最大限度保障劳动者的合法权益，取得了较好的法律效果和社会效果。

《中华人民共和国行政诉讼法》是为保证人民法院公正、及时审理行政案件，解决行政争议，保护公民、法人和其他组织的合法权益，监督行政机关依法行使职权而制定的法律。

民事诉讼法与行政诉讼法都属于程序法的范畴，都是保护公民、法人和其他组织的财产权利和人身权利的法律。我国的行政诉讼制度脱胎于民事诉讼法，因此，两者在确立诉讼原则、程序、制度等方面有相同之处，但两者调整对象不同，在具体内容上有显著区别。

（1）案件性质不同。民事诉讼解决平等主体之间的民事纠纷；而行政诉讼解决的是行政主体与公民、法人或者其他组织之间的行政争议。

（2）诉讼主体不同。民事诉讼法双方当事人诉讼地位平等，不存在隶属关系。而行政诉讼中的被告是作出一定行政行为的行政机关，原告则是不服行政机关行政行为的公民、法人或者其他组织，原告与被告两主体之间具有行政隶属关系。

（3）起诉条件不同。民事诉讼中，民事纠纷任何一方当事人都可以向法院提起诉讼。行政诉讼中，行政纠纷发生后，有些需要经过一个复议程序，对复议决定不服的，才可以向法院起诉。

（4）证明责任和分配规则不同。民事诉讼中，原则上谁主张谁举证。在行政诉讼中，均由被告负证明责任，即行政机关必须证明其行政行为的合法性和合理性。

（5）结案方式不同。民事诉讼可以由法院判决结案，也可以在法院主持下，使双方当事人相互谅解，以调解方式结案。行政诉讼一般不能以调解为结案方式，只能根据法律和事实作出判决，终结行政诉讼。

（三）民事诉讼法与其他民事程序法的关系

1. 民事诉讼法与仲裁法的关系

【例】 某汽车贸易公司与汽车厂签订了一份购销合同，约定由汽车厂向贸易公司提供规定型号、配置的吉普车15辆。合同签订后，汽车厂按照约定开始供货。在合同履行过程中，贸易公司提出汽车质量有问题，影响销售，要求解除合同，赔偿损失。汽车厂不同意，双方协商未果，贸易公司依据合同中的仲裁条款，向某仲裁委员会申请仲裁。仲裁委员会经审理作出裁决：解除贸易公司与汽车厂之间的购销合同，汽车厂赔偿贸易公司经济损失3万元。裁决生效后，贸易公司向人民法院申请强制执行。汽车厂不服，向人民法院申请撤销裁决，人民法院作出裁定中止执行。人民法院组成合议庭对仲裁裁决进行审查核实，认为仲裁裁决合法、有效，裁定驳回申请，维持仲裁裁决，并根据申请人贸易公司的执行申请予以强制执行。

分析： 本案中，汽车贸易公司依据仲裁条款申请仲裁，仲裁委员会对当事人双方均需遵循仲裁法进行仲裁活动。仲裁裁决生效后，贸易公司应当向人民法院申请强制执行；对于汽车厂同时提出的撤销裁决申请，人民法院有权裁定中止执行，进行审查，并根据审查的结果，裁定驳回撤销申请，恢复仲裁裁决的执行。这一案例体现了仲裁法与民事诉讼法的内在联系。

《中华人民共和国仲裁法》是国家制定的，调整仲裁机构与当事人的民事仲裁活动和活动中产生的仲裁法律关系的法律规范的总和。

民事诉讼法与仲裁法相同之处在于同属处理民事纠纷的程序法，但是，两者之间具有一定的区别又有一定的联系，具体体现在以下几个方面。

（1）审理机构的性质不同。民事诉讼的审理机构是人民法院，具有国家审判权，是官方机构；仲裁的审理机构是仲裁委员会，是民间组织。

（2）受案范围不同。民事诉讼的受案范围包括平等主体之间的财产权益及人身权益纠纷，范围较广；仲裁的受案范围包括平等主体之间的合同纠纷和其他财产权益纠纷，与身份权有关的纠纷（如婚姻、收养、监护、继承等）不予仲裁。并且，仲裁的前提条件是双方当事人订有仲裁协议，而民事诉讼不受双方合意的限制。

（3）保全、执行方面强制力不同。仲裁委员会是民间性组织，不具有强制执行力，对于财产保全、强制执行，仲裁机构都无权执行，而只能转由具有强制力的人民法院执行。并且，人民法院根据当事人的申请，有权对生效的仲裁裁决的合法性进行审查，如果裁决不合法，有权撤销或不予执行。

（4）仲裁实行的是"一裁终局"制，没有上诉的规定；而民事诉讼实行的是

"二审终审制"，对一审的裁判不服的，当事人可以上诉。

总之，民事诉讼与仲裁都是解决民事纠纷的方式，由当事人选择适用，或裁或审，只能择其一。如选择仲裁，其仲裁活动及仲裁关系都要受仲裁法调整；如选择民事诉讼，其诉讼活动及诉讼关系都要受民事诉讼法调整。

2. 民事诉讼法与劳动争议调解仲裁法的关系

【例】原告甲系某公司工龄较长的员工，自2008年起即在被告乙公司的关联公司工作，后于2019年转入乙公司担任仓库文员。2020年3月，因疫情影响，乙公司业务量明显下降，为优化资源配置同时尽量减少裁员，乙公司与甲沟通协商转往工作量相似、薪资不变的样品车间岗位，并为甲提供两个工作地点选择。后经各级主管部门多次沟通并听取甲意见，甲均拒绝调岗并存在消极工作情形。2020年6月3日，乙公司因多次沟通无果向甲发出书面通知，要求甲于6月4日前至新岗位报到。同日，甲向丙仲裁委申请仲裁，且在后续仲裁审理期间当庭请求解除与乙公司的劳动关系，并要求公司支付经济补偿金。仲裁委裁定双方劳动关系自甲提出之日解除，驳回甲经济补偿金的请求，甲不服诉至法院。

一审法院经审理认为，被告公司因受疫情影响需进行资源优化配置而采取调岗行为，调整的岗位与原岗位工作量、待遇均无较大变化；调岗过程给予原告选择的基础上进行了充分沟通；且双方劳动合同亦约定可根据工作需要依照合理诚信原则进行调岗。被告调岗行为符合双方约定，亦合理合法，原告主动提出解除劳动关系系自发行为，被告公司无须支付经济补偿金。故一审判决原告与被告劳动关系解除，并驳回原告主张经济补偿金的诉讼请求。原告不服，上诉至中院，二审维持原判。

分析：受新冠疫情影响，企业生产经营管理普遍受到较大冲击，面对疫情及经济普遍下行的影响，企业基于优化自身生产结构和资源配置的需要，调岗现象更加普遍。本案因企业调岗产生争议，法院的审查权衡劳企双方的权利与义务，企业在劳动合同约定的基础上遵循合情合法、诚实信用的基本原则与劳动者进行充分协商，劳动者亦应结合自身需要提出合理要求。乙公司在调岗过程中，采取"调岗不调薪"的做法，并结合劳动者自身实际提供多岗位选择，充分考虑了劳动者利益，故法院亦应考量企业生产经营管理需要，尊重企业生产经营自主权，以实现劳资双方利益的平衡。

《中华人民共和国劳动争议调解仲裁法》（以下简称《劳动争议调解仲裁法》）是为了公正、及时解决劳动争议，保护当事人合法权益，促进劳动关系和谐稳定而制定的法律。

民事诉讼法适用于法院主管范围内所有的民事案件，劳动争议调解仲裁法专门适用于解决我国用人单位与劳动者之间的劳动争议。在适用过程中，两部法律衔接紧密。《中华人民共和国劳动争议调解仲裁法》第 5 条："发生劳动争议，当事人不愿协商、协商不成或者达成和解协议后不履行的，可以向调解组织申请调解；不愿调解、调解不成或者达成调解协议后不履行的，可以向劳动争议仲裁委员会申请仲裁；对仲裁裁决不服的，除本法另有规定的外，可以向人民法院提起诉讼。"

劳动争议案件，调解自愿，先仲裁后诉讼。劳动争议发生后，双方当事人应当向劳动争议仲裁委员会申请仲裁；当事人对劳动争议仲裁裁决不服的，自收到裁决书之日起 15 日内，可以向人民法院提起劳动争议诉讼。

3. 民事诉讼法与农村土地承包经营纠纷调解仲裁法的关系

《中华人民共和国农村土地承包经营纠纷调解仲裁法》（以下简称《农村土地承包经营纠纷调解仲裁法》）是为了公正、及时解决农村土地承包经营纠纷，维护当事人的合法权益，促进农村经济发展和社会稳定而制定的法律。

农村土地承包经营纠纷调解仲裁法与民事诉讼法的联系在于：可裁可审、裁后可诉制度。发生农村土地承包经营纠纷的，一是当事人可以直接向人民法院起诉。二是当事人可以自行和解，也可以请求村民委员会、乡（镇）人民政府等调解，当事人和解、调解不成或者不愿和解、调解的，可以向农村土地承包仲裁委员会申请仲裁，当事人不服仲裁裁决的，可以自收到裁决书之日起 30 日内向人民法院起诉。

4. 民事诉讼法与人民调解法的关系

【例】甲与乙产生邻里纠纷，甲将乙打伤。为解决赔偿问题，双方同意由人民调解委员会进行调解。经调解员丙调解，双方达成赔偿协议。

问：（1）甲如果反悔不履行人民调解协议，乙能否就人身损害赔偿起诉甲？（2）甲如果反悔不履行人民调解协议，乙能否向法院申请强制执行人民调解协议？

分析：（1）不能。一旦达成人民调解协议，双方当事人只能围绕人民调解协议去诉讼，而不能再争议原来的纠纷。（2）不能。人民调解协议本身没有执行力。要执行人民调解协议，必须先由甲、乙共同请求法院确认人民调解协议有效，然后才能向人民法院申请强制执行人民调解协议。

《中华人民共和国人民调解法》（以下简称《人民调解法》）是为了完善人民调解制度，规范人民调解活动，及时解决民间纠纷，维护社会和谐稳定而制定的法律。人民调解委员会是依法设立的调解民间纠纷的群众性组织，村民委员会、居民委员会设立人民调解委员会，企业事业单位根据需要设立人民调解委员会。

（1）人民调解委员会处理民间纠纷的效力。

《人民调解法》第 17 条："当事人可以向人民调解委员会申请调解；人民调解

委员会也可以主动调解。当事人一方明确拒绝调解的，不得调解。"第 31 条："经人民调解委员会调解达成的调解协议，具有法律约束力，当事人应当按照约定履行。人民调解委员会应当对调解协议的履行情况进行监督，督促当事人履行约定的义务。"

（2）人民调解委员会的调解不是民事诉讼的必经阶段，即是否经过调解，完全由当事人自行确定。

《人民调解法》第 32 条："人民调解委员会调解达成调解协议后，当事人之间就调解协议的履行或者调解协议的内容发生争议的，一方当事人可以向人民法院提起诉讼。"

（3）人民调解协议的司法确认制度。

《人民调解法》第 33 条："经人民调解委员会调解达成调解协议后，双方当事人认为有必要的，可以自调解协议生效之日起三十日内共同向人民法院申请司法确认，人民法院应当及时对调解协议进行审查，依法确认调解协议的效力。人民法院依法确认调解协议有效，一方当事人拒绝履行或者未全部履行的，对方当事人可以向人民法院申请强制执行。人民法院依法确认调解协议无效的，当事人可以通过人民调解方式变更原调解协议或者达成新的调解协议，也可以向人民法院提起诉讼。"

5. 民事诉讼法与公证法的关系

《中华人民共和国公证法》（以下简称《公证法》）是为规范公证活动，保障公证机构和公证员依法履行职责，预防纠纷，保障自然人、法人或者其他组织的合法权益而制定的法律。公证是由国家专门设立的特定机构即公证处，代表国家行使民事证明权，根据当事人的申请，依照法定程序，对法律行为、法律事实和法律文书的真实性和合法性进行证明，具有预防纠纷、减少诉讼的作用。公证活动是非诉讼性质的证明活动。

民事诉讼法与公证法都属于民事程序法的范畴，两者之间的关系是十分密切的。

【例】甲生前立下一份遗嘱，并到公证机关进行了公证。去世后，子女因遗产继承问题发生纠纷，诉至法院。根据《民事诉讼法》第 72 条的规定：经过法定程序公证证明的法律事实和文书，人民法院应当作为认定案件事实的根据，但有相反证据足以推翻公证证明的除外。《公证法》第 36 条也有相应的规定。因此，本案法院就可以根据甲的公证遗嘱来进行遗产分配。

分析： 上述案例，体现了《公证法》与《民事诉讼法》的联系。甲有权处分自己的财产，并对财产继承立下遗嘱，为证明这一遗嘱的真实有效，甲到公证处进行了公证。依法定程序公证的遗嘱具有证明力，故在后来的民事诉讼中可以被人民法院直接作为定案的根据。这一案例足见公证证明在民事诉讼中认定事实的作用，便于民事诉讼的顺利进行。

公证与民事诉讼的联系体现在：（1）公证文书的特殊证明效力；（2）诉讼前的证据保全；（3）公证机构依法赋予强制执行力的债权文书可以作为人民法院的执行根据。

三、民事诉讼法的效力

民事诉讼法的效力，即民事诉讼法的适用范围，是指民事诉讼法对什么人、对什么事，在什么时间和什么空间范围内发生作用。

（一）空间效力

空间效力，是指民事诉讼法在什么空间范围内（地方）适用。

根据《民事诉讼法》第4条规定，凡在中华人民共和国领域内进行民事诉讼，必须遵守本法。我国的领域包括我国的领土、领海、领空以及领土的延伸部分。比如驶入公海或外国领空的我国船舶内或航空器内发生的民事诉讼，适用我国民事诉讼法。

需要注意的是，民事诉讼法一般不具有域外效力，这一点与刑法、民法等实体法是不同的。如《刑法》具有直接的域外效力（第7、第8、第10条）；而民法也可能会具有域外效力，如经冲突规范的指引，可以在外国适用。

还需要注意两个相关的问题：第一，《中华人民共和国民事诉讼法》（以下简称《民事诉讼法》）在民族自治地方的适用。根据《民事诉讼法》第17条规定，如果民族自治地方依法制定了变通或补充的规定，并履行了批准和备案程序，那么当民事诉讼法的规定与该民族自治地方的规定相冲突时将适用民族自治地方的规定。第二，在实行"一国两制"的地区，根据特别法的规定而不适用《民事诉讼法》。例如，在香港特别行政区内进行的民事诉讼活动，应当适用香港特别行政区民事诉讼的法律。

（二）时间效力

时间效力，是指民事诉讼法生效、失效以及是否具有溯及力的问题。

我国现行《民事诉讼法》自1991年4月9日颁布之日起生效；2007年10月28日第一次修正的条文自2008年4月1日起生效；2012年8月31日第二次修正的条文自2013年1月1日起生效；2017年6月27日第三次修正的条文自2017年7月1日起生效；2021年10月24日第四次修正的条文自2022年1月1日起生效；2023

年9月1日第五次修正的条文自2024年1月1日起施行。

《民事诉讼法》具有溯及力。现行《民事诉讼法》修改生效后，无论审理《民事诉讼法》生效前受理的案件，还是审理《民事诉讼法》生效后受理的案件，一律适用新《民事诉讼法》。

（三）对人的效力

【例】英国青年J在中国留学期间，与中国女青年S相识恋爱，并于2018年在北京结婚。婚后J担任英国某公司驻北京代表处的代表。但因为J本人不适应中国的文化环境，夫妻之间经常发生小摩擦。2020年J所在公司计划调其回英国本部工作，J本人很珍惜这次机会，认为是重新生活的开始，并要求S一同回英国。S不同意，双方矛盾升级。于是S向北京市某区法院提起离婚诉讼，要求解除与J的婚姻关系，法院受理了此案。J认为自己是英国国民和英国公司的代表，不受中国法院管辖，法院这么做是侵犯英国主权的行为，并拒绝出庭应诉。人民法院依法传唤，J仍拒不出庭，最终人民法院缺席判决解除二人的婚姻关系。

问：人民法院受理S的离婚请求有没有法律依据？

分析： 对人的效力，即民事诉讼法适用于哪些人。根据主权原则和国际私法规则，诉讼程序适用于法庭所在地国家的法律。就是说当事人在哪个国家的法院进行诉讼，就应该遵守该国的诉讼法。《民事诉讼法》适用于在中华人民共和国领域内进行民事诉讼的一切自然人、法人或其他组织。核心在于其在中华人民共和国领域内进行民事诉讼，而不需要其他（如国籍等）条件。外国人在中国进行民事诉讼，应当适用中国的民事诉讼法；而中国人在外国进行民事诉讼，则不适用中国的民事诉讼法。

例外规定：《民事诉讼法》第272条规定："对享有外交特权与豁免的外国人、外国组织或国际组织提起的民事诉讼，应当依照中华人民共和国有关法律和中华人民共和国缔结或者参加的国际条约的规定办理。"

所谓外交特权与豁免，是指为了便于外交代表或者具有特殊身份的外交官员有效地执行职务，各国根据其缔结或者参加的国际条约、国际惯例，或者根据平等互惠原则，给予驻在本国的外交代表和以外交官员的身份来本国执行职务的人员以特别权利和优惠待遇。这是从国家主权原则延伸出来的一种权利。

外交特权与豁免包括民事上的司法豁免权，即外交代表和有特殊身份的外交官员的民事行为及其财产免受驻在国法院管辖。如不受驻在国法院的审判、不受强制执行，以及没有以证人身份作证的义务等。此外，某些外国组织和国际组织也享有司法管辖豁免。

根据我国法律和有关国际条约的规定，本条所指的享有外交特权与豁免的外国人，主要是外国驻在我国的外交代表（外国驻华使馆的馆长和具有外交官衔的使馆工作人员），还包括来我国访问的外国国家元首、政府首脑、外交部部长及其他具有同等身份的官员。此外，与外交代表共同生活的配偶及未成年子女、使馆行政技术人员及与其共同生活的配偶和未成年子女、来我国参加有关国际组织（如联合国）召开的国际会议的代表、临时来我国的有关国际组织的官员和专家，以及途经我国的驻第三国的外交代表等，也在不同程度上享有司法管辖豁免。

民事司法豁免权包括管辖豁免、民事诉讼程序豁免和执行豁免。管辖豁免，是指不能对享有司法豁免权的人提起民事诉讼，即使提起，法院也不应受理；民事诉讼程序豁免，是指享有司法豁免权的人即使同意法院受理案件，法院在诉讼过程中，也不能对其采取强制措施；执行豁免，是指享有司法豁免权的人即使参加诉讼并败诉，法院也不能对其强制执行。这三种豁免是相互独立的，放弃何种豁免权必须明确表示。

对享有司法管辖豁免权的外国人提起的民事诉讼，在一般情况下，我国法院不予受理。但是民事管辖豁免并不是绝对的，我国《外交特权与豁免条例》对其享有的民事管辖豁免的例外情形做了以下规定：

（1）外交代表以私人身份进行遗产继承的诉讼；

（2）外交代表在中国境内从事公务范围以外的职业或者商业活动的诉讼；

（3）外交代表的管辖豁免由派遣国政府明确表示放弃；

（4）外交代表主动提起诉讼，对与本诉直接有关的反诉，不得援用管辖豁免。

本案中，J虽然是英国公司驻北京代表处的代表，但并非外交人员，不享有司法豁免权，因此，根据我国《民事诉讼法》第4条的规定，我国的人民法院有权管辖。人民法院受理此案符合国际惯例，并没有侵犯英国的主权。

（四）对事的效力

对事的效力，是指民事诉讼法对哪些案件有效，即法院依照民事诉讼法规定审理的民事案件的范围。在理论上，又称为主管，即法院依照法律、法规规定审理一定范围内民事纠纷的权限，也就是确认法院与其他国家机关、社会团体之间解决民事纠纷的分工。划清法院和其他国家机关、社会团体之间解决民事纠纷的职权范围，有利于各司其职；可以使当事人及时有效地行使权利，有利于解决告状难。

《民事诉讼法》第3条规定："人民法院受理公民之间、法人之间、其他组织之间以及他们相互之间因财产关系和人身关系提起的民事诉讼，适用本法的规定。"

 **真题自测**

张某（男）20 周岁，为了娶到菲菲谎报年龄；菲菲（女）21 周岁。两人结婚一年后，时常发生争吵，于是想要以婚姻登记瑕疵提起民事诉讼。下列选项正确的有哪些？（2022，多选）

A. 菲菲可以向法院提起确认婚姻关系无效的诉讼

B. 菲菲可以以婚姻登记效力瑕疵为由提起行政诉讼

C. 菲菲可以提起撤销婚姻关系的诉讼

D. 菲菲可以向婚姻登记机关申请行政复议

答案：AB。提示：民事诉讼与行政诉讼。

 案例讨论

甲是某市纺织厂的职工，于 2021 年 6 月在上班途中不幸发生交通事故。当地劳动保障部门认为，该交通事故因发生在上班途中，甲被认定为工伤并应按照国家有关法律法规的规定和劳动能力鉴定的结果，由社保经办机构计发有关工伤待遇。

半年后，经与同类情况的其他工伤职工比较，甲认为社保经办机构对其待遇支付有误，以社保经办机构为被申请人向当地的劳动争议仲裁委员会提起劳动争议仲裁。结果，对甲的仲裁申请，劳动争议仲裁委员会以该争议不属于劳动争议仲裁的受案范围为由不予受理。

请问：该案是否为劳动争议案件？

Chapter 2
第二章
民事诉讼的基本理论

经典案例

浙江大农实业股份有限公司（大农公司）
与浙江省温岭龙海数控刀具有限公司（龙海公司）
买卖合同纠纷案——反诉与抗辩之间的辨别标准

【案情】原告龙海公司与被告大农公司之间自2010年开始有多年的刀具及相关配件购销的业务往来。2016年2月17日，大农公司对2015年12月31日前向龙海公司购货的货款进行核账，并出具了企业询证函，确认尚欠龙海公司货款242万元。龙海公司于2016年6月20日向人民法院起诉，请求人民法院判令：被告大农公司立即支付货款259万元并赔偿自起诉之日起至实际履行之日止按中国人民银行公布的同期同类贷款基准利率计算的利息损失。后诉讼请求变更为：被告大农公司立即支付货款242万元并赔偿自起诉之日起至实际履行之日止按中国人民银行公布的同期同类贷款基准利率计算的利息损失。在审理期间，被告大农公司提起反诉：认为原告龙海公司存在价格欺诈，要求变更按实际价格计价而非涉案购销合同中的产品价格；返还自2010年交易开始的多支付的货款414.2257万元；要求赔偿因反诉被告（龙海公司）未按合同约定提供货物造成的直接经济损失44.0117万元。2017年2月23日，大农公司（反诉原告）又增加了反诉请求，要求反诉被告增加返还货款95.15881万元。

法院通过审理认为，原告与被告之间存在刀具及配件的购销关系，被告大农公司尚欠原告龙海公司货款242.18609万元，事实清楚、证据充分，原告要求被告支付所欠货款并赔偿利息损失，符合法律规定，予以支持。对于本案审理中被告大农公司所提起的反诉请求，人民法院经审理认为：被告的反诉请求依法不应在本诉中一并处理，应另行起诉为宜。依照《民事诉讼法》第122条、第126条、最高人民法院关于适用《中华人民共和国民事诉讼法》的解释第 233 条规定，裁定对大农公司的反诉不予受理。

评析： 在案件审理中，一个诉讼请求是否确定为反诉对于维护当事人的诉讼利益来讲尤为重要。首先，就反诉与抗辩的区别来讲，反诉需要缴纳诉讼费，抗辩则不用；反诉原告需要提交符合起诉条件的各种证明资料，而抗辩则只需要提出事实主张即可。其次，就本诉与反诉是否合并审理而言，将与本诉有关联性的反诉合并审理，有利于确保被告的诉权得以行使，让被告拥有与原告平等对抗的权利。当然，在审查是否合并审理的时候，也要注意避免当事人利用反诉拖延诉讼程序的进行。

在诉讼过程中提出新的诉讼请求，判断新诉求构成反诉的基本思路在于，新诉求是否有新的给付内容以及新诉求是否超过了本诉的诉讼请求范围。本案属于买卖合同纠纷，所以依据最高人民法院《关于审理买卖合同纠纷案件适用法律问题的解释》（以下简称《买卖合同司法解释》）第 31 条规定，同时，结合《买卖合同司法解释》第 27 条的相关规定可以看出，对于处理买卖合同纠纷中的反诉，仍然适用该基本思路。本案中，被告大农公司所主张的违约赔偿具有新的给付内容，并且超过了原告龙海公司的诉讼请求，所以属于反诉，但是其所提出的减价主张是否属于反诉，要分析此主张是否超出龙海公司的诉讼请求范围。大农公司请求的减价主张在金额上完全超出了原告诉讼请求的金额范围，并在交易范围上也大为不同，具有新的给付内容，所以属于反诉。

对于本案中反诉与本诉是否应当合并审理。根据《民事诉讼法》第 54 条以及第 143 条的规定，可知，反诉是指在已经开始的民事诉讼程序中，被告针对原告所提出的与本诉具有关联性的诉讼请求。其中的关键点在于如何认定关联性。在最高人民法院关于适用《中华人民共和国民事诉讼法》的解释第 233 条的规定中可以看出，对于关联性已经作出了实质规定，即本诉与反诉之间基于相同的法律关系、诉讼请求具有因果关系的或基于相同的法律事实的，应当合并审理。本案中，被告大农公司所提出的反诉请求是自 2010 年开始的，而原告龙海公司的诉讼请求仅是2015 年的货款，由此可知，虽然本诉与反诉在法律关系上有交叉，但两者不能认定为属于同一法律关系、基于同一法律事实以及两者具有因果关系，所以不能合并审理。

反诉与抗辩之间辨别标准的认定清晰化，不仅有利于塑造良好的诉讼环境，提高诉讼效率，节约诉讼资源，而且对于保护当事人的诉讼权利，贯彻中国特色社会主义法治理论的核心要义，即保护人民利益为出发点具有重要的完善作用。

知识梳理

1. 诉
2. 诉权
3. 民事诉讼法律关系

一、诉

（一）诉的概念

1. 诉

诉是当事人向法院提出的针对其权利主张进行裁判的请求。诉具有以下特征。

（1）诉的主体是当事人。没有当事人，诉则无从提起，因此诉的主体只能是双方当事人。由于在民事争议发生时，双方当事人都具有依法起诉的权利，故不能认为只有原告一方才是诉的主体。

（2）诉是当事人对法院的请求。诉是当事人向法院提出的对民事争议进行审理和裁判的请求，而不是针对另一方当事人的行为。

（3）诉的内容是当事人请求法院解决的民事权益争议。

2. 界定

（1）诉与诉讼。

诉是指当事人为保护自己的合法权益而提出的请求，诉讼则主要是指法院和当事人为解决纠纷而需要进行的一定活动或活动的过程。诉讼是在诉的请求提出之后才可能发生，诉是诉讼开始的前提和条件之一。

（2）诉与起诉。

起诉是起诉人向法院要求对纠纷以审判的方式予以解决的一种诉讼上的行为。而诉作为一种请求，不仅是一种程序意义上的要求，而且还包含有要求法院对实体权益予以保护的诉愿。起诉是诉的提出的一种外在的表现形式，诉对起诉的具体内容有决定性的意义。

（3）诉与诉讼请求。

诉讼请求是原告通过法院向被告提出的在实体上所要实现的利益要求。而诉作为一种请求，既有要求保护实体权益之意，又有程序意义上要求保护的内容。

（二）诉的要素

1. 当事人

当事人，是指因民事权利受到侵犯或者发生争议，因而以自己的名义在法院参加诉讼程序的人。任何一个诉都必须要有当事人，因为任何具体的权利义务都必须是主体的权利义务，也只有主体之间发生了民事权益之争，才涉及诉的问题。

2. 诉讼标的

诉讼标的，是指当事人之间发生争议并提请人民法院裁判的实体权利义务关系。

【例1】甲起诉乙，要求与乙离婚，平均分割双方的共有财产（共有房屋4间，共有存款10万元）。问：本案的诉讼标的是什么？

分析： 本案的诉讼标的是甲请求法院解除其与乙之间的婚姻关系。

【例2】丙将房子租给丁居住，月租金3000元。现丙因丁拖欠了5个月的房租未缴，而诉诸法院，要求丁给付15000元房租。问：本案的诉讼标的是什么？

分析： 本案的诉讼标的是丙与丁之间存在的房屋租赁关系，丙租给丁的房子和丁欠丙的15000元是诉讼标的物，丙向法院提出要求丁支付15000元租金是诉讼请求。

【注意】诉讼标的与诉讼标的物、诉讼请求的区别。

诉讼标的物，是指当事人之间争议的权利义务关系指向的对象。诉讼请求，是指当事人基于争议的实体权利义务关系向人民法院提出的，责令义务人履行义务以实现自己合法权益的具体实体要求。在一个具体的诉中，诉讼标的是构成诉的不可缺少的因素，诉讼请求是当事人进行诉讼的目的所在，而诉讼标的物则并不是一切诉所具有的。

3. 诉的理由

诉的理由，即当事人提出诉这一请求所依据的事实与法律依据。又分为事实理由与法律理由。举例：原告甲起诉被告乙，要求赔偿因被乙饲养的狗咬伤而造成的经济损失21000元的诉讼中，咬伤甲的狗是乙饲养的，21000元是甲为治疗被狗咬伤而支付的医疗费，这些事实就构成该侵权之诉的事实理由；而民法典对饲养动物人因其饲养的动物给他人造成损害应承担民事责任的规定即构成该侵权之诉的法律理由。

（三）诉的种类

1. 确认之诉

【例】甲、乙夫妇是纺织厂工人，2005年，其子去世。农村的亲戚提出将自己三个孩子中的一个过继给二人，并将该子改名为丙。甲乙夫妇欣然同意，将孩子接到家里共同生活，但未办理收养手续。2007年7月，丙以不习惯城市生活为由，返回农村，只是逢年过节来城里看望甲乙二人。2021年，甲病重，乙以代理人身份向法院起诉，要求确认甲与丙之间不存在养父子关系。问：甲提起的诉讼属于哪种类型？

分析： 乙代理甲提起的诉讼是典型的确认之诉，要求确认甲与丙之间不存在养父子关系，是一种消极的确认之诉。

确认之诉，是指原告向法院提出的要求确认某种民事法律关系或法律事实存在或者不存在的诉。这种诉讼是双方当事人对于他们之间的法律关系认识不一致，发生争议而又无法解决，因而要求人民法院予以认定，以明确双方存在或不存在某种民事法律关系。例如，要求法院确认某座房屋的所有权，或确认某项专利权、商标权，还有要求法院确认是否存在夫妻关系、收养关系、合同关系等。上述案例中，乙请求法院确认甲与丙之间不存在养父子关系，就是要明确与丙之间并没有形成真正的收养关系，以防止将来甲死亡后因遗产继承等问题产生纠纷。由此可见，在实践中，确认之诉具有十分重要的现实意义。

确认之诉是围绕法律关系进行的，并具有以下特点：

第一，法院只是对双方当事人之间是否存在某种民事法律关系进行确认，而不判决一方当事人向另一方当事人履行一定的民事义务；

第二，所要确认的民事法律关系必须是现存的，而且必须是有现实意义的；

第三，法院的裁判不存在执行问题。

2. 给付之诉

【例】2021年1月，甲与男青年乙相识。同年4月，双方办理了结婚登记手续。同年8月，双方由于感情不和，协议离婚。当时，甲已经怀孕2个月，因为孩子尚未出生，甲也未提及孩子的抚养问题。后来，甲生了一个女儿丙。女儿出生后，甲多次要求乙承担孩子的生活费。但是乙以离婚时未签订抚养协议为由，拒绝承担抚养费。于是，甲以女儿丙的名义向法院提起诉讼，要求乙承担抚养费。问：本案涉及的诉属于哪一种类型？

分析： 本案涉及的诉是典型的给付之诉。丙请求法院判令其生父乙履行抚养义务，即承担抚养费，故属于金钱给付之诉。

给付之诉，即当事人向法院提出的，请求法院责令义务人履行一定的实体义务，以实现自己合法权益的请求。例如，基于买卖合同而提出的要求卖方及时履行交付货物的义务的请求；基于侵权行为而提出的要求侵权人承担侵权责任，赔偿因侵权行为而给受害人所造成的经济损失的请求等。给付之诉是民事诉讼中出现频率最高的一种诉。再如，请求法院判令被告给自己造成的名誉侵权公开赔礼道歉也是给付之诉。凡是原告要求法院判决被告作出一定的行为或履行一定的义务的诉，就是给付之诉。给付的内容通常包括物的给付和行为的给付。

给付之诉的特点是：

第一，双方当事人之间存在实体权利义务关系；

第二，双方当事人就该实体权利义务关系发生争议；

第三，法院经过审理后，要在确认当事人之间存在民事法律关系的基础上判令义务人履行义务，以实现权利人的实体权利。即判决具有执行力。这是给付之诉最大的特点。

3. 变更之诉

【例】原告甲与被告乙于 2013 年在广州打工期间相识恋爱结婚，并于 2014 年生一男孩丙，原告于 2020 年诉至法院要求离婚。经调解，双方自愿离婚，婚生男孩丙由原被告按年次轮流抚养，未抚养方每月给付对方抚养费 1000 元。近年来，被告一直在外打工，未尽抚养子女的义务。原告抚养期间，被告也不给付抚养费。故原告诉至法院要求变更子女抚养关系。

法院经审理认为：原被告双方离婚后，被告外出打工，未尽抚养子女的义务，且被告目前家庭状况已明显不利于丙的健康成长。而原告现有固定的生活居所和稳定的生活来源，有抚养能力，婚生男孩丙事实上已完全由原告抚养，在诉讼过程中，丙也表示愿随原告生活。据此，法院依法判决原被告婚生男孩丙由原告抚养，被告乙每月负担丙抚养费 1000 元整。

问：本案涉及的诉属于何种类型？

分析： 甲认为乙现在的经济和生活状况不适宜抚养丙；而乙认为，既然丙是其所生，其就有抚养权。因此，甲与乙之间就是否要改变现存子女抚养关系的问题上存在争议而诉至法院。这符合变更之诉的基本特征。

变更之诉，即当事人向法院提出的改变现存的某种法律关系的请求。例如，丁起诉请求法院判决与其丈夫戊离婚，庚向法院起诉要求法院为其解除与养父母之间的收养关系，辛家三兄弟分家析产之诉等。

可见，变更之诉是围绕法律关系进行的，但具有以下不同于确认之诉的特点：

第一，当事人之间对现存的法律关系并无争议，如父母子女关系、夫妻关系；

第二，双方当事人就法律关系是否应当变更发生争议；

第三，变更判决生效之前，原法律关系不变；变更判决生效后，原法律关系即消灭。

（四）反诉

反诉，是指在法院受理本诉后，本诉的被告以本诉的原告为被告，向受理本诉的法院提起的与本诉具有牵连关系的一种独立的反请求。

1. 反诉应具有以下构成要件

（1）时间特定：在本诉诉讼过程中提出。

① 根据《最高人民法院关于适用〈中华人民共和国民事诉讼法〉的解释》（以下简称《民诉解释》）第232条规定，反诉应当在一审案件受理后、法庭辩论结束前提出。

② 根据《民诉解释》第326条规定，二审程序中，原审被告提出反诉的，第二审人民法院可以根据当事人自愿的原则就反诉进行调解，调解不成的，告知当事人另行起诉。双方当事人同意由第二审人民法院一并审理的，第二审人民法院可以一并裁判。

（2）主体特定：反诉的原告是本诉的被告，反诉的被告是本诉的原告。

【例】某日，老王和自己的儿子小王在超市采购年货，排队买单时，小王与超市的保安张某发生口角并引发肢体冲突，张某的鼻梁被小王打裂，老王在拉架过程中被张某推倒在地并导致尾骨骨裂。事后，老王碍于面子不想声张此事，遂自己承担了治疗尾骨骨裂的医药费，不想保安张某却将小王诉至法院，要求小王赔偿医药费和误工费共计6500元。听说自己的儿子被诉，老王将张某诉至法院，要求张某赔偿医疗费和误工费共计8000元。

问：本案中，老王提出的诉是否构成反诉？

分析： 不构成反诉。因为其不符合主体特定、同一的要求。在张某提起的诉讼中，当事人是原告张某和被告小王，而老王并非该诉的主体；在老王提起的诉讼中，当事人是原告老王和被告张某，小王并非该诉的主体。

（3）本、反诉之间有牵连关系。

根据《民诉解释》第233条第2款规定，反诉与本诉的牵连关系表现为：诉讼请求基于相同法律关系、诉讼请求之间具有因果关系，或者反诉与本诉的诉讼请求基于相同事实。

【例1】甲将乙打伤，乙起诉主张甲赔付医疗费3万元。在诉讼中，甲提出半年前乙曾向他借款5万元，要求偿还。问：甲的主张能否构成反诉？

分析： 甲的主张不构成反诉，因为该借款与人身损害赔偿没有牵连性。

【例2】甲公司与乙公司签订了一份建筑工程承包合同，约定由甲公司包工包料为乙公司建设一座三层食堂，建筑过程中，乙公司应当按照甲公司的要求支付一定的工程进度款，其余工程款在食堂竣工后30日内一次性支付。食堂竣工后，乙公司一直拖欠甲公司工程款不肯支付，甲公司无奈向法院起诉，请求判令乙公司支付所欠工程尾款100万元。法院受理案件后，乙公司提出，在食堂建设过程中，甲公司准备的建筑材料不够，为保证工程进度不被拖延，乙公司借给了甲公司价值40万元的建筑材料，但甲公司尚未归还，因此请求法院判令甲公司向其支付原材料款40万元。问：乙公司的主张能否构成反诉？

分析： 本案中存在两个不同的法律关系：一个是甲公司与乙公司之间的建筑工程承包合同；另一个是甲公司与乙公司之间的建筑材料借用合同。这两个关系虽然不同，但属于相牵连的诉讼请求，符合反诉对牵连关系的要求。

（4）管辖同一。

反诉应当向受理本诉的法院提出。如果反诉专属其他法院管辖，或者双方当事人订有仲裁协议，不得向本诉法院提起反诉。

（5）程序的同一性。

反诉与本诉应当适用的程序必须属于同一种类。例如，反诉与本诉均属于应当适用普通程序审理的案件，或均属于适用简易程序审理的案件。

（6）请求的独立性。

本诉被告提出的反诉是一个独立的请求，即独立的诉。本诉的被告可以选择提起反诉，也可以选择不提起反诉，而是向有管辖权的法院以独立的诉讼请求的方式起诉。因此，即使本诉的原告撤回了本诉，也不影响反诉的效力。

综上，反诉的特点——主体同一；管辖同一；程序同一；牵连关系；时间特定；请求独立。此外，反诉减半收取案件受理费。

2. 反诉的处理

（1）一审中：和本诉合并审理。

（2）二审中：先调解，调解不成的，告知当事人另行起诉。但当事人同意的，也可由二审法院一并审理。（《民诉解释》第326条）

（3）再审中：直接告知当事人另行起诉。

3. 反诉与反驳的区别

反诉与反驳的根本区别在于是否提出了独立的诉讼请求。反驳是一方当事人针对对方提出的诉讼请求和理由，从实体和程序上、事实和法律上予以否认，并非向原告提出独立的诉讼请求。反诉则是本诉被告向本诉原告提出了一个独立的诉讼请求，是一个独立的诉。

【例1】甲要求乙给付合同货款10万元，乙要求甲承担因货物质量不合格产生的违约责任。问：乙要求甲承担违约责任是反驳还是反诉？

分析：是反诉。因为甲要求乙给付合同货款10万元，本身是一个独立的诉；乙要求甲承担因货物质量不合格产生的违约责任也是一个独立的诉，即没有本诉照样存在。因此构成反诉。

【例2】甲要求乙返还借款5万元。乙说没借，或者乙说借了，但是已经还了。问：乙是在反驳还是反诉？

分析：乙说没借或者说借了，但是已经还了，都属于反驳。因为乙并没有提出独立的诉讼请求，前者是否定借款事实的存在，后者没有否定借款事实，但是反驳了对方的诉讼请求，因为乙已经还款了，所以甲的诉求不成立。

二、诉权

【例】甲与乙是亲戚。甲因经营困难，急需周转资金，向乙借钱，但乙提出必须写下借据。于是，甲书写了一份借据交给乙，约定借期为2年。清偿期届满后，因甲无法偿还借款，乙便将其诉至法院。可是，乙不慎将借据毁损，也不能提供其他证据证明甲借了自己的钱，法院最终判决驳回乙的诉讼请求。

问：乙在起诉时不能提供借据，法院是否可以拒绝受理其起诉？为什么？法院最终为什么判决驳回乙的诉讼请求？

分析：即使乙在起诉时不能提供证明与甲存在借贷关系的借据，法院也不应当拒绝受理其起诉。因为乙享有诉权，即宪法和法律赋予的请求司法保护的权利。法院受理后，在审理过程中乙仍不能提供借据且没有其他证据证明与甲的借贷关系，法院可依法判决驳回其诉讼请求。

（一）诉权的概念

诉权，是一种司法保护请求权，指当民事权益受到侵害或就民事关系发生争议时，当事人请求人民法院行使审判权解决民事纠纷或者保护民事权益的权利。

（二）诉权与诉讼权利的关系

诉权不是诉讼权利的简称，诉权不等于诉讼权利。

1. 概念

诉权，是指当事人请求人民法院对其民事权益进行司法保护的权利。

诉讼权利，是指民事法律关系主体在诉讼过程中享有的各项程序权利，即国家法律赋予法院、当事人及其他诉讼参与人实施诉讼行为的手段。

2. 区别

（1）权利性质不同。诉权属于基本人权之一，应由宪法加以明确和保障；诉讼权利则属于程序权利，是为了保障诉讼程序的顺利进行，保障当事人的合法权益以及体现程序的正当性，是由诉讼法加以规定。

（2）产生的时间不同。诉权产生于当事人民事权益受到侵害或发生争执之时，先于诉讼开始；而诉讼权利则产生于诉讼程序开始之后，存在于诉讼过程中。

（3）权利主体不同。诉权主体是当事人；而诉讼权利主体包括当事人、法院和证人等诉讼参与人。

（4）行使的次数不同。根据一事不再理原则，同一纠纷的诉权通常仅可一次行使；而许多诉讼权利（如辩论权、申请回避权等）可由双方当事人多次行使。

3. 联系

（1）诉权是诉讼权利的基础。只有依法享有诉权的当事人才能启动具体的诉讼，才能依法在诉讼程序中享有诉讼权利。例如，在诉讼过程中，无诉权而被更换的当事人，他们行使过的某些诉讼行为，因其无诉权，其诉讼行为就无效，其行使过的诉讼权利当然也被否定。

（2）诉讼权利是诉权在诉讼不同阶段上的具体表现形式。例如原告起诉、被告应诉、双方当事人出庭、申请回避，进行法庭辩论、上诉等。

三、民事诉讼法律关系

民事诉讼法律关系，是指受民事诉讼法调整的人民法院、当事人及其他诉讼参与人之间在诉讼中产生的诉讼权利和诉讼义务关系。

（一）民事诉讼法律关系的构成要素

民事诉讼法律关系由主体、内容、客体三要素构成。

1. 民事诉讼法律关系的主体

民事诉讼法律关系的主体，是指依照民事诉讼法的规定参加诉讼，并享有诉讼权利和承担诉讼义务的人民法院、人民检察院、当事人和其他诉讼参与人。

（1）人民法院。

人民法院是代表国家行使审判权的国家机关，是在民事诉讼中起决定作用的主体，享有组织、指挥诉讼的权力，对案件有权进行审理、享有裁判权和执行权。人民法院的审判行为对诉讼程序的发生、变更和消灭具有主导的决定性作用。所以，法院是民事诉讼法律关系重要的主体之一。

（2）人民检察院。

检察院作为国家的法律监督机关，有权对民事诉讼活动和法院的审判、执行行为进行监督，有权提起民事公益诉讼。在再审程序中，当检察院向人民法院抗诉、要求人民法院再审时，法院再审后，检察院派员出席法庭，这时检察院与人民法院之间也会产生诉讼法律关系；另外在公益诉讼中，人民检察院也可以作为诉讼主体参与民事诉讼。

（3）当事人。

当事人包括原告、被告、共同诉讼人、诉讼代表人和第三人。当事人是案件的利害关系人，是民事实体权利的主体，有权处分自己的诉讼权利和民事权利。当事人的某些诉讼行为能够引起民事诉讼程序的发生、变更和消灭的法律后果，所以说当事人也是民事诉讼法律关系重要的主体之一。

（4）其他诉讼参与人。

其他诉讼参与人包括证人、鉴定人、专家辅助人员、翻译人员、勘验人员等。这些其他诉讼参与人是在民事诉讼某一阶段上参加诉讼的人。根据《民事诉讼法》的规定，证人、鉴定人、专家辅助人员、翻译人员、勘验人员同案件没有法律上的利害关系，他们参加诉讼的目的是协助人民法院查明案件事实。他们在诉讼中只享有与他们的诉讼地位相应的诉讼权利，承担相应的诉讼义务。所以他们也是民事诉讼法律关系的主体。

2. 民事诉讼法律关系的内容

民事诉讼法律关系的内容，是指民事诉讼法律关系主体在诉讼中所享有的诉讼权利和承担的诉讼义务。

（1）人民法院：有权对民事案件进行审理和作出裁判，这既是法院享有的诉讼权利，也是法院对国家、对当事人应当承担的诉讼义务。

（2）人民检察院：有权对人民法院的民事诉讼活动实施法律监督，提起民事公益诉讼，同时这也是人民检察院作为国家法律监督机关应当履行的义务。

（3）当事人：民事诉讼必不可缺的主体之一，为了维护自己的合法权益，在诉讼中，当事人享有起诉、应诉、申请回避、质证、辩论、处分、上诉、申请执行等诉讼权利；同时承担按时到庭、提供证据材料、证明案件、如实陈述、遵守诉讼秩序、履行生效裁判和交纳诉讼费用等诉讼义务。

（4）诉讼代理人：诉讼权利和义务是基于当事人的授权和法律的规定产生的。

（5）其他诉讼参与人：

证人：享有使用本民族语言文字的权利，有要求阅读证言笔录的权利，有请求经济补偿的权利；负有按时到庭，遵守法庭秩序和如实陈述等诉讼义务。

鉴定人员：享有了解案情，索取鉴定所需材料，询问当事人、证人，获取一定报酬的权利；负有如实鉴定，按时出庭，回答其他法律关系主体的提问，遵守诉讼秩序等诉讼义务。

翻译人员：有使用本民族语言文字的权利；有如实翻译并遵守法庭秩序的义务。

3. 民事诉讼法律关系的客体

民事诉讼法律关系的客体，是指民事诉讼法律关系主体之间诉讼权利义务所指向的对象。

诉讼权利义务所指向的对象，就是民事诉讼法律关系主体在诉讼中，行使诉讼权利和履行诉讼义务所要达到的诉讼目标。这一目标就是查清案件事实，确定民事权利义务关系。正是在这一目标的基础上，法院、当事人和其他诉讼参与人之间形成诉讼权利义务关系。

但应注意，诉讼法律关系的主体不同，诉讼权利义务也就存在差异，客体也就有可能不同。具体来说：

（1）法院与当事人之间：这一对关系中所针对的客体既包括案件的事实，也包括实体权利的请求和争议的民事法律关系。

（2）法院与检察院之间：这一对关系中的客体应是法院的审判行为，包括裁判认定的事实和适用法律的行为。

（3）法院与其他诉讼参与人：这一对关系中的客体应当是争议的案件事实，而不包括实体权利的请求。因为其他诉讼参与人与案件并无直接利害关系，他们参加诉讼的目的就是协助法院查明案件事实。

（二）民事诉讼法律关系发生、变更和消灭的原因（法律事实）

民事诉讼法律关系有一个发生、变更和消灭的过程，引起这一过程的原因是诉讼上的法律事实，包括诉讼行为和诉讼事件两类。

1. 诉讼行为

诉讼行为，是指诉讼法律关系主体在诉讼上基于一定目的所进行的有意识的诉讼活动。例如，甲乙夫妇提起诉讼、请求养子丙履行赡养义务。甲乙夫妇起诉、丙应诉的行为，就是典型的民事诉讼行为。

在民事诉讼中，绝大多数的诉讼法律后果，是由民事诉讼法律关系主体的行为所引起的。比如，原告提起诉讼，就可能引起民事诉讼法律关系的发生；原告撤诉，或双方当事人和解，就又可能引起民事诉讼法律关系的消灭。起诉、撤诉、和解等这一系列当事人有意识的诉讼行为都可能引起民事诉讼法律关系的发生、变更、消灭。

2. 诉讼事件

诉讼事件，是指在诉讼过程中发生的，不以诉讼法律关系主体意志为转移而引起民事诉讼法律关系发生、变更或消灭的客观事件。例如，上述甲乙夫妇起诉丙，请求履行赡养义务的诉讼过程中，被告丙因车祸意外死亡，就是一种典型的诉讼事件。丙死亡导致了民事诉讼法律关系的一方主体消灭，因此该民事诉讼法律关系也归于消灭。民事诉讼法律关系消灭后，诉讼也就无法继续进行下去，也没有必要进行下去了，因此法院应当裁定终结诉讼。

在实践中，一方当事人死亡的另一种后果是导致诉讼当事人的变更，即由其他的人继受已经死亡的一方当事人诉讼权利义务，诉讼继续进行。在理论上此种情形称为诉讼承担。在前述案例中，被告丙死亡为何不是导致诉讼当事人变更而是导致诉讼终结呢？主要原因在于案件争议的实体法律关系与身份关系有关，即案件解决的是存在于特定身份当事人之间的权利义务关系争议，这种权利义务依法不应当由他人继受，故法院直接裁定终结诉讼。

 真题自测

1. 甲起诉乙返还借款 160 万元，胜诉后，甲申请法院执行乙在 W 公司的股权，法院于是冻结了相关股权。丙以隐名股东提出异议，被法院驳回，于是丙以自己是实际出资人为由提起诉讼，要求解除对相关股权的冻结措施并确认自己才是股权的实际所有人。丙提出诉讼是什么诉？（2022，单选）

A. 积极的确认之诉

B. 给付之诉

C. 消极的确认之诉

D. 变更之诉

答案：A。提示：诉的种类。

2. 房某认为自己的债务人江某与案外人周某串通，以虚假交易将江某财产转移到周某名下。房某请求法院撤销江某与周某的买卖合同，并判令周某向自己返还款项，用以偿还江某对自己的债务，房某向法院提出的请求之间是什么关系？（2022，不定项）

    A. 诉的主体合并

    B. 诉的重叠合并

    C. 诉的预备合并

    D. 诉的客体合并

    答案：A。提示：诉的主体合并。

    3. 甲公司与乙公司订有买卖合同一份，之后甲公司通知乙公司，因商品不达标要求解除合同，乙公司收到后一直置之不理。甲公司向法院请求确认合同解除，一审法院经过审理判决合同解除并向双方送达判决书。乙在上诉状中提出，即使合同解除，甲也应当返还商品，二审法院维持原判并向双方送达判决书。关于本案，下列哪一说法错误？（2021，单选）

    A. 甲的起诉是确认之诉

    B. 甲的起诉是变更之诉

    C. 买卖合同于乙收到解约书面通知时即解除

    D. 乙提出返还商品的请求构成预备合并，法院应当一并审理

    答案：B。提示：诉的种类。

    4. 张三向李四借款 10 万元，借 1 年，双方约定利息 1 万元，到期不归还借款支付罚息 2 万元。后张三到期未偿还借款，李四起诉要求张三归还本金并支付利息和罚息。关于本案的诉讼标的的数量，下列哪一表述是正确的？（2021，单选）

    A. 仅有一个诉讼标的

    B. 本金和利息一个诉讼标的，罚息一个诉讼标的

    C. 本金一个诉讼标的，利息和罚息一个诉讼标的

    D. 本金、利息、罚息共三个诉讼标的

    答案：A。提示：诉讼标的。

    5. 张三起诉李四要求解除合同，在案件审理的过程中，张三变更诉讼请求，要求李四承担违约责任并继续履行合同。下列说法中正确的是？（2020，单选）

    A. 张三作出的是对诉讼请求的变更

    B. 张三应当先申请撤回起诉，之后再另行起诉

    C. 对张三请求的继续履行和违约责任，法院应作出诉的合并审理

    D. 张三作出的是对诉讼标的的变更

    答案：A。提示：诉讼标的、诉讼请求。《民诉解释》第 232 条。

    6. 郑某起诉林某，审理过程中林某提起反诉，后郑某撤回起诉，法院以原告撤回起诉为由裁定驳回了林某的反诉。林某对该裁定不服，提起上诉，二审法院应当如何处理？（2019，单选）

A. 组织当事人调解，调解不成，告知另行起诉

B. 裁定驳回上诉，维持原裁定

C. 二审法院撤销驳回反诉的裁定，同时发回重审

D. 二审法院撤销原裁定，同时指定原审法院审理

答案：D。提示：反诉。

 案例讨论

1. 甲与乙签订了一份 A 级纺织材料的买卖合同，合同约定由甲向乙提供相应的纺织材料，乙向甲支付货款 200 万元。甲向乙支付相应纺织材料后，乙仅支付了 150 万元的货款，随后甲将乙诉至法院，请求人民法院判令乙支付剩下的 50 万元货款。在诉讼中乙提出甲所支付的纺织材料并不是合同中所约定的 A 级材料，而是其价格一半的 C 级材料，且乙用甲所提供的材料纺织窗帘出口至欧洲，但因质量和纺织材料不合格被商家退回，给乙造成了极大损失。

请问：（1）本案中，甲对乙提起的诉讼属于什么类型的诉？

（2）本案中，乙可以通过什么方式进行救济？

（3）如果乙向法院提起反诉，后甲经法院准许将自己所提出的本诉撤回，那么乙所提出的反诉该怎么处理？

2. 王某是邮票收藏家，一天，王某在其朋友张某的家中发现一枚稀有的 80 年代纪念邮票，张某称此物是他在一个邮票市场上所淘来的。王某见该邮票如此精美，遂向张某提出借走观赏一周，张某碍于朋友之间的关系和面子只好答应。王某将其带回家后，夜夜观赏，越发觉得精美，到约定日期后迟迟不归还，并称该邮票是他父亲传下来的，不属于张某。无奈之下，张某向法院提起诉讼，请求法院判决王某归还该邮票。

请问：（1）张某提起的诉讼属于什么类型？

（2）请分析本案诉的要素有哪些？

Chapter 3
C 第三章
民事诉讼法的基本原则

经典案例 •

某铁道控股有限公司与中铁某局集团有限公司买卖合同纠纷案
——民事诉讼应当遵循诚实信用原则①

【案情】中铁某局集团有限公司（以下简称"中铁某局"）下设的新建 A 铁路 B 段站前 1 标工程项目经理部（以下简称"经理部"）向某铁道控股有限公司（以下简称"某控股公司"）订购一批热轧圆钢、螺纹钢，双方签订了《买卖合同》。签约后，某控股公司按约供货。因经理部拖欠货款，2018 年 5 月，某控股公司向法院提起诉讼要求中铁某局支付欠款。该案审理中，双方达成经理部的欠款分期支付、对三分部（系中铁某局下设的项目部）的欠款保留诉权的调解协议。之后，虽然中铁某局履行了协议约定的分期付款义务，但三分部的货款仍拖欠。2019 年 3 月，某控股公司再次向法院提起诉讼，要求中铁某局支付三分部的欠款。诉讼中，中铁某局以该笔款已在前案中处理为由主张"一事不再理"，并提供了一份案外人铁路某有限公司关于项目未完工验收、付款条件未成就的证明。某控股公司则提供了经公证的中国铁路总公司官网有关案涉铁路早在 2017 年就进行了联调联试和开通运营的新闻报道。中铁某局虽然对该报道真实性不否认，但辩称应以业主单位证明为准，同时援引《高速铁路竣工验收办法》主张联调联试不是竣工验收。

法院经审理认为，因前案诉请标的以及调解协议内容等足以表明前案调解确认的分期付款项与涉案欠款为两笔不同的债务，中铁某局提出"一事不再理"的主张不能成立。其辩称的付款条件是否成就一节，因中铁某局未就"完工验收"的含义

---

① 资料来源：典型案例丨六件典型案例带你了解涉铁路审判"那些事儿"［EB/OL］. 澎湃新闻，2021－07－29.

进行举证，故应认定"完工验收"即指"竣工验收"。鉴于双方均确认涉案的铁路已开通运营，其前提即是竣工验收合格，故中铁某局有关付款条件未成就的抗辩不能成立，遂判决支持原告的诉请。中铁某局不服一审判决，提起上诉。二审法院判决驳回上诉，维持原判。

评析：我国《民事诉讼法》第 13 条第 1 款："民事诉讼应当遵循诚信原则"，这是我国民事诉讼中所必须遵循的基本原则之一。

民事诉讼中诚信原则对当事人的适用可以总结为以下几个方面：（1）当事人的真实陈述义务，要求当事人在诉讼中陈述案件事实应当符合真实案情，不得虚构事实。（2）促进诉讼义务，要求当事人在诉讼中不得实施迟延或者拖延诉讼行为，或者干扰诉讼的进行，应当协助法院有效率地进行诉讼，完成审判。（3）禁止以欺骗的方式形成不正当的诉讼状态，从而获得不当法益。（4）禁反言，反言即一方当事人在诉讼外或者诉讼中的言行已经使对方当事人产生某种合理期待，当对方按照此期待行动时，一方当事人却作出与此前自己的言行相反或相矛盾的言行。禁反言就是对于侵害了对方当事人利益的这种言行，可依据诚信原则对其进行否定。（5）禁止滥用诉讼权利，要求当事人不得恶意或者无根据地行使诉讼权利，防止当事人以此获得不当法益。

诚信原则不仅适用于当事人，同样也适用于其他诉讼参与人与法院。一方面，要求其他诉讼参与人本着诚实和善意的心态进行诉讼活动；另一方面，法官在行使民事审判权时也应当公正、合理。本案中，当事人中铁某局妄图混淆前案与本案之间的标的，拖延诉讼进行，并且提交不符合实际情况的业主单位证明，即虚假证明，明显违反了诚信原则，法院从其诉讼行为、证据效力等方面认为中铁某局的主张不成立，并确定了中铁某局的付款责任。

社会得以延续最重要的就在于诚信原则的贯彻。诚信贯穿了我国社会的各个层面，对我国如今的经济繁荣、社会稳定、社会主义现代化事业快速发展起着重要的作用，并且在我国社会主义核心价值观中，专门将诚信视为公民的道德规范，是核心价值观的道德基础。如今将诚信原则在诉讼程序中加以应用，更加明确其含义，不仅防止虚假诉讼，浪费诉讼资源现象的产生，也大大促进了社会主义核心价值观进一步融入到法律当中。

知识梳理

1. 当事人平等原则
2. 同等原则和对等原则
3. 处分原则

4. 辩论原则

5. 诚实信用原则

6. 法院调解原则

7. 民事检察监督原则

8. 支持起诉原则

9. 线上、线下诉讼活动效力同等原则

民事诉讼法的基本原则，是指贯穿于民事诉讼全过程，对民事诉讼法律关系主体和整个诉讼活动起指导作用的根本性准则。

一、当事人平等原则

（一）含义

《民事诉讼法》第 8 条："民事诉讼当事人有平等的诉讼权利。人民法院审理民事案件，应当保障和便利当事人行使诉讼权利，对当事人在适用法律上一律平等。"

平等原则，是指在民事诉讼中，当事人平等地享有和行使诉讼权利。

（二）内容

1. 当事人双方诉讼地位平等

在民事诉讼中，只有原告、被告称谓的不同，而不存在双方诉讼地位的优劣和差异。双方当事人不因出身、社会地位、经济状况、文化程度、民族等因素不同而存在差别。他们的诉讼地位是平等的，不但平等地享有诉讼权利，同时也平等地承担诉讼义务，并且对行使诉讼权利给予平等的机会。例如，当事人双方都有对案件事实进行陈述的权利，都有权提出证据以维护自己的合法权益；一方当事人提出主张时，另一方当事人有权进行质证并提出反证予以抗衡。

（1）当事人双方诉讼权利平等。

当事人诉讼权利平等，并不是说诉讼权利完全相同。

一方面，诉讼权利的相同性。即在诉讼过程中，双方当事人的诉讼权利是相同的，如双方当事人都享有委托代理人，申请回避，收集、提供证据，参与庭审，进行辩论等权利。

另一方面，诉讼权利的对应性。即双方当事人所享有的诉讼权利因其诉讼地位的不同而不能相同时，该诉讼权利需对应，如对应原告的起诉权，被告有应诉答辩权；对应原告享有的提出、放弃、变更诉讼请求的权利，被告有承认、反驳诉讼请求的权利等。因此，诉讼权利平等原则实质上是赋予双方当事人维护其合法权利以平等的机会和手段。

（2）当事人依法平等地承担诉讼义务。

2. 人民法院应当保障和便利当事人平等地行使诉讼权利

首先，立法保障。

其次，司法实践中，人民法院应当为当事人平等地行使诉讼权利提供保障和便利。例如，人民法院应当在开庭前和开庭审理时，告知双方当事人的诉讼权利和义务，以便当事人有充分的时间了解和行使诉讼权利。再如，一方当事人因故意或重大过失而迟延提出证据材料，可能给对方造成不利的诉讼状况，在此种情形下，法官有权决定不予接受迟延提出的证据材料。总之，人民法院在引导当事人行使诉讼权利时，必须注意平等性，不能厚此薄彼，只关注一方当事人。

（二）同等原则和对等原则

《民事诉讼法》第 5 条第 1 款："外国人、无国籍人、外国企业和组织在人民法院起诉、应诉，同中华人民共和国公民、法人和其他组织有同等的诉讼权利义务。"

《民事诉讼法》第 5 条第 2 款："外国法院对中华人民共和国公民、法人和其他组织的民事诉讼权利加以限制的，中华人民共和国人民法院对该国公民、企业和组织的民事诉讼权利，实行对等原则。"

【例】A 国甲公司和我国乙公司合同纠纷一案在我国法院进行诉讼。基于 A 国法院在先前案件中对我国公民和法人的诉讼权利进行了歧视性的限制，我国法院也对甲公司的诉讼权利进行了对应的限制。据此 A 国甲公司认为我国法院不公正，因为我国《民事诉讼法》规定了当事人的诉讼权利平等，可以行使辩论权、处分权、提供证据等权利。我国法院的这种限制是否妥当？

分析： 根据我国民事诉讼法的规定，双方当事人平等地享有和行使诉讼权利，而这是一起涉外案件，法院在审理涉外案件时还要实行同等原则和对等原则，同等原则和对等原则仅针对外国人、无国籍人、外国企业和组织适用。

同等原则，是指在我国人民法院起诉、应诉的外国人、无国籍人、外国企业和组织，享有和我国公民、法人和其他组织同等的诉讼权利义务，即在民事诉讼中外国当事人和我国当事人一视同仁。

对等原则，是指如果外国法院对我国当事人的诉讼权利加以限制的，我国实行对等原则，对该国当事人进行同样的限制。其适用前提是该外国法院限制我国当事人诉讼权利，即"以其人之道还治其人之身"。

对等和互惠是一个问题的两个方面，互惠是指互相提供方便，对等是指在相反的情况下，互相对抗，互相限制。我国民事诉讼法既规定了外国人、无国籍人、外国企业和组织在人民法院起诉、应诉时同中华人民共和国公民有同等的诉讼权利和义务，又规定了外国法院对我国公民、企业和组织的民事诉讼权利加以限制的，人民法院对该国公民、企业和组织的民事诉讼权利实行对等原则，从而使国家主权原则在司法上得以体现。上述案例中，甲公司认为我国法院对其不公正，其实法院采用了对等原则处理问题。当然，双方约定在第三国处理争议，只要不违反我国《民事诉讼法》关于对涉外案件专属管辖的规定，法律也是允许的。

 **三、处分原则**

（一）含义

《民事诉讼法》第 13 条第 2 款："当事人有权在法律规定的范围内处分自己的民事权利和诉讼权利。"

处分原则，是指民事诉讼当事人在法律规定的范围内，有权按照自己的意愿支配自己的民事权利和诉讼权利，即可以自行决定是否行使或如何行使自己的实体权利和诉讼权利。

（二）内容

1. 主体

享有处分权的主体是当事人及其法定诉讼代理人。

2. 处分的对象

处分的对象即为对自己的民事权利和诉讼权利进行处分。

（1）在诉讼程序方面，当事人对诉讼的进行和终结有相对的决定权。

首先，民事纠纷发生后，是否以诉讼的方式加以解决，取决于当事人对起诉权的处置；其次，民事诉讼程序开始以后，是否继续诉讼取决于原告对撤诉权的处置；再次，二审程序是否发生，取决于当事人行使或放弃上诉权；最后，法院的裁判发生后，执行程序是否开始，一般也由当事人决定。总之，当事人对诉讼程序的开始、进行以及终了具有控制权，这体现了对当事人主体地位的尊重。

（2）在审理的实体方面，当事人自主决定审理的对象和范围，对法院的审判权形成合理的制约。

在诉讼中，当事人有权自主决定法院审理的对象，例如，离婚诉讼，仅对儿女的抚养问题提起诉讼，而对财产的分割无异议；有权追加诉讼请求或放弃诉讼请求，这是处分权在实体利益方面的表现。

同时，法院审判权的行使应当受到当事人处分权的制约。例如，起诉时由当事人确定诉的标的，由当事人确定其利益救济的方式；在上诉审中，第二审人民法院原则上也只能按照当事人上诉请求的范围进行审理。

（3）当事人对实体权利和诉讼权利的处分，是融合在一起的。

当事人对实体权利的处分一般是通过对诉讼权利的处分来实现的。例如，纠纷发生后，当事人为了实现自己的合法权益可以依照自己的意愿决定是否行使起诉权，在诉讼过程中，原告还可以放弃自己的实体权利，申请撤回起诉，从而要求法院终结已经进行的诉讼。

但是，对诉讼权利的处分，并不意味着就一定处分到实体权利。例如，在一审中当事人行使撤诉权，仅仅产生终结诉讼的程序效果，并不涉及对实体权利的处分。

3. 处分原则贯穿于民事诉讼的全过程

在各个诉讼阶段，当事人都有权处分其权利。

4. 处分权的行使不得违反法律的强制性规定

（三）违反处分原则的判断：判决超出了原告的诉讼请求即违反处分原则

【例1】甲向法院起诉，要求判决乙返还借款本金 10 万元。在案件审理中，借款事实得以认定，同时，法院还查明乙逾期履行还款义务近 1 年，遂根据银行同期存款利率，判令被告归还原告借款 10 万元，利息 8000 元。如何评价法院的判决？

分析：该法院的判决超出了原告甲的诉讼请求，违反了处分原则。原告可以主张本金和利息，但原告只主张了本金，说明对利息予以了处分，法院判决多了利息部分，侵犯了原告的处分权。

【例2】丙向法院起诉，要求丁赔偿精神抚慰金 3 万元。法院经过审理，认为当地经济水平比较高，3 万元不足以弥补原告遭受的精神损害，于是判决丁赔偿丙精神抚慰金 5 万元。如何评价法院的判决？

分析: 该法院的判决超出了原告的诉讼请求,违反了处分原则。原告只要求 3 万元的精神抚慰金,法院超出了原告的诉讼请求,判决了 5 万元,对多出的 2 万元侵犯了原告的处分权。

四、辩论原则

(一) 含义

《民事诉讼法》第 12 条:"人民法院在审理案件时,当事人有权进行辩论。"

辩论原则,是指在民事诉讼活动中,当事人有权就案件所争议的事实和法律问题,在人民法院的主持下进行辩论,各自陈述自己的主张和根据,互相进行反驳与答辩,从而查明案件事实,以维护自己的合法权益。

(二) 内容

1. 辩论权是当事人一项重要的诉讼权利

2. 当事人辩论的内容

在民事诉讼中,当事人行使辩论权的范围非常广泛。概括起来有三个方面:一是对案件的实体问题进行辩论。例如,所争议的实体法律关系是否存在,原告的诉讼请求和被告的答辩能否成立,有无事实根据。二是对案件所涉及的程序问题进行辩论。例如,原告、被告是否为本案正当当事人,诉讼代理人是否合法、受诉人民法院对本案是否有管辖权等。三是对适用法律进行辩论。对以上问题的辩论,应当是当事人之间存在争议的问题,当事人不争执的问题无须辩论。

3. 当事人行使辩论权的形式

可以是言词辩论,也可以是书面辩论。

双方当事人进行辩论的形式主要是言词辩论,也可通过书面形式进行辩论。言词辩论主要集中在开庭审理中进行,《民事诉讼法》规定的庭审阶段,专门确立了庭审辩论阶段;书面形式主要适用于庭审阶段之外,如原告提交起诉状,被告提交答辩状,即是一种书面辩论的形式。

4. 辩论原则贯穿于民事诉讼的全过程

除特别程序外,第一审程序、第二审程序和审判监督程序中,辩论原则都适用。

5. 人民法院应当保障当事人辩论权的充分行使

(1) 审判人员应当为当事人提供行使辩论权的机会,既要为当事人在开庭审理之前,提供书面辩论的机会,特别是要为被告答辩提供时间保障;又要为他们在庭审中提供平等的言词辩论机会。

（2）审判人员应恰当地组织和引导当事人的辩论活动，既不能限制当事人的辩论，也不能放任自流，使当事人能够紧紧围绕案件争议焦点进行辩论。

（3）在辩论过程中，审判人员应当保持"中立"地位，既不能参与当事人的辩论，也不能发表具体倾向性的意见。

（三）当事人辩论权与法院裁判的关系

辩论权是当事人实施辩论行为的根据，在民事诉讼中，存在着当事人辩论权的行使与法院审判权的行使的相互关系问题。

根据《民事诉讼法》和《民诉解释》规定，作为裁判根据的事实、证据，必须经过当事人的辩论、质证，凡是未经当事人辩论、质证的事实、证据，不能作为法院裁判的根据。

同时，当事人辩论权的行使亦应受到必要的约束，例如，人民法院可以指令当事人限期提出证据等。

（四）违反辩论原则的判断：法院以当事人没有主张的事实作为裁判的依据，违反辩论原则

【例】甲起诉乙，主张乙开车撞倒自己，要求赔偿医疗费3万元。被告乙否认该事实，一审法院经过审理认为无法确定乙是否撞倒甲，但就算乙没有撞倒甲，由于乙的车型大、车速快、刹车突然、刹车声刺耳，完全可能吓到甲，导致甲摔倒在车前，于是判决乙赔偿甲医疗费26000元。如何评价法院的判决？

分析： 法院的判决违反了辩论原则。原告要求被告赔偿3万元医疗费，法院判决乙赔偿医疗费26000元，并未超出原告的诉讼请求，未违反处分原则。但是原告主张的事实是被告开车撞倒自己，法院认定的事实则是乙开的车吓到了甲，当事人并未主张吓到这一事实，法院的判决超出了当事人的事实主张，故违反了辩论原则。

五、诚实信用原则

（一）含义

《民事诉讼法》第13条："民事诉讼法应当遵循诚信原则。"

民事诉讼中的诚信原则，是指在民事诉讼中，当事人和其他诉讼参与人必须依

法行使自己的诉讼权利，诚实履行自己的诉讼义务，不能滥用诉讼权利和虚假诉讼的情形。人民法院应当依法行使民事案件的审判权，公开、公正地作出裁判，不能有枉法裁判的行为。人民检察院应在法律允许的范围内对民事诉讼和民事执行进行法律监督，不能滥用法律监督权。

（二）诚信原则在民事诉讼法律制度中的具体体现

1. 当事人及时提供证据的义务与证据失权制度

《民事诉讼法》第 68 条："当事人对自己提出的主张应当及时提供证据。人民法院根据当事人的主张和案件审理情况，确定当事人应当提供的证据及其期限。当事人在该期限内提供证据确有困难的，可以向人民申请延长期限，人民法院根据当事人的申请适当延长。当事人逾期提供证据的，人民法院应当责令其说明理由；拒不说明理由或者理由不成立的，人民法院根据不同情形可以不予采纳该证据，或者采纳该证据但予以训诫、罚款。"

《民诉解释》第 101 条："当事人逾期提供证据的，人民法院应当责令其说明理由，必要时可以要求其提供相应的证据。当事人因客观原因逾期提供证据，或者对方当事人对逾期提供证据未提出异议的，视为未逾期。"

《民诉解释》第 102 条："当事人因故意或者重大过失逾期提供的证据，人民法院不予采纳。但该证据与案件基本事实有关的，人民法院应当采纳，并依照《民事诉讼法》第六十八条、第一百一十八条第一款的规定予以训诫、罚款。当事人非因故意或者重大过失逾期提供的证据，人民法院应当采纳，并对当事人予以训诫。当事人一方要求另一方赔偿因逾期提供证据致使其增加的交通、住宿、就餐、误工、证人出庭作证等必要费用的，人民法院可予支持。"

《最高人民法院关于民事诉讼证据的若干规定》（以下简称《证据规定》）第 2 条第 1 款："人民法院应当向当事人说明举证的要求及法律后果，促使当事人在合理期限内积极、全面、正确、诚实地完成举证。"

2. 对恶意诉讼、恶意调解等行为的规制措施

（1）禁止恶意诉讼。《民事诉讼法》第 115 条："当事人之间恶意串通，企图通过诉讼、调解等方式侵害国家利益、社会公共利益和他人合法权益的，人民法院应当判决驳回其请求，并根据情节轻重予以罚款、拘留；构成犯罪的，依法追究刑事责任。当事人单方捏造民事案件基本事实，向人民法院提起诉讼，企图侵害国家利益、社会公共利益或者他人合法权益的，适用前款规定。"

（2）禁止恶意逃债。《民事诉讼法》第 116 条："被执行人与他人恶意串通，通过诉讼、仲裁、调解等方式逃避履行法律文书所确定的义务，人民法院应当根据情

节轻重予以罚款、拘留；构成犯罪的，依法追究刑事责任。"

3. 第三人撤销之诉制度

《民事诉讼法》第 59 条第 3 款："前两款规定的第三人，因不能归责于本人的事由未参加诉讼，但有证据证明发生法律效力的判决、裁定、调解书的部分或者全部内容错误，损害其民事权益的，可以自知道或者应当知道其民事权益受到损害之日起六个月内，向作出该判决、裁定、调解书的人民法院提起诉讼。人民法院经审理，诉讼请求成立的，应当改变或者撤销原判决、裁定、调解书；诉讼请求不成立的，驳回诉讼请求。"

4. 对当事人撤回自认的严格限制

《证据规定》第 9 条："有下列情形之一，当事人在法庭辩论终结前撤销自认的，人民法院应当准许：（一）经对方当事人同意的；（二）自认是在受胁迫或者重大误解情况下作出的。人民法院准许当事人撤销自认的，应当作出口头或者书面裁定。"

5. 法院在各类诉讼程序、非诉程序中遵守审限的职责

例如：《民事诉讼法》第 152、第 164、第 183、第 187 条等。

6. 法院保障当事人依法行使的申请调取证据权的职责；法院在符合法定情形时，主动采取财产保全措施和行为保全措施

7. 证人出庭如实作证的义务

《民事诉讼法》第 75 条："凡是知道案件情况的单位和个人，都有义务出庭作证。有关单位的负责人应当支持证人作证。"

《民诉解释》第 119 条："人民法院在证人出庭作证前应当告知其如实作证的义务以及作伪证的法律后果，并责令其签署保证书，但无民事行为能力人和限制民事行为能力人除外。"

8. 鉴定人在法定情形下的出庭义务

《民事诉讼法》第 81 条："当事人对鉴定意见有异议或者人民法院认为鉴定人有必要出庭的，鉴定人应当出庭作证。"

9. 二审中的禁反言

《民诉解释》第 340 条："当事人在第一审程序中实施的诉讼行为，在第二审程序中对该当事人仍具有拘束力。当事人推翻其在第一审程序中实施的诉讼行为时，人民法院应当责令其说明理由。理由不成立的，不予支持。"

10. 检察机关行使民事检察权时的诚信义务

《人民检察院民事诉讼监督规则（试行）》第 4 条："人民检察院办理民事诉讼监督案件，应当坚持公开、公平、公正和诚实信用原则。"

六、法院调解原则

(一) 含义

《民事诉讼法》第 9 条："人民法院审理民事案件，应当根据自愿和合法的原则进行调解；调解不成的，应当及时判决。"

《民事诉讼法》第 96 条："人民法院审理民事案件，根据当事人自愿的原则，在事实清楚的基础上，分清是非，进行调解。"

法院调解原则，是指在诉讼过程中，在人民法院审判人员的主持下，诉讼当事人就争议的问题，通过自愿协商，达成协议，解决其民事纠纷的活动。法院调解是人民法院审理和解决民事纠纷的重要形式之一。

1. 法院调解的特点

(1) 法院调解是一种诉讼活动。与一般的调解不同，法院调解是在法院审判人员的主持下进行的，通过审判人员的"劝导"，促使双方当事人明了法理、分清是非，达成解决纠纷的协议。

(2) 法院调解是法院行使审判权和当事人行使处分权的结合。

(3) 法院调解，是人民法院审结民事案件的一种方式。通过法院调解，当事人双方自愿达成协议后，经法院审查认可，调解书送达双方当事人签收后，即发生法律效力，从而终结诉讼程序。生效的调解书与生效的判决书具有同等的法律效力。

2. 法院调解的意义

(1) 有利于及时、彻底地解决当事人之间的民事纠纷。

(2) 有利于化解矛盾，促进当事人的团结。

(3) 有利于法制宣传、预防和减少诉讼。

(二) 内容

法院适用调解方式审理民事案件时，应当遵循以下三个原则。

1. 自愿原则

自愿原则是法院调解的前提，它是指人民法院以调解方式解决纠纷时，必须在当事人自愿的基础上进行，包括调解活动的开始和进行过程，以及调解协议的达成等方面，都必须以当事人自愿为前提。自愿原则包括以下两层意思。

(1) 程序意义上的自愿，是指是否以调解的方式来解决当事人之间的争议，取决于当事人的意愿，人民法院不能未经当事人同意自行依职权调解或强迫当事人接受调解。

（2）实体意义上的自愿，是指经过调解所达成的调解协议的内容必须是双方当事人真实的意思表示。可以由双方协商达成协议，也可以由法院提供调解方案供当事人参考，但不能强迫当事人接受。

2. 合法原则

合法原则，是指人民法院进行调解必须依法进行，调解的过程和达成的调解协议的内容，应当符合法律的规定。合法原则包括以下两层意思。

（1）程序意义上的合法，即人民法院的调解活动应当严格按照法律规定的程序进行，包括调解的开始，调解的方式、步骤，调解的组织形式，调解协议的形成以及调解书的送达等，都要符合民诉法的规定。

（2）实体意义上的合法，即经调解达成的协议的内容合法，其内容只要不违反法律、法规的规定，不损害国家、社会和他人的合法权益，就为合法。

3. 查明事实、分清是非原则

人民法院对民事案件进行调解，应当是在事实清楚、是非分明的基础上进行。否则，审判人员就会心中无数，无法对当事人以事实和法律进行说服教育，就可能出现无原则地"和稀泥"，容易造成久调不决，使诉讼迟延。

（三）正确处理调解与判决的关系

（1）调解与判决都是解决民事纠纷的方式，人民法院审理民事案件时，既可以在当事人自愿的前提下运用调解方式，也可以运用判决方式解决纠纷。

（2）调解不是法院审理民事案件的必经程序（除离婚案件外），人民法院可以不经过调解，而在查明事实的前提下，直接作出判决。

（3）即使当事人愿意调解的民事案件，人民法院也不能久调不决，调解不成的或调解书送达前当事人反悔的，人民法院应当及时作出判决。

七、民事检察监督原则

（一）含义

《民事诉讼法》第14条："人民检察院有权对民事诉讼实行法律监督。"

《民事诉讼法》第246条："人民检察院有权对民事执行活动实行法律监督。"

民事检察监督原则是指人民检察院对于人民法院行使民事审判权和执行权行为的合法性进行的监督。

（二）民事检察监督的范围

（1）人民检察院对民事诉讼实行法律监督，即包括对人民法院的立案、调解、调查取证、保全和先予执行、审判和执行等活动都实行法律监督。

（2）对调解书可以提出抗诉，但限于发生法律效力的调解书损害国家利益、社会公共利益的情形。

（3）对审判人员的违法行为进行监督，各级人民检察院对审判监督程序以外的其他审判程序中审判人员的违法行为，有权向同级人民法院提出检察建议。

（三）民事检察监督的方式

1. 抗诉

最高人民检察院对各级人民法院、上级人民检察院对下级人民法院已经生效的判决、裁定发现有提起抗诉的法定情形，或者发现调解书损害国家利益、社会公共利益的，有权提请法院对案件重新进行审理。

2. 检察建议

地方各级人民检察院对同级人民法院已经发生法律效力的判决、裁定，发现有《民事诉讼法》第211条规定情形之一的，或者发现调解书损害国家利益、社会公共利益的，可以向同级人民法院提出检察建议，并报上级人民检察院备案。

八、支持起诉原则

【例】案一：某化工厂排污，污染河流，当地环保组织提起公益诉讼，是否体现了支持起诉原则？

案二：某化工厂排污，污染河流，河流沿岸的养殖户甲欲起诉化工厂，当地环保组织为甲提供物质、法律援助，是否体现了支持起诉原则？

分析： 案一中的公益诉讼与支持起诉无关，支持起诉原则是机关、社会团体、企业事业单位支持受害人起诉，仍以受害人名义起诉，机关、社会团体、企业事业单位只是为其提供物质上、精神上、法律上的支持和帮助而已。故当地环保组织提起公益诉讼并未体现支持起诉原则。案二中环保组织支持受害人甲起诉，体现了支持起诉原则。

（一）含义

《民事诉讼法》第15条："机关、社会团体、企业事业单位对损害国家、集体或者个人民事权益的行为，可以支持受损害的单位或者个人向人民法院起诉。"

支持起诉原则，一般是指启发、鼓励、帮助受损害的单位或者公民个人向人民法院提起诉讼，包括向受损害的当事人提供精神上的鼓励、物质和法律上的帮助，但不能代替受损害的当事人行使诉权，即不能以支持者自己的名义向人民法院起诉。

支持起诉是民事诉讼中的一种社会干预。因为在司法实践中，有的受损害的当事人由于某种原因不知道自己的民事权益受到损害或者不敢起诉或无民事行为能力，在这种情况下，为提倡鼓励同民事违法行为作斗争，保护国家、集体和公民的合法权益，维护正常的社会民事法律关系，扶助弱者，就有必要在民事诉讼中贯彻支持起诉的原则。

（二）支持起诉的适用条件

（1）前提：被告的行为直接侵害了原告的民事合法权益，并产生一定严重后果。如果属于一般民事纠纷，是否起诉由当事人自己决定，有关机关和社会团体等不必支持起诉。

（2）支持起诉的主体：只限于机关、社会团体、企业事业单位，一般是对原告负有保护责任的机关或者其主管单位，如妇联组织可以支持受害的妇女起诉、企业事业单位可以支持本单位职工起诉、共青团可以支持受害的青年起诉等。不包括公民个人。

（3）支持起诉的对象：限于受害人。

（4）必须是受害人基于某种原因未向人民法院起诉，如果已经起诉，则无须支持。

（5）支持起诉人与案件没有利害关系。

（三）支持起诉的方式

支持起诉不等于代为提起诉讼，即支持不等于代替，支持起诉的机关、社会团体、企业事业单位不能以自己的名义提起诉讼，其本身不是适格的当事人。

支持的方式通常包括道义上的支持、精神上的鼓励、物质上的援助以及法律知识上的帮助。

（四）支持起诉人的诉讼地位

非当事人，只是支持起诉人。

九、线上、线下诉讼活动效力同等原则

《民事诉讼法》第 16 条："经当事人同意，民事诉讼活动可以通过信息网络平

台在线进行。民事诉讼活动通过信息网络平台在线进行的，与线下诉讼活动具有同等法律效力。"

第一，通过信息网络平台进行在线诉讼活动，应遵循处分原则，以当事人同意为前提。

信息网络平台在线民事诉讼活动，包括从立案到执行的各个民事诉讼环节。

"经当事人同意"是通过信息网络平台进行民事诉讼活动的适用前提，当事人有权自主选择线上或线下诉讼模式，但不得干预和影响其他诉讼主体的选择权。部分当事人同意在线诉讼，部分当事人不同意的，相应诉讼环节可以采取同意方当事人线上、不同意方当事人线下的方式进行。

第二，通过信息网络平台在线进行的民事诉讼活动与线下诉讼活动具有同等法律效力。

 真题自测

1. 甲、乙纠纷中针对质证环节，甲同意在线诉讼，乙表示己方不同意在线，法院以不同意的理由不正当为由视为乙放弃质证权利，最终判决乙败诉。法院违反了哪一原则？（2022，单选）

A. 同等原则

B. 对等原则

C. 诚信原则

D. 在线诉讼原则

答案：C。提示：《民事诉讼法》第13、第16条。

2. 居住在杭州的甲、乙因网购合同中所购物品质量问题产生纠纷，甲诉至杭州互联网法院，甲同意线上开庭，乙以不具备线上设备参与诉讼的条件为由不同意线上开庭。下列说法正确的是？（2022，单选）

A. 法院依职权线上审理

B. 对甲方先行审理，对乙延期审理

C. 对乙线下开庭，对甲线上庭审

D. 因为当事人乙不同意，只能双方都线下开庭

答案：C。提示：《人民法院在线诉讼规则》第4条。

3. 甲因借款纠纷起诉乙，要求乙返还借款2万元，法院审理中查明借款金额应为20万元。法官询问甲，甲表示知晓总金额，但因乙背信弃义，要分10次起诉给他教训。关于本案，下列说法正确的是？（2021，单选）

A. 对2万元作出判决，其既判力及于20万元

B. 对 2 万元作出判决，其既判力仅及于 2 万元

C. 法院对 20 万元作出判决不违反处分原则

D. 经过乙同意，法院可以将剩余 18 万元一并判决

答案：A。提示：既判力、处分原则。

4. 甲公司与乙公司于 2016 年 10 月签订房屋租赁合同一份，甲公司将房屋出租给乙公司使用。该合同约定：租赁期限自 2016 年 10 月 30 日起，至 2026 年 10 月 29 日止，每月租金为 10 万元，装修免租期为 5 个月，逾期支付租金需按日租金 5% 支付违约金，逾期支付租金累计超过 1 个月，出租方可提前解除合同，承租方应支付违约金 10 万元。合同签订后，乙公司自 2017 年 7 月起拒不履行支付租金的义务。甲公司经多次催讨无果，2018 年 2 月诉至法院，要求支付 2017 年 7 月 30 日至 2018 年 2 月 28 日的房屋租金 60 万元。一审法院审理后作出判决，支付拖欠的房屋租金 60 万元及利息，解除双方之间的租赁合同。关于法院对该案判决的评论，下列哪一选项是正确的？（2018，单选）

A. 该判决符合法律规定，实事求是，全面保护了权利人的合法权益

B. 该判决不符合法律规定，违反了民事诉讼的处分原则

C. 该判决不符合法律规定，违反了民事诉讼的公开审判制度

D. 该判决不符合法律规定，违反了民事诉讼的两审终审制度

答案：B。提示：处分原则。

 案例讨论

1. 刘某的个体餐馆房屋上的店牌掉落，将孙某因就餐放在门前的摩托车砸坏致使孙某损失 2000 元修理费，双方就该损失赔偿问题发生争议。

试分析当事人如何基于其处分权而引起并推动诉讼程序的进行？

2. 王某与钱某是夫妻，因感情不和王某提出离婚诉讼，一审法院经审理判决不准予离婚。王某不服提起上诉，二审法院审理认为应当判决离婚，并对财产分割与子女抚养一并作出判决。

请问：关于二审法院的判决，违反了《民事诉讼法》哪些原则或制度？二审法院应该如何正确处理？

Chapter 4
C 第四章
民事诉讼法基本制度

青海银家房地产经纪有限公司与赵有兰、马守志中介合同纠纷一案
——违反两审终审制度，滥用再审程序

【案情】 赵有兰、马守志与青海银家房地产经纪有限公司签订了一份居间合同，但在合同履行时，因赵有兰和马守志怠于履行合同义务，导致合同目的无法实现，被银家公司诉至青海省西宁市城西区人民法院。一审判决赵有兰与马守志分别支付银家公司居间服务费 10000 元，判决作出后，被告马守志不服一审判决，向青海省西宁市中级人民法院申请二审，二审审理后将居间服务费用酌减为每人支付 5000 元。二审判决作出后，一审被告赵有兰不服所作判决，认为应当由马守志 人承担居间服务费用，向青海省高级人民法院申请再审。

青海省高级人民法院组成合议庭进行审理后认为赵有兰参加了两次的审理，在一审作出判决后，并未提出上诉，系对其诉讼权利的处分，其不应当具有再审利益，不具备提起再审的权利，认为赵有兰的再审申请不符合《民事诉讼法》第 211 条的规定，驳回了赵有兰的再审申请。

评析：《民事诉讼法》第 10 条："人民法院审理民事案件，依照法律规定实行合议、回避、公开审判和两审终审制度。"两审终审制是我国的一项基本制度，要求当事人不服一审判决时，可以在法律规定的期限内提起上诉；通过二审程序救济，并且仍然认为有错误的，只可通过审判监督程序申请再审，但不停止执行生效的判决、裁定。我国将两审终审作为一项基本制度，既有利于上级法院监督下级法院的工作，及时纠正出错的判决，维护当事人的合法权益，同时也有利于当事人及时行使诉讼权利，化解纠纷，防止纠纷累积。

本案中，法院认为赵有兰一审判决作出后无正当理由未提起上诉且二审判决未

改变一审判决对其权利义务判定，可见法院认定是否滥用再审程序，违反两审终审的基本制度，是基于两个条件来进行判断。第一，一审判决作出后，主动通过二审程序进行救济的，法律赋予其提起再审的权利；第二，二审判决作出后，加重了一方当事人的民事责任，那么对被加重民事责任的当事人赋予了提起再审的权利。结合本案，赵有兰作为二审被申请人的身份被动参与二审程序，并且二审判决并未加重其民事责任，如仍赋予其提起再审的权利，不仅变相鼓励或放纵当事人滥用申请再审的权利，也违反了我国民事诉讼所遵循的两审终审与诚实信用的基本制度与原则。

两审终审制度作为我国民事诉讼中最为重要的基本制度之一，起着防止诉讼拖延，节约司法资源，更快、更便捷地保护当事人诉讼权利，解决当事人之间矛盾的作用。在司法实践中防止滥用再审程序现象的出现，完善对于两审终审制的保护理论与机制，不仅贯彻了现代法治理论中所提倡的公平、公正、透明、高效，也体现了党的十八大报告中所主张的"让人民群众在每一个司法案件中都感受到公平正义"的理念。

知识梳理

1. 合议制度
2. 回避制度
3. 公开审判制度
4. 两审终审制度

民事诉讼法基本制度是指在民事诉讼一定的诉讼阶段起着指导性和决定性作用的准则。例如，公开审判制度、合议制度、两审终审制度、回避制度。

民事诉讼法的基本制度与民事诉讼法的基本原则既有相似之处，又有一定的差别。相似之处在于对民事诉讼都有指导作用，在民事诉讼法中都占有很重要的地位，都集中反映民事诉讼法的基本精神。但从理论上讲，基本制度与基本原则还是有相当大的差别，具体表现为，基本原则贯穿于民事诉讼的全过程，具有抽象性和宏观指导性，对民事诉讼的整个过程起指导作用；基本制度是对审判活动所作的原则性规定，只在民事诉讼的主要阶段或某些方面起指导作用，通常比较具体。

一、合议制度

在我国，人民法院审理民事案件是由法院的审判人员，并在一定的案件中吸收人民陪审员组成审判集体对民事案件进行审理，依法作出裁判。人民法院的审判组织形式包括两种：合议制和独任制。

合议制，是指人民法院审理民事案件由 3 名以上的单数审判人员组成合议庭，代表人民法院行使审判权，对具体案件进行审理并作出裁判的制度。

独任制，是指由 1 名审判员对具体案件进行审理并作出裁判的制度。

（一）各种程序的审判组织形式

1. 一审程序

（1）简易程序：由审判员一人独任审理。

（2）普通程序：原则上由审判员组成或者审判员与陪审员共同组成合议庭审理，但基层人民法院审理的基本事实清楚、权利义务关系明确的第一审民事案件，可以由审判员一人适用普通程序独任审理（《民事诉讼法》第 40 条第 2 款）。

2. 二审程序

原则上由审判员组成合议庭审理，但中级人民法院对第一审适用简易程序审结或者不服裁定提起上诉的第二审民事案件，事实清楚、权利义务关系明确的，经双方当事人同意，可以由审判员一人独任审理（《民事诉讼法》第 41 条第 1、第 2 款）。

注意：二审可以采用独任制，需要满足以下三个条件：（1）适用的案件类型是对第一审适用简易程序审理结案或者不服民事裁定提起上诉的第二审民事案件；（2）案件需要满足"事实清楚、权利义务关系明确"；（3）需要经过双方当事人同意。

3. 发回重审

原审人民法院应当按照第一审程序另行组成合议庭。

4. 再审

原来是第一审的，按照第一审程序另行组成合议庭；原来是第二审的或上级人民法院提审的，按照第二审程序另行组成合议庭。

5. 特别程序

原则上由审判员一人独任审理，但选民资格案件或者重大疑难案件应当由审判员组成合议庭审理。

6. 督促程序

由审判员一人独任审查。

7. 公示催告程序

公示催告阶段由审判员一人独任审查，除权判决阶段由审判员组成合议庭审查。

（二）不得适用独任制的案件

《民事诉讼法》第 42 条："人民法院审理下列民事案件，不得由审判员一人独任审理：（1）涉及国家利益、社会公共利益的案件；（2）涉及群体性纠纷，可能影响社会稳定的案件；（3）人民群众广泛关注或者其他社会影响较大的案件；（4）属于新类型或者疑难复杂的案件；（5）法律规定应当组成合议庭审理的案件；（6）其他不宜由审判员一人独任审理的案件。"

（三）独任制向合议制的转换

《民事诉讼法》第 43 条："人民法院在审理过程中，发现案件不宜由审判员一人独任审理的，应当裁定转由合议庭审理。当事人认为案件由审判员一人独任审理违反法律规定的，可以向人民法院提出异议。人民法院对当事人提出的异议应当审查，异议成立的，裁定转由合议庭审理；异议不成立的，裁定驳回。"

（四）合议庭的权限和活动原则

（1）合议庭代表法院行使审判权，审理和解决具体的民事案件，其审理权限包括：

① 对诉讼程序的指挥权，如决定举证期限、决定开庭日期、组织进行庭审调查等；

② 合议庭对诉讼过程中出现的重大问题有决定权，如对妨碍民事诉讼的行为有权决定使用强制措施、决定财产保全、证据保全等；

③ 在案件审理的最终阶段，合议庭有权作出判决而终结诉讼。

另外，合议庭是一个审判集体，其活动的原则就是：在对案件的评议、处理应当遵循少数服从多数的原则，评议中的不同意见，必须如实记入评议笔录。

（2）合议庭与审判委员会的关系。

审判委员会的任务是总结审判经验，讨论重大的或者疑难的案件和其他有关审判工作的问题。审判委员会和合议庭的关系是指导与被指导、监督与被监督的关系。

（五）合议制度与人民陪审员制度的关系

陪审制度，是指国家审判机关吸引非职业法官参与审理案件的一项司法制度。2018 年 4 月《中华人民共和国人民陪审员法》（以下简称《人民陪审员法》）对人民陪审员的权利与义务、参与审判案件的范围、人民陪审员的任职资格、培训、考核和奖惩等作出了明确规定。

（1）人民陪审员参加的合议庭：只适用于一审程序审理的诉讼程序。

① 案件的性质：只能参加诉讼程序，特别程序、督促程序和公示催告程序，不能有陪审员参加。

② 案件的审级：只适用于一审程序审理的案件，即包括一审、发回重审的案件、按照一审程序审理的再审案件。故二审程序中不能有陪审员参加。

注意：对法院的级别没有要求，所以，中院、高院、最高院只要是适用第一审程序审理的诉讼案件，都可以有人民陪审员参加。

（2）法院审判第一审民事案件，有下列情形之一的，由人民陪审员和法官组成合议庭进行。

① 涉及群体利益、公共利益的。

② 人民群众广泛关注或者其他社会影响较大的。

③ 案情复杂或者有其他情形，需要由人民陪审员参加审判的。

（3）法院审判下列第一审民事案件，由人民陪审员和法官组成7人合议庭进行。

① 根据《民事诉讼法》提起公益诉讼案件。

② 涉及征地拆迁、生态环境保护、食品药品安全，社会影响重大的案件。

③ 其他社会影响重大的案件。

（4）人民陪审员的权利义务。

《民事诉讼法》第40条第3款："陪审员在执行陪审职务时，除法律另有规定外，与审判员有同等的权利义务。"

二、回避制度

回避制度，是指为了保证民事案件的公正审理，要求符合法定回避情形的有关人员退出案件的审理活动或者其他诉讼活动的法律制度。

（一）适用对象

根据《民事诉讼法》第47条和《民诉解释》第48条的规定，回避的对象包括：参与本案审理的人民法院院长、副院长、审判委员会委员、庭长、副庭长、审判员、人民陪审员、法官助理、书记员、司法技术人员、翻译人员、鉴定人以及勘验人员。

（二）法定事由

根据《民事诉讼法》第47条及最高人民法院《民诉解释》第43、第44条的规定：

（1）审判人员及其他相关人员遇有下列情形之一，应当自行回避，当事人有权申请其回避。

① 是本案当事人或者当事人近亲属的。

② 本人或者其近亲属与本案有利害关系。

③ 担任过本案的证人、鉴定人、辩护人、诉讼代理人、翻译人员的。

④ 是本案诉讼代理人近亲属的。

⑤ 本人或者近亲属持有本案非上市公司当事人的股份或者股权的。

⑥ 与本案当事人或者诉讼代理人有其他利害关系，可能影响公正审理的。

（2）审判人员及其他有关人员有下列情形之一的，当事人有权申请其回避。

① 接受本案当事人及其受托人宴请，或者参加其支付费用的活动的。

② 索取、接受本案当事人及其受托人财物或者其他利益的。

③ 违反规定会见本案当事人及其诉讼代理人的。

④ 为本案当事人推荐、介绍诉讼代理人，或者为律师、其他人员介绍代理本案的。

⑤ 向本案当事人及其受托人借用款物的。

⑥ 有其他不正当行为，可能影响公正审理的。

（三）回避的程序

1. 回避的提出

（1）方式。

一是自行回避，即遇有法定的回避情形时，审判人员及其他有关人员主动退出该案审理活动；二是申请回避，即当事人及其诉讼代理人，向人民法院提出申请，要求符合条件的审判员、其他有关人员回避；三是指令回避，即审判人员具有应当回避的情形，但没有自行回避，当事人也没有申请其回避的，由院长或审判委员会决定其退出本案的审理活动。

（2）申请回避的时间。

应当在案件开始审理时提出，但是回避事由在案件开始审理后才知道的，也可以在法庭辩论终结前提出。（《民事诉讼法》第48条）

（3）申请回避的效果。

被申请回避的人员在人民法院作出是否回避的决定前，应当暂停参与本案的工作，但案件需要采取紧急措施的除外。但是，无论是申请回避，还是最终决定回避，都不影响已经进行的诉讼程序的效力。

2. 回避的决定

人民法院对当事人提出的回避申请，应当在申请提出的3日内，以口头或者书面形式作出决定。因回避适用的对象不同，回避的决定权人也不同。

（1）法院院长担任审判长或独任审判员时的回避，由审判委员会决定。

（2）审判人员（包括陪审员）的回避，由院长决定。

（3）其他人员（翻译人员、鉴定人、勘验人）的回避，由审判长或独任审判员决定。

（4）书记员、执行人员的回避，根据《民诉解释》第49条规定，适用审判人员的相关规定，即由院长决定。

3. 回避决定的复议

（1）申请人对决定不服的，可以在接到决定时申请复议一次。

（2）复议期间，被申请回避的人员，不停止参与本案的工作。

（3）人民法院对复议申请，应当在3日内作出复议决定，并通知复议申请人。

4. 决定回避的法律后果

在诉讼过程中，如果决定回避，更换人员后，诉讼程序继续进行，也就是说回避并不影响诉讼程序的进行。

三、公开审判制度

公开审判制度，是指人民法院审理民事案件，除法律规定的情况外，审理的过程及判决结果应当向群众、社会公开的制度。所谓向群众公开，即允许群众旁听民事案件的审理活动；所谓向社会公开，即允许新闻媒体对民事案件的审理进行采访并报道。可见，公开审判制度是从外部监督的角度来保证民事案件的公正审理，即把法院审理民事案件的活动与过程置于群众和社会的监督之下。

（一）内容

根据《民事诉讼法》及最高人民法院《关于严格执行公开审判制度的若干规定》，对公开审判制度的内容，作了进一步的明确，主要包括以下五点。

（1）人民法院审理民事案件，应当在开庭3日前公告当事人姓名、案由和开庭的时间、地点。

（2）公开审理的案件，除合议庭对案件的评议活动不公开外，其他审理活动应向社会公开。包括公开开庭、公开举证、质证等。

（3）依法公开审理的案件，公民可以旁听，但精神病人、醉酒的人和未经人民法院批准的未成年人除外。

经人民法院许可，新闻记者可以记录、录像、摄像、转播庭审实况。

外国人和无国籍人持有效证件要求旁听的，参照我国公民旁听的规定办理。外国记者的旁听按照我国有关外事管理规定办理。

（4）人民法院对公开审理的案件或者不公开审理的案件，判决结果一律公开宣告。

（5）公众可以查阅发生法律效力的判决书、裁定书，但涉及国家秘密、商业秘密和个人隐私的内容除外。（《民事诉讼法》第159条）

还需注意以下五点。

（1）公众查阅权对于法院来讲，就是义务，法院应当保障社会公众对生效裁判文书的查阅。

（2）公众的权利仅限于查阅，这与当事人、代理人可以查阅、摘抄、复制相关诉讼材料是不同的。

（3）注意对国家秘密、商业秘密和个人隐私的保护，涉及这些内容的部分应当保密。

（4）公民、法人或者其他组织申请查阅发生法律效力的裁定书和判决书，应当向作出该生效裁判的法院以书面形式提出。

（5）公众可以查阅的文书限于发生法律效力的裁定书和判决书，而不包括生效调解书，因为调解的过程和调解协议的内容原则上是不公开的。

（二）例外

公开审判对于诉讼公正具有积极意义，但是公开审判也不是绝对的。有些民事案件如果公开审理，可能会对社会造成消极影响，甚至会给国家或者当事人利益造成重大损害。因此，《民事诉讼法》对公开审理制度作了原则规定的同时，也规定了某些案件的审理不公开进行。

1. 法定不公开审理的案件（一律不公开的案件）

（1）涉及国家秘密的案件。

国家秘密一般是指关系国家利益及安全的秘密，包括党和政府的秘密及军事秘密。在审理涉及国家秘密的案件时，为了保守国家秘密，这类案件不能公开审理。

（2）涉及个人隐私的案件。

个人隐私是指公民个人私生活中不愿向他人或社会公开的内容。为了保护当事人的隐私权，以及避免审理这类案件可能对社会产生的不良影响，涉及个人隐私的案件不公开审理。

2. 当事人提出申请后，法院可以不公开审理的案件（相对不公开的案件）

（1）离婚案件。

涉及夫妻感情纠葛的案件，也常常涉及当事人的一些个人隐私。

（2）涉及商业秘密的案件。

商业秘密是尚未被公开的技术秘密、经营诀窍、经营信息等。例如，生产工艺、配方、购销渠道等当事人不愿公开的商业秘密。这些秘密能给所有者带来经济上的利益，一旦泄露，将会给当事人造成经济利益的损失。

应当注意，以上不公开审理的案件，其判决结果必须公开宣告。

（四）两审终审制度

两审终审制度，是指一个案件经过两级人民法院审理就宣告终结的制度。民事案件不是必须经过两级法院的审理，是否经过两级法院的审理是由当事人是否上诉决定的。

但是，在《民事诉讼法》上，也有例外的规定，对一些案件，当事人不能提起上诉，而只经过一审法院的审理即告终结。以下案件即为一审终审。

（1）最高人民法院作为一审法院审理的案件。

（2）一审调解结案的调解书一审终审，不能上诉。

（3）人民法院按照特别程序以及督促程序、公示催告程序审理的案件，一审终审。

（4）小额诉讼案件一审终审，包括小额诉讼程序中的实体判决、驳回起诉的裁定、管辖权异议的裁定。

 真题自测

1. 甲和胜达公司发生诉讼，甲提出管辖权异议被驳回。甲又怀疑张法官有偏见申请其回避，回避请求也被驳回。后胜达公司更换法定代表人为文某，甲得知文某和张法官是同学，甲再次申请回避。下列说法正确的是？（2022，单选）

A. 甲不能再次申请回避，只能对回避决定申请复议

B. 如果张法官被准予回避，甲可重新提出管辖权异议

C. 张法官应当暂停工作

D. 法院应当裁定张法官不予回避

答案：C。提示：《民事诉讼法》第 47 条。

2. 甲公司与乙公司合同约定发生纠纷由某基层法院管辖，一审适用简易程序，甲公司不服上诉，二审法院指定徐法官适用独任制审理，乙公司当庭表示异议。对

此哪一说法正确？（2022，单选）

　　A. 上诉案件应组成合议庭审理

　　B. 简易程序一审终审不得上诉

　　C. 二审法院有权直接指定法官适用独任制审理

　　D. 二审法院应裁定转为合议庭审理

　　答案：D。提示：《民事诉讼法》第41条。

　　3. 关于我国的民事诉讼制度，下列说法错误的是？（2020，单选）

　　A. 当事人对人民法院回避决定不服可以申请复议一次，复议期间被申请回避的人员不停止本案的工作

　　B. 除了非诉讼案件外，我国对诉讼争议案件一律实行两审终审制

　　C. 简易程序案件可以实行独任审理，但是独任审理的并不一定都是简易程序

　　D. 民事诉讼中离婚案件是否公开审理当事人都有处分权

　　答案：B。提示：民事诉讼制度。

　　4. 刘某因买卖合同纠纷向法院起诉，要求被告冯某履行合同并承担违约责任。法院按照普通程序审理该案件，决定由法官张某和人民陪审员乔某、吉某组成合议庭，张某任审判长。刘某得知陪审员乔某是被告的表弟，便要求其回避，但回避申请被张法官当场拒绝。法庭审理后作出判决，原告不服判决，提起上诉。关于本案，下列说法正确的是？（2018，单选）

　　A. 刘某申请回避理由成立

　　B. 乔某作为人民陪审员，其是否应当回避审判长有权决定

　　C. 对法院作出的决定不服的，刘某可以提出上诉

　　D. 发回重审后，应当组成新的合议庭进行审理，且合议庭组成人员中不得有人民陪审员

　　答案：A。提示：回避制度。《民事诉讼法》第41条第3款、第47条、第49条、第50条；《民诉解释》第48条。

　　5. 孙某诉朱某借款合同一案中，朱某得知陪审员唐某私下会见孙某代理律师李某，故申请唐某回避。下列哪些选项是正确的？（2018，多选）

　　A. 唐某的回避应由院长决定

　　B. 唐某有权就回避申请复议

　　C. 朱某应向院长提出对唐某的回避申请

　　D. 朱某申请回避，须说明理由

　　答案：AD。提示：回避制度。

 **案例讨论**

1. 甲作为技术人员参与了乙公司一项新产品的开发，并且与该公司签订了为期 2 年的服务与保密合同，合同履行 1 年后，甲被乙公司的竞争对手 H 公司高薪挖走，负责开发相似的产品。乙公司起诉至法院，要求甲承担违约责任并保守其知晓的产品。法院按照普通程序审理此案，决定由法官张三和人民陪审员李四、王五组成合议庭，张三任审判长。

请问：（1）请依据公开审判制度，判断本案是否属于不公开审理的案件？如果法院审理后进行宣判，应当如何进行？

（2）甲得知陪审员李四的妻子是原告乙公司律师的姐姐，是否可以申请李四回避？如果可以，人民陪审员李四的回避决定应当由谁作出？如果甲提出的回避被拒绝，如何进行救济？

2. 甲乙因装修店铺发生纠纷，乙起诉至法院要求甲赔偿损失 10000 元。鉴于该案件事实清楚，争议金额不大，法院受理后适用简易程序。开庭当日，甲乙到庭，审判员 A 也到庭，但书记员 D 因病未能出席，当事人双方均认为该纠纷标的额不大，要求 A 开庭了结此案。A 见双方都同意，于是自己一边审问一边记录。

第一次开庭审理后，乙申请追加装修公司为共同被告。第二次开庭时，考虑到案情发生变化，法庭将审判组织改为合议庭，由 A 任审判长，B 和 C 任审判员，书记员由 D 担任，未征求对合议庭成员回避意见的情况下，当天法庭宣布由装修公司赔偿原告乙 7500 元，装修公司不服提出上诉。据查，书记员 D 和乙是小学同学。

二审审理后裁定撤销原判发回重审。原审法院更换 E 为审判长，B 任审判员，与陪审员 F 一起组成合议庭，重审此案。审理过程中，审判长 E 的意见和 B、F 二人的意见不一致，最后决定依审判长 E 的意见作出判决，判决中注明此判决为终审判决，不得上诉。

请问：该案审理过程中有哪些违法之处？

Chapter 5
第五章
当事人与诉讼代理人

经典案例 •

甲公司与乙公司融资租赁合同纠纷案
——甲公司转让债权导致当事人变更成立

【案情】甲公司与乙公司因融资租赁合同产生纠纷，甲公司不服一审法院作出的判决提起上诉，法院于 2021 年 2 月 20 日立案。在 2020 年 11 月 10 日，甲公司与丙公司签订《债权转让协议》，约定甲公司将《融资租赁合同》及相关协议项下的债权全部转让于丙公司。在二审庭审时，丙公司出示债权转让文件《关于债权转让的情况说明》，申请变更当事人。

法院经审理认为，根据《最高人民法院关于适用〈中华人民共和国民事诉讼法〉的解释》第 249 条规定："在诉讼中，争议的民事权利义务转移的，不影响当事人的诉讼主体资格和诉讼地位。人民法院作出的发生法律效力的判决、裁定对受让人具有拘束力。受让人申请以无独立请求权的第三人身份参加诉讼的，人民法院可予准许。受让人申请替代当事人承担诉讼的，人民法院可以根据案件的具体情况决定是否准许；不予准许的，可以追加其为无独立请求权的第三人。"第 250 条规定："依照本解释第二百四十九条规定，人民法院准许受让人替代当事人承担诉讼的，裁定变更当事人。变更当事人后，诉讼程序以受让人为当事人继续进行，原当事人应当退出诉讼。原当事人已经完成的诉讼行为对受让人具有拘束力。"据此，丙公司在本案二审审理期间向本院提出申请变更当事人，不违反法律规定，本院予以准许。

评析：在《民事诉讼法》中，可以基于两种情况产生当事人变更的效果：根据法律规定或是基于当事人的意思。基于法律规定导致当事人变更的情形，比如自然人死亡，法人、非法人组织合并。基于当事人的意思导致当事人变更的情形，正如上述案例中展示的那样，实体民事权利义务关系转移导致。裁判的周期性，社会生活的复杂性，自由的市场经济制度，平等主体之间可以自由地交易。实践中，诉讼过程中变更当事人的情形非常普遍。如何处理和解决这个问题，《民事诉讼法解释》在第 249 条和第 250 条作出明确规定。法院通过审查权利义务转移的真实性，考虑在诉讼进程中诉讼效率和稳定性等因素，作出裁定。裁定准予由受让人替代转让人的诉讼地位，或者不予准许而追加受让人为无独立请求权的第三人参加诉讼。正如在党的二十大报告中提到，加快建设公正高效权威的社会主义司法制度。社会主义司法制度的规定，维护了诉讼秩序的稳定，有效提高了司法效率。

知识梳理

1. 当事人
2. 共同诉讼人
3. 诉讼代表人
4. 第三人
5. 诉讼代理人

一、当事人

【例 1】某日放学，11 岁的甲与同班同学 12 岁的乙结伴在楼下空地上踢球，后因小事发生争吵，乙猛推了一下甲，致使甲摔倒，头碰到路边的一块石头，经医院诊断甲为轻微脑震荡。就甲的医疗费及营养费问题，甲的父亲与乙的父亲发生了争执。如果向法院起诉，本案所涉及的人员应处于何种诉讼地位？

分析：《民诉解释》第 67 条规定："无民事行为能力人、限制民事行为能力人造成他人损害的，无民事行为能力人、限制民事行为能力人和其监护人为共同被告。"因此，本案的原告应是受到伤害的 11 岁的甲，甲的监护人为法定代理人；被告则是 12 岁的乙和其监护人为共同被告。

【例 2】甲、乙、丙三人合伙开办"川香酒楼"，未依法登记领取营业执照。张三和儿子张小山（7 岁）到酒楼吃饭，酒楼工作人员李四在维修酒楼设备过程中，不慎将一个吊灯灯泡掉下，将张小山砸伤，欲起诉赔偿，请分析本案当事人。

分析：首先，原告方，张小山作为自然人，具有诉讼权利能力，能以自己的名义起诉、应诉，应当作为原告；而张小山是未成年人，无民事行为能力人，故在诉讼中没有诉讼行为能力，不能亲自参加诉讼，应当由监护人张三作为法定代理人参加诉讼。

其次，被告方，李四作为雇员，雇员致人损害应当以雇主为被告，故李四不作为被告。"川香酒楼"未依法登记领取营业执照，故不具有诉讼权利能力，不能以自己的名义起诉应诉，应当以全体合伙人为共同被告，即以甲、乙、丙为共同被告。

综上，本案应以张小山为原告，张三为法定代理人；以甲、乙、丙三人为共同被告。

（一）概述

民事诉讼当事人，是指因为民事权利义务发生争议，以自己的名义进行诉讼，要求法院行使审判权的人及其相对人。

广义的当事人，指原告、被告、第三人、共同诉讼人、诉讼代表人。

狭义的当事人，仅指原告和被告。

1. 称谓

民事诉讼当事人在不同的诉讼阶段有不同的称谓。

第一审程序中：原告和被告。

第二审程序中：上诉人和被上诉人。

在审判监督程序中：适用一审程序再审的，称为原审原告和原审被告；适用二审程序再审的，称为原上诉人和原被上诉人。

在特别程序中：一般称为申请人，但选民资格案件中称为起诉人。

督促程序、确认调解协议案件、实现担保物权案件：申请人、被申请人。

公示催告程序：申请人和利害关系人。

执行程序中：申请执行人和被执行人。

2. 特征

第一，必须以自己的名义进行诉讼。不论是原告、被告还是第三人都必须以自己的名义进行诉讼，否则，就不是当事人（这是区别于诉讼代理人、法人的法定代表人的一个重要特征）。

第二，是民事诉讼法律关系的主体，在诉讼中享有广泛的诉讼权利，承担相应的诉讼义务。

第三，受法院作出的生效裁判的约束。

第四，根据生效法律文书的确认，承担相应的诉讼费用。

（二）民事诉讼权利能力

民事诉讼权利能力，又称当事人能力，是指能够以自己的名义作为民事诉讼当事人，享有民事诉讼权利和承担民事诉讼义务的法律上的资格。

1. 民事诉讼权利能力与民事权利能力的关系

民事权利能力，指享有民事权利、承担民事义务的资格。

一般情况下，有民事权利能力的人，就有诉讼权利能力，也就是说能够独立进行民事活动、承担民事责任的人，在民事活动过程中发生争议，为了保护自身的权益，自然就可以成为民事诉讼中的当事人，享有诉讼权利，承担诉讼义务。

2. 具有民事诉讼权利的主体

（1）对于自然人而言，其民事诉讼权利能力始于出生，终于死亡。

特殊：胎儿、死者。

① 胎儿：是否可以成为当事人，这一问题的答案取决于民事实体法的规定。

《中华人民共和国民法典》（以下简称《民法典》）第16条规定："涉及遗产继承、接受赠与等胎儿利益保护的，胎儿视为具有民事权利能力。但是，胎儿娩出时为死体的，其民事权利能力自始不存在。"

《最高人民法院关于适用〈中华人民共和国民法典〉总则编若干问题的解释》第4条规定："涉及遗产继承、接受赠与等胎儿利益保护，父母在胎儿娩出前作为法定代理人主张相应权利的，人民法院依法予以支持。"

这就意味着应当肯定胎儿具有诉讼权利能力，胎儿在遗产继承、接受赠与等胎儿利益保护的诉讼中，具备作为原告的资格。

② 死者：自然人死亡后，其民事权利能力虽然消灭，不再具有民事主体资格，但某些具有人身性质的权利仍然有保护的必要，如死者的遗体、遗骨以及姓名、肖像、名誉、荣誉、隐私、著作权中的署名权、修改权、保护作品完整权等。因此，根据《民诉解释》第69条规定，由于自然人的民事权利能力终于死亡，死者不能再作为诉讼当事人，在需要提起诉讼时，由死者的近亲属作为当事人。

（2）对于法人和其他组织而言，民事诉讼权利能力始于登记注册，终于注销。

注销，以公司为例，是指当一个公司存在被宣告破产、被其他公司收购、规定的营业期限届满不续或公司内部解散等情形时，公司需要到登记机关申请终止公司法人资格的过程。

其他组织，是公民和法人之外的一种民事主体。根据《民事诉讼法》第51条规定："公民、法人和其他组织可以作为民事诉讼当事人。法人由其法定代表人进行诉讼，其他组织由其主要负责人进行诉讼。"这里的其他组织被赋予诉讼法上的主体资格，成为民事诉讼当事人，能够以自己的名义向人民法院起诉或应诉，独立行使诉讼权利，履行诉讼义务。

依据《民诉解释》第52条，"其他组织"必须具备的特征：第一，必须合法成立；第二，有一定组织机构；第三，有一定的财产；第四，不具有法人资格。具体形式列举如下。

① 依法登记领取营业执照的个人独资企业。

② 依法登记领取营业执照的合伙企业。

③ 依法登记领取我国营业执照的中外合作经营企业、外资企业。

④ 依法成立的社会团体的分支机构、代表机构。

⑤ 依法设立并领取营业执照的法人的分支机构。

注意：分支机构具有诉讼权利能力的条件是：（a）依法设立；（b）领取营业执照。两者必须同时具备，对于法人非依法设立的分支机构，或虽然依法设立，但没有领取营业执照的分支机构，还是以设立该分支机构的法人为当事人（《民诉法解释》第53条）。

⑥ 依法设立并领取营业执照的商业银行、政策性银行和非银行金融机构的分支机构①。

⑦ 经依法登记领取营业执照的乡镇企业、街道企业。

⑧ 其他符合本条规定条件的组织。

（三）民事诉讼行为能力

民事诉讼行为能力，是指当事人亲自进行诉讼活动，以自己的行为行使诉讼权利和承担诉讼义务的能力。

1. 民事诉讼行为能力与民事行为能力的关系

民事行为能力，是指通过自己的行为行使民事权利和承担民事义务的能力。

自然人的民事行为能力分为三种：无民事行为能力、限制民事行为能力、完全民事行为能力。而诉讼行为能力只有两种：有诉讼行为能力和无诉讼行为能力。

民事诉讼行为能力与民事行为能力的关系：有完全民事行为能力的人，就有诉讼行为能力；而限制民事行为能力人和无民事行为能力人都不具有诉讼行为能力。

2. 民事诉讼行为能力与民事诉讼权利能力的关系

有诉讼权利能力不一定有诉讼行为能力，有诉讼行为能力一定有诉讼权利能力。

有诉讼权利能力但没有诉讼行为能力的主体可以作为当事人，但自己无法行使

---

① 注意：不包括"储蓄所"（储蓄所只是银行的一个最基层的业务部门）。

诉讼权利,需要法定代理人代为行使。

(四) 正当当事人 (当事人适格)

【例】某年,中石油公司污染了松花江,以汪某、甘某为代表的 6 名某大学法学院师生起诉中石油公司,要求法院判决被告赔偿 100 亿元用于设立松花江流域污染治理基金;同时列为原告的还有鲟鳇鱼、松花江、太阳岛。请分析本案当事人。

分析: 首先,鲟鳇鱼、松花江、太阳岛不能作为本案原告,因为它们不具有诉讼权利能力,不能以自己的名义起诉、应诉,只有自然人、法人或符合一定条件的其他组织有诉讼权利能力。其次,某大学的 6 名师生作为自然人,虽有诉讼权利能力,但是与本案没有直接利害关系,并非本案的适格当事人,不能作为本案原告起诉。

而本案能作为原告的可以是松花江沿岸受到损失的养殖户 (自然人) 和养殖公司 (法人)。因为这些自然人和法人具有诉讼权利能力,同时也与本案有利害关系,是适格的当事人,可以作为本案的原告。当然,根据民事诉讼法的规定,对于本案污染环境,经法律授权的机关和其他组织也可以以自己的名义提起公益诉讼 (后公益诉讼程序介绍)。

正当当事人,亦称当事人适格,是指能在具体的诉讼中,以自己的名义作为原告起诉或者作为被告应诉,并受本案判决约束的当事人。

1. 当事人适格与民事诉讼权利能力的关系

民事诉讼权利能力或民事诉讼行为能力是作为抽象的诉讼当事人的资格,即有无作为当事人或参加诉讼的资格或能力问题,它与具体的诉讼无关,通常取决于有无民事权利能力。

当事人适格是作为具体的诉讼当事人的资格,是针对具体的诉讼而言的,当事人适格与否,只能将当事人与具体的诉讼联系起来,看当事人与特定的诉讼标的有无直接联系,即是否是具体案件中实体法律关系的主体 (即直接利害关系人) 或属于法定的适格当事人。

【例】甲下班回家,途中看到一青年丙与街边卖煎饼的老大爷乙发生口角,并产生肢体冲突,丙将乙的煎饼摊砸了,并将其打伤,甲为乙打抱不平。问:甲能否替乙将丙告上法庭?

分析: 甲虽然是成年人,具有民事诉讼权利能力和民事诉讼行为能力,但却不是该案件的适格当事人。因为其有无民事诉讼权利能力和民事诉讼行为能力是一种抽象的资格,取决于其民事权利能力和民事行为能力等自然状态;而其能否成为适格当事人,必须结合具体的个案,来判断其是否属于案件中实体法律权利义务关系的直接主体（即直接利害关系人）。该案中的实体法律关系是丙与乙之间的人身侵权关系，该实体关系的直接主体为侵权人丙与被侵权人乙，甲显然不是该法律关系的直接主体，因此不是适格当事人。

简言之，判断当事人适格的原则——本案争议的实体法律关系的双方当事人就是案件的适格当事人。诉讼权利能力，是当事人适格的前提，即适格当事人一定具有诉讼权利能力；但具有诉讼权利能力的人不一定是适格当事人。

2. 当事人适格的例外情形：诉讼担当

通常情况下，只有实体法律权利义务关系的直接主体才能够成为适格当事人，但也存在一些由非实体当事人作为正当当事人的情形，这些情形统称为诉讼担当。

诉讼担当，是指实体法上的权利主体或者法律关系以外的第三人，以自己的名义，为了他人的利益或者代表他人的利益，就因该实体权利或者法律关系所产生的纠纷而提起诉讼，所受判决的效力及于原来的权利主体的情形。

诉讼担当有以下几种情形：

（1）对他人的权利或者法律关系依法享有管理权的人，如失踪人的财产代管人、遗产管理人、遗嘱执行人、破产管理人享有诉讼实施权。

【例】甲被法院宣告失踪，法院指定乙担任财产代管人。乙在家中找到一张借条载明丙曾向甲借款3万元，乙能否起诉丙要求归还借款，为什么？

分析：可以。乙虽然不是本案争议的实体借款合同关系的双方当事人（该实体借款合同关系双方当事人为甲和丙），但作为失踪人甲的财产代管人，依法对甲的财产享有管理权，是适格当事人，故乙是本案适格原告。当然既然乙是适格原告，则应当以自己的名义起诉丙，而不是以甲的名义起诉。（《最高人民法院关于适用〈中华人民共和国民法典〉总则编若干问题的解释》第15条规定："失踪人的财产代管人向失踪人的债务人请求偿还债务的，人民法院应当将财产代管人列为原告。债权人提起诉讼，请求失踪人的财产代管人支付失踪人所欠的债务和其他费用的，人民法院应当将财产代管人列为被告。"）

（2）为了保护死者的人格权、著作权等权益，死者的近亲属享有诉讼实施权。

《民诉解释》第69条："对侵害死者遗体、遗骨以及姓名、肖像、名誉、荣誉、隐私等行为提起诉讼的，死者的近亲属为当事人。"

近亲属：包括配偶、父母、子女、兄弟姐妹、祖父母、外祖父母、孙子女、外孙子女。

（3）确认之诉中对诉讼标的有确认利益的人。

【例】甲被一块飞来的石头砸伤，怀疑这块石头是从乙家阳台掉落，于是成天纠缠乙要求赔偿。乙确信不是自家阳台掉下的石头致甲损害，但不胜其扰，诉至法院，要求法院判决确认乙与甲不存在侵权法律关系，乙能否作为本案适格原告起诉？

分析： 乙虽然不是侵权实体法律关系的双方当事人，但对本案（确认之诉）的诉讼标的享有确认利益，即法院一旦确定乙与甲不存在侵权法律关系，乙即可从纠纷中解脱，故乙仍然是本案的适格当事人。

（4）因他人侵权而死亡的公民，其继承人享有诉讼实施权。

《民法典》第1181条："被侵权人死亡的，其近亲属有权请求侵权人承担侵权责任。"

（5）公益诉讼中的原告。

民事公益诉讼，是指基于维护受到损害的公共利益，特定的诉讼主体依法向人民法院提起的民事诉讼。有权提起公益诉讼的机关、组织虽然不是争议的实体侵权法律关系一方当事人，但基于民事诉讼法的特殊规定，可以作为适格原告提起公益诉讼。

（五）当事人的诉讼权利和诉讼义务

1. 当事人的诉讼权利

在民事诉讼中，当事人享有广泛的诉讼权利。当事人的诉讼权利分为两类。

（1）一般诉讼权利，即仅产生程序作用的诉讼权利，包括提起诉讼权利与反驳诉讼权利，委托代理人的权利，申请回避的权利，收集和提供证据的权利，进行陈述、质证和辩论的权利，申请财产保全或先予执行的权利，查阅、复制本案有关材料等的权利。

（2）特殊诉讼权利，即该诉讼权利的行使会直接影响当事人的实体性利益，包括选择调解权利，自行和解的权利，放弃、变更诉讼请求的权利，承认对方诉讼请求的权利，提出反诉的权利，提起上诉的权利，申请再审的权利，申请执行等权利。

2. 当事人的诉讼义务

当事人应履行的诉讼义务有：（1）依法行使诉讼权利；（2）遵守诉讼秩序；（3）履行生效的法律文书。

二、共同诉讼人

【例】张某因病去世，生前有四个子女。张某的大儿子张甲、二儿子张乙为分割遗产发生纠纷，张甲起诉张乙。张某的三女儿张丙在诉讼开始后要求参加诉讼共同分割遗产，法院将其列为共同原告。张某的四女儿张丁定居国外，法院发函通知其参加诉讼并告知其不参加诉讼应办理的手续，但3个月后仍没有得到张丁的回复。法院依法开庭审理，法庭上张丙称张丁打电话叮嘱其告知法院，不参加诉讼，不参加遗产分割。判决时，法院仍将张丁列为共同原告，并依法确定了其应得的法定继承份额。法院的这种做法是否妥当？

分析：遗产纠纷案件的诉讼标的是继承权。共同享有继承权的人，是必要的共同诉讼人。但是，继承权人之间的争议，必然使继承纠纷案件的当事人分成原告和被告两大阵营。

该案中的张丙要求参加诉讼，法院将其列为共同原告，就是基于上述原理。张丁作为继承人之一，依法也属于共同原告。张丁虽然在电话里转告声明不参加诉讼，不参加遗产分割，但是根据我国《民法典》第1124条明确规定："继承开始后，继承人放弃继承的，应当在遗产处理前，作出放弃继承的意思表示。没有表示的，视为接受继承。"由于该声明不具有法定的要件，不能构成明确放弃继承权的行为，不发生法律上的效力，所以法院仍应将其列为共同原告。

当事人一方或双方人数在两人或两人以上，其诉讼标的是共同的或者同一种类的，人民法院依法合并审理的诉讼，称为共同诉讼。其中，原告为二人以上，称为共同原告；被告为二人以上，称为共同被告。共同原告和共同被告统称为共同诉讼人。

（一）必要共同诉讼人

必要共同诉讼，即当事人一方或双方人数为二人以上，其诉讼标的是共同的，人民法院必须合并审理的诉讼。

1. 特征

（1）当事人一方或双方为二人以上。

（2）诉讼标的是共同的。

所谓诉讼标的是共同的，即诉讼标的的同一，具体来说就是指共同诉讼人（共同原告，共同被告）对诉讼标的有共同的利害关系，共同享有权利，或共同承担义务。由于权利义务的共同性，使得共同诉讼成为不可分之诉，当事人必须共同起诉或共同应诉，法院必须合并审理。

（3）人民法院必须合并审理、合一判决。

2. 必要共同诉讼的法定情形

根据《民诉解释》的相关规定和审理实践，必要共同诉讼的具体情形主要有以下几点。

（1）挂靠关系。

《民诉解释》第54条："以挂靠形式从事民事活动，当事人请求由挂靠人和被挂靠人依法承担民事责任的，该挂靠人和被挂靠人作为共同诉讼人。"

【例】个体修理户甲为了有利于承揽机动车修理业务，于是挂靠在集体企业A修理厂名下，并以A修理厂的名义对外承揽修理业务，为此，甲每年给A修理厂上交3万元管理费。后甲雇用的修理工乙为丙修理了一辆红旗牌轿车，在乙为丙试车时，不慎将车撞在路边的树上，造成该红旗车报废。就损失赔偿问题双方发生争议，经协商未能解决。此时，丙可以以谁为被告提起诉讼？

分析：此时，丙可以以甲与A修理厂作为共同被告提起诉讼。因为首先，根据《民诉解释》第54条规定，个体修理户甲挂靠在集体企业A修理厂的名义下，并以A修理厂的名义承揽了修理业务。其次，根据《民诉解释》第57条规定，乙系甲雇用的修理工，乙因劳务造成的损失，由甲承担。

需要指出的是，本法条并非指在存在挂靠与被挂靠的情形下，一概将二者列为共同诉讼人，而是尊重当事人的选择权，根据一方当事人的请求来确定另一方当事人。当事人如果只主张挂靠人或者只主张被挂靠人独立承担责任的，人民法院应当只列挂靠人或者被挂靠人一方为当事人。当事人如果主张挂靠人和被挂靠人共同承担民事责任，人民法院应当将其列为共同诉讼人。人民法院在审查时可以向只列一方为被告的原告给予适当释明。如果原告在起诉时只列挂靠人或被挂靠人一方，人民法院经审理依法判决后，当事人不能以遗漏诉讼当事人为由要求发回重审或者申请再审。在二审程序中，可以申请追加当事人或者另行起诉。

（2）个体工商户业主与实际经营者不一致。

《民诉解释》第59条："在诉讼中，个体工商户以营业执照上登记的经营者为当事人。有字号的，以营业执照上登记的字号为当事人，但应同时注明该字号经营者的基本信息。营业执照上登记的经营者与实际经营者不一致的，以登记的经营者和实际经营者为共同诉讼人。"

【例】甲开了一家美容美发厅领取了营业执照，在经营过程中，甲将该美容美发厅交给其朋友乙经营。一日，乙雇用的美容师丙在为丁女士做美容时，误将进口的美发用品当作美容用品，致使丁女士脸部红肿，并被轻度灼伤留下印痕。就给丁女士造成损失赔偿一事，经多次协商均未能解决。如果丁女士向法院起诉，应当以谁为被告？

分析：丁女士应当以甲与乙作为共同被告向法院起诉。因为首先甲系美容美发厅的业主，但交给乙实际经营，根据《民诉解释》第59条第2款规定，应当以营业执照上登记的经营者与实际经营者为共同被告；其次丙系乙雇用的美容师，根据《民诉解释》第57条规定，责任由甲、乙承担。

（3）个人合伙问题。

《民诉解释》第60条："在诉讼中，未依法登记领取营业执照的个人合伙的全体合伙人在诉讼中作为共同诉讼人。个人合伙有依法核准登记的字号的，应在法律文书中注明登记的字号。全体合伙人可以推选代表人；被推选的代表人，应由全体合伙人出具推选书。"

【例】甲、乙和丙三人签订合伙协议，合伙开办一家"天露茶叶店"，并经工商局核准登记。合伙协议约定：三人各自出资15万元作为天露茶叶店的资产，并在N市A区南京路租赁两间房屋作为天露茶叶店的经营场所，由甲担任天露茶叶店的负责人。天露茶叶店在经营过程中拖欠丁茶叶厂的货款，为此发生争议。此时，如果丁茶叶厂提起诉讼，应当以天露茶叶店为被告，还是应以甲、乙和丙为共同被告？

分析： 以全体合伙人甲、乙、丙为共同诉讼人，并应在法律文书中注明登记的字号。

注意：《民诉解释》第60条的"个人合伙"与第59条关于"有字号的个体工商户"的规定有所不同，如果个体工商户有字号的，则以营业执照上登记的字号为当事人，并在法律文书中注明经营者的具体情况。而个人合伙是以全体合伙人为共同诉讼人，有依法核准登记的字号的，应在法律文书中注明登记的字号。

（4）企业法人分立问题。

《民诉解释》第63条："企业法人分立的，因分立前的民事活动发生的纠纷，以分立后的企业为共同诉讼人。"

（5）借用关系。

《民诉解释》第65条："借用业务介绍信、合同专用章、盖章的空白合同书或者银行账号的，出借单位和借用人为共同诉讼人。"

（6）保证合同关系。

《民诉解释》第66条："因保证合同纠纷提起的诉讼，债权人向保证人和被保证人一并主张权利的，人民法院应当将保证人和被保证人列为共同被告。保证合同约定为一般保证，债权人仅起诉保证人的，人民法院应当通知被保证人作为共同被告参加诉讼；债权人仅起诉被保证人的，可以只列被保证人为被告。"

【例】甲公司决定贷款扩大其经营规模。2019年3月9日，甲公司与乙银行签订100万元贷款合同时，丙公司以其房产为甲公司提供担保责任。贷款期限届满后，甲公司因经营管理不善,不能归还到期贷款。乙银行要通过诉讼实现自己的债权,可以谁为被告提起诉讼?

答案:乙银行可以提起下列三种诉讼:第一,乙银行仅起诉债务人甲公司的,以甲公司为被告提起诉讼;第二,乙银行仅起诉保证人丙公司的,应将甲公司列为共同被告提起诉讼;第三,乙银行以债务人甲公司和保证人丙公司作为共同被告提起诉讼,法院应当在判决书中明确对债务人的财产依法强制执行后仍不能履行债务的,由保证人承担保证责任。

注意:本案中,由于未明确约定丙公司承担一般保证责任还是连带保证责任,故按照一般保证承担保证责任。《民法典》第 686 条规定,当事人在保证合同中对保证方式没有约定或者约定不明的,按照一般保证承担保证责任。

(7)继承遗产关系。

《民诉解释》第 70 条:"在继承遗产诉讼中,部分继承人起诉的,人民法院应通知其他继承人作为共同原告参加诉讼;被通知的继承人不愿意参加诉讼又未明确表示放弃实体权利的,人民法院仍应把其列为共同原告。"

(8)承担连带责任的代理关系。

《民诉解释》第 71 条:"原告起诉被代理人和代理人的,要求承担连带责任的,被代理人和代理人为共同被告。原告起诉代理人和相对人的,要求承担连带责任的,代理人和相对人为共同被告。"

(9)共有财产关系。

《民诉解释》第 72 条:"共有财产权受到他人侵害,部分共有权人起诉的,其他共有权人应当列为共同诉讼人。"

(10)共同侵权案件中的共同被告。

《民法典》第 1168 条规定:"二人以上共同实施侵权行为,造成他人损害的,应当承担连带责任。"

《最高院关于审理人身损害赔偿案件适用法律若干问题的解释》第 2 条:"赔偿权利人起诉部分共同侵权人的,人民法院应当追加其他共同侵权人作为共同被告。赔偿权利人在诉讼中放弃对部分共同侵权人的诉讼请求的,其他共同侵权人对被放弃诉讼请求的被告应当承担的赔偿份额不承担连带责任。责任范围难以确定的,推定各共同侵权人承担同等责任。人民法院应当将放弃诉讼请求的法律后果告知赔偿权利人,并将放弃诉讼请求的情况在法律文书中叙明。"

【例】甲乙丙三人在某日群殴正在路上行走的丁,导致丁花去医药费 3000 元,丁于是以甲乙为被告向法院提起诉讼,请求赔偿医药费 3000 元。

问:①此时法院是否应当追加丙为共同被告?②如果丁在诉讼中放弃对丙的诉

讼请求，而只要求甲乙对3000元赔偿承担连带责任，那么法院应如何处理？

分析：①根据《民法典》第1168条、《最高院关于审理人身损害赔偿案件适用法律若干问题的解释》第2条规定，应当追加丙为共同被告。②首先，将放弃诉讼请求的法律后果告知赔偿权利人；其次，将放弃诉讼请求的情况在法律文书中叙明；最后，对丙应承担的赔偿份额，不得要求甲乙承担连带责任。

（11）共同危险行为。

《民法典》第1170条："二人以上实施危及他人人身、财产安全的行为，其中一人或者数人的行为造成他人损害的，能够确定具体侵权人的，由侵权人承担责任；不能确定具体侵权人的，行为人承担连带责任。"

【例】甲、乙、丙三人放学后到公园玩，他们同时用弹弓向公园里的喷泉中心发射石子，但其中一枚石子穿过水波打到了对面恰好路过的行人丁，导致丁左眼失明。事故发生后，甲、乙、丙均称不是自己射出的石子打到了丁，但均无法证明。问：本案中谁是被告？

答案：根据《民法典》第1170条规定，除非能证明损害后果与自身无因果关系，否则实施共同危险行为的主体承担连带责任。因此，甲、乙、丙为共同被告。

（12）无民事行为能力人、限制民事行为能力人致人损害。

《民诉解释》第67条："无民事行为能力人、限制民事行为能力人造成他人损害的，无民事行为能力人、限制民事行为能力人和其监护人为共同被告。"

（13）劳务派遣。

《民诉解释》第58条："在劳务派遣期间，被派遣的工作人员因执行工作任务造成他人损害的，以接受劳务派遣的用工单位为当事人。当事人主张劳务派遣单位承担责任的，该劳务派遣单位为共同被告。"

3. 必要共同诉讼人的关系

（1）外部关系，即必要共同诉讼人与对方当事人之间的关系。在外部关系上，共同诉讼人处于共同的权利义务状态，一致对外。

（2）内部关系，即共同诉讼人之间的关系，主要体现在共同诉讼人其中一人的诉讼行为对其他共同诉讼人的效力问题。对此，《民事诉讼法》第55条第2款规定，共同诉讼人的一方当事人对诉讼标的有共同权利义务的，其中一人的诉讼行为经其他共同诉讼人承认，对其他共同诉讼人发生效力。

【例】甲与乙共同投资210万元购买一台设备从事个体加工业务。甲与乙将该设备租赁给丙从事加工业务，因丙不正当操作致使该设备严重受损。就设备受损后的损失赔偿问题，甲、乙和丙发生争议。甲、乙以丙为被告向人民法院起诉，要求丙赔偿修理该设备所需要的 10 万元。在诉讼进行过程中，甲鉴于与丙的多年同学关系，放弃对丙的诉讼请求。甲放弃诉讼请求行为，对乙是否有效？

分析： 甲放弃对丙的诉讼请求的行为，如果乙同意，则该放弃诉讼请求的行为对乙有效；否则，对乙无效。

4. 必要共同诉讼人的追加

因为必要共同诉讼具有不可分性，必须一同起诉或应诉，所以若必要共同诉讼人不参加诉讼，便存在追加的问题。

人民法院对必要共同诉讼人的追加及其程序处理，是民事诉讼中的一个重要程序问题，尤其是人民法院对在不同审判程序中追加必要共同诉讼人后的程序处理问题。对此，《民诉解释》作出了相应的规定：

（1）一审程序中的追加：人民法院追加共同诉讼的当事人时，应当通知其他当事人。应当追加的原告，已明确表示放弃实体权利的，可不予追加；既不愿意参加诉讼，又不放弃实体权利的，仍应追加为共同原告，其不参加诉讼，不影响人民法院对案件的审理和依法作出判决。（《民诉解释》第 74 条）

（2）二审程序中对遗漏的必要共同诉讼人的处理：必须参加诉讼的当事人在一审中未参加诉讼，第二审人民法院可以根据当事人自愿的原则予以调解，调解不成的，发回重审。（《民诉解释》第 325 条）

（3）再审程序中对遗漏的必要共同诉讼人的处理：必须共同进行诉讼的当事人因不能归责于本人或者诉讼代理人的事由未参加诉讼申请再审，法院裁定再审，按照第一审程序再审的，应当追加其为当事人，作出新的判决、裁定；按照第二审程序再审的，经调解不能达成协议的，应当撤销原判决、裁定，发回重审，重审时应追加其为当事人。（《民诉解释》第 422 条）

（二）普通共同诉讼

普通共同诉讼，即案件的当事人一方或双方为二人以上，诉讼标的是属于同一个种类，人民法院认为可以合并审理并经当事人同意而进行的诉讼。

1. 特征

（1）当事人一方或双方为二人以上。

（2）诉讼标的是同一种类的。

当事人对诉讼标的既无共同权利，也无共同义务，只不过当事人的诉讼标的具有共同种类性质，并且发生原因在事实上和法律上具有同种类的性质。因而普通共同诉讼为可分之诉，当事人可以共同起诉、应诉，也可以单独起诉、应诉；人民法院可以合并审理，也可以单独审理。

（3）法院认为可以合并审理。

（4）经当事人同意合并审理。

【例】甲乙丙三人互不相识，均于 2020 年 11 月 11 日在某餐厅食用了"光棍节套餐"，之后三人均出现食物中毒现象，于是三人分别将某餐厅诉至法院，要求其赔偿医疗费用、误工费用等损失。法院认为可以将这三人的诉合并审理，当事人也表示同意。请问，该共同诉讼的性质如何？

分析：普通共同诉讼。因为存在三个同一种类的诉讼标的，而非同一个诉讼标的。

2. 普通共同诉讼的形成应符合以下条件

（1）两个以上的原告对同一被告享有权利或两个以上被告对同一原告负有义务。这是普通共同诉讼为什么能合并审理的客观基础，是最本质的条件。

（2）共同被告在同一人民法院辖区以内。如果诉讼标的属于同一种类的诉讼不属于同一法院管辖，则案件一般不能合并审理，也就不能形成普通共同诉讼。

（3）属于同一诉讼程序。如果诉讼标的属同一种类的诉讼，有的适用第一审程序，有的适用第二审程序；或者有的适用简易程序，有的适用普通程序，则不能合并审理，也就不能形成普通共同诉讼。

（4）当事人同意合并审理。这既包括原告一方同意，也包括被告一方同意。如果当事人有一方不同意，则不能合并审理，也就不能形成普通共同诉讼。

（5）符合合并审理的目的，即简化诉讼程序。普通共同诉讼，之所以要合并审理，就是为了简化诉讼程序，提高办案效率，方便群众，节省时间和经费。如果达不到此目的，就不能作为共同诉讼进行审理。

3. 内部关系

普通共同诉讼是可分之诉，共同诉讼人之间没有共同的权利义务，不存在共同的利害关系，因而有以下三种情况。

（1）共同诉讼人各自的行为独立。即行为人的行为对自己有效，对其他共同诉讼人不发生任何法律效力。

（2）诉讼中止与诉讼终结独立。即其中一共同诉讼人出现诉讼中止与诉讼终结的现象，不影响其他共同诉讼人诉讼活动的继续进行。

（3）裁判结果独立。即法院对共同诉讼人的诉讼请求及其相应证据的审查应当分别进行，并根据审查的结果，对普通共同诉讼的不同当事人可以作出实体结果完全不同的裁判，合并审理，分别判决。

三、诉讼代表人

【例】某商厦为庆祝开业一周年，举办了买一赠一的有奖销售活动，凡购买200元以上的物品赠送某公司生产的去头屑药用洗发水一瓶。据统计，有奖销售期间，商厦共赠出该洗发水7000余瓶。不久，陆续有消费者找到商厦，声称用赠送的洗发水后出现严重脱发现象，要求赔偿。甲等几十名消费者联合向法院提起诉讼，在这种情况下，消费者可以适用哪种诉讼制度请求司法保护？

分析： 在该案中，消费者可以适用代表人诉讼的方式向法院起诉。在同一案件中，当事人一方或双方为10人以上的民事诉讼，一般称为群体诉讼。由于群体诉讼人数众多，让每一个成员都参加诉讼实际上已不可能，而只能由其选出代表进行，故这类诉讼又称为代表人诉讼。代表群体参加诉讼的人，称为诉讼代表人。代表人诉讼可分为人数确定的代表人诉讼和人数不确定的代表人诉讼两种。本案可以适用人数不确定的代表人诉讼。

（一）概述

1. 概念

诉讼代表人，是指由人数众多的一方当事人推选出来，代表该方当事人进行诉讼活动的人。由诉讼代表人参加的诉讼，又称为代表人诉讼。

代表人诉讼实际上是在共同诉讼的基础上，因为当事人人数太多，无法都参加诉讼而形成的。如产品质量出现问题，其受害者可能是几十人、几百人，甚至上千人，也可能更多。再如因虚假广告而引起的民事案件，受害人则必然是一个大的群体，这么多当事人不可能都去法院，法庭太小难以容纳全体当事人，即使能容纳全体当事人，法院审理起来也会发生可想而知的混乱。因此可以推选代表由代表人代为进行诉讼，由此产生的结果对其他未参加诉讼的当事人均有效。这就是代表人诉讼制度。

从本质上说，诉讼代表人制度有利于节约当事人和法院的人力、物力和财力。可以避免法院就相同的问题作出不同的判决，同时适应市场经济的需要，提高办案效率。

2. 适用诉讼代表人制度必须严格遵循的条件

（1）当事人人数众多。何谓人数众多？根据《民诉解释》第75条规定一般是指10人以上。10人以下者可以直接适用普通共同诉讼人制度。

（2）众多当事人之间有共同的法律问题或事实问题。所谓共同的法律问题，是指存在共同的民事权益，或者有共同的权利义务。所谓共同的事实问题，是指众多的当事人均遇到相同的客观事实，由于相同的客观事实的存在导致众多的人发生相同的危害结果，产生相同的诉讼请求。如某工厂排放的废气造成邻近的社区居民生病而引起的环境污染损害赔偿诉讼。

（3）众多的当事人有共同的请求和答辩。主要指众多当事人都寻求司法保护的救济方式，在寻求司法救济的过程中，具有同一种请求，起诉或者答辩的理由也大体一致。

（4）代表人合格。所谓代表人合格，是指推举代表人的程序合法，被推举的人有一定的能力，如具备一定的文化水平、法律知识和较为雄辩的口才，这种能力足以使他/她维护自己和众多当事人的利益。

3. 诉讼代表人制度与共同诉讼人制度、诉讼代理制度的区别

（1）就一定意义上说，诉讼代表人制度融入了共同诉讼的某些特点，但诉讼代表人又不同于共同诉讼人：

第一，人数多寡有别。一般说来，共同诉讼的参诉人人数较少（10人以下），诉讼代表人制度参诉人数较多（10人以上）。

第二，诉讼行为效力有别。在共同诉讼中，共同诉讼人必须同时参加诉讼活动，在必要的共同诉讼中共同诉讼人的诉讼行为经全体承认后对全体发生法律效力；诉讼代表人制度中的全体当事人并不同时参加诉讼活动，只由他们推举的代表人参加诉讼活动，诉讼代表人的诉讼行为无须经全体承认即对全体当事人产生法律效力。

第三，民事判决所发生的法律效力有别。共同诉讼后形成的民事判决对全体参加的共同诉讼人产生法律效力。适用代表人诉讼制度所形成的民事判决不但对参加诉讼的代表人有法律效力而且对没有参加诉讼的众多当事人也有法律效力，这就是判决的扩张力。

（2）从实质上说，诉讼代表人制度也融入了诉讼代理制度的某些特点，但诉讼代表人制度与诉讼代理人制度存在明显的差别：

第一，起诉和应诉的名义不同；

第二，维护的民事利益不同；

第三，产生的方式不同；

第四，承受的法律后果不同。

综上分析，我们可以说，诉讼代表人制度是共同诉讼与诉讼代理人制度的混合体，它是兼具共同诉讼与诉讼代理制度的特点但又与二者有着明显差别的制度。

（二）代表人诉讼的种类

1. 人数确定的诉讼代表人

【例1】旅游公司的大巴车载着40名乘客外出旅游，途中大巴车闯红灯发生交通事故，车上40名乘客不同程度受到伤害，起诉旅游公司要求赔偿；当事人推举出甲、乙、丙三人为代表人，但张三、李四不同意甲、乙、丙为代表人。

【例2】旅游公司的大巴车载着40名乘客外出旅游，由于乘客与司机发生矛盾，40名乘客寻衅将大巴车砸毁，旅游公司起诉40名乘客赔偿，当事人推举出甲、乙、丙三人为代表人，但张三、李四不同意甲、乙、丙为代表人。

问：（1）以上两案中代表人可以以何种方式产生？

（2）以上两案中甲、乙、丙作为代表人可以行使何种权利？

（3）以上两案中张三、李四可以以何种方式维护权利？

分析：【例1】和【例2】均存在一方人数众多（40人），为人数确定的代表人诉讼；从共同诉讼形式上看，例1存在40个侵权法律关系，40名乘客可以分别起诉旅游公司，只不过诉讼标的相类似，属于普通共同诉讼；而例2中只有一个侵权法律关系，即40名乘客对旅游公司的共同侵权，属于必要共同诉讼。

（1）人数确定的代表人诉讼中，代表人由当事人推选，可以由全体当事人推选共同的代表人，也可以由部分当事人推选自己的代表人。

（2）不论是人数确定的代表人诉讼，还是人数不确定的代表人诉讼，代表人所为的诉讼行为对被代表的当事人发生法律效力；但代表人要代为变更、放弃诉讼请求或者承认对方当事人的诉讼请求，进行和解等涉及当事人实体权利的事项，必须经过被代表的当事人同意。注意：此时的同意为全体同意，不能理解为过半数或者2/3以上同意。

（3）在人数确定的代表人诉讼中，部分当事人（张三、李四）选不出代表人的，应当分情形处理：其中例1为普通共同诉讼，本质上是若干独立可分之诉，故推选不出代表人的张三、李四可以另行提起民事诉讼；例2为必要共同诉讼，本质上是一个诉，必须合并审理，合一判决，故推选不出代表人的张三、李四应当自己参加诉讼。

人数确定的诉讼代表人，是指在起诉阶段当事人人数已经确定，只是因人数众多不便诉讼，才实行诉讼代表人制度。显然，人数确定的诉讼代表人制度与共同诉讼制度十分接近，区别在于一个人数在10人以下，一个在10人以上。因此，人数确定的诉讼代表人既可能是必要的共同诉讼的扩大，诉讼的诉讼标的是共同的，如上述例2中40名乘客寻衅将大巴车砸毁所引起的侵权诉讼；也可能是普通的共同诉讼的扩大，诉讼标的是同一种类的，如例1中大巴车闯红灯等违规行为发生交通事故，导致40名乘客不同程度伤害而引起的乘客与旅游公司之间的诉讼。

诉讼代表人的产生：（1）推选方式：可以由全体当事人推选共同的代表人，也可以由部分当事人推选自己的代表人。（2）推选不出代表人的当事人，在必要的共同诉讼中可以由自己参加诉讼，在普通的共同诉讼中可以另行起诉。（《民诉解释》第76条）

2. 人数不确定的诉讼代表人

【例】化工厂排污，严重影响河流沿岸居民生活，河流沿岸居民纷纷起诉该化工厂，但未能推选出代表人，法院建议由甲、乙二人担任代表人，但丙、丁等人反对。

问：（1）法院能否指定甲、乙担任代表人？

（2）丙、丁等人反对代表人可以通过何种方式维护权利？

（3）丙、丁等人反对代表人，本案裁判对丙、丁有无法律约束力？

分析： 本案受害居民人数无法确定，为人数不确定的代表人诉讼。就共同诉讼的性质而言，人数不确定的代表人诉讼一定是普通共同诉讼。

（1）关于人数不确定的代表人诉讼中如何确定代表人：首先由当事人推选（可以全体当事人推选共同的代表人，也可以部分当事人推选自己的代表人）；推选不出代表人的，法院可以提出人选与当事人协商；协商不成的，法院可以指定代表人。故本案中当事人无法推选出代表人，法院提出人选甲、乙与当事人协商未果，故本院可以指定甲、乙担任代表人。（《民诉解释》第77条）

（2）人数不确定的代表人诉讼在本质上一定是普通共同诉讼，是若干独立的可分之诉，故不同意代表人的当事人可以另行起诉。

（3）在人数不确定的代表人诉讼中，法院作出的生效判决对参加登记的所有当事人发生法律效力，未参加登记的权利人另行起诉的，人民法院依法作出裁定，适用该判决、裁定。即人数不确定的代表人诉讼中，法院的生效判决对未参加登记的权利人丙、丁同样具有法律约束力，即预决的效力。（《民事诉讼法》第57条、《民诉解释》第80条）

人数不确定的诉讼代表人，是指在起诉阶段当事人人数难以确定，但又必须推选代表进行诉讼。由于当事人人数不确定，从理论上我们可以将其视为一个集团，或一组群体，故有人称为群体诉讼或集体诉讼。此类诉讼，其诉讼标的只能是同一种类的，如虚假广告、环境污染等引起的诉讼。

诉讼代表人的产生，分为三个步骤：（1）由当事人推选代表人；（2）当事人推选不出的，可以由人民法院提出人选与当事人协商；（3）协商不成的，也可以由人民法院在起诉的当事人中指定代表人。

（三）诉讼代表人的权限

在人数确定的代表人诉讼和人数不确定的代表人诉讼中，诉讼代表人的权限是相同的，因其所行使的诉讼权利的性质不同而不同。（《民事诉讼法》第 56 条）

（1）对于一般性的诉讼权利，如委托诉讼代理人、提供证据、参与庭审等，诉讼代表人可以根据自己的意志行使，并且对被代表的当事人有效。

（2）但是对于特殊的诉讼权利，如变更、放弃诉讼请求或者承认对方当事人的诉讼请求，进行和解，必须经被代表的当事人的同意。

（四）人数不确定代表人诉讼的特殊程序

1. 确定案件的管辖法院

由于代表人诉讼案件中当事人众多，而众多的当事人可能跨越数县乃至数省。按管辖的一般规则，应按原告就被告的原则确定管辖法院。若存在多个管辖法院时，应是最先受理的法院管辖，法院之间因管辖发生争议时须本着协商确定的精神，协商不成时，可以由上级法院指定管辖。

2. 受理公告

法院发出公告，说明案件情况和诉讼请求，通知权利人（主观上认为自己享有权利的人）在一定期间向人民法院登记。

公告的方式：可以根据纠纷涉及的范围具体确定，如在法院公告栏内张贴公告，或在报纸、电视媒体上发布。

公告期限：由法院根据具体案件的情况确定，但不得少于 30 日。

3. 当事人登记权利

法院在开始对案件进行实体审理前，应先确定当事人的人数，然后才能开始对案件进行审理。这就要求诉讼标的属同一种类的众多当事人向法院登记权利。依照《民诉解释》第 80 条规定，向法院登记的当事人，应当证明其与对方当事人之间的法律关系和所受到的损害。证明不了的，不予登记，权利人可以另行起诉。

4. 推选、产生代表人

5. 诉讼费用（预交）

人数确定的代表人诉讼，诉讼费用由原告预交。人数不确定的代表人诉讼，诉讼费用可以不预交，结案后按诉讼标的额由败诉方交纳。（《民诉解释》第 194 条）

6. 审理

7. 判决（效力、公告）

裁判的效力：（1）人民法院作出的判决、裁定，对参加登记的全体权利人发生效力；（2）裁判扩张效力，未参加登记的权利人在诉讼时效期间内提起诉讼，法院认为其诉讼请求成立的，裁定适用法院已作出的判决、裁定，而无须另行裁判。（因为权利人起诉的依据基本相同，为了提高诉讼效率，防止作出相互矛盾的裁判。）

四、第三人

诉讼中的第三人，是指民事诉讼程序发生后，对本诉当事人争执的诉讼标的提出独立请求，或虽未提出独立请求，但诉讼结果与之有法律上的利害关系而参加到诉讼中的人。第三人参加诉讼以后，原当事人正在进行的诉讼称为本诉；涉及第三人的诉讼称为第三人参加之诉。

（一）有独立请求权的第三人

【例】 甲、乙二人因一幅古画的所有权发生争议而诉至法院，诉讼中，丙向受诉法院提出请求，认为该古画的所有权既不属于甲，也不属于乙，而应当属于自己，于是，丙以起诉的方式参加到诉讼后，即为该诉讼案件的有独立请求权的第三人。

有独立请求权的第三人，是指对他人之间争议的诉讼标的主张独立的请求权，而参加到原告、被告正在进行的诉讼的第三方人。独立的请求权，是指第三人认为案件中原告和被告争议的诉讼标的，其合法权益全部或部分是自己的。

在民事诉讼中，人民法院审理的一般是原告人和被告人之间的民事权利义务纠争。但在特定情形下，在诉讼之外还有"真正的权利人"。在"真正的权利人"看来，原告、被告争执中的民事权利，既不属于原告享有，也不属于被告享有，而应当归自己享有，其之所以暂时失去该项民事权利，是有别的原因，如某物暂时脱离了自己的实际控制等所致。为了维护自己的权利，"真正的权利人"便会要求加入正在进行的诉讼中。

1. 参诉的根据

对当事人争议的诉讼标的有独立的请求权。

2. 参诉的方式

有独立请求权第三人以起诉的方式参加诉讼，法院不能主动追加。

3. 诉讼地位

处于原告的地位（是有独三之诉的原告）。

4. 诉讼权利

享有原告一切的诉讼权利。

5. 参诉时间

案件受理后，辩论终结前。第一审程序中未参加诉讼的第三人，申请参加第二审程序的，人民法院可以准许。根据《民诉解释》第 325 条规定，有独立请求权第三人，在第一审程序中未参加诉讼，第二审人民法院可以根据当事人自愿的原则予以调解；调解不成的，发回重审。

（二）无独立请求权的第三人

【例】北京甲公司和广州乙公司之间签订了电子产品购销合同，合同中约定，如果因质量问题发生争议，卖方广州乙公司应承担最终的民事责任。后来北京甲公司把该批电子产品转卖给郑州丙公司，郑州丙公司认为产品存在质量问题，以北京甲公司为被告提起民事诉讼，此时，案件的处理结果与广州乙公司就有利害关系，因此可将广州乙公司作为无独立请求权的第三人。

无独立请求权的第三人，是指对他人之间的诉讼标的虽然没有独立请求权，但是案件最后的处理结果与其有法律上的利害关系，因而参加到他人已经开始的诉讼的人。法律上的利害关系，指作为当事人之间争议的法律关系与第三人参加的另一法律关系有牵连，也就是说案件的判决或调解结果可能导致第三人享有某种民事权利，或承担一定的义务。

1. 参诉的根据

与案件的处理结果有法律上的利害关系。

2. 参诉的方式

无独立请求权第三人申请参加，经法院准许；或法院依职权追加。

3. 诉讼地位

诉讼参加人，参加到原告、被告一方进行诉讼。

4. 诉讼权利

只能享有为了维护自己民事权益而必需的诉讼权利。无独立请求权的第三人的诉讼权利受到了极大的限制：

（1）有权行使一般性的诉讼权利。如提供证据、委托诉讼代理人、申请回避、进行辩论等。

（2）无权行使的诉讼权利：无权对案件的管辖权提出异议，无权放弃、变更诉讼请求或者申请撤诉。

（3）附条件行使的诉讼权利：是否可以行使上诉权、对调解的同意权以及对调解书的签收权，取决于法院是否让其直接承担实体义务。

（五）诉讼代理人

民事诉讼代理人，是指依据法律规定或者当事人的授权委托，在民事诉讼中为了维护当事人的合法权益而代为进行诉讼活动的人。民事诉讼代理人的特征：（1）以被代理人的名义进行诉讼活动；（2）具有诉讼行为能力；（3）在代理权限范围内进行诉讼活动；（4）诉讼代理后果由被代理人承担；（5）同一诉讼中，诉讼代理人只能代理一方当事人。

（一）法定代理人

法定代理人，是依据法律规定行使代理权的人。根据《民事诉讼法》第 60 条规定，无诉讼行为能力人由其监护人作为法定代理人。

1. 代理权的产生

法定代理人的代理权限是依据法律规定而产生，具体包括两方面：第一，依据实体法律规定取得监护权，如父母基于子女出生而取得监护，基于婚姻关系，配偶一方取得对丧失行为能力对方的监护权等；第二，依据民事诉讼法规定，享有监护权的人取得法定代理权。

【例】甲与乙结婚不到一年，乙精神病发作。甲起诉要求离婚。乙父母已经过世，其兄、姐二人均不愿意担任法定代理人，离婚诉讼无法进行。问：本案应当如何进行下去？

分析： 精神病人属于无民事诉讼行为能力人，可以成为诉讼当事人，但是不能进行诉讼行为，应由监护人担任法定代理人进行诉讼。由于其父母死亡，其兄、姐属于有法定监护责任的人，应当出任法定代理人。法定代理人互相推诿的，根据《民事诉讼法》第 60 条规定，由法院指定其中一人为法定代理人。指定工作完成后，诉讼即可进行。

2. 代理权限

法定代理人是全权代理人，即法定代理人不仅能够代理行使一般性诉讼权利，如提供证据、委托代理人等，还可以代理行使涉及实体利益处分的特殊诉讼权利，如提出、放弃、变更诉讼请求，进行和解，请求调解等。

3. 代理权的消灭

法定代理权随监护权的产生而产生，随监护权的消灭而消灭，如被代理人取得或者恢复行为能力、法定代理人死亡或者丧失行为能力、婚姻关系或者父母子女关系解除等，在这些情形之下，法定代理人均丧失对被代理人的监护权，因此，其在诉讼中的法定代理权自然也就丧失了。

（二）委托代理人

委托代理人，是基于当事人、法定代理人、法定代表人的授权委托而行使代理权的人。

1. 代理权的产生

委托代理权是基于当事人、法定代表人、法定代理人的授权委托而产生的，具体来说是基于委托合同关系与单方授权而产生的。

（1）下列人员可以被委托为诉讼代理人：

① 律师、基层法律服务工作者；

② 当事人的近亲属或者工作人员。

此处的"近亲属"，包括与当事人有夫妻、直系血亲、三代以内旁系血亲、近姻亲以及其他具有抚养、赡养关系的亲属。此处的"工作人员"是指当事人有单位时，与当事人有合法劳动人事关系的职工，可以当事人工作人员的名义作为诉讼代理人。（《民诉解释》第85、第86条）

③ 当事人所在社区、单位以及有关社会团体推荐的公民。

有关社会团体，一般是指其职责或业务范围与案件具有一定联系的社会团体，例如妇联可以推荐其工作人员在涉及妇女权益纠纷的案件中代理诉讼，以维护妇女当事人的合法权益。

（2）下列人员不能作为委托代理人：

① 无民事行为能力人、限制民事行为能力人；

② 其他依法不能作为诉讼代理人的人。

2. 代理权限

（1）一般授权：代理人只能进行一般性诉讼权利的代理。

（2）特别授权：对于特殊诉讼权利的代理必须要明确授权。根据《民诉解释》第89条的规定，如果授权委托书中仅写全权代理而无具体授权，只能理解为一般代理，诉讼代理人无权代为承认、放弃、变更诉讼请求，进行和解，提出反诉或者提起上诉。

（3）离婚案件的特殊性：

在委托了代理人或有法定代理人后，一般来说，当事人本人不是必须出庭参加诉讼。但是离婚案件是一个例外：离婚案件有诉讼代理人的，本人除了不能表达意志的以外，仍应出庭；确因特殊情况无法出庭的，必须向人民法院提交书面意见。

（书面意见：是指不出庭的当事人对离婚或不离婚以及对子女抚育、财产分割的意见。这一规定的实质，是基于离婚案件的特殊性而对离婚案件中诉讼代理权的一种限制。）

3. 代理权的消灭

委托代理权基于当事人的授权委托而产生，当授权委托合同关系消失时，委托代理权即随之消灭，如诉讼终结、当事人解除委托或者委托代理人辞去委托、委托代理人死亡或者丧失行为能力等。

 真题自测

1. 小张（17周岁）划伤了小赵（16周岁）的眼睛，小赵父亲大赵找到小张父亲大张协商赔偿未果，向法院起诉。此时上高三的小张已满18周岁但无经济能力。本案诉讼参与人说法正确的有哪些？（2022，多选）

A. 大赵是适格原告

B. 小赵是适格原告，大赵是法定代理人

C. 小张是适格被告，大张是法定代理人

D. 大张是适格被告

答案：BD。提示：适格当事人。

2. 张三向李四借款10万元，双方约定合同履行发生纠纷由张三所在地的甲法院管辖，后李四又与王五就该笔借款签订保证合同，约定合同履行发生纠纷由王五所在地的乙法院管辖。后因张三拖欠借款发生纠纷。关于李四的救济方式，下列哪些选项是正确的？（2021，多选）

A. 向甲法院起诉张三和王五

B. 向乙法院起诉张三和王五

C. 向甲法院起诉张三

D. 向乙法院起诉王五

答案：ACD。提示：当事人、管辖。《担保制度解释》第21条第2、第3款。

3. 甲向某银行贷款100万元，由乙提供担保。后甲又向该银行贷款80万元，由丙提供担保。两笔贷款现均已到期，甲无力还款，该银行就两笔贷款分别向法院起诉，法院决定将两个案件合并审理。关于本案，下列哪些说法是正确的？（2021，

多选）

　　A. 法院合并审理应当经乙、丙同意

　　B. 合并审理是诉的合并，应当经甲同意

　　C. 法院不应当合并审理

　　D. 本案是必要共同诉讼，应当合并审理

　　答案：AB。提示：共同诉讼。《民事诉讼法》第55条。

　　4. 某个体工商户依法领取执照并登记字号为"家家利商店"，登记的经营者为张三，但是张三转让给李四经营。后因供货商未能按时供货，其欲起诉供货商。本案中，适格原告应是？（2021，不定项）

　　A. 张三

　　B. 李四

　　C. 张三和李四

　　D. "家家利商店"

　　答案：D。提示：《民诉解释》第59条。

　　5. 甲、乙、丙是普通共同诉讼的原告，诉讼进行的过程中，法院在双方当事人同意的情况下进行了调解，甲和乙均认可调解方案，但丙表示不同意调解方案，要求法院依法判决解决纠纷。法院应当如何处理本案？（2020，单选）

　　A. 制作调解书结案，但调解书对丙没有拘束力，应告知丙另行起诉

　　B. 对本案依法作出判决

　　C. 制作调解书结案，调解书对本案的所有当事人均有拘束力

　　D. 刘甲和乙制作调解书结案，对丙的请求继续审理，依法判决

　　答案：D。提示：普通共同诉讼。《民事诉讼法》第55条。

　　6. 关于当事人适格的表述，下列选项错误的是？（2020，单选）

　　A. 当事人诉讼权利能力是作为抽象的诉讼当事人资格，它与具体的诉讼没有直接的联系。当事人适格是作为具体的诉讼当事人的资格，是针对具体的诉讼而言

　　B. 一般来讲，应当以当事人是否是所争议的民事法律关系的主体，作为判断当事人适格标准，但在某些例外情况下，非民事法律关系或民事权利主体，也可以作为适格当事人

　　C. 清算组织、遗产管理人、遗嘱执行人是适格的当事人。原因在于其根据权利主体意思或法律规定对他人的民事法律关系享有管理权

　　D. 检察院就生效民事判决提起抗诉，抗诉的检察院并不是适格的当事人

　　答案：C。提示：适格当事人。《民诉解释》第64条。

　　7. 张三诉李四合同纠纷一案，诉讼进行中，张三将合同转让给王五，王五申请

参加诉讼，下列对当事人表述正确的是？（2020，多选）

A. 法院直接更换王五为原告

B. 法院应直接追加王五为本案的无独立请求权的第三人，生效的法律文书对王五生效

C. 王五申请参加诉讼，法院可以更换其为原告

D. 王五申请参加诉讼，法院不同意变更其为原告，则王五可被追加为无独立请求权的第三人

答案：CD。提示：更换当事人。《民诉解释》第249条。

8. 张老头有一套房屋。张老头死后，其子张甲和张乙因遗产继承产生纠纷，张甲将张乙诉至法院。诉讼中，张老头的女儿张丙向法院主张继承遗产，下列表述正确的是？（2019，单选）

A. 张甲是原告，张乙是被告

B. 张甲、张丙是原告，张乙是被告

C. 张丙是原告，张甲、张乙是被告

D. 张甲是原告，张乙是被告，张丙是有独立请求权的第三人

答案：B。提示：当事人的确定。

9. 居住在A市甲区的蒋某在A市乙区某住宅楼拥有住房一套。为了能够顺利出租，蒋某雇用住在A市丙区的杨某进行保洁处理。在工作过程中，杨某不慎将窗户上的玻璃撞破，其中的一块碎玻璃掉下来，将从住宅楼下经过的张某（女）的脸严重划伤。张某被送到医院紧急治疗后，与蒋某以及杨某进行交涉，但是因双方分歧较大，未取得任何结果。张某于是向人民法院提起诉讼。在本案中，张某应当以谁作为被告提起诉讼才是正确的？（2018，单选）

A. 应以蒋某作为被告

B. 应以杨某作为被告

C. 应以蒋某和杨某作为共同被告

D. 可以蒋某或杨某作为被告

答案：A。提示：当事人的确定。《民诉解释》第57条。

 案例讨论

1. 精神病人姜某冲入欣欣幼儿园将入托的小军打伤，小军的父母与姜某的监护人朱某及欣欣幼儿园协商赔偿事宜无果，拟向法院提起诉讼。

请问：本案当事人如何确定？

2. 新东阳广场是一个综合性商业大厦，在其竣工开业之前，广场一层经营部即

分别与 20 户个体工商户签订了租赁柜台的协议。2020 年国庆节，新东阳广场正式开业。开业后，甲、乙、丙、丁四户认为新东阳广场一层经营部为其安置的柜台不符合租赁协议的约定，为此双方发生争议。甲、乙、丙、丁分别以新东阳广场为被告向法院提起诉讼，法院依法受理了该争议案件。

请问：（1）如果法院认为可以作为普通共同诉讼处理，能否直接作为普通共同诉讼进行审理？

（2）在本案诉讼中，如果原告甲基于与新东阳广场所达成的和解协议申请撤诉，该撤诉行为对其他原告是否有效？

（3）如果在诉讼进行过程中，个体工商户丙遭遇车祸死亡，诉讼应当如何进行？

3. 请讨论：

（1）甲、乙是兄弟，共有一辆汽车，现将汽车租赁给丙从事营运活动。甲瞒着乙与丙签订了买卖合同，将汽车卖给丙，后因买卖合同纠纷，甲起诉丙要求支付卖车款，乙闻讯赶回，参加诉讼，坚决不同意将汽车卖给丙。

请问：如何确定乙的诉讼地位？

（2）甲、乙是兄弟，共有一辆汽车，丙因为跟甲产生矛盾，遂将汽车砸毁，甲起诉丙要求赔偿，乙闻讯赶回，参加诉讼。

请问：如何确定乙的诉讼地位？

Chapter 6
第六章
管　辖

经典案例

三星公司与华为公司侵害发明专利纠纷
——三星公司提出管辖权异议不成立

【案情】2016 年，华为公司在深圳中院起诉，华为公司享有专利号为 20051010 ××××.4 的发明专利，总计六项权利要求，在本案中主张两项。被告为三星（中国）投资有限公司、惠州三星电子有限公司、天津三星通信技术有限公司、深圳市南方韵和科技有限公司。原告华为公司表示，被告未经许可，实施涉案专利，大量制造、销售、许诺销售、进口涉嫌侵权产品，侵害其专利权。同时，双方在进行标准必要专利交叉许可谈判时，三星未遵循 FRAND（公平、合理、无歧视）原则，具有明显过错，请求法院判令被告方立即停止涉案专利侵权行为。

在提交答辩状期间，三星公司提出管辖权异议申请，此异议申请经过两级法院审理。其中的争议点主要在于被告提出的地域管辖与级别管辖问题。关于地域管辖，被告三星公司认为，自己公司所在地并不在广东省深圳市，只有韵和公司在此地。华为公司将其四家公司列为被告，是为了制造管辖。即使法院拥有对韵和公司的管辖权，其他三被告与韵和公司并无直接关联，也不能以此获得管辖权。关于级别管辖，被告三星（中国）投资有限公司、惠州三星电子有限公司、天津三星通信技术有限公司是韩国三星电子株式会社在中国的子公司，具有涉外因素，是涉外案件。且认为本案有重大影响，应当由高级人民法院管辖。

对于被告提出的管辖权异议申请，法院均作出明确回应认为，华为公司提交的初步证据证明其起诉主张的各被告实施的侵权行为，在管辖权程序审查阶段可以作为确定管辖的依据，根据现有证据，将四所公司列为共同被告在程序上并无不当。

最终，法院根据民诉法及其解释规定，"因侵权行为提起的诉讼，由侵权行为地或者被告住所地人民法院管辖""专利纠纷案件由知识产权法院、最高人民法院确定的中级人民法院和基层人民法院管辖"，《最高人民法院关于同意广东省深圳市两级法院继续管辖专利等知识产权案件的批复》的规定，本案其中一个被告韵和公司的住所地在广东省深圳市，原审法院经最高人民法院批准继续管辖辖区内的专利、植物新品种、集成电路布图设计、技术秘密、计算机软件民事和行政案件以及涉及驰名商标认定的民事案件，故对本案具有管辖权。关于级别管辖，根据《最高人民法院关于调整地方各级人民法院管辖第一审知识产权民事案件标准的通知》第一条规定，高级人民法院管辖诉讼标的额在 2 亿元以上的第一审知识产权民事案件，以及诉讼标的额在 1 亿元以上且当事人一方住地不在其辖区或者涉外、涉港澳台地区的第一审知识产权民事案件。本案属于深圳中院管辖的第一审专利民事案件的范围，深圳中院对本案有管辖权。

评析：在本案中，三星公司提出管辖权异议。关于地域管辖，对于侵权纠纷，由侵权行为地或者被告住所地法院管辖。被告韵和公司所在地深圳，购买的被控侵权产品也在深圳。根据华为公司提供的相关证据，将上述四所公司列为共同被告，法院将其作为一案审理程序正当。深圳中院当然享有管辖权。关于级别管辖，根据我国最高人民法院出台的相关通知，深圳中院也符合级别管辖的要求。

管辖制度在我国民事诉讼法律制度中占据重要地位，对于一个纠纷，法院最先需要明确的便是管辖问题。在人民法院受理案件之后，当事人对管辖权存在异议，正如上述案例中展示的那样，对一审法院级别管辖和地域管辖存在异议，应当在提交答辩状期间提出，由人民法院对异议进行审查。法院审查结果包括两种情况，如果异议成立，将裁定移送至有管辖权的法院。如果异议不成立，裁定驳回。当然，当事人对管辖权异议裁定不服，可以上诉。这些制度体现出了程序正当性，管辖权异议彰显程序正义的价值，与社会主义核心价值观不谋而合。

知识梳理

1. 管辖
2. 级别管辖
3. 地域管辖
4. 裁定管辖
5. 管辖权异议

一、管辖

管辖，是指确定上下级法院之间以及同级法院之间受理第一审民事案件的分工和权限。

（一）确定管辖的原则

（1）便于当事人进行诉讼。

（2）便于人民法院行使审判权。

（3）保证案件的公正审判，维护当事人的合法权益的原则。

（4）兼顾各级人民法院的职能分工和工作均衡负担的原则。

（5）确定性规定与灵活性规定相结合的原则。

（6）有利于维护国家主权的原则。

（二）管辖的分类

（1）依据管辖是由法律直接规定还是由法院裁定确定为标准，可以将管辖分为法定管辖和裁定管辖。法定管辖包括级别管辖、地域管辖等。裁定管辖作为法定管辖的一种补充，包括移送管辖、指定管辖、管辖权的转移。

（2）依据管辖是否由法律强制规定、不允许当事人协商变更为标准，可以将管辖分为强制管辖和任意管辖。强制管辖，是指某类案件只能由法律规定的特定法院管辖，其他法院无管辖权，当事人也不得以协议方式变更管辖法院，如级别管辖和专属管辖。任意管辖，是指当事人单方或双方可以选择管辖法院，如共同管辖、选择管辖和协议管辖。

（3）依据诉讼关系为标准，可以将管辖分为共同管辖和合并管辖。共同管辖是指两个以上法院对同一案件具有管辖权，例如：合同纠纷由被告住所地或合同履行地法院管辖；侵权纠纷由被告住所地或侵权行为地法院管辖。合并管辖，也称牵连管辖，是指对某一案件有管辖权的法院，对与该案存在牵连关系但无管辖的另一案一并管辖和审理的制度。例如：反诉。

（三）管辖恒定问题

在确定案件的管辖时，应当遵守"管辖恒定"规则，所谓管辖恒定，是指某个法院对某个案件是否享有管辖权，应当以原告起诉时的状态为准，法院在原告起诉时依法对该案享有管辖权的，该案件自始至终由其管辖，不因确定管辖的事实在诉讼过程中发生变化而影响其管辖权。确立管辖恒定原则的主要目的在于保证民事案件及时审理，避免多个人民法院之间互相推诿或争夺管辖权而造成司法资源浪费，减少当事人讼累，推动诉讼快速进行，防止诉讼迟缓，实现诉讼经济要求。

1. 确立管辖恒定原则的要求

一是案件已经被人民法院立案受理；二是受诉法院对该案享有管辖权；三是当事人住所地、经常居住地变更时，对受理该案件法院管辖权不发生影响，不能因为当事人的住所地、经常居住地变化而变更管辖法院。

2. 管辖恒定原则的具体体现

（1）《民诉解释》第 37 条：案件受理后，受诉人民法院的管辖权不受当事人住所地、经常居住地变更的影响。

（2）《民诉解释》第 38 条：有管辖权的法院受理案件后，不得以行政区域变更为由，将案件移送给变更后有管辖权的人民法院。判决后的上诉案件和依审判监督程序提审的案件，由原审人民法院的上级人民法院进行审判；上级人民法院指令再审、发回重审的案件，由原审人民法院再审或者重审。

根据《民诉解释》第 37、第 38 条规定，简言之：法院受理案件后，受诉法院的管辖权不受当事人住所地、经常居住地变化的影响。有管辖权的法院不得以行政区域变更为由，将案件移送变更后有管辖权的法院。

（3）《民诉解释》第 39 条：人民法院对管辖权异议审查后确定有管辖权的，不因当事人提起反诉、增加或者变更诉讼请求等改变管辖，但违反级别管辖、专属管辖规定的除外。人民法院发回重审或者按照一审程序再审的案件，当事人提出管辖权异议，人民法院不予审查。

根据第 39 条规定：①诉讼标的额发生变化，会不会造成级别管辖法院的调整，要具体情况具体分析。如果原告在诉讼中增加或减少诉讼请求，致使其诉讼标的额超过或达不到受诉法院的级别管辖标准，应当调整级别管辖法院，以防止当事人通过此种方式规避级别管辖的规定，损害对方当事人的审级利益。即诉讼标的额的变化不再遵循管辖恒定。

② 至于被告提起反诉，不论标的额多大，其提起反诉的行为已经表明其愿意接受受诉法院管辖，受理本诉的法院对反诉案件取得牵连管辖，不应当对级别管辖进行调整。因为反诉本身是一个独立的诉，如果被告不接受受诉法院的级别管辖完全可以另行向有管辖权的法院起诉。由受诉法院将案件合并审理有助于及时解决纠纷，防止冲突判决。

【例1】2019 年 7 月，家住 A 省的陈大因赡养费纠纷，将家住 B 省甲县的儿子陈小诉至甲县法院，该法院受理了此案。2019 年 8 月，经政府正式批准，陈小居住的甲县所属区域划归乙县管辖。甲县法院以管辖区域变化对该案不再享有管辖权为由，将该案移送至乙县法院。请问甲县法院的做法对不对？

分析： 不对。本案是赡养费纠纷诉讼，由于法律没有特殊规定，应当按照最通常的方式管辖，即实行原告就被告原则，由被告住所地 B 省甲县法院管辖。由于在起诉时，B 省甲县法院对本案有管辖权，即便以后，也就是 2019 年 8 月，陈小居住的甲县所属区域划归乙县法院管辖，甲县法院仍然对于本案有管辖权，不会产生移送别的法院管辖的问题。

【例 2】根据最高人民法院的规定，C 省中级人民法院审理标的额在 3000 万元以上的案件，某基层人民法院审理一个标的额在 2900 万元的诉讼，诉讼中，原告又增加了 290 万元诉讼请求。问：该案被告是否能提出管辖权异议，案件是否需移送中级人民法院管辖？

分析： 本案被告有权提出管辖权异议，基层人民法院应当将案件移送中级人民法院审理。

正面分析，在诉讼中，原告增加、变更诉讼请求使得案件标的额不符合受诉法院级别管辖标准的，被告应当有权提出管辖权异议。当然对于被告提出的管辖权异议，应当进行审查，认为异议不成立的应当裁定驳回，认为异议成立的，应当移送管辖。

反面分析，本案中受诉的基层法院并不会因为应诉管辖以及管辖权恒定原则取得对案件的管辖权。首先，应诉管辖要求被告在提交答辩状期间没有提出管辖权异议，并应诉答辩，受诉法院取得应诉管辖权，但违反级别管辖和专属管辖的除外，本案是违反级别管辖，故受诉法院并不会取得应诉管辖权。其次，管辖权恒定原则要求法院对管辖权异议审查后确定有管辖权的，不因当事人提起反诉、增加或者变更诉讼请求而改变管辖，但违反级别管辖、专属管辖规定的除外，本案违反级别管辖，不适用管辖权恒定原则。

（四）专门法院的管辖

我国除了地方法院外，还设有军事法院、海事法院、铁路运输法院、知识产权法院、金融法院、互联网法院等专门法院。

二、级别管辖

级别管辖，是指按照一定的标准，划分上下级法院之间受理第一审民事案件的

分工和权限。（纵向划分）

级别管辖为各国民事诉讼立法所确定，由于各国的法院设置、审级各不相同，因而对级别管辖标准的确定也不完全一致，但对大多数国家而言，一般是以诉讼标的额作为确定级别管辖的主要标准。《民事诉讼法》根据我国的传统做法和实际情况，将案件的性质、繁简程度、影响大小三者结合起来作为划分级别管辖的标准。

（一）基层人民法院管辖的第一审民事案件

根据《民事诉讼法》第 18 条规定，基层人民法院管辖第一审民事案件，但本法另有规定的除外。因此，绝大多数第一审民事案件均由基层人民法院管辖。

（二）中级人民法院管辖的第一审民事案件

1. 重大涉外案件

什么是"重大"？重大是指（1）争议标的额大；或者（2）案情复杂；或者（3）一方当事人人数众多的涉外案件（人数众多是指三人或三人以上）。满足上述三者之一即可。（《民诉解释》第 1 条）

什么是"涉外"？涉外是指具有涉外因素的民事案件。具体说来，（1）当事人一方或双方是外国人、无国籍人、外国企业或组织；（2）当事人一方或双方的经常居所地在中华人民共和国领域外的；（3）标的物在中华人民共和国领域外的；（4）产生、变更或者消灭民事关系的法律事实发生在中华人民共和国领域外的；（5）可以认定为涉外民事案件的其他情形。当事人、诉讼标的物、法律事实，三者之一涉外即可。（《民诉解释》第 520 条）

【例】中国香港地区的公民甲与广州的淘宝网店主乙因为货品质量问题发生纠纷，甲诉至法院要求乙赔偿违约损失 3000 元，该案是否由中级人民法院受理？

分析：不是，因为本案虽属于涉港澳台案件，但不满足"重大"的要求。

2. 在本辖区内有重大影响的案件

判断案件是否具有重大影响时考虑的因素有：（1）案件的繁简程度；（2）诉讼标的金额的大小；（3）在该地区的影响等情况。

3. 最高人民法院确定由中级人民法院管辖的案件

（1）海事海商案件。

海事海商案件由海事法院管辖，海事法院是行使海事司法管辖权而设立的专门审判第一审海事、海商案件的专门法院。目前我国已设有 11 个海事法院：北海海事法院、海口海事法院、广州海事法院、厦门海事法院、上海海事法院、青岛海事法院、天津海事法院、大连海事法院、武汉海事法院、宁波海事法院和南京海事法院，均为中级人民法院。

（2）专利纠纷案件。

专利纠纷案件包括专利申请权纠纷案件、专利权纠纷案件、专利侵权纠纷案件等。

《民诉解释》第2条："专利纠纷案件由知识产权法院、最高人民法院确定的中级人民法院和基层人民法院管辖。"

① 如果专利纠纷发生在北京、上海和广州：必须由知识产权法院管辖。全国人大常委会颁布的《关于在北京、上海、广州设立知识产权法院的决定》中明确规定，在我国北京、上海、广州三个城市设立专门审理知识产权案件的知识产权法院，其级别相当于中级人民法院。知识产权法院综合审理知识产权方面的行政、民事和刑事案件，其审理的案件，上诉至地方高级法院。

② 如果专利纠纷发生在其他地方：原则上由中级人民法院管辖，最高人民法院指定的基层人民法院也可以管辖。

（3）著作权民事纠纷案件。

《最高人民法院关于审理著作权民事纠纷案件适用法律若干问题的解释》第2条规定："著作权民事纠纷案件，由中级以上人民法院管辖。各高级人民法院根据本辖区的实际情况，可以报请最高人民法院批准，由若干基层人民法院管辖第一审著作权民事纠纷案件。"

（4）商标民事纠纷案件。

根据《最高人民法院关于审理商标案件有关管辖和法律适用范围问题的解释》第1、第2条规定，商标民事纠纷第一审案件，由中级以上人民法院管辖。但各高级人民法院根据本辖区的实际情况，经最高人民法院批准，可以在较大城市确定1~2个基层人民法院受理第一审商标民事纠纷案件。

（5）涉及驰名商标认定的民事纠纷案件。

这类案件由省、自治区人民政府所在地的市、计划单列市中级人民法院，直辖市辖区内的中级人民法院，以及经最高人民法院批准的其他中级人民法院管辖。

（6）重大的涉港、澳、台民事案件。

（7）涉及域名的侵权纠纷案件。

《最高人民法院关于审理涉及计算机网络域名民事纠纷案件适用法律若干问题的解释》第2条："涉及域名的侵权纠纷案件，由侵权行为地或者被告住所地的中级人民法院管辖；对难以确定侵权行为地和被告住所地的，原告发现该域名的计算机终端等设备所在地可以视为侵权行为地。"

（8）虚假陈述证券民事赔偿案件。

《最高人民法院关于审理证券市场虚假陈述侵权民事赔偿案件的若干规定》第3条："证券虚假陈述侵权民事赔偿案件，由发行人住所地的省、自治区、直辖市人民政府所在的市、计划单列市和经济特区中级人民法院或者专门人民法院管辖。《最高人民法院关于证券纠纷代表人诉讼若干问题的规定》等对管辖另有规定的，从其规定。省、自治区、直辖市高级人民法院可以根据本辖区的实际情况，确定管辖第一审证券虚假陈述侵权民事赔偿案件的其他中级人民法院，报最高人民法院备案。"

（9）公司强制清算案件。

除有特殊原因外，地区、地级市以上的公司登记机关核准登记公司的强制清算案件，由中级人民法院管辖。

（10）反垄断民事纠纷案件。

由省、自治区、直辖市人民政府所在地的市、计划单列市中级人民法院以及最高人民法院指定的中级人民法院管辖。经最高人民法院批准的基层法院也可以管辖这类案件。

（11）与仲裁相关的案件。

与仲裁相关的案件原则上都由中级人民法院管辖。与仲裁相关的案件如确认仲裁协议的效力，申请撤销仲裁裁决的，申请执行或不予执行仲裁裁决，涉外仲裁的证据、财产保全等都由中级人民法院管辖。

例如，国内仲裁的保全和证据保全，由基层法院管辖。

（12）公益诉讼案件。

根据《民诉解释》第285条规定，公益诉讼案件由侵权行为地或者被告住所地中级人民法院管辖。

（三）高级人民法院管辖的第一审民事案件

根据《民事诉讼法》第20条规定，高级人民法院管辖在本辖区内有重大影响的案件。

（四）最高人民法院管辖的第一审民事案件

根据《民事诉讼法》第21条规定，最高人民法院管辖的第一审民事案件有：

（1）在全国范围内有重大影响的案件。

（2）认为应当由本院受理的案件。

三、地域管辖

地域管辖，又称区域管辖、土地管辖，是指按照人民法院的不同辖区确定同级人民法院之间受理第一审民事案件的分工和权限。（横向划分）

地域管辖与级别管辖之间的关系：级别管辖是基础，只有确定了级别管辖，才能确定地域管辖。级别管辖与地域管辖的区别在于：前者解决的是人民法院内部受理第一审民事案件的纵向分工，即在上下级人民法院之间；而后者解决的是法院内部受理第一审民事案件的横向分工，即在同级人民法院之间。

地域管辖的内容较多，主要包括以下几个方面。

（一）一般地域管辖

一般地域管辖，是指以当事人的住所地与法院的隶属关系来确定的诉讼管辖。

当事人有原告与被告之分，世界各国确定一般地域管辖的通常做法是实行原告就被告的原则，即以被告住所地作为确定管辖的标准。实行原告就被告的积极意义在于：第一，有利于法院传唤被告参加诉讼，减少缺席判决；第二，有利于维护被告的合法权益，抑制原告滥用诉权，使被告免受原告不当诉讼的侵扰；第三，有利于法院查明案件事实，对案件公正审理与裁判；第四，有利于法院对诉讼标的物进行保全或勘验，便于判决的执行。

1. 原则性规定——被告住所地法院管辖（"原告就被告"）

（1）对公民提起的民事诉讼，由被告住所地人民法院管辖；被告住所地与经常居住地不一致的，由经常居住地人民法院管辖。（《民事诉讼法》第 22 条）

"被告住所地"是指公民的户籍所在地。"经常居住地"是指公民离开住所地至起诉时已连续居住一年以上的地方，但公民住院就医的地方除外。（《民诉解释》第 3、第 4 条）

补充：《民诉解释》第 7 条：当事人的户籍迁出后尚未落户的，有经常居住地的，由该地人民法院管辖；没有经常居住地的，由其原户籍所在地人民法院管辖。

（2）对法人或者其他组织提起的民事诉讼，由被告住所地人民法院管辖。（《民事诉讼法》第 22 条）

"被告住所地"是指法人或其他组织的主要办事机构所在地。不能确定主要办事机构所在地时，以法人或者其他组织的注册地或者登记地为住所地。（《民诉解释》第 3 条）

2. 《民诉解释》对"原告就被告"作了相应补充规定

（1）《民诉解释》第 8 条："双方当事人都被监禁或被采取强制性教育措施的，由被告原住所地法院管辖。被告被监禁或被采取强制性教育措施一年以上的，由被告被监禁地或被采取强制性教育措施所在地法院管辖。"

（2）《民诉解释》第 6 条："原、被告均被注销户籍的，由被告居住地人民法院管辖。"

（3）《民诉解释》第 12 条第 2 款："夫妻双方离开住所地超过一年，一方起诉离婚的案件，由被告经常居住地人民法院管辖；没有经常居住地的，由原告起诉时被告居住地法院管辖。"

【例 1】甲的住所地在 A 市 B 区，2019 年 2 月，甲前往 C 市 D 区开了一家服装店并长期居住在服装店顶层的阁楼里。2020 年 6 月，因服装店拆迁，于是甲关闭服装店前往 C 市 E 区的一厨师学校学烹饪。2020 年 9 月，甲的老家邻居住在 A 市 B 区的乙向法院起诉甲，要求甲返还借款 10 万元。请问，本案应当由哪一法院管辖？

分析： 应由 A 市 B 区法院管辖。本案中有多余信息干扰，先定位乙起诉时甲的居住地在哪里，可知被起诉时甲住在 C 市 E 区，且在该地仅居住了 3 个月，因此没有形成经常居住地。很多人误认为甲在 C 市 D 区形成了经常居住地，因为其在 D 区已经居住了 1 年 4 个月，但是当其被起诉时已经不在该地，因此不符合形成经常居住地的两个要件之一。没有经常居住地时，由其原户籍所在地为管辖法院，甲的原户籍所在地为 A 市 B 区。因此，B 区法院是该案的管辖法院。

【例 2】小甲与小乙系夫妻，两人户籍均在 A 市 B 区。2018 年，小甲因患有精神病，到 A 市 C 区安康医院住院治疗。在长达 3 年的住院治疗期间，小甲一直没有好转。因小甲婚姻隐瞒了曾患有精神病的情况，小乙认为双方已没有夫妻感情，向法院起诉要求与小甲离婚。问：本案应由哪一法院管辖？

分析： 应由 A 市 B 区法院管辖。公民的经常居住地是指公民离开住所地至起诉时已连续居住一年以上的地方，但公民住院就医的地方除外。本案小甲虽在 C 区安康医院住院治病长达 3 年时间，但公民住院就医地方不能认为是经常居住地，双方的住所地仍然是 A 市 B 区，因此该区法院有管辖权。

3. 例外规定——原告住所地法院管辖（"被告就原告"）

作为"原告就被告"原则的补充和例外，《民事诉讼法》第 23 条规定了某些诉讼由原告住所地法院管辖，原告住所地与经常居住地不一致的，由原告经常居住地人民法院管辖：

（1）对不在中华人民共和国领域内居住的人提起的有关身份关系的诉讼。

（2）对下落不明或者宣告失踪的人提起的有关身份关系的诉讼。

（3）对被采取强制性教育措施的人提起的诉讼。

（4）对被监禁的人提起的诉讼。

其中（1）和（2）类案件的共性在于身份关系的诉讼，如果是财产诉讼，则仍然由被告住所地人民法院管辖。而（3）和（4）类案件的共性在于不限于身份关系的诉讼，被告被限制了人身自由（原告没有），如果被监禁或被采取强制性教育措施的一方是原告，那么还是"原告就被告"。

【例1】原告刘某是被告赵某2008年收养的儿子，2019年5月被告去美国，至今未归。在赵某出国前两人共同居住于住所地甲地，但赵某出国后，刘某就将户籍搬到乙地并在乙地居住。原告现在起诉要求解除与被告的收养关系。起诉时被告尚未取得美国国籍。请问哪个法院有管辖权？

分析： 乙地基层法院有管辖权。对不在中华人民共和国领域内居住的人提起的有关身份关系的诉讼，适用被告就原告的规定，由原告住所地法院管辖。

【例2】张某和薛某均为甲县人，双方在乙县登记结婚。后薛某在丙县被判处有期徒刑3年，薛某服刑1年后张某将户口迁至丁县，欲起诉与尚在服刑的薛某离婚，对此案哪些法院有管辖权？

分析： 丁县法院。注意：只有被告一方被监禁，适用"被告就原告"，原告有住所地，应当由原告住所地管辖；原告起诉时的住所地是丁县，因此应当由丁县法院管辖。

此外，最高人民法院《民诉解释》对"被告就原告"作出了以下扩大解释：

（5）《民诉解释》第9条："追索赡养费、扶养费、抚养费案件的几个被告住所地不在同一辖区的，可以由原告住所地人民法院管辖。"（注意：是"可以"，因此也可以由被告住所地法院管辖）

（6）《民诉解释》第12条："夫妻一方离开住所地超过一年，另一方起诉离婚的案件，可以由原告住所地人民法院管辖。"（注意：也用了"可以"，也可以由被告住所地法院管辖）

（7）《民诉解释》第6条："被告一方被注销户籍的，由原告住所地人民法院管辖。"

【例】甲市A区居民朱某（男）与甲市B县刘某结婚，婚后双方居住并落户A区。1年后，公司安排刘某赴C县分公司工作，刘某就一直居住于C县。3年后，因为长期分居感情破裂，朱某起诉与刘某离婚，请问本案哪些法院有管辖权？

分析： 根据《民诉解释》第 12 条规定，夫妻一方离开住所地超过 1 年，另一方起诉离婚的案件，可以由原告住所地人民法院管辖，也可以由被告住所地法院管辖。可见，本案原告住所地与被告住所地法院均有管辖权。原告朱某住所地在 A 区，有管辖权；关于被告住所地，起诉时，被告住在 C 县，并且在此居住已满 1 年，C 县现为被告刘某经常居住地，有管辖权。所以本案应当由原告住所地 A 区法院或被告经常居住地 C 县法院管辖。

（二）特殊地域管辖

特殊地域管辖，又称为特别管辖，是指将当事人所在地、诉讼标的、诉讼标的物和法律事实等因素综合起来，以这些因素与法院之间的隶属关系为标准所确定的管辖。

1. 一般合同纠纷的管辖

《民事诉讼法》第 24 条："因合同纠纷提起的诉讼，由被告住所地或者合同履行地人民法院管辖。"这里的合同是指一般合同、保险合同、运输合同等管辖，法律另有规定。

关于合同履行地的确定，需要考虑合同是否实际履行，如下。

（1）如果合同没有实际履行。（《民诉解释》第 18 条）

① 当事人双方住所地都不在合同约定的履行地的，由被告住所地人民法院管辖，即约定的履行地法院没有管辖权。

② 但一方当事人的住所地在约定的履行地，被告住所地和约定的履行地均有权管辖。

【例1】 甲和乙签订一份买卖合同，约定甲将一批珍贵字画卖给乙，乙收到画后付款，合同履行地为 A 地。甲住所地为 B 地，乙住所地为 C 地。此后甲将字画卖给了出价更高的丙，乙准备起诉甲，追究甲的违约责任。

请问：哪一个法院有管辖权？

分析： B 地法院有管辖权。本案约定了合同履行地为 A 地，但是该合同没有实际履行，双方当事人住所地都不在合同约定的履行地 A 地，此时合同纠纷的管辖法院只能是被告住所地 B 地人民法院。

【例2】 甲和乙在 A 地签订一份买卖合同，约定甲在 C 地将一批珍贵字画卖给乙，乙收到画后付款。甲住所地为 B 地，乙住所地为 C 地。此后甲将字画卖给了出价更高的丙，乙准备起诉甲，追究甲的违约责任。

请问：哪一个法院有管辖权？

分析： B地和C地法院有管辖权。本案中B地是被告住所地，有管辖权；C地是约定的合同履行地，虽然没有实际履行，但C地是原告乙的住所地，所以是有管辖权的。

（2）如果合同已经实际履行，由被告住所地或者合同履行地法院管辖。合同履行地按以下步骤确定。

① 合同中明确约定了履行地的，那么尊重双方当事人的意思自治，以双方约定的合同履行地为合同履行地。（《民诉解释》第18条）

② 如果双方当事人对合同的履行地没有约定或者约定不明的。（《民诉解释》第18、第19、第20条）

A. 争议的标的为给付货币的，接受货币一方所在地为合同履行地。

【例】甲向乙购买小汽车一辆，双方没有约定合同履行地，乙向甲交付了小汽车后，甲未按照合同的约定支付剩余的款项，于是乙向人民法院诉请甲支付剩余的款项，此时乙所在地为合同的履行地，乙可以向乙所在地人民法院起诉。

B. 交付不动产的，不动产所在地为合同履行地。

【例】甲向乙购买处于A地的房屋，双方没有约定合同履行地，甲向乙支付了购房款后，乙未按照合同的约定如期向甲交付房屋，于是甲向人民法院诉请乙交付房屋，此时A地为合同的履行地，甲可以向A地人民法院起诉。

C. 交付其他标的，履行义务一方所在地为合同履行地。

【例】甲向乙购买小汽车一辆，双方没有约定合同履行地，甲支付了汽车款项后，乙未按照合同的约定如期交付小汽车，于是甲向人民法院诉请乙交付小汽车，此时乙所在地为合同的履行地，甲可以向乙所在地人民法院起诉。

D. 即时结清的合同，交易行为地为合同履行地。

【例】甲与乙在A地交易，乙卖给甲一辆小汽车并当场交付，甲也当场向乙付清了车款。后来甲发现乙卖给自己的小汽车有质量问题，其可以向A地的人民法院起诉要求乙承担违约责任。

（3）财产租赁合同、融资租赁合同，以租赁物的使用地为合同履行地。合同履行地有约定的，从其约定。

（4）以信息网络方式订立的买卖合同，通过信息网络交付标的的，以买受人住所地为合同履行地；通过其他方式交付标的的，收货地为合同履行地。合同履行地有约定的，从其约定。

【例1】甲购买了乙的网络课程，此种情形就属于以信息网络为交付标的，如果甲和乙公司之间产生争议，甲可以向甲住所地人民法院起诉，因为甲住所地为合同履行地。

【例2】甲在乙公司的官网购买了一块手表，收货地为A地，此种情形就属于通过其他方式交付标的的，如果甲与乙公司产生争议，甲可以向收货地A地人民法院起诉，因为A地为合同履行地。

2. 保险合同纠纷的管辖

保险合同，是指投保人与保险人之间就财产保险和人身保险所达成的保险权利与义务的协议。保险合同的主要目的，是在保险标的（人身或财产）发生保险事故时，由保险人对投保人承担经济补偿的责任。

《民事诉讼法》第25条："因保险合同纠纷提起的诉讼，由被告住所地或者保险标的物所在地人民法院管辖。"

（1）财产保险合同：如果保险标的物是运输工具或者运输中的货物，可以由运输工具登记注册地、运输目的地、保险事故发生地的人民法院管辖。（《民诉解释》第21条第1款）

（2）人身保险合同：可以由被保险人住所地人民法院管辖。（《民诉解释》第21条第2款）

注意：财产保险合同与人身保险合同纠纷也不排除原告就被告的原则。

3. 票据纠纷的管辖

票据是指以支付一定数额金钱为基本功能的有价证券，包括汇票、本票、支票。票据纠纷是指当事人关于票据内容所产生的权利义务纠纷，一般发生在发票人、持票人、付款人之间，包括票据签发、转让、承兑、支付等引起的纠纷。票据纠纷常发生在票据的支付环节中，案件相关的事实和证据多集中在票据支付地。

《民事诉讼法》第26条："因票据权利纠纷提起的诉讼，由票据支付地或者被告住所地人民法院管辖。"

注意：（1）非因票据权利纠纷提起的诉讼，依法由被告住所地人民法院管辖。

（2）"票据支付地"，是指票据上载明的付款地，若未载明则以票据付款人或者代理付款人的住所地或主要营业所在地为票据支付地。

4. 运输合同纠纷的管辖

《民事诉讼法》第28条："因铁路、公路、水上、航空运输和联合运输合同纠纷提起的诉讼，由运输始发地、目的地或者被告住所地人民法院管辖。"

运输合同纠纷是一种特定的合同。所谓运输合同纠纷，包括货物在运输过程中发生灭失、短少、污染、变质和损害，或者承运人未按照规定期限将货物、旅客运送到站，或者因为托运人、收货人的过错而产生的纠纷。

5. 侵权纠纷的管辖

《民事诉讼法》第 29 条："因侵权行为提起的诉讼，由侵权行为地或者被告住所地人民法院管辖。"这里的侵权行为地既包括侵权行为实施地，也包括侵权行为结果发生地。

几类特殊侵权纠纷的地域管辖规定如下。

（1）因产品、服务质量不合格造成他人财产、人身损害提起的诉讼，产品制造地、产品销售地、服务提供地、侵权行为地和被告住所地人民法院都有管辖权。（《民诉解释》第 26 条）

【例】甲县的电热毯厂生产了一批电热毯，与乙县的昌盛百货公司在丙县签订了一份买卖该批电热毯的合同。丁县居民张三在出差乙县时从昌盛百货公司购买了一条该批次的电热毯，后在使用过程中电热毯由于质量问题引起火灾，烧毁了张三的房屋。张三欲以侵权损害为由诉请赔偿。

请问：哪些法院对该纠纷有管辖权？

分析：根据《民诉解释》第 26 条规定，产品制造地甲县法院、产品销售地乙县法院、侵权行为地丁县法院对该纠纷均有管辖权。

（2）信息网络侵权行为实施地包括实施被诉侵权行为的计算机等信息设备所在地，侵权结果发生地包括被侵权人住所地。（《民诉解释》第 25 条）

本条是关于信息网络侵权行为的规定。与一般侵权行为相比，信息网络侵权行为具有侵权行为实施地难确定性、侵权手段多样性等特殊性。这决定了根据侵权行为地为标准来确定管辖法院时经常出现争议。为此，有必要明确侵权工具（计算机）所在地、被侵权人住所地等为管辖连接点。

【例】甲报社通过其网站刊登了关于乙的不实报道，导致乙名誉权受损，此时甲报社刊登该不实报道的计算机等信息设备所在地 A 地为侵权行为实施地，乙住所地 B 地为侵权结果发生地，乙可以向 A 地、B 地以及甲报社所在地人民法院择一起诉。

（注意：实践中被诉实施侵权行为的计算机等信息设备可能有多台，也可能处在不同的地方，此时所有实施侵权行为的计算机等信息设备所在地均为侵权行为实施地。此外，如果当时实施了侵权行为的计算机等信息设备之后移动到其他地方，究竟是以实施侵权行为时的信息设备所在地还是移动后信息设备所在地抑或是两地均属于侵权行为实施地呢？此时，应以实施侵权行为时信息设备所在地为侵权行为实施地，而不能以移动后信息设备所在地为侵权行为实施地。）

6. 交通事故损害赔偿纠纷的管辖

《民事诉讼法》第 30 条："因铁路、公路、水上和航空事故请求损害赔偿提起的诉讼，由事故发生地或者车辆船舶最先到达地、航空器最先降落地或者被告住所地人民法院管辖。"

7. 海损事故损害赔偿纠纷的管辖（由海事法院管辖）

《民事诉讼法》第31条："因船舶碰撞或者其他海事损害事故请求损害赔偿提起的诉讼，由碰撞发生地、碰撞船舶最先到达地、加害船舶被扣留地或者被告住所地人民法院管辖。"

被告住所地，一般是加害船舶的船籍港所在地，即该船舶进行登记，获得航行权的具体港口。

8. 海难救助费用纠纷的管辖（由海事法院管辖）

《民事诉讼法》第32条："因海难救助费用提起的诉讼，由船舶最先到达地、共同海损理算地或者航程终止地的人民法院管辖。"（注意：排除了被告所在地的法院管辖。）

海难救助：是指对海上遇难的船舶及所载的货物或者人员给予援救。实施救助的，可能是从事救助的专业单位，也可能是邻近或者经过的船舶。救助活动完成后，实施救助的一方有权要求被救助方给付一定的报酬，这就是海难救助费用。

9. 共同海损分担的纠纷（由海事法院管辖）

《民事诉讼法》第33条："因共同海损提起的诉讼，由有船舶最先到达地、共同海损理算地或者航程终止地的人民法院管辖。"（注意：排除了被告所在地的法院管辖。）

共同海损，是指海上运输中，船舶以及所载的货物遭遇海难等意外事故时，为了避免共同危险而有意、合理地作出特殊的物质牺牲和支付的特殊费用。如果共同海损的全体受益人对共同海损的构成与否及分担比例等问题发生争议而诉诸法院，这就是共同海损诉讼。

10. 公司诉讼

《民事诉讼法》第27条："因公司设立、确认股东资格、分配利润、解散等纠纷提起的诉讼，由公司住所地人民法院管辖。"

（1）因公司设立而产生的纠纷，是指发起人为组建公司，如股东认缴的出资额、出资方式、筹建、租赁办公用房、购买办公设备、聘用工作人员等，进行一系列的经济活动所产生的各类纠纷。这些纠纷都属于因设立公司而产生的纠纷。

（2）确认股东资格纠纷，是指公司股东已实际出资但在股东名册中没有记载或者在股东会议决议等材料中，股东的名字是由他人签署的，只是股东的权利不能依法正常行使所产生的各类纠纷。

（3）分配利润纠纷，是指股东已实际缴纳出资后，应当按照出资比例分取红利，但公司却不按照章程和公司股东大会审议通过的利润分配方案按期分配公司利润或者分配利润的标准不公平，并违反《公司法》的有关规定而产生的纠纷。

（4）公司解散纠纷，是指公司出现应依法结束其民事权利主体资格的事由，如公司章程规定的经营期限已届满；股东会议决定对公司解散；公司持续两年以上无法召开股东会或者股东大会；股东表决时无法达到法定或者公司章程规定的比例，持续两年以上不能作出有效的股东会或者股东大会决议；公司董事长长期冲突，且无法通过股东会或者股东大会解决等，致使公司不能继续存在而产生的纠纷。

（5）《民诉解释》第22条还对《民事诉讼法》第27条中"等纠纷"作了进一步解释和规定："因股东名册、请求变更公司登记、股东知情权、公司决议、公司合并、公司分立、公司减资、公司增资等纠纷提起的诉讼，依照《民事诉讼法》第27条规定确定管辖。"

【例】 甲县的葛某和乙县的许某分别拥有位于丙县的云峰公司50%的股份。后由于二人经营理念不合，已连续四年未召开股东会，无法形成股东会决议。许某遂向法院请求解散公司，并在法院受理后申请保全公司的主要资产（位于丁县的一块土地的使用权）。

请问：哪一法院对本案具有管辖权？

分析： 丙县法院。依据《民事诉讼法》第26条规定，公司的解散纠纷由公司住所地法院丙县法院管辖。

（三）专属管辖

专属管辖，是指法律强制规定的某些特殊类型的案件专门由特定的法院来审理，其他法院无管辖权，当事人也不得协议变更管辖法院。专属管辖具有两大特征：一是强制性，二是排他性。

1. 我国《民事诉讼法》第34条规定的三类属于专属管辖的诉讼

（1）因不动产纠纷提起的诉讼，由不动产所在地人民法院管辖。

① 依据《民诉解释》第28条规定，并非所有与不动产沾边的诉讼均属于此处的"不动产纠纷"，而是仅指因不动产的权利确认、分割、相邻关系等引起的物权纠纷。

② 农村土地承包经营合同纠纷、房屋租赁合同纠纷、建设工程施工合同纠纷、政策性房屋买卖合同纠纷，按照不动产纠纷确定管辖。

③ 不动产已登记的，以不动产登记簿记载的所在地为不动产所在地；不动产未登记的，以不动产实际所在地为不动产所在地。

【例】A区公民甲与B区房产公司乙签订了商品房买卖合同，该房产位于C区。购得房屋后，甲发现该房许多地方存在质量问题，与乙公司协商无果的情况下准备起诉该公司。

请问：甲可以向哪个法院起诉呢？

分析： 本案在确定管辖之前，首先应当确定案件的性质是合同纠纷，还是不动产纠纷。本案是因为双方就乙方是否履行了合同中约定的义务而发生的争议，既非不动产的权利确认，也非政策性房屋买卖合同纠纷，而是针对合同权利义务之争，因而属于合同纠纷而非不动产纠纷。所以甲可以选择被告住所地B区法院起诉，也可以选择向合同履行地C区法院起诉。

（2）因港口作业中发生的纠纷提起的诉讼，由港口作业所在地的法院管辖。

港口作业中发生的纠纷主要有两类：一类是与港口作业有联系的纠纷，如在港口进行货物装卸、驳运、货物保管等作业发生的纠纷；另一类是港口作业中发生的侵权纠纷，如损坏港口设施、违章操作造成他人人身或者财产损害的侵权纠纷。

港口作业纠纷属于海事海商案件的，应当由港口所在地的海事法院管辖。

（3）因继承遗产纠纷提起的诉讼，由被继承人死亡时的住所地或者主要遗产所在地人民法院管辖。

① 死亡时住所地≠死亡地，死亡时住所地是指死亡时的户籍所在地。

② 死亡时住所地≠死亡时经常居住地。在专属管辖领域，不适用经常居住地优先原则，如果出现了死亡时住所地与死亡时经常居住地不重合的情形，由死亡时住所地法院管辖。

2. 涉外专属管辖

《民事诉讼法》第279条："下列民事案件，由人民法院专属管辖：（一）因在中华人民共和国领域内设立的法人或者其他组织的设立、解散、清算，以及该法人或者其他组织作出的决议的效力等纠纷提起的诉讼；（二）因与在中华人民共和国领域内审查授予的知识产权的有效性有关的纠纷提起的诉讼；（三）因在中华人民共和国履行中外合资经营企业合同、中外合作经营企业合同、中外合作勘探开发自然资源合同发生纠纷提起的诉讼。"这是对外国法院管辖的排斥。

（四）协议管辖

《民事诉讼法》第35条："合同或者其他财产权益纠纷的当事人可以书面协议选择被告住所地、合同履行地、合同签订地、原告住所地、标的物所在地人民法院等与争议有实际联系的地点的人民法院管辖，但不得违反本法对级别管辖和专属管辖的规定。"

协议管辖，又称约定管辖、合意管辖，是指双方当事人在纠纷发生之前或纠纷发生之后诉讼之前，以书面协议的方式约定案件的管辖法院。协议管辖必须具备以下条件。

（1）只适用于第一审案件。

（2）适用于合同纠纷或者其他财产权益纠纷。

"其他财产权益纠纷"，是指除合同以外的其他财产权益纠纷，如侵权、不当得利、无因管理等。但是自然人身份、抚养、婚姻家庭、遗嘱继承以及特别程序的案件等不属于财产权益纠纷，不适用协议管辖。

《民诉解释》第34条扩大了协议管辖的范围：因同居或解除婚姻、收养关系后，当事人仅就财产发生争议的案件，也适用协议管辖。（注意：仍不包括人身权益纠纷。）

（3）在规定范围内选择，即在被告住所地、合同履行地、合同签订地、原告住所地、标的物所在地等与争议有实际联系地点的人民法院选择管辖。注意以下两点：

① 选择明确，但不再要求唯一。根据《民诉解释》第30条第2款规定，当事人选择两个以上的法院，并不必然导致管辖协议无效。管辖协议约定两个以上与争议有实际联系的地点的人民法院管辖，原告可以向其中一个人民法院起诉。

②《民诉解释》第32条："管辖协议约定由一方当事人住所地法院管辖，协议签订后当事人变更住所地的，由原住所地法院管辖，但当事人另有约定的除外。"

（4）不得违反本法对级别管辖和专属管辖的规定。

（5）必须以书面形式进行约定，口头约定无效。

书面：可以是附在合同中的协议管辖条款或者合同之外的单独管辖协议。

注意：合同中协议管辖的条款具有独立性，即便合同无效，管辖条款的效力也不受影响。

（6）协议时间：纠纷发生之前或纠纷发生之后诉讼之前。

【例】A县的甲公司从B县的乙公司购进1000台电视，双方在C县签订书面合同，合同约定甲公司在D县乙公司的仓库自提货物，且一旦发生纠纷，由C县法院或D县法院管辖。后乙公司由于仓库租约届满，遂提前将电视运送至甲公司在E县的销售处，并不顾销售处反对，将电视卸至销售处门口后径行离开。销售处人员为避免货物受损，将该批电视转移至F县的商场储存。后甲公司与乙公司因货款支付发生争议，乙公司欲向法院起诉。

请问：① 哪些法院有管辖权？

② 假设甲乙未在合同里书面约定而只是口头达成约定，一旦发生纠纷由C县法

院或 D 县法院管辖，哪些法院有管辖权？

分析： 在合同纠纷的管辖中，存在专属管辖、协议管辖和法定管辖，法定管辖中又存在合同是否履行、约定履行地与实际履行地等问题，较为复杂。合同纠纷管辖权的判断思路为：

第一步：专属管辖优先。如果出现专属管辖，直接由该专属管辖的法院管辖，无须再考虑协议管辖和法定管辖的问题。

第二步：协议管辖。在没有专属管辖的前提下，看是否存在协议管辖，且协议管辖是否有效。如果存在有效的协议管辖，由协议所选择的法院管辖。

第三步：法定管辖。在没有专属管辖，且没有协议管辖或者协议管辖无效的前提下，看法定管辖。在法定管辖中，首先确定被告住所地人民法院，一定有管辖权。其次关键问题在于确定合同履行地，一是合同是否实际履行，二是约定履行地和实际履行地不一致的问题。

1. 合同没有实际履行

（1）但当事人有一方（不论原告还是被告）的住所地就在约定的履行地——被告住所地和约定的合同履行地法院都有管辖权。

（2）当事人住所地均不在约定的履行地——只由被告住所地法院管辖。

2. 合同已经履行

但合同实际履行地与约定履行地不一致——以约定履行地为准，即由被告住所地与约定履行地法院管辖。

就本案而言：

第（1）问：第一步，确定是否属于专属管辖的案件类型。本案是一般的买卖合同纠纷，不属于专属管辖的适用范围。第二步，即是否存在有效的协议管辖。案例中已告知双方在合同里书面形式约定了一旦发生纠纷，由合同签订地 C 县法院和合同履行地 D 县法院管辖，符合协议管辖的规定，因此，本案由 C 县法院或 D 县法院管辖。

第（2）问：根据设问已知双方当事人对管辖法院只是口头约定，未采用书面形式，因此该协议管辖不符合条件，协议管辖无效。此时就要根据法定管辖来确定管辖法院。因本案已经实际履行，履行后发生争议，因此，应当由被告住所地 A 县法院和约定的合同履行地 D 县法院为法定管辖地。

（五）应诉管辖

《民事诉讼法》第 130 条第 2 款规定："当事人未提出管辖权异议，并应诉答辩的，视为受诉人民法院有管辖权，但违反级别管辖和专属管辖规定的除外。"

应诉管辖，也称默示的协议管辖或者默认管辖，是指原告起诉并被法院受理后，被告不对管辖权提出异议并应诉答辩，视为受诉法院对案件享有管辖权的一项管辖制度。

应诉管辖条件：（1）受诉法院对案件无管辖权；（2）当事人实施了应诉答辩行为。

（六）共同管辖和选择管辖

《民事诉讼法》第36条："两个以上人民法院都有管辖权的诉讼，原告可以向其中一个人民法院起诉；原告向两个以上有管辖权的人民法院起诉的，由最先立案的人民法院管辖。"

《民诉解释》第36条："两个以上人民法院都有管辖权的诉讼，先立案的人民法院不得将案件移送给另一个有管辖权的人民法院。人民法院在立案前发现其他有管辖权的人民法院已先立案的，不得重复立案；立案后发现其他有管辖权的人民法院已先立案的，裁定将案件移送给先立案的人民法院。"

共同管辖与选择管辖实际上是一个问题的两个侧面。例如就合同纠纷案件而言，从法院的角度来观察这个合同纠纷，被告住所地法院与合同履行地法院就形成了两个以上法院对同一案件的共同管辖。从当事人的角度来看就是选择管辖，即由当事人在两个以上的有管辖权的法院之中选择其中一个作为本案的管辖法院。但是如果当事人选择了两个以上法院，那么由最先立案的法院行使管辖权。

四、裁定管辖

与法定管辖不同，裁定管辖是指人民法院以裁定的形式所确定的管辖。作为法定管辖的必要补充，裁定管辖主要包括移送管辖、管辖权转移与指定管辖制度。裁定管辖的功能在于补充法定管辖，以适应民事诉讼实践中某些特殊情况的需要，即以法定管辖为主，以裁定管辖为补充。

（一）移送管辖

【例】F市A区的甲在M市B区出差过程中，将乙打伤，乙于12月1日向A区法院起诉，12月3日向B区法院起诉。A区法院于12月5日立案，B区法院于12月4日立案。B区法院认为本案应当由A区法院管辖，于是决定将案件移送A区法院；A 区法院认为 B 区法院移送错误，遂将案件退回 B 区法院。

请问：本案应该由哪个法院管辖？B 区法院将案件移送给 A 区法院的做法是否正确？A 区法院能否将案件退回给 B 区法院？

分析： 本案属于侵权纠纷，由被告住所地 A 区法院或侵权行为地 B 区法院管辖。（1）本案属于共同管辖，原告向两个以上有管辖权的法院起诉，应当由最先立案的法院管辖，B 区法院先于 A 区法院立案，本案由 B 区法院管辖。（2）先立案的人民法院不得将案件移送给另一个有管辖权的人民法院，所以 B 区法院不得将案件移送给后立案的 A 区法院，B 区法院的移送管辖是错误的。（3）受移送的 A 区法院即使认为自己没有管辖权也不得再行移送或者将案件退回移送法院，所以 A 区法院将案件退回 B 区法院的做法也是错误的，正确的做法是将案件报上级法院指定管辖。

《民事诉讼法》第 37 条："人民法院发现受理的案件不属于本院管辖的，应当移送有管辖权的人民法院，受移送的人民法院应当受理。受移送的人民法院认为受移送的案件依照规定不属于本院管辖的，应当报请上级人民法院指定管辖，不得再自行移送。"

移送管辖，是指人民法院受理民事案件后，发现自己对案件无管辖权，依法将案件移送给有管辖权的人民法院审理的制度。当事人提起诉讼后，法院依据当事人的起诉确定是否受理案件，就可能出现因当事人起诉事实的不全面而导致法院受理案件后发现无管辖权，此时就产生移送管辖的问题。所以，移送管辖是法院错误立案的一种补救措施，在理解移送管辖制度时，最关键的是受移送法院如何处理移送案件的问题。

1. 移送管辖的条件

（1）移送法院已经受理了案件。

（2）移送法院发现自己对案件无管辖权。

（3）受移送的法院对案件有管辖权。

2. 移送管辖的程序问题

由于移送管辖是受理案件法院的自我判断问题，即只要受理案件法院认为自己无管辖权，就可以将该案件移送给自己认为有管辖权的法院。因此，移送管辖需要注意以下两点。

（1）移送的次数问题：为尽快解决管辖问题，移送管辖只能进行一次，因此，受移送的法院应当受理。受移送的人民法院即使认为对移送来的案件无管辖权，也不得自行将案件再移送到其他法院或者将案件退回移送的法院，只能报请上级人民法院指定管辖。这里的上级人民法院是指自己的上级人民法院。

（2）管辖恒定：根据管辖恒定原则，有管辖权的人民法院受理案件后，不能以当事人住所地、经常居住地变更及行政区域变更为由而移送管辖。判决后的上诉案件和依审判监督程序提审的案件，由原审人民法院的上级人民法院进行审判；上级人民法院指令再审、发回重审的案件，由原审人民法院再审或者重审。

（二）指定管辖

【例】 甲区法院因装修办公大楼，与所在区的向阳装修公司签订了装修合同。工程竣工后，双方就工程款的结算产生了纠纷，在协商无果的情况下，向阳装修公司就该纠纷向甲区基层法院提起了民事诉讼，要求甲区基层法院支付尚未支付的工程款。

请问：对于本案，甲区基层法院能不能管辖？

分析： 不能，本案是合同纠纷，但合同履行地和被告住所地都在甲区基层法院辖区内，而甲区法院本身就是当事人，与本案有法律上的利害关系，需要回避。因此本案应由上级人民法院指定管辖。

《民事诉讼法》第38条："有管辖权的人民法院由于特殊原因，不能行使管辖权的，由上级人民法院指定管辖。人民法院之间因管辖权发生争议，由争议双方协商解决；协商解决不了的，报请他们的共同上级人民法院指定管辖。"

指定管辖，是指上级人民法院以裁定的方式指定下级人民法院对某一案件行使管辖权。指定管辖需要明确在哪些情况下发生，应由哪个法院行使指定管辖权。具体包括以下几点。

（1）有管辖权的人民法院由于特殊原因，不能行使管辖权的，由上级人民法院指定管辖。

此"特殊原因"，包括事实原因和法律原因。事实原因如所在地自然灾害、战争、突发性公共卫生事件等，法律原因如受诉法院成为了案件一方当事人或者该法院的审判人员需集体回避等原因而无法组成合议庭等。

（2）移送管辖中，受移送人民法院认为自己对移送的案件无管辖权时，可以报请自己的上级人民法院指定管辖。

（3）人民法院因管辖权发生争议协商不成时，由共同上级人民法院指定管辖，并且应当逐级进行。

① 管辖权争议：是指法院之间对案件管辖权发生的争议，或相互推诿、或相互争夺管辖权。具体的程序如下。

第一，两个以上的人民法院之间对地域管辖有争议的案件，有关法院均应当立即中止进行实体审理，进行协商，协商不成的，报请他们的共同上级人民法院指定管辖。

第二，上级人民法院应当在收到下级人民法院报告之日起 30 日内，作出指定管辖的裁定。

第三，在管辖权争议未解决之前，任何一方法院均不得对案件作出判决。对抢先作出判决的，上级人民法院应当以违反程序为由撤销其判决，并将案件移送或者指定其他人民法院审理，或者由自己提审。

② 报请共同上级人民法院指定管辖，应当逐级进行。(《民诉解释》第 40 条)

即跨省或者跨地区之间的争议，比如，A 省甲县法院与 B 省乙县法院之间发生争议，此时因跨省，共同上级法院为最高人民法院。但是，甲县法院与乙县法院发生争议协商解决不了时，不能直接报请最高人民法院管辖，应当逐级进行。也就是说，甲县法院与乙县法院协商不成时，应各自报请中级人民法院，中级人民法院也协商不成时，应再各自报请高级人民法院，高级人民法院协商不成的，由最高人民法院指定管辖。

（三）管辖权的移转

《民事诉讼法》第 39 条："上级人民法院有权审理下级人民法院管辖的第一审民事案件；确有必要将本院管辖的第一审民事案件交下级人民法院审理的，应当报请其上级人民法院批准。下级人民法院对它所管辖的第一审民事案件，认为需要由上级人民法院审理的，可以报请上级人民法院审理。"

管辖权的移转，是指上下级人民法院之间相互转移管辖权的行为，即上级人民法院将自己管辖的案件转交由下级人民法院审理或经上级人民法院决定或同意，下级人民法院将案件转交由上级人民法院审理的制度。管辖权转移是对级别管辖的补充和变通。

1. 上调性的转移（自下而上的转移）

两种情形：一是上级人民法院提审的案件。即对下级人民法院审理的案件，上级人民法院认为自己审理更合适时，上级人民法院可以直接审理。二是报请上级人民法院管辖。即下级人民法院认为某案件不适合自己管辖时，需要上级人民法院审理更为合适，可以报请上级人民法院管辖，当然，这是要经过上级人民法院的同意。

2. 下放性的转移（自上而下的转移）

下放性的转移，是指上级人民法院将自己管辖的第一审民事案件交给下级人民法院审理，但是上移下必须同时满足"确有必要"和"报请自己的上级人民法院批准"两个条件。

根据《民诉解释》第 42 条，此处"确有必要"是指：（1）破产程序中有关债务人的诉讼案件；（2）当事人人数众多且不方便诉讼的案件；（3）最高人民法院确定的其他类型案件。

【例】重庆市第一中级人民法院受理了一起涉及 30 多名农民工的劳动争议诉讼，鉴于该案人数众多且多居住在江北区，第一中级人民法院认为由江北区人民法院进行审理更便于彻底化解矛盾，此时其可否直接裁定将案件交给江北区人民法院进行审理？

分析： 不可以。因为上级人民法院交给下级人民法院审理前，应当满足确有必要且报请上级人民法院批准两个条件。因此，第一中级人民法院需要将这一情况报请重庆市高级人民法院，在获得批准的情况下才可以裁定将案件交给江北区人民法院审理。

五、管辖权异议

《民事诉讼法》第 130 条："人民法院受理案件后，当事人对管辖权有异议的，应当在提交答辩状期间提出。人民法院对当事人提出的异议，应当审查。异议成立的，裁定将案件移送有管辖权的人民法院；异议不成立的，裁定驳回。当事人未提出管辖权异议，并应诉答辩的，视为受诉人民法院有管辖权，但违反级别管辖和专属管辖的除外。"

管辖权异议，是指人民法院受理案件后，当事人以该院对案件没有管辖权为由，提出将该案移送有管辖权的人民法院审理的请求。管辖权问题是民事诉讼中的重要程序性问题，管辖权异议制度的设置来源于当事人权利平等原则，起诉人作为原告，有选择管辖权的权利，那么被告，就应该享有管辖权的异议权。当然，设置管辖权的异议制度也有利于保证法院管辖权行使的正当性。

（一）主体

（1）有权提出异议的主体：只能是本案当事人，而且通常是被告。

（2）一般认为，原告在下列情况下也可以提出管辖权异议：①原告误向无管辖权的法院起诉；②被追加的共同原告可以对受诉法院提出管辖权异议；③起诉后案件被移送管辖、指定管辖或者发生管辖权转移的。

（3）第三人一概不得提出管辖权异议，无论是有独立请求权的第三人还是无独立请求权的第三人。

（二）对象

一审民事案件的管辖权，包括地域管辖和级别管辖均可以提出异议。

（三）异议提出的时间

只能是在一审当事人提交答辩状期间，即在被告收到起诉状副本之日起 15 日内。

（四）应诉管辖

当事人在提交答辩状期间没有提出管辖权异议，并应诉答辩的，视为受诉法院有管辖权，但违背级别管辖和专属管辖的除外。

（五）管辖权异议的处理

法院对当事人提出的异议，应当审查，并在 15 日内作出异议是否成立的书面裁定。异议成立的，裁定将案件移送有管辖权的人民法院；异议不成立的，裁定驳回，对该驳回管辖权异议的裁定不服的，当事人可以在收到裁定书之日起 10 日内向上一级人民法院上诉。

 **真题自测**

1. A 区的甲和在 B 区的乙因为合同产生纠纷，约定履行地是 C 区，且合同实际履行了，并协议由合约方法院管辖。甲向法院起诉，两人都说自己是合约方，应当由下列哪个法院管辖？（2022，单选）

A. C 区法院

B. A 区法院

C. B 区法院

D. 法院认为两者都是合约方，那么 A 区法院和 B 区法院都可以管辖

答案：D。提示：协议管辖。《民事诉讼法》第 35 条。

2. A 市 b 区的段某租用 A 市 c 区的红铜公司位于 D 市 e 区的小型仓库，约定租房三年，租金 500 元一个月，约定合同履行争议交红铜公司住所地法院解决。合同履行一段时间后段某六个月没付房租，红铜公司向 A 市 c 区法院提起诉讼，段某在答辩期内提出管辖权异议，被法院驳回。对此，说法正确的有哪些？（2022，多选）

A. 本案 A 市 c 区作为管辖协议约定地，该地法院有管辖权

B. 段某对驳回裁定不服可以提起上诉

C. 段某对驳回裁定不服可以申请再审

D. 若段某上诉，二审法院撤销原裁定，移送 D 市 e 区法院管辖

答案：BD。提示：专属管辖。《民事诉讼法》第 34 条、《民诉解释》第 28、第 329 条。

3. A 区的甲公司与 B 区的乙公司签订合同，约定合同履行地在 C 区。两公司随后又达成补充协议，约定发生纠纷由 C 区法院管辖。后经乙公司同意，甲公司将合同转让给 D 区的丙公司，丙公司对补充协议并不知情。后丙公司起诉乙公司要求履行合同，乙公司主张转让合同无效。关于本案，下列哪一法院有管辖权？（2021，单选）

A. A 区法院

B. B 区法院

C. C 区法院

D. D 区法院

答案：B。提示：《民诉解释》第 33 条、第 18 条第 3 款。

4. 最高人民法院确定了某法院的级别管辖金额，原告在庭审过程中增加诉讼请求金额致使其不符合一审级别管辖的范围。关于本案的处理方式，下列说法中正确的是？（2020，单选）

A. 由于案件已经开庭，因此不受理被告提出的管辖权异议

B. 被告可以提出管辖权异议，但由于法院受理时有管辖权，应继续审理本案

C. 告知原告不得增加诉讼请求金额

D. 应受理被告提出的管辖权异议，审查管辖权异议后异议成立的，将案件移送管辖

答案：D。提示：管辖权异议、管辖恒定。《最高人民法院关于审理民事级别管辖异议案件若干问题的规定》第 1、第 3 条。

5. 甲省 M 市 A 区的李某在位于乙省 N 市 B 区的张某电商平台上购买了货物，购物条款约定发生争议由乙省 N 市 B 区法院管辖。发生纠纷后，李某向甲省 M 市 A 区法院起诉，张某以有管辖协议为由提出管辖异议。李某认为，因乙省 N 市已成立互联网法院，管辖协议无效。M 市 A 区法院认为管辖异议成立，将案件移送至 N 市 B 区法院，问 N 市 B 区法院应如何处理？（2019，单选）

A. 报 N 市中院指定管辖

B. 逐级报最高人民法院指定管辖

C. 退回 M 市 A 区法院

D. 将案件移送 N 市互联网法院

答案：A。提示：互联网法院的集中管辖、移送管辖。《最高人民法院关于互联

网法院审理案件若干问题的规定》、《民事诉讼法》第37条。

6. A想在乙区买一个店铺，和甲县的B签订居间合同，并经B居间介绍和乙区的C签订店铺买卖合同。C不肯交房并办理过户。A将B、C起诉到甲县法院要求交付店铺办理过户，甲县法院判决C交付房屋并办理过户，并以B不是适格被告为由判决驳回A对B的诉讼请求。C不服上诉，认为既然B不是适格被告，那么B的住所地甲县法院就没有管辖权，故而在二审中提出管辖权异议。二审法院应当如何处理？（2019，单选）

A. 二审法院应移送管辖

B. 二审法院应指定管辖

C. 二审法院对管辖权异议不予审查

D. 二审法院应当撤销原判，发回重审

答案：C。提示：管辖权异议。《民事诉讼法》第130条。

7. 居住在A市甲区的蒋某在A市乙区某住宅楼拥有住房一套。为了能够顺利出租，蒋某雇用住在A市丙区的杨某进行保洁处理。在工作过程中，杨某不慎将窗户上的玻璃撞破，其中的一块碎玻璃掉下来，将从住宅楼下经过的张某（女）的脸严重划伤。张某被送到医院紧急治疗后，与蒋某以及杨某进行交涉，但是因双方分歧较大，未取得任何结果。张某于是向人民法院提起诉讼。

张某向A市乙区人民法院提起诉讼，乙区人民法院认为由甲区人民法院审理该案更为便利，于是把案件移送至甲区人民法院。甲区人民法院却认为由乙区人民法院审理更适宜，不同意接收移送。则以下说法正确的有？（2018，多选）

A. 甲区人民法院、乙区人民法院对本案都有管辖权

B. 张某可以任意选择向甲区或乙区人民法院提起诉讼

C. 乙区人民法院的移送管辖是错误的

D. 甲区人民法院可以自己对本案无管辖权为由，再行移送

答案：ABC。提示：管辖权的确定。《民事诉讼法》第29、第37条。

8. A市B区宝安商场为拓展业务，自行在C市D区设立分店，并私刻了宝安商场C市分公司的公章，苏某因在宝安商场C市分店购买的商品存在质量问题，发生争议，向法院提起诉讼，关于本案主体和管辖的说法，下列哪些选项是正确的？（2018，多项）

A. C市D区法院因是被告住所地而享有管辖权

B. C市D区法院因是合同履行地而享有管辖权

C. 宝安商场C市分公司是适格被告

D. 宝安商场是适格被告

答案：BD。提示：管辖权、当事人的确定。

 **案例讨论**

1. 请讨论：

（1）甲市 A 区法院受理案件后，认为本案依法应当由甲市中级人民法院管辖，此时将案件交给甲市中级人民法院，属于移送管辖还是管辖权转移？

（2）甲市 A 区法院受理案件后，认为案件需要由甲市中级人民法院审理，将案件交甲市中级人民法院审理，属于移送管辖还是管辖权转移？

（3）甲市中级人民法院受理案件后，认为本案依法应当由甲市 A 区法院管辖，将案件交甲市 A 区法院，属于移送管辖还是管辖权转移？

（4）甲市中级人民法院受理案件后，认为本案确有必要由甲市 A 区法院审理，将案件交由甲市 A 区法院审理，属于移送管辖还是管辖权转移？

2. 请讨论：

（1）甲（住北京市昌平区）在网上写了一本小黄书对乙（住无锡市滨湖区）的私生活进行了极其细致的描述，乙认为甲侵犯其隐私权欲提起诉讼，本案应当由哪些法院管辖？

（2）甲的妻子丙（住北京市昌平区）在淘宝平台（淘宝公司住所地为杭州余杭区）注册淘宝网店，丁（住广州市海珠区）在该网店上购买了一瓶生发液赠送给戊，收货地为戊住所地（住无锡市滨湖区）。丙误将脱发膏当作生发液发货，导致戊本已稀疏的头发所剩无几。丁欲以丙和淘宝公司为被告提起诉讼，本案应由哪些法院管辖？

（3）甲（住北京市昌平区）在网上开设法考民诉"私塾班"，学员庚（住无锡市滨湖区）与甲在该网络平台签订了合同，约定甲在该网络平台为该学员讲授法考民诉课程内容，庚支付 1 万元。同时约定，因为本合同发生的纠纷由被告住所地人民法院管辖。庚缴费后，发现甲整天忙着发微博怼人，无心教学，且课堂上语言下流、粗俗，欲起诉甲要求退还学费，并赔偿违约金。本案应当由哪些法院管辖？

Chapter 7
C 第七章
民事诉讼证据

陈某与福州南方广安居商贸市场管理有限公司
劳动争议纠纷——书证提出命令

【案情】陈某于 2014 ~ 2021 年，就职于南方广安居公司。2019 年，经南方广安居工作人员核算，应发予陈某 2018 年 7 ~ 10 月绩效合计 5 万元。2020 年，经南方广安居公司高管确定，同意向陈某发放 2020 年 3 ~ 7 月某楼绩效合计 1 万元。后南方广安居公司拖欠陈某绩效工资共 6 万元，陈某起诉。在诉讼过程中，陈某提交了其与南方广安居公司法定代表人兼董事长的短信聊天记录，以及与公司财务、人事的微信聊天记录，上述人员均对南方广安居公司拖欠陈某绩效工资的事实予以承认，且在微信中将资料以照片形式发送于陈某。上述证据证明绩效工资等资料处于南方广安居公司控制之下。遂陈某向法院申请责令南方广安居公司提交《招商部 2018 年 7 ~ 10 月某楼绩效任务结算表》《福州南站市场申请报告单》《南站建材市场 3 ~ 7 月建材新签》《南站建材市场 3 ~ 7 月机械新签》的原件。南方广安居公司无正当理由拒不提交。法院认定陈某主张内容真实，对证据证实予以采信，支持陈某的诉讼请求。

评析：《民诉解释》第 112 条规定："书证在对方当事人控制之下的，承担举证证明责任的当事人可以在举证期限届满前书面申请人民法院责令对方当事人提交。申请理由成立的，人民法院应当责令对方当事人提交，因提交书证所产生的费用，由申请人负担。对方当事人无正当理由拒不提交的，人民法院可以认定申请人所主张的书证内容为真实。"

民事诉讼证据有一个非常重要的规则"书证提出命令"。具体内容为，书证在对方当事人控制之下的，承担举证证明责任的当事人可以在举证期限届满前书面申请法院责令对方当事人提交，如果控制书证的当事人无正当理由拒不提交的，人民法院可以认定申请人所主张的书证内容真实。本案中，陈某与南方广安居公司产生劳动纠纷，陈某提出相关证据证明南方广安居公司拖欠绩效工资的事实，并请求法院责令南方广安居公司提交相关证据的原件。南方广安居公司无正当理由拒不提交此书证，法院可以认定陈某所主张的书证内容为真实。如果持有书证的当事人以妨碍对方当事人使用为目的，毁灭有关书证或者实施其他致使书证不能使用行为的，人民法院可以依照《民事诉讼法》第114条规定，对其处以罚款、拘留。

知识梳理

1. 证据的概述
2. 证据的理论分类
3. 证据的法定种类
4. 证据的收集与保全

 证据的概述

（一）证据的概念和特征

民事诉讼证据，是指能够证明民事案件真实情况的各种客观事实。证据具有以下特征。

1. 客观性，即证据是客观存在的或者是对客观存在的客观反映

如书证、物证，要求提供原件、原物；而证人证言、当事人陈述等证据则只能是对客观存在的客观反映。

2. 关联性，即证据与待证事实之间需存在一定的内在联系

3. 合法性，即证据须符合法定要求以及收集证据的程序应合法

（1）证据的表现形式应当符合法律的规定。比如，证明涉外合同关系的存在必须以书面形式来证明；证明口头遗嘱的成立必须是有两个以上具有完全民事行为能力且与案件不存在利害关系的人作证。

（2）证据的收集应当依法进行。也就是收集证据的手段与程序应当合法。比如，法院调查收集证据，应当由两个人以上共同进行。至于当事人、诉讼代理人收集证据的合法性，根据《民诉解释》第106条的规定，以严重侵害他人合法权益、违反法律禁止性规定或者严重违背公序良俗的方法形成或者获取的证据，不能作为认定案件事实的依据。

（3）凡是证据都应当通过法定程序审查认定才能成为定案依据。这里的证据不仅指当事人提供的，也包括法院依法收集的证据，都必须通过庭审辩论、质证程序才能作为定案根据。

（二）证据能力和证据的证明力

1. 证据能力

证据能力，又称为证据资格或证据的适格性，是指一定的事实材料作为诉讼证据的法律资格，或者说，是指证据材料能够被法院采信，作为认定案件事实的依据所应具备的法律资格。

2. 证明力

证据的证明力，又称为证据价值、证据力、证据的分量，是指证据对于案件事实的证明作用的大小（强弱）。只要某证据具有客观性并与案件事实之间具有关联性，就具有一定的证明力；但不同的证据，其证明力的大小却存在区别。

3. 证据能力与证明力的关系

证据能力与证明力是两个相互联系又相互区别的概念。证据能力是指证据是否具有证明案件事实的资格，而证明力是指证据在多大程度上对案件事实起到证明作用。

联系：作为认定案件事实的依据，证据必须既具有证据能力，又具有证明力。

实质性区别：证据能力强调的是证据的法律属性，取决于证据是否被法律许可用来作为证明待证事实的依据；证明力强调的是证据的自然属性，取决于证据与待证事实之间的逻辑关系。因而证据能力的有无往往由法律事先加以规定，而证明力的大小主要由法官在诉讼中自由地作出判断。

对于证据证明力的审查判断，我国《民事诉讼法》没有明确规定实行自由心证制度，但在司法实践中，实际上是由法官基于审理活动获得的证据和法庭调查与辩论的全部情况，依照有关规定，形成对案件事实的确信，并据此去认定案件事实。因此可以说，我国民事审判中实际上也是贯彻自由心证制度的。这一点在《民诉解释》第105条得到了体现，即"人民法院应当按照法定程序，全面、客观地审核证据，依照法律规定，运用逻辑推理和日常生活经验法则，对证据有无证明力和证明力大小进行判断，并公开判断的理由和结果"。

【例】甲向乙借款，但未订立书面合同。后甲长期不还款，乙约其面谈并私自将谈话过程录音。谈话中甲承认借款20万元，利息已逾5万元，请求乙减免利息。乙遂将该录音材料剪辑后交给法院。问：该偷录并经剪辑过的录音材料是否具有证据能力？

分析： 证据能力，又称证据资格，是指一定的事实材料作为诉讼证据的法律上的资格。同时满足"三性"的证据具有证据资格，即客观性、合法性、关联性。

首先，依据民诉法非法证据排除规则的规定，以严重侵害他人合法权益、违反法律禁止性规定或者严重违背公序良俗的方法形成或者获取的证据，不得作为认定案件事实的根据。本案中，偷录录音的行为，并不属于上述情形，因此符合证据"三性"中对合法性的要求，该录音资料符合法律规定，具有证据能力。其次，依据补强规则，存有疑点的视听资料、电子数据，以及无法与原件、原物核对的复印件、复制品，只是不能单独作为认定案件事实的依据，但并不会因此完全丧失证据资格。因此该经过剪辑的录音资料仍具有证据能力。

二、证据的理论分类

在诉讼理论上，根据不同的标准，可以对证据进行分类。其目的在于解决证据的证明力问题。

（一）根据证据的来源，可以将证据分为原始证据和传来（派生）证据

原始证据，是直接来源于案件事实的证据，即通常所说的"第一手材料"。例如，合同原件、侵权行为中受损害物品等。

传来证据，又称为派生证据，是指不直接来源于案件事实，而是经过中间环节辗转所获得的证据。例如，合同的复印件、复制品、证人转述他人的陈述等。

原始证据的证明力一般大于传来证据。

1. 原始证据优先原则

当事人和法院在诉讼中应当优先收集、提供、采纳原始证据。

《民事诉讼法》第 73 条："书证应当提交原件。物证应当提交原物。提交原件或者原物确有困难的，可以提交复制品、照片、副本、节录本。提交外文书证，必须附有中文译本。"

《民诉解释》第 111 条第 1 款规定了提交原件或者原物确有困难的情形：（1）书证原件遗失、灭失或者毁损的；（2）原件在对方当事人控制之下，经合法通知提交而拒不提交的；（3）原件在他人控制之下，而其有权不提交的；（4）原件因篇幅或者体积过大而不便提交的；（5）承担举证证明责任的当事人通过申请人民法院调查

收集或者其他方式无法获得书证原件的。

《最高人民法院关于民事诉讼证据的若干规定》（以下简称《证据规定》）第22条："人民法院调查收集的物证应当是原物，被调查人提供原物确有困难的，可以提供复制品或者影像资料。提供复制品或者影像资料的，应当在调查笔录中说明取证情况。"

《证据规定》第23条第1、第2款："人民法院调查收集视听资料、电子数据，应当要求被调查人提供原始载体。提供原始载体确有困难的，可以提供复制件。提供复制件的，人民法院应当在调查笔录中说明其来源和制作经过。"

2. 补强证据规则

即传来证据必须与原物、原件相互印证才能作为认定案件事实的依据。

根据《民诉解释》第111条第2款规定，当事人提交书证复印件的，法院应当结合其他证据和案件的具体情况，审查判断书证复制品等能否作为认定案件事实的根据。

根据《证据规定》第90条规定，无法与原件、原物核对的复印件、复制品，不能单独作为认定案件事实的依据。

（二）根据证据的表现形式，可以将证据分为言词证据和实物证据

言词证据，是指以人的陈述形式来证明案件事实的证据。包括当事人陈述、证人证言、鉴定意见等。

实物证据，是指以客观存在的物质形式或其记载的内容来反映案件事实的证据。包括书证、物证、视听资料、电子数据等。

在民事诉讼中，收集言词证据应当主要运用询问或录音、录像的方法；收集实物证据主要采用勘验、搜查、扣押、查封、冻结等方法。

言词证据和实物证据都应当通过当庭质证才能作为认定事实的根据。

（三）根据证据与待证事实之间的关系，可以将证据分为直接证据与间接证据

直接证据，是指能够单独、直接证明待证事实的证据。

间接证据，是指不能单独、直接证明案件待证事实，需要与其他证据结合在一起才能证明待证事实的证据。

直接证据与间接证据的判断较难。直接证据和间接证据的判断只看其内容能不能单独、直接证明待证事实，与证据的来源、形式、证明力大小等无关。通俗来说，两者区分的要点在于证据内容的完整性，即直接证据在内容上能够完整证明全部或

者主要待证事实的证据，而间接证据在内容上只能证明待证事实的一个部分、一个片段的证据。

直接证据的证明力一般大于间接证据的证明力。

【例1】甲与某书店因十几本工具书损毁发生纠纷，书店向法院起诉，并向法院提交了被损毁图书以证明遭受的损失。关于本案被损毁图书，属于直接证据还是间接证据？

A. 直接证据　　　B. 间接证据　　　C. 书证　　　D. 物证

分析： 属于直接证据。本案已经明确了"以证明遭受的损失"，则判断待证事实为遭受的损失，而被损毁的图书当然能够完整证明该事实，因此为直接证据。

【例2】甲在追索乙向他借10000元的诉讼中：（1）甲向法院提交了乙向他商量借10000元亲笔信一封。这封信属于直接证据还是间接证据？（2）甲向法院提交了给乙转款10000元的银行转账凭证。转账凭证属于直接证据还是间接证据？

分析： （1）信属于间接证据。因为本案的信件只能证明乙曾经与甲协商借款，不能直接证明乙已经借了10000元，所以属于间接证据。（2）转账凭证也属间接证据。因为转账凭证只能证明甲向乙转款，并不能完整证明借款事实，故是间接证据。

（四）根据证据与证明责任的关系，可以将证据分为本证与反证

本证，是指一方当事人为证明其事实主张，提出能证明该事实主张存在的证据。

反证，是指一方当事人为证明其抗辩事实主张而提出的旨在推翻对方当事人主张的待证事实的证据。

本证与反证的判断不是以原告、被告的地位为标准，不可简单地认为原告提出的就是本证，被告提出的就是反证。原告、被告都有可能提出本证和反证，区分的关键在于谁对待证事实负有证明责任。

【例1】甲起诉乙要求归还借款10万元，甲向法庭提供乙出具的借条一张，以证明借款事实；乙主张借款已经归还，向法庭提供甲出具的收条一张。

请问：

（1）借条、收条分别是本证还是反证？

（2）假设乙通过笔迹鉴定证明这张借条是伪造的，否认甲乙之间的借款关系，该证据是本证还是反证？

分析： （1）首先，借条是本证。甲起诉乙要求归还借款，首先要证明自己与乙之间存在借款关系，所以提供了借条，这是本证。其次，收条也是本证。乙在诉讼

中并没有反驳与甲之间的借款关系，而是提出了新的主张，自己已经把借款归还了，并提供收条为证，这也是本证。（2）如果乙在诉讼中通过笔迹鉴定证明借条是伪造的，是否认其与甲之间的借款关系，旨在推翻甲的主张，这是反证。

【例2】张三起诉李四主张李四开车将自己撞伤，要求李四赔偿，李四向法庭出示的如下证据属于本证还是反证？

（1）李四向法庭出示了车载行车记录仪所记录的影像资料，显示的内容是张三倒地的位置与李四的停车位置相距2米左右。

（2）李四向法庭出示了车载行车记录仪所记录的影像资料，显示的内容是张三在远处故意冲向李四的车，导致自己受伤。

分析：（1）该影像资料为反证。首先，影像资料的待证事实是李四没有撞到张三，即侵权事实不成立。其次，对于侵权事实是否成立这一待证事实应当由主张侵权事实成立的原告张三承担证明责任。最后，现该影像资料是由不承担证明责任的被告李四提供，为反证。

（2）该影像资料为本证。首先，影像资料的待证事实是受害人张三有故意，受害人有故意属于免责事由。其次，对于免责事由应当由主张存在免责事由的被告李四承担证明责任。最后，现该影像资料由承担证明责任的被告李四提供，为本证。

三、证据的法定种类

《民事诉讼法》第66条："证据包括：（一）当事人的陈述；（二）书证；（三）物证；（四）视听资料；（五）电子数据；（六）证人证言；（七）鉴定意见；（八）勘验笔录。证据必须查证属实，才能作为认定事实的根据。"

（一）当事人陈述

当事人陈述，是指当事人在诉讼中就与本案有关的事实向法院所作的陈述。

《民事诉讼法》第78条："人民法院对当事人的陈述，应当结合本案的其他证据，审查确定能否作为认定事实的根据。当事人拒绝陈述的，不影响人民法院根据证据认定案件事实。"

1. 证明力

当事人的陈述往往具有两面性：一是可信性，当事人是案件的经历者，因此他们对案件情况了解得最全面、真切，陈述具有可信的一面；二是偏向性，这是因为当事人是案件的利害关系人，案件的处理结果关系到自己的直接利益，基于趋利避害的心理使其陈述可能会对有关事实加以掩饰或歪曲。正因如此，根据《证据规定》第 90 条的规定，当事人陈述不得单独作为认定案件事实的根据。即当事人的陈述作为一种证据，其证明力较小，不能单独作为定案根据，需要其他证据对其证明力进行补强才能定案。

2. 签署保证书

《证据规定》第 64 条："人民法院认为有必要的，可以要求当事人本人到场，就案件的有关事实接受询问。人民法院要求当事人到场接受询问的，应当通知当事人询问的时间、地点、拒不到场的后果等内容。"

《证据规定》第 65 条："人民法院应当在询问前责令当事人签署保证书并宣读保证书的内容。保证书应当载明保证据实陈述，绝无隐瞒、歪曲、增减，如有虚假陈述应当接受处罚等内容。当事人应当在保证书上签名、捺印。当事人有正当理由不能宣读保证书的，由书记员宣读并进行说明。"

《证据规定》第 66 条："当事人无正当理由拒不到场、拒不签署或宣读保证书或者拒不接受询问的，人民法院应当综合案件情况，判断待证事实的真伪。待证事实无其他证据证明的，人民法院应当作出不利于该当事人的认定。"

3. 当事人除了可以本人向人民法院进行陈述，还可以通过诉讼代理人或者专家辅助人进行陈述

专家辅助人，是指在科学、技术及其他专业知识方面具有特殊的专门知识或者经验的人，根据当事人的申请并经人民法院通知，出庭就鉴定人作出的鉴定意见或者案件事实所涉及的专门问题进行说明或者发表专业意见的人。

《民事诉讼法》第 82 条："当事人可以申请人民法院通知有专门知识的人出庭，就鉴定人作出的鉴定意见或者专业问题提出意见。"

《民诉解释》第 122 条第 1、第 2 款："当事人可以依照《民事诉讼法》第 82 条的规定，在举证期限届满前申请一至二名具有专门知识的人出庭，代表当事人对鉴定意见进行质证，或者对案件事实所涉及的专业问题提出意见。具有专门知识的人在法庭上就专业问题提出的意见，视为当事人陈述。人民法庭准许当事人申请的，相关费用由提出申请的当事人负担。"

（1）程序：经当事人在举证期限内申请，由法院通知一至二名有专门知识的人出庭。（注意：必须由当事人申请，法院不能主动通知。）

（2）专家辅助人既非鉴定人，也非证人。其在法庭上就专业问题提出的意见，视为当事人陈述。出庭费用由提出申请的当事人承担。

（3）作用。帮助当事人：①对鉴定意见提出意见；②对案件事实所涉及的专业问题提出意见。

（4）能够成为专家辅助人的条件是具备专门知识，而不要求具有鉴定人资格。

（5）法院可以对出庭的具有专门知识的人进行询问。经法庭准许，当事人可以对出庭的具有专门知识的人进行询问，当事人各自申请的具有专门知识的人可以就案件中的有关问题进行对质。具有专门知识的人不得参与专业问题之外的法庭审理活动。（《民诉解释》第123条）

（二）书证

书证，是指以文字、符号、图形等形式所记载的内容或者表达的思想来证明含义案件事实的证据。书证的核心是以具体载体上的内容来证明案件事实。具体来说就是，书证一定存在一个特定的载体，如纸张、石碑、布等，而且在具体的载体上记载了一定的文字、符号或者图案，而这些文字、符号、图案结合起来反映了一定的思想内容，即为书证。常见的有交警事故责任认定书、合同文本、借条、收条、医疗费发票、诊疗证明等。

关于书证的三个证据规则。

1. 最佳证据规则

根据《民事诉讼法》第73条规定，书证应当提交原件；提交书证原件确有困难的，可以提交复制品、照片、副本、节录本。人民法院应当结合其他证据和案件具体情况，审查判断书证复制品等能否作为认定案件事实的根据。

《民诉解释》第111条规定，提交书证原件确有困难，包括下列情形：（1）书证原件遗失、灭失或者毁损的；（2）原件在对方当事人控制之下，经合法通知提交而拒不提交的；（3）原件在他人控制之下，而其有权不提交的；（4）原件因篇幅或者体积过大而不便提交的；（5）承担举证证明责任的当事人通过申请人民法院调查收集或者其他方式无法获得书证原件的。

2. 公文书证与私文书证规则

依据制作主体不同，书证可以分为公文书证和私文书证。

公文书证是指国家机关或者依法具有社会管理职能的组织，在职权范围内所制作的文书。例如，身份证、户口簿、护照、房屋管理部门颁发的产权证书以及公共管理机关依职权作出的各种命令、决议、决定、通知、指示、信函等皆应属于公文书的范畴。根据内容的不同，公文书可以分为处分性公文书和报告性公文书。其中，记载公共管理机关意思表示的公文书为处分性公文书，如判决书、裁决书等；而记载公共管理机关观念表示或认识的公文书则为报告性公文书，如登记簿、户籍等。公文书作为证据使用时，具有两个特点：一是必须由具有社会公信力或者公共信用的公共管理机关在其职权范围内制作；二是公文书的制作和发出应当符合法定条件，按照法定程序和方式进行。

私文书证是指公文书证以外的文书，包括不具有社会管理职能的主体制作的书证，或者是国家机关依据依法具有社会管理职能的组织在职权范围外制作的文书。例如，私人财物账簿。

（1）公文书证规则。（《民诉解释》第114条，《证据规定》第91条）

书证内容推定为真实：国家机关或者其他依法具有社会管理职能的组织，在其职权范围内制作的文书所记载内容推定为真实，但有相反证据推翻的除外。

（2）私文书证规则。（《证据规定》第92条）

私文书证的真实性，由主张以私文书证证明案件事实的当事人承担举证责任。私文书证由制作者或者其代理人签名、盖章或者捺印的，推定为真实。私文书证上有删除、涂改、增添或者其他形式瑕疵的，人民法院应当综合案件的具体情况判断其证明力。

3. 文书提出命令规则（《民诉解释》第112、第113条，《证据规定》第45、第46、第47、第48条）

书证在对方当事人控制之下，承担举证证明责任的当事人可以在举证期限届满前书面申请法院责令对方当事人提交，申请费用由申请人负担。

（1）对方当事人无正当理由拒不提交的，法院可以认定申请人主张的书证内容为真实。

（2）持有书证的当事人以妨碍对方使用为目的，毁灭有关书证或者实施其他致使书证不能使用的行为的，法院可以认定申请人主张以该书证证明的事实为真实，且可以追究其妨碍诉讼的责任。

【例1】甲起诉乙离婚，主张乙喜欢赌博，致使夫妻感情破裂，甲向法院出示了公安机关对乙赌博这一违法行为进行行政处罚的行政处罚决定书。

分析：公安机关有权查处赌博等违法行为，故公安机关行使该职权所制作的行政处罚决定书是公文书证，其记载的事项推定为真实。因此乙赌博的事实应当推定为真实，甲无须对此承担证明责任，而如果乙主张自己不存在赌博的行为，则应当提供相反证据推翻该事实。

【例2】甲起诉乙要求归还借款8万元，向法院提交了有乙亲笔签名的借条。乙否认签名的真实性，主张借条上的签名是甲模仿其笔迹伪造的。

请问：对该笔迹的真实性应当由谁承担证明责任？

分析：借条是私文书证，私文书证的真实性由主张以该私文书证证明案件事实的当事人承担证明责任，本案中是甲以该借条证明借款事实，故甲应当对借条的真实性承担证明责任。签名的真实性应当由甲通过鉴定的方式解决，如果甲不提出鉴定申请导致该借条的真实性无法查明的，应该由甲承担举证不能的法律后果。

【例3】甲乙兄弟因遗产继承纠纷诉至法院，甲向法院提交了一份其父亲生前关于遗产分配方案的遗嘱复印件，上面有"本遗嘱的原件由乙负责保管"字样，并有乙签名。甲在举证期间书面申请法院责令乙提交遗嘱原件，法院通知乙提交，但乙无正当理由拒绝提交。

请问：法院能否认定遗嘱的真实性？

分析：根据《民诉解释》第112、第113条规定，书证在对方当事人控制之下，承担举证证明责任的当事人可以在举证期限届满前书面申请法院责令对方当事人提交，对方当事人无正当理由拒不提交的，法院可以认定申请人主张的书证内容为真实。所以法院可以认定甲所主张的该遗嘱内容为真实。

（三）物证

物证，是指以其外形、特征、质量、性能、规格、痕迹等外部特征来证明案件事实的证据。

书证与物证的区别：书证是以其表达的思想内容来证明案件事实；物证是以物质形态来证明案件事实。

因为证明的对象不同，可能会使同一物体，既可以是书证，又可以是物证。

【例1】车祸现场的一块手表，如果用该手表的损坏程度来证明损失的大小，则该手表是物证；如果手表撞坏后停止走动了，用其显示的时间来证明案件发生的时间，则该手表是用其记载的内容来证明案件事实，是书证。

【例2】甲去世后，甲唯一的亲生儿子乙将甲所遗留的一套三居室的住房过户在自己名下。甲的养子丙得知此事，认为乙的行为侵犯其遗嘱继承权，于是以甲亲笔写的遗嘱为证向法院起诉，请求法院按照遗嘱维护自己的合法权益。在诉讼过程中，乙提出该份遗嘱是伪造的，不是死者亲笔写的，那么这个遗嘱到底是什么证据？

分析：该遗嘱既是书证，又是物证。在判断某件证据材料究竟是何种法定证据时，首先应明确要证明的对象是什么，其次根据证据的特性判断。在本案中，如果原告丙用遗嘱所反映的思想内容证明遗嘱继承关系，它是书证；而相对于被告乙而言，如果借助该遗嘱的字迹特征来证明遗嘱是伪造的，它就是物证。

（四）视听资料：录音资料＋录像资料

视听资料，是指以声音、图像及其他视听信息证明案件待证事实的录像带、录音带等信息材料。视听资料的范围主要限于录音资料和录像资料，如录音带、录像带、唱片、电影胶片等。

视听资料与书证：视听资料类似于书证，但视听资料又不同于书证，书证的内容已被固定在具体的载体上，无须借助其他媒介即可直接观看；而视听资料的内容虽然也已被固定在特定的载体，但如不借助其他媒介，如录音机、录像机等则无法直接感知视听资料所记载的具体内容。书证是静态地反映待证事实，而视听资料则是动态说明了待证事实的现实情景。

视听资料与物证：物证是以自己的客观存在来证明待证事实的，而视听资料是借助音像、图像、储存资料等内容等来证明案件的待证事实。

【例】2019 年 9 月，乙按照合同向甲提供一批空白录音带与录像带，而甲仅支付了一部分货款，剩余 5 万元货款一直未付，乙多次催要均没有结果。2020 年 1 月，乙再次找到甲催要该 5 万元货款，因双方发生争吵，乙一怒之下，顺手将甲桌子上的若干盘空白录音带与录像带砸坏。甲见此情景，一边劝说乙消气，一边连忙向乙表示尽快还钱。乙则表示，如甲早谈还钱之事，自己也就不可能一怒之下砸坏甲的录音带与录像带。而这一过程均被甲用录音机录制下来。2020 年 3 月，甲以该录制的录音带为证据向法院起诉，请求乙赔偿因砸坏若干盘空白录音带与录像带而给自己造成的损失 32000 元，并向法院提供了被乙砸坏的空白录音带与录像带。在本案中，所涉及的录音带与录像带究竟是何种证据？

分析： 在侵权损害赔偿纠纷案件中，以录音带、录像带本身的价值来证明原告所遭受的经济损失的具体数额时，则该录音带、录像带应当作为物证。只有借助仪器以录音带、录像带的内容来证明案件事实时，该录音带、录像带才可以作为视听资料。在本案中，甲向法院提供的录制证明乙砸坏其若干空白录音带与录像带的录音带属于视听资料；而甲为证明其具体的损失，向人民法院提供的被砸坏的录音带与录像带属于物证。

《民事诉讼法》第 74 条规定："人民法院对视听资料，应当辨别真伪，并结合本案的其他证据，审查确定能否作为认定事实的根据。"

（五）电子数据

电子数据，是指通过电子邮件、电子数据交换、网上聊天记录、博客、微博客、手机短信、电子签名、域名等形式或者储存在电子介质中的电子信息。注意：存储在电子计算机等电子介质中的录音资料和录像资料也属于电子数据（如数码相机、摄像机、U 盘等中储存的照片、录像等）。

为增强电子数据在审判实践中的操作性,《证据规定》第 14 条对电子数据的表现形式作了归类整理,"电子数据包括下列信息、电子文件:(一)网页、博客、微博客等网络平台发布的信息;(二)手机短信、电子邮件、即时通信、通信群组等网络应用服务的通信信息;(三)用户注册信息、身份认证信息、电子交易记录、通信记录、登录日志等信息;(四)文档、图片、音频、视频、数字证书、计算机程序等电子文件;(五)其他以数字化形式存储、处理、传输的能够证明案件事实的信息。"

电子数据应该与视听资料区分开来。如传统的相机、摄像机、录音机所拍摄、录制的胶片、录音带、录像带为视听资料,而现代电子技术产生之后,数码相机、数码摄像机、数码录音笔所拍摄、录制的内容往往是储存在储存卡、U 盘、移动硬盘等电子介质中,且与传统视听资料只能在物理空间传播不同的是,电子数据可以实现精确复制,可以在虚拟空间中无限快速传播。

电子数据相较于视听资料的明显区别有三点:第一可以实现精确复制;第二可以在虚拟空间快速传播;第三极易实现剪辑、修改。

【例】甲驾车与乙发生碰撞,交警赶到现场后用数码相机拍摄了碰撞情况,后乙提起诉讼,要求甲赔偿损失,并向法院提交了一个 U 盘,内附交警拍摄的现场照片。

请问:该照片属于哪一种证据?

分析:属于电子数据。本案中,乙所提交的 U 盘只是收集、固定证据的一种方式,并非证据本身。本案的证据是数码照片,数码照片作为数字化的照片形式,形成和储存在电子介质中,属于电子数据,而不是视听资料也不是书证。

(六)证人证言

证人证言,是指了解案件有关情况的单位和个人向法院就自己知道的案件事实所作的陈述。

1. 证人义务、资格

《民事诉讼法》第 75 条:"凡是知道案件情况的单位和个人,都有义务出庭作证。有关单位的负责人应当支持证人作证。不能正确表达意思的人,不能作证。"

【例】甲向法院提起诉讼,请求法院判决与丈夫乙离婚,理由是乙经常酗酒并且家庭暴力,对于酗酒和暴力这一事实,甲提供了其在某国家机关工作的邻居丙以及自己 9 岁的女儿丁作为证人。丙称,曾多次在隔壁听到乙打骂甲的声音;丁称,爸爸经常喝酒而且喝醉了一回家就打妈妈,还曾经打过她。

请问:丙和丁是否具有证人资格?

分析： 丙和丁都有证人资格。其中丁虽然是限制民事行为能力人，但是证人资格与民事行为能力无直接关系，判断有无证人资格的标准是能否正确表达意思，因此丁提供的证言所证明的事实只要与其年龄、智力状况相适应就具备证人资格。

2. 证人出庭作证

（1）证人出庭程序。

根据《民诉解释》第117条的规定，证人出庭作证由当事人在举证期限届满前申请或者该证言属于法院依职权调查收集的证据（涉及国家、社会、第三人利益，身份关系，程序事实）的也可以由法院依职权通知。未经法院通知，证人不得出庭作证，但双方当事人同意并经法院准许的除外。

（2）证人出庭为原则，不出庭为例外。

《民事诉讼法》第76条规定："经人民法院通知，证人应当出庭作证。有下列情形之一的，经人民法院许可，可以通过书面证言、视听传输技术或者视听资料等方式作证：（一）因健康原因不能出庭的；（二）因路途遥远，交通不便不能出庭的；（三）因自然灾害等不可抗力不能出庭的；（四）其他有正当理由不能出庭的。"

（3）证人出庭费用的负担。

《民事诉讼法》第77条："证人因履行出庭作证义务而支出的交通、住宿、就餐等必要费用以及误工损失，由败诉一方当事人负担。当事人申请证人作证的，由该当事人先行垫付；当事人没有申请，人民法院通知证人作证的，由人民法院先行垫付。"

3. 证人作证时的具结程序

根据《民诉解释》第119、第120条规定，法院在证人出庭作证前应告知其如实作证的义务以及作伪证的法律后果，并责令其签署保证书；证人拒绝签署保证书的，不得作证，并自行承担出庭费用。无民事行为能力人和限制民事行为能力的证人不必签署保证书。

（七）鉴定意见

鉴定意见，是指对于一些专业性很强的问题，经当事人申请、人民法院拟委托或人民法院依职权委托的专门鉴定机构或人员，运用专业知识或设备分析鉴定后出具的专门性意见。民事诉讼中的鉴定，通常有医学鉴定、文书鉴定、会计鉴定、技术鉴定、产品质量鉴定、行为能力鉴定等。

1. 鉴定程序启动和鉴定人的选任

《民事诉讼法》第79条规定："当事人可以就查明事实的专门性问题向人民法院申请鉴定。当事人申请鉴定的，由双方当事人协商确定具备资格的鉴定人；协商不成的，由人民法院指定。当事人未申请鉴定，人民法院对专门性问题认为需要鉴定的，应当委托具备资格的鉴定人进行鉴定。"

2. 申请鉴定的时间

当事人申请鉴定，可以在举证期限届满前提出。(《民诉解释》第121条)

3. 鉴定人权利义务

鉴定人有权了解进行鉴定所需要的案件材料，必要时可以询问当事人、证人。鉴定人应当提出书面鉴定意见，在鉴定书上签名或者盖章。(《民事诉讼法》第80条)

4. 鉴定前的准备

（1）签署承诺书：鉴定开始之前，人民法院应当要求鉴定人签署承诺书。鉴定人故意作虚假鉴定的，人民法院应当责令其退还鉴定费用，并根据情节，依法追究其妨碍诉讼的责任。(《证据规定》第33条)

（2）对鉴定材料的质证：人民法院应当组织当事人对鉴定材料进行质证。未经质证的材料，不得作为鉴定的根据。(《证据规定》第34条)

5. 鉴定意见

（1）按时完成鉴定：鉴定人应当在人民法院确定的期限内完成鉴定，并提交鉴定书。鉴定人无正当理由未按期提交鉴定书的，当事人可以申请人民法院另行委托鉴定人进行鉴定。人民法院准许的，原鉴定人应当退还已收取的鉴定费用。(《证据规定》第35条)

（2）鉴定意见书由鉴定人签名、盖章，并附鉴定人的相应资格证明；委托机构进行鉴定的，鉴定书应当由鉴定机构盖章，并由从事鉴定的人员签名。(《证据规定》第36条)

（3）多名鉴定人对同一问题进行鉴定，出现不同意见的，应当如实注明。

6. 鉴定人出庭作证

（1）情形：当事人对鉴定意见有异议或者人民法院认为鉴定人有必要出庭的，鉴定人应当出庭作证。(《民事诉讼法》第81条)

（2）程序：①法院收到鉴定书后，应当及时将副本送交当事人。②当事人对鉴定书的内容有异议的，应当在法院指定期间内以书面方式提出。③对于当事人的异议，法院应当要求鉴定人作出解释、说明或者补充。人民法院认为有必要的，可以要求鉴定人对当事人未提出异议的内容进行解释、说明或者补充。④当事人在收到鉴定人的书面答复后仍有异议的，法院应通知有异议的当事人预交鉴定人出庭费用，并通知鉴定人出庭。有异议的当事人不预交鉴定人出庭费用的，视为放弃异议。(《证据规定》第37、第38条)

（3）费用负担：鉴定人出庭费用由败诉的当事人负担。但因鉴定意见不明确或者有瑕疵需要鉴定人出庭的，出庭费用由其自行负担。（《证据规定》第39条）

（4）后果：经人民法院通知，鉴定人拒不出庭作证的，鉴定意见不得作为认定事实的根据；支付鉴定费用的当事人可以要求返还鉴定费用；建议有关主管部门或者组织对拒不出庭作证的鉴定人进行处罚。（《民事诉讼法》第81条）

7. 鉴定人撤销鉴定意见（《证据规定》第42条）

（1）鉴定意见被采信后，鉴定人无正当理由撤销鉴定意见，人民法院应责令其返还鉴定费用，并可根据情节对鉴定人进行处罚。当事人主张鉴定人负担由此增加的合理费用的，人民法院应予支持。

（2）法院采信鉴定意见后准许鉴定人撤销的，应当责令其退还鉴定费用。

8. 重新鉴定（《证据规定》第40条）

（1）情形：鉴定人不具备相应资格的；鉴定程序严重违法的；鉴定意见明显依据不足的；鉴定意见不能作为证据使用的其他情形。

（2）不予准许重新鉴定的：可以通过补正、补充鉴定或者补充质证、重新质证等方法解决。

（3）重新鉴定的后果：原鉴定意见不得作为认定案件事实的根据；退还鉴定费用。

（八）勘验笔录

勘验笔录，是指人民法院对于与案件事实有关的现场或者不能、不便拿到人民法院的物证，进行现场分析、勘察、检验后所作要求的记录。勘验笔录是一种独立的证据，也是一种固定和保全证据的方法。

《民事诉讼法》第83条规定："勘验物证或者现场，勘验人必须出示人民法院的证件，并邀请当地基层组织或者当事人所在单位派人参加。当事人或者当事人的成年家属应当到场，拒不到场的，不影响勘验的进行。有关单位和个人根据人民法院的通知，有义务保护现场，协助勘验工作。勘验人应当将勘验情况和结果制作笔录，由勘验人、当事人和被邀参加人签名或者盖章。"

四、证据的收集与保全

（一）证据的收集

证据的收集，是指当事人及其诉讼代理人、人民法院依照法定的程序，发现、提供和固定能证明案件真实情况的事实材料的诉讼行为。

1. 当事人收集、提供证据

《民事诉讼法》第67条："当事人对自己提出的主张，有责任提供证据。"

2. 人民法院调查收集证据

法院调查收集证据的启动方式有两种：一是当事人依法申请人民法院调查收集证据；二是人民法院依职权主动调查收集证据。

（1）应当依据当事人的申请，人民法院才能调查收集证据的情形。（《民诉解释》第94条）

① 证据由国家有关部门保存，当事人及其诉讼代理人无权查阅调取的；（档案材料）

② 涉及国家秘密、商业秘密、个人隐私的材料；（涉密材料）

③ 当事人及其诉讼代理人确因客观原因不能自行收集的其他证据。

申请的方式：①当事人及其诉讼代理人均可提出申请；②向法院提出书面申请；③举证期限届满前提出书面申请；④是否准许由法院决定，申请人对于不予准许的决定不服的，不能申请复议。（注意：原2002年《证据规定》规定可以在收到通知书的次日起3日内向受理申请的法院申请复议一次，但该规定已于2019年《证据规定》删除。）

经人民法院调查，未能收集到证据，仍由负有举证责任的当事人承担举证不能的后果。

（2）法院主动调查收集证据的情形。（《民诉解释》第96条）

为了保持审判中立，人民法院依职权调查取证受到极大的规制。人民法院认为审理案件需要的证据，应当主动调查收集，对于什么是"审理案件需要"，法律上有明确的规定：

① 涉及可能损害国家利益、社会公共利益的；

② 涉及身份关系的；

③ 涉及公益诉讼的；

④ 当事人有恶意串通损害他人合法权益可能的；

⑤ 涉及依职权追加当事人、中止诉讼、终结诉讼、回避等程序性事项的。

必须注意，除了以上情形外，其他任何情形，人民法院不得主动调查收集证据。

【例】甲诉乙侵犯名誉权、隐私权案件中，乙主张两项事实：一是甲确实是私生子，乙的说法不是捏造的，但有关证据是公安机关保存的档案材料，需法院去调取；二是甲自己也经常向他人说自己是私生子，但因证人分散，乙自己去收集证人证言效果可能不理想。

请问：

（1）以上两项事实的相关证据，人民法院可否主动调查收集证据？

分析： 不可以。两项事实均不属于《民诉解释》第96条规定之情形。

（2）以上两项事实的相关证据，当事人是否可以申请法院收集证据？

分析： 对于第一项事实可以申请，《民诉解释》第94条规定由国家有关部门保存的档案材料可以经过当事人申请，由法院调查收集。

（3）如果当事人申请法院调查收集证据，应当在何时提出申请？是否可以在首次开庭前或第一次开庭时提出申请？

分析： 不可以在首次开庭前或第一次开庭时提出申请，应当在举证期限届满前提出书面申请。

（4）对于当事人申请法院调查收集证据的，法院是否必须调查收集？

分析： 不是，法院有权决定是否准许。

（5）如果当事人申请法院调查收集第一项事实的相关证据，法院经过调查收集后，仍然未能收集到证据，那么谁承担事实不能证明的后果？

分析： 乙承担事实不能证明的后果。

（二）证据的保全

【例】原告甲诉某证券公司越权抛售其股票，挪用其资金，要求偿还当期股票本金并赔偿其损失。由于能证明证券公司侵权的证据储存在被告计算机和账簿里，原告无法收集，原告请求法院对证券公司的计算机和账簿采取证据保全措施。法院依职权搜查证券公司的计算机和账簿，查到了有关证据，并将有关材料从计算机中复制到移动硬盘上。法院对搜查的经过和搜查到的材料作了笔录，证券公司的财务人员在笔录上签了字。

请问：法院的做法是否妥当？

分析： 本案中，法院对证券公司的搜查和取证，是法院根据当事人的申请依法采取的证据保全措施。通常情况下，法院可以根据具体需要分别采取笔录、录音、录像、照相、实物提取、扣押、查封、责令使用人保管等措施。搜查是一种获取证据的强制手段，司法机关（包括法院）在必要时可依法定程序适用，刑事案件中可以适用，民事案件中也同样可以适用。本案如不适用搜查措施，有关交易的电子资料和账簿将难以取得，并有可能被随时篡改或者毁灭。所以，法院根据当事人的申请及时采取搜查措施是必要的。法院对搜查过程中发现的电子证据材料，复制到移动硬盘上，带回法院保管，是对电子证据的保全。

1. 概念

证据的保全，是指在证据可能毁损、灭失或日后难以取得的情况下，人民法院依据申请人的申请或者依职权对证据加以固定和保护的制度。根据保全的时间不同，分为诉讼中证据保全和诉前证据保全。

《民事诉讼法》第84条规定："在证据可能灭失或者以后难以取得的情况下，当事人可以在诉讼过程中向人民法院申请保全证据，人民法院也可以主动采取保全措施。因情况紧急，在证据可能灭失或者以后难以取得的情况下，利害关系人可以在提起诉讼或者申请仲裁前向证据所在地、被申请人住所地或者对案件有管辖权的人民法院申请保全证据。证据保全的其他程序，参照适用本法第九章保全的有关规定。"

2. 种类

（1）诉讼中证据保全。

① 适用情形：证据可能灭失或者日后难以取得。

② 启动方式：可以依职权，也可以依申请。

③ 管辖法院：受理案件的法院。

④ 申请时间：诉讼中，举证期限届满前。

⑤ 担保问题：证据可能给他人造成损失的，人民法院应当责令申请人提供担保。（《民诉解释》第98条第2款）

（2）诉前证据保全。

① 适用情形：情况紧急，在证据可能灭失或日后难以取得的情况下，利害关系人可以在起诉前或申请仲裁前申请证据保全。

② 启动方式：只能依据当事人申请，法院不能依职权采取。

③ 管辖法院：证据所在地、被申请人住所地、对案件有管辖权的法院。（人民法院采取诉前保全措施后，当事人向其他有管辖权的法院起诉的，采取保全措施的法院应当根据当事人的申请，将保全的证据及时移交受理案件的法院）

④ 担保问题：应当责令提供担保。

⑤ 程序：法院在48小时内作出裁定。

⑥ 解除：申请人自保全之日起30日内不起诉或申请仲裁的，解除保全措施。

3. 证据保全的方法

根据《证据规定》第 7 条规定，人民法院进行证据保全，可以根据具体情况采取查封、扣押、拍照、录音、录像、复制、鉴定、勘验等方法，并制作笔录。

 真题自测

巨星公司开发的软件屡遭盗版，遂派公司人员假扮消费者与盗版商磋商，请公证处人员手机秘密拍摄磋商全过程，公证处制作公证书。巨星公司据此向法院起诉索赔，关于公证书的说法正确的是？（2019，单选）

A. 假扮消费者有违公平原则，有损经济秩序，该公证书应当排除

B. 公证处只应当公证合法法律行为，该公证书有瑕疵，应当排除

C. 该公证书是原始证据

D. 该公证书是书证

答案：D。提示：证据规则、证据种类。《民诉解释》第 106 条。

 案例讨论

1. 乙打电话找甲借款 10 万元，并向甲发来短信提供账号，甲随即通过银行向乙转账 10 万元，甲转账时同事丁在场。后乙向甲出具 10 万元借条，甲将借条复印后不慎将原件丢失。后甲对乙提起了返还借款的诉讼。

请问：（1）甲提供记载乙表示要向其借款 10 万元的手机通话录音以及短信属于直接证据还是间接证据？

（2）转账凭证属于直接证据还是间接证据？

（3）甲的同事丁向法院提供的曾见到甲转账给乙的证词，属于直接证据还是间接证据？

（4）甲向法院提交的乙向其借款时出具的借据的复印件，且无法与原件核对，属于直接证据还是间接证据？

2. 甲公司在 A 市 B 区拥有一地块的土地使用权。乙公司是一家专门从事房地产开发的有限责任公司。甲公司与乙公司签订了房地产开发合同。乙公司将房屋建好后，开始卖房，房屋购买人丙发现房屋面积、容积率、配套设施与宣传不符，向法院主张解除合同。

请问：（1）丙向法院起诉，在诉讼中对房屋面积、容积率、配套设施等需要进行鉴定，鉴定的启动方式和鉴定人应当如何确定？

（2）如果当事人对鉴定意见提出异议，法院该如何处理？

Chapter 8
第八章
民事诉讼证明

山西利虎玻璃（集团）有限公司、西藏自治区地质矿产勘查
开发局第五地质大队借贷纠纷案——证明责任①

【案情】申扎县政府、地质五队和利虎公司均为羌塘公司股东，其中利虎公司占股52%，利虎公司的法定代表人担任羌塘公司法定代表人，公司公章由利虎公司委派的人员保管。2012年3月5日，利虎公司与羌塘公司签订借款协议，约定利虎公司向羌塘公司提供借款，并约定了借款用途、利率等内容，但未约定金额。后利虎公司陆续通过银行转账、承兑汇票等方式向羌塘公司出借款项。2018年11月30日，利虎公司与羌塘公司形成记载7890.659万元借款本金的《对账单》，盖有羌塘公司公章。后利虎公司起诉要求羌塘公司偿还7890.659万元借款本金及利息。

裁判结果：西藏自治区高级人民法院一审判决：一、羌塘公司于判决生效之日起30日内向利虎公司支付借款本金6140.659万元；二、羌塘公司30日内向利虎公司支付截至2018年12月31日的借款利息2888.494671万元，并按相同计算方法支付2019年1月1日至付清之日的利息；三、驳回利虎公司的其他诉讼请求。利虎公司上诉至最高人民法院，最高人民法院二审认为：《对账单》仅有盖章，无相关人员签名，利虎公司也未举示相关证据证明《对账单》通过羌塘公司正常的审批流程形成，故在兼具债权人和股东身份的利虎公司掌握公章的情况下，在《对账单》上加盖公章的行为并不能被确认为羌塘公司的真实意思表示，应进一步审查形成《对账单》的具体借款金额。最终最高人民法院二审判决：驳回利虎公司上诉请求，维持一审判决。

---

① 资料来源：案号：最高人民法院（2021）最高法民终373号。

评析：《民诉解释》第 108 条第 1、第 2 款规定："对负有举证证明责任的当事人提供的证据，人民法院经审查并结合相关事实，确信待证事实的存在具有高度可能性的，应当认定该事实存在。对一方当事人为反驳负有举证证明责任的当事人所主张事实而提供的证据，人民法院经审查并结合相关事实，认为待证事实真伪不明的，应当认定该事实不存在。"

民事诉讼的举证证明责任既包括当事人对其主张的事实应提供证据的行为责任，也包括对其所举证据未达到法定证明标准承担不利后果的结果责任，结果责任在待证事实真伪不明的情形下发生效力。本案系借款纠纷，借款多少应以出借人向借款人实际支付的金额为准，利虎公司应对其主张的 7890.659 万元实际支付到羌塘公司负举证责任。利虎公司所举示的一系列证据对于证明借款本金有一定证明力，但对该待证事实羌塘公司等三被上诉人不负有举证责任，且又举示了相关证据予以反驳，致借款本金中有 1750 万元事实真伪不明，利虎公司应承担相应的不利后果，最终，最高人民法院对一审法院认定的 6140.659 万元借款本金事实予以确认。

知识梳理

1. 证明对象
2. 证明责任
3. 证明标准
4. 证明程序

民事诉讼证明，是指当事人在诉讼中运用证据证明其诉讼请求和事实主张的诉讼行为。

一、证明对象

证明对象，即待证事实，是指在民事诉讼中由对立的双方当事人提出诉讼主张和采用证据加以论证和证明，并最终由裁判者加以确认的案件事实。简单讲即诉讼参加人和法院运用证据加以证明的对案件的解决有法律意义的事实。

（一）成为证明对象的三个条件

（1）双方当事人对该事实存在争议。

（2）该事实对于正确处理案件有法律意义，或者是实体法上的意义，或者是程序法上的意义。

（3）该事实是当事人在诉讼中主张的事实。

（二）需要证据加以证明的事实（证明对象的范围）

1. 当事人主张的实体法上的事实

如合同纠纷案件中，原告、被告之间订立合同的事实；收养关系纠纷案件中，原被告之间存在收养关系的事实；损害赔偿纠纷案件中，被告侵权给原告造成损害的事实；离婚诉讼中，夫妻双方感情确已破裂的事实等。

2. 当事人主张的程序法上的事实

如管辖权问题、当事人资格以及行为能力、当事人申请审判人员回避所根据的事实、生效裁判严重违反法定程序应予再审等问题。

3. 证据事实

证据事实也就是民事诉讼证据材料本身。根据《民事诉讼法》第 66 条规定：证据必须查证属实，才能作为认定事实的根据。在民事诉讼中，一方当事人有时会对对方当事人举出的某一证据材料提出合理的质疑，如果不对这一证据材料本身加以证明，便不能据此作出认定案件事实的结论。因此，证据本身也是证明对象。如书证、物证是否为原件，其所反映的事实是否客观真实，所反映内容与本案是否有关等。

4. 外国法律和地方性法规、习惯

（三）无须举证证明的事实（免证事实）

民事诉讼中当事人对自己提出的事实主张一般来说均应提出相应的证据加以证明，但也有例外。在特定情况下，当事人虽然主张了一些事实，但其不需要提出证据，法院即可视为成立。这些不需要提出证据予以证明的事实就是诉讼法上免证事实。无须提供证据证明的事实本身也是证明对象，只是基于法律规定的原因，免除了主张者行为意义上的证明责任。

根据《证据规定》第 10 条规定，免证事实包括以下七个方面。

（1）自然规律及定理、定律。

自然规律，是指客观事物在特定条件下所发生的本质联系和必然趋势的反映。它是人们通常所感知的客观现象及周而复始出现的具有内在必然联系的客观事物。定理、定律，是指在科学上、在特定条件下已被反复证明的客观规律和必然联系。例如，太阳东升西落、农作物栽种时令、1 加 1 等于 2、三角形的两边之和大于第三边、万有引力、牛顿定律等。对于自然规律和定理、定律，我国司法解释未允许当事人提供反证推翻之。

（2）众所周知的事实。

众所周知的事实，是指一定区域内为具有一定知识经验的一般人共同知晓的常识性事实。例如，我国国庆节 10 月 1 日，一定范围内发生的自然灾害、重大历史事件，少数民族的风俗习惯（回民不吃猪肉）等。

（3）根据法律规定推定的事实。

法律推定，是由法律明文确立的推定，当出现符合法律推定的法律规范条件的事实时，就可以直接依据该规范推断出推定的事实。例如，《民法典》第 1124 条规定："继承开始后，继承人放弃继承的，应当在遗产处理前，以书面形式作出放弃继承的表示；没有表示的，视为接受继承"。因此，在继承开始后，继承人没有书面形式表示放弃继承的，即推定为接受继承。又如，根据《民事诉讼法》第 146 条规定，案件受理后，原告经法院传票传唤无正当理由拒不到庭的，或者未经法庭许可中途退庭的，即可推定为撤诉，按撤诉处理。

（4）根据已知的事实和日常生活经验法则推定出的另一事实。

事实推定，是指法院依据经验法则进行逻辑上的演绎，由已知事实（基础事实）得出待证事实（推定事实）真伪的结论。例如，以书面损害他人名誉的，推定有损害他人的意思；根据被告在诉讼中销毁或隐匿证据这一事实，推断出该证据必定对其不利等。

推定的事实是不用证明的，然而推定仅是法官根据经验法则，基于自由心证所为之逻辑推论，对这一事实存在的一种假定，因此，应允许当事人提出反证来反驳已经作出的推定。

（5）已为仲裁机构的生效裁决所确认的事实。

（6）已为人民法院发生法律效力的裁判所确认的基本事实。

（7）已为有效公证文书证明的事实。

以上第（2）～（5）项事实，当事人有相反证据足以反驳的除外；第（6）～（7）项事实，当事人有相反证据足以推翻的除外。

反驳和推翻的区别：

第（2）～（5）项，对方当事人提供相反的证据，只要能够动摇法官对该免证事实的心证基础，就能阻止该免证事实的成立。

第（6）～（7）项，当事人想要否定其确认的事实需要提供相反的证据加以推翻，即需要达到让法官相信相反事实成立的程度，才能阻止该免证事实的成立。

【例】甲起诉乙公司光污染侵权，人民法院经审理认为：环境污染对人体健康造成的实际损害结果，不仅包括那些症状明显并可用计量方法反映的损害结果，还包括那些症状不明显且暂时无法用计量方法反映的损害结果。光污染对人体健康可能造成的损害，目前已为公众普遍认识。夜间，人们通常习惯于在暗光环境下休息。乙公司设置的路灯，其射入周边居民居室内的外溢光、杂散光，数量足以改变人们夜间休息时通常习惯的暗光环境，且超出一般公众普遍可忍受的范围，光污染程度较为明显。在此情况下，甲诉称涉案灯光使其难以安睡，为此出现了失眠、烦躁不安等症状，这就是涉案灯光对甲的实际损害。甲诉称的这些实际损害，符合日常生活经验法则，根据《证据规定》第10条第1款第4项的规定，甲无须举证证明，应推定属实。乙公司否认光污染对甲造成实际损害，应当举证反驳。乙公司不能举证涉案灯光对甲身体健康没有产生危害的证据，该辩解理由亦不予采纳。

（四）自认的事实

自认，是指一方当事人对对方当事人所主张的不利于己的事实，明确地表示承认。

《证据规定》第3条："在诉讼过程中，一方当事人陈述的于己不利的事实，或者对于己不利的事实明确表示承认的，另一方当事人无须举证证明。在证据交换、询问、调查过程中，或者在起诉状、答辩状、代理词等书面材料中，当事人明确承认于己不利的事实的，适用前款规定。"

1. 自认的方式

《证据规定》第4条："一方当事人对于另一方当事人主张的于己不利的事实既不承认也不否认，经审判人员说明并询问后，其仍然不明确表示肯定或者否定的，视为对该事实的承认。"

第5条："当事人委托诉讼代理人参加诉讼的，除授权委托书明确排除的事项外，诉讼代理人的自认视为当事人的自认。当事人在场对诉讼代理人的自认明确否认的，不视为自认。"

根据《证据规定》第3、第4、第5条规定，自认可以分为：

（1）明示自认（典型形式）：当事人明确表示承认。例如，甲说乙借钱了，乙说借了，是自认；乙说还了，也是一种自认。

（2）默示自认（是一种推定）：对一方当事人陈述的事实，另一方当事人既未表示承认也未否认，经审判人员充分说明并询问后，其仍不明确表示肯定或者否定，视为对该事实承认。默示自认在一定条件下和明示具有同样的法律效力。例如，甲说乙借钱了，乙不作声，法院问乙你借钱了吗？乙仍然不说话。法院再问：乙你借钱了吗？如果你再不说话，我们就认定你借钱了。乙还是不说话，乙构成自认。

（3）委托代理人的承认：当事人不在场时，除授权委托书明确排除的事项外，委托代理人的自认视为当事人的自认；当事人在场时，对代理人的自认明确否认的，不视为自认。

2. 自认的效果

免除对方当事人的举证责任，法院以该自认的事实直接作为裁判的依据。

注意：自认仅仅是导致对方当事人免除证明责任，且该事实得到法院认定，并不一定导致自认人败诉。例如，甲起诉乙还款，对于借款事实，乙当庭表示自认，对于借款事实，甲免除举证责任，法院也应当作为认定案件事实的依据，但是如果乙主张并提出证据证明自己已经还清了该借款，或者乙主张诉讼时效抗辩，那么乙并不会败诉。

自认与认诺的区别：自认是对对方主张事实的承认，只导致对方主张事实的成立，并不一定会导致败诉；而认诺是对对方诉讼请求的承认，将会导致对方诉讼请求的成立，即认诺人败诉。

3. 自认的时间、对象、方式

在证据交换、询问、调查过程中，或者在起诉状、答辩状、代理词等书面材料中必须向法院以口头或书面方式自认。

【例】情形一：甲起诉乙归还借款 20 万元，乙在诉讼中（证据交换、询问、调查过程中，或者在起诉状、答辩状、代理词等书面材料中）承认借款事实。

情形二：甲起诉乙归还借款 20 万元，向法庭提交了乙在诉前签署的字据，该字据明确记载了借款事实以及借款缘由。

情形三：甲起诉乙归还借款 20 万元，向法庭提交了自己在起诉前找乙催讨借款的录音，该录音中乙明确承认借款事实。

分析： 情形一：乙承认借款事实构成自认，故甲无须对借款事实承担证明责任，法院将直接认定借款事实成立。

情形二、情形三：均是在诉讼外，故不构成自认。甲仍需对借款事实承担证明责任。甲向法院提交的字据和录音仅仅是为了证明借款事实而向法庭提供的证据。

4. 自认的限制

（1）不适用自认的情形（《民诉解释》第 92 条第 2 款、《证据规定》第 8 条）。

① 涉及可能损害国家利益、社会公共利益的事实，不适用自认。

② 涉及身份关系的事实，不适用自认。

【例】判断：与身份有关的案件不适用自认制度。

分析： 错误。仅仅是与身份有关的事实不适用自认制度。在与身份有关的案件中，有些事实与身份有关，不适用自认，但有些事实与身份无关，则可以自认。如在离婚诉讼这一与身份关系有关的案件中，是否存在婚姻关系属于与身份有关的事实，不适用自认；但是否有转移财产、出轨、家庭暴力等事实与身份无关，可以自认。

③ 涉及污染环境、侵害众多消费者合法权益等损害社会公共利益的行为的事实，不适用自认。

④ 当事人有恶意串通损害他人合法权益可能的事实，不适用自认。

⑤ 涉及依职权追加当事人、中止诉讼、终结诉讼、回避等程序性事项的事实，不适用自认。

（2）在诉讼中，当事人为达成调解协议或者和解目的作出妥协所涉及的对案件事实的认可，不得在其后的诉讼中作为对其不利的证据。

《民诉解释》107 条："在诉讼中，当事人为达成调解协议或者和解协议作出妥协而认可的事实，不得在后续的诉讼中作为对其不利的根据，但法律另有规定或者当事人均同意的除外。"

【例】X 公司（住所位于甲市 A 区）与 H 公司（住所位于乙市 B 区）签订了一份建筑合同，由 H 公司承建 X 公司丙市分公司的办公楼（位于丙市 C 区）。办公楼建成后，因办公区的附属设施质量不符合合同约定，X 公司与 H 公司协商无果，X 公司向法院起诉。诉讼中双方主动申请法院调解，在调解中 H 公司承认工程所用水泥不合要求，因而影响了工程质量，但双方就赔偿无法达成协议。

问题一：如果 H 公司在调解中承认承建的附属设施存在质量问题，在判决时法院应当如何对待调解时的承认行为？

分析： 法院不能直接认定该事实，也不得作为对被告不利的证据。

问题二：如果 H 公司在调解中承认承建的附属设施存在质量问题，法院在后来的庭审中再次询问被告 H 公司时，H 公司既不承认，也不否认，法院能否认定该事实成立？

分析： 能，此时构成自认。

（3）限制自认。

有所限制或者附加条件的承认，法院决定是否构成自认。

《证据规定》第 7 条："一方当事人对于另一方当事人主张的于己不利的事实有所限制或者附加条件予以承认的，由人民法院综合案件情况决定是否构成自认。"

（4）共同诉讼人的自认。

普通共同诉讼人：只对自己有效；必要共同诉讼人：不否认即有效。

《证据规定》第 6 条："普通共同诉讼中，共同诉讼人中一人或者数人作出的自认，对作出自认的当事人发生效力。必要共同诉讼中，共同诉讼人中一人或者数人作出自认而其他共同诉讼人予以否认的，不发生自认的效力。其他共同诉讼人既不承认也不否认，经审判人员说明并询问后仍不明确表示意见的，视为全体共同诉讼人的自认。"

5. 自认的撤销

自认的撤销是指当事人请求法院否认其作出的自认。

自认可以撤销，但由于自认的撤销与诚实信用原则有一定的矛盾，因此自认的撤销受到严格的限制，在诉讼中几乎没有可能。

《证据规定》第 9 条规定："有下列情形之一，当事人在法庭辩论终结前撤销自认的，人民法院应当准许：（一）经对方当事人同意的；（二）自认是在受胁迫或者重大误解情况下作出的。人民法院准许当事人撤销自认的，应当作出口头或者书面裁定。"

二、证明责任

（一）含义

《民事诉讼法》第 67 条第 1 款："当事人对自己提出的主张，有责任提供证据。"

《民诉解释》第 90 条："当事人对自己提出的诉讼请求所依据的事实或者反驳对方诉讼请求所依据的事实，应当提供证据加以证明，但法律另有规定的除外。在作出判决前，当事人未能提供证据或者证据不足以证明其事实主张的，由负有举证证明责任的当事人承担不利的后果。"

根据《民诉解释》第 90 条第 1 款和第 2 款的规定，使用了举证证明责任的表述，通常认为，举证证明责任具体包含行为意义上的举证责任和结果意义上的证明责任双重含义。

1. 第 1 款规定的是行为意义上的举证责任

所谓行为意义上的举证责任，是指当事人在具体的民事诉讼中，就其主张的事实，无论是支持自己的诉讼请求还是反驳对方的诉讼请求，都负有提供证据的责任。行为意义上的举证责任是诉讼过程中无条件出现的一种证明责任，其在外在形式上受到当事人主张的影响；也是一种动态的证明责任，它随着双方当事人证据证明力的强弱变化在同一当事人身上可能发生多次，围绕法官对待事实的心证程度的变化而在当事人之间发生转移。

2. 第 2 款规定的是结果意义上的证明责任

所谓结果意义上的证明责任，是指若当事人没能使法官对自己提出的诉讼请求或者反驳对方诉讼请求所依据的法律关系等基本事实形成内心确信，案件审理终结时事实仍处于真伪不明的状态，则由哪一方当事人对不利后果进行负担的责任和风险。与行为意义的举证责任相对，结果意义的证明责任不受当事人主张的牵引，是一种不能转移的证明责任。作为法律预先设定的一种风险责任的分配形式，其隐含在诉讼进程之中，并非每一个案件都需要以结果意义上的证明责任为裁判依据。绝大多数民事诉讼中，当事人通过积极履行行为意义上的举证责任，已使案件事实得到证明，法官完全能够从双方当事人提供的证据中获得内心确信的全部信息，结果意义上的证明责任就无用武之地。只有在待证事实真伪不明时，法官不能因事实不清而拒绝裁判，结果意义的证明责任才能发挥作用。

【例】甲的汽车停在车库，被撞坏了，于是起诉乙，主张乙的车将自己的车撞坏，要求赔偿损失。

（1）情形一：在诉讼中，如果原告甲提供了车库的监控录像，录像清楚地显示被告乙开车撞坏了甲的车，此时，法院能够认定乙开车撞坏了甲的车这一侵权事实，然后依据相关法律进行判决。

（2）情形二：在诉讼中，如果被告乙提供证据，证明当天自己的车借给了朋友丙，并没有进入车库。可以看出，对于是否撞到甲的车应当由甲承担举证责任，但是不承担举证责任的乙也可以积极举证，该证据为反证。那么法院根据乙提供的证据可以认定乙的车没有撞到甲的车，侵权行为不存在，而判决甲败诉。

（3）情形三：在诉讼中，如果甲只提供了一份极为模糊的监控录像，根本无法辨认撞坏甲的车的就是乙的车，乙也没有提供任何证据证明不是自己撞的，导致乙是否开车撞坏了甲的车的这一事实查不清楚，处于真伪不明的状态。而法院不能以事实不清为由拒绝裁判，此时，证明责任将发挥作用。根据《民诉解释》第 91 条规定，主张法律关系存在的当事人，应当对产生该法律关系的基本事实承担举证证明责任。因此，本案侵权纠纷中，侵权行为事实应当由主张者（即原告甲）承担证明责任，而侵权行为（乙开车撞坏甲的车）处于事实不清、真伪不明，即应让承担证明责任的甲承担不利后果，推定侵权事实不存在，而判决驳回甲诉讼请求。

（二）理解证明责任应当注意的几个问题

（1）证明责任是一种不利后果，此种后果只在作为裁判基础的法律要件事实处于真伪不明状态时才会真正体现出来。

（2）真伪不明是证明责任发生的前提。

（3）法院不是承担证明责任的主体，证明责任承担的主体是当事人。即当事人承担不利后果。

（4）对案件中的单一事实，证明责任只能由一方当事人承担，而不可能由双方都来负担。

（5）证明责任由哪一方承担是由法律、法规或司法解释预先确定的，因此在诉讼中不存在原告与被告之间相互转移证明责任的问题。

（6）不承担证明责任的一方当事人也可以积极行使举证权利（此时该当事人提出的证据是反证）。

【例】王某开车行驶（60公里/小时），遇到刘某骑自行车横穿公路，王某紧急刹车，刘某从自行车上倒地摔伤。刘某起诉王某，主张王某驾车撞到自己，要求王某赔偿医疗费、误工费等各项损失。法院经过审理，认为无法确定王某的车是否将刘某撞倒，但由于王某车型较大，速度较快，刹车声刺耳等原因，足以使刘某受到惊吓而从自行车上摔落，同时，刘某违反交通规则，对其受伤也应承担相应责任，据此判决王某对刘某的经济损失承担50%的责任。

请问：如何评价一审法院判决？

分析： 首先，刘某起诉主张的事实是王某驾车撞倒自己，而法院作为裁判依据的事实是王某吓到刘某，法院以当事人未主张的事实作为裁判依据，违反了约束性辩论原则。

其次，经过审理，最终无法确定王某的车是否撞到了刘某，本案的待证事实"王某是否撞到刘某"处于事实不清、真伪不明的状态，法院应当适用证明责任的规则来作出判决。即应当由刘某提供证据证明存在侵权行为，如果该待证事实处于事实不清、真伪不明的状态，应当由刘某承担不利后果，即推定侵权事实不成立，应当依法判决驳回刘某的诉讼请求。而不能采用如本案中和稀泥各打五十大板的方式作出判决。

（三）证明责任的分配原则

1. 一般规则："谁主张，谁举证"

《民事诉讼法》第67条规定："当事人对自己提出的主张，有责任提供证据。"

《民诉解释》第91条又对此作了进一步的规定：人民法院应当依照下列原则确定举证证明责任的承担，但法律另有规定的除外。

（1）主张法律关系存在的当事人，应当对产生该法律关系的基本事实承担举证证明责任。

何为法律关系存在的基本事实？这得根据法律的规定而定。最典型的是证明侵权法律关系的存在，受侵害人一般来说需要证明四项基本事实：侵权行为、主观过错、因果关系以及损害结果，此四项基本事实中任何一项得不到证明，侵权法律关系即不能成立，由此产生的不利后果由受侵害人承担。这就是结果意义上的证明责任。

（2）主张法律关系变更、消灭或者权利受到妨害的当事人，应当对该法律关系变更、消灭或者权利受到妨害的基本事实承担举证证明责任。

关于法律关系变更、消灭或权利妨碍的事实也要具体问题具体分析。若主张不动产的所有权主体的变更，就得证明双方在法定不动产登记机关进行了所有权人的变更登记这一基本事实。若主张借贷法律关系因清偿而消灭，债务人就得证明其清偿债务的事实诸如清偿日期、方式、地点等。若债务人主张债权因超过诉讼时效而提出诉讼时效抗辩，阻止债权人通过诉讼手段强制执行已沦为自然债权的该笔债权，债务人就应该举证证明诉讼时效已经届期的基本事实，诸如从何时起债权人就一直没有主张债权等。

2. 特殊规则

侵权纠纷，原则上由受害方对侵权责任的构成要件：侵权行为、因果关系、损害后果、加害人过错四要件承担证明责任（如果无过错责任，则为行为、结果、因果关系三要件承担证明责任），由加害方对具有法定的免责事由承担证明责任。但根据民法典相关规定，存在一些证明责任倒置的问题。举证责任的倒置，指的是将一般情况下本应由原告承担证明责任的要件事实的证明责任"转嫁"给被告举证证明之。

注意：举证责任倒置并不意味着侵权构成要件事实中的全部要件事实都倒置，而是将侵权案件构成要件事实中对权利主张者举证难度较大的要件事实进行倒置，如因果关系、过错要件的事实等。

下列侵权案件，按照以下规定承担证明责任：

（1）专利侵权纠纷（《专利法》第66条）。

由被告证明：产品制造方法不同于专利方法。

（2）环境污染、破坏生态发生纠纷案件因果关系倒置（《民法典》1230条）。

原告证明：侵权行为和损害结果；

被告证明：免责事由和无因果关系。

【例】甲工厂排污致使河流污染，河流沿岸养殖户乙养殖的鱼虾死亡，起诉甲工厂要求赔偿。

分析： 环境污染属于无过错责任原则，原则上应当由原告证明侵权责任构成要件，即行为、结果、因果关系；被告证明免责事由。但是，根据《民法典》第1230条规定，环境污染有无因果关系的事实证明应当倒置给被告。故应当由原告乙证明行为、结果，被告甲工厂证明免责事由、无因果关系。（无过错责任原则中过错不

需要证明）

（3）所有过错推定的案件，过错倒置。即在这类案件中原告证明侵权行为、损害结果、因果关系，被告证明免责事由和无过错。

【例】甲从乙家楼下经过，被乙家阳台上的花盆落下砸伤，甲起诉乙要求赔偿。

分析： 搁置物致人损害属于过错责任原则，原则上应当由原告证明侵权责任构成要件，即行为、结果、因果关系、过错；被告证明免责事由。但是，根据《民法典》第1253条规定，搁置物致人损害的过错应当倒置给被告证明。故应当由原告甲证明行为、结果、因果关系，被告乙证明免责事由以及无过错。

三、证明标准

证明标准，也称证明要求、证明度，是指在诉讼证明活动中，对于当事人之间争议的事实，法官根据证明的情况对该事实作出肯定或者否定性评价的最低要求。

（一）"高度盖然性"的证明标准（一般证明标准）

《民诉解释》第108条规定："对负有举证证明责任的当事人提供的证据，人民法院经审查并结合相关事实，确信待证事实的存在具有高度可能性的，应当认定该事实存在。对一方当事人为反驳负有举证证明责任的当事人所主张事实而提供的证据，人民法院经审查并结合相关事实，认为待证事实真伪不明的，应当认定该事实不存在。法律对于待证事实所应达到的证明标准另有规定的，从其规定。"

可以从三个方面理解民事诉讼中的证明标准：

1. 法律对证明标准的规定优先适用

本条第3款规定了法律对待证事实的证明标准另有规定的，从其规定。这实际上是法定证据规则的组成部分，即对证明标准适用顺序的规定——法定证明标准优先适用。

2. 本证方"高度盖然性"的证明标准

本条第1款规定负有举证证明责任的一方当事人提出证据，审判人员只有在认定该证据证明的事实有高度可能性发生时方可作出相应的事实认定。

这里的高度可能性发生就是通常所说的"高度盖然性"的证明标准。盖然性，是指待证事实发生的概率。高度盖然性，是指待证事实的发生概率更大，且超出待证事实不发生概率达到一定的程度。这是相对于英美法中"盖然性占优"的证明标准而言的，盖然性占优的证明标准只需要证明待证事实发生的可能性大于 50% 即可，也就是发生的可能性大于没发生的可能性。而本条中的高度可能性则不能仅仅大于 50%，而应该超出更多。至于超出多少得由审判人员"结合相关事实"具体判断。

3. 反证方仅需证明待证事实"真伪不明"

本条第 2 款规定不负有举证证明责任的一方反驳负有举证证明责任一方主张的事实，其只需证明该事实真伪不明即达到反驳的目的。这是因为反证方对其反驳的事实本来就不负有举证证明责任。其之所以提出证据是为了减损或抵消本证方主张事实的证明效果。而一旦反证方提出证据证明本证方主张的事实是真伪不明的，此时由于该事实的结果意义上证明责任是归于本证方的，因此本证方就要承担由此产生的不利后果，那么反证方的反驳效果即告大成。

（二）"排除合理怀疑"的证明标准（特殊证明标准）

《民诉解释》109 条："当事人对欺诈、胁迫、恶意串通事实的证明，以及对口头遗嘱或者赠与事实的证明，人民法院确信该待证事实存在的可能性能够排除合理怀疑的，应当认定该事实存在。"本条是关于提高证明标准至排除合理怀疑情形的规定。

在审判实践中，对于一些特殊事项的证明，需要更高的证明标准，本条参考大陆法系国家和地区的做法，对于欺诈、胁迫以及口头遗嘱或赠与的事实，规定的证明标准应当达到排除合理怀疑的程度。排除合理怀疑的证明标准，是指对于事实的认定，已没有符合常理的、有根据的怀疑，实际上达到确信的程度。将如此高的证明标准运用到民事诉讼中来，对其适用范围也是有限制的，根据本条的规定，主要限制在两个方面，即对欺诈、胁迫、恶意串通事实的证明，以及对口头遗嘱或赠与事实的证明。

四、证明程序

（一）举证期限

举证期限，是指负有举证责任的当事人应当在法律规定的或者法院指定的期限内提出证据，否则将承担不利的法律后果。

1. 举证期限的确定（《民诉解释》第 99 条、《证据规定》第 51 条）

（1）人民法院应当在审理前的准备阶段确定当事人的举证期限，也可以由当事人协商，并经人民法院准许。

（2）第一审普通程序案件：不得少于十五日。

（3）适用简易程序审理的案件：不得超过十五日。

（4）小额诉讼案件：一般不得超过七日。

（5）第二审案件：不得少于十日。

（6）举证期限届满后，当事人对已经提供的证据，申请提供反驳证据或者对证据来源、形式等方面的瑕疵进行补正的，人民法院可以酌情再次确定举证期限，该期限不受前款规定的限制。

2. 举证期限的延长（《证据规定》第 54 条；《民诉解释》第 100 条）

（1）当事人在期限内提供证据确有困难的，应当在举证期限届满前提出书面申请。

《证据规定》第 52 条第 2 款规定了"确有困难"的情形：人民法院应当根据当事人的举证能力、不能在举证期限内提供证据的原因等因素综合判断。必要时，可以听取对方当事人的意见。

（2）人民法院应当对当事人申请延期的理由进行审查。

（3）申请理由成立的，适当延长举证期限，并通知其他当事人。延长的举证期限适用于其他当事人。申请理由不成立的，不予准许，并通知申请人。

3. 举证期限计算的一些特殊问题（《证据规定》第 55 条）

（1）当事人提出管辖权异议的，举证期限中止，自驳回管辖权异议的裁定生效之日起恢复计算；

（2）追加当事人、有独立请求权第三人参加诉讼或者无独立请求权第三人经人民法院通知参加诉讼的，法院应当为新参加诉讼的当事人确定举证期限，该举证期限适用于其他当事人；

（3）发回重审的案件，第一审人民法院可以结合案件具体情况和发回重审的原因，酌情确定举证期限；

（4）当事人增加、变更诉讼请求或者提出反诉的，法院应当根据案件具体情况重新确定举证期限；

（5）公告送达的，举证期限自公告期届满之次日起计算。

4. 逾期举证的后果（考虑主观恶性以及证据重要程度）

《民诉解释》第 101、第 102 条对此又作了如下解释：

（1）当事人因客观原因逾期提供证据，或者对方当事人对逾期提供的证据未提出异议的，视为未逾期。（没有主观恶性或者对方无异议——视为没有逾期）

（2）当事人因故意或者重大过失逾期提供的证据，该证据与案件基本事实无关的，法院不予采纳。（主观恶性大，无关——不采纳）

（3）当事人因故意或者重大过失逾期提供的证据，但该证据与案件基本事实有关的，法院应当采纳，并对其予以训诫、罚款。（主观恶性大，但证据很重要——采纳后予以训诫、罚款）

（4）当事人非因故意或者重大过失逾期提供的证据，法院应当采纳，并应对其予以训诫。（主观恶性不大——采纳后训诫）

（5）当事人一方要求另一方赔偿因逾期提供证据致使其增加的交通、住宿、就餐、误工、证人出庭作证等必要费用的，人民法院可予支持。

（二）证据交换

证据交换，是指在庭审前，法官组织当事人双方将各自持有的证据材料与对方进行交流的诉讼活动。证据交换的目的在于通过证据交换使当事人在庭审前即将全部证据提出，整理证据、固定争点，使庭审集中化，保障开庭审理的顺利进行。

1. 证据交换的适用范围

根据《民事诉讼法》第 136 条第 4 项规定，对于需要开庭审理的案件，根据案件具体情况可进行证据交换，确定争议焦点。

2. 证据交换的时间

根据《证据规定》第 56 条规定，交换证据的时间可以由当事人协商一致并经人民法院认可，也可以由人民法院指定。人民法院组织当事人交换证据的，交换证据之日即举证期限届满。当事人申请延期举证经人民法院准许的，证据交换日相应顺延。

3. 证据交换的过程

《证据规定》第 57 条规定："证据交换应当在审判人员的主持下进行，非审判人员不得主持证据交换。在证据交换的过程中，审判人员对当事人无异议的事实、证据应当记录在卷；对有异议的证据，按照需要证明的事实分类记录在卷，并记载异议的理由。通过证据交换，确定双方当事人争议的主要问题。"

4. 再次证据交换

《证据规定》第 58 条规定："当事人收到对方的证据后有反驳证据需要提交的，人民法院应当再次组织证据交换。"（再次，不限于两次，至于是多次交换还是一次交换，由法官根据案件事实和证据交换的情况自行决定）

（三）质证

质证，是指在审判人员的主持下，由诉讼当事人通过听取、审阅、核对、辨认等方法，对提交法庭的证明材料的真实性、关联性和合法性作出判断，无异议的予以认可，有异议的当面提出质疑和询问的程序。质证是当事人的一项十分重要的诉讼权利，也是人民法院审查认定证据效力的必要前提。

1. 质证的作用

未经当事人质证的证据，不得作为认定案件事实的根据。（《民诉解释》第 103 条）

2. 质证的主体

当事人才能质证，法院不是质证的主体，而是证据认定的主体。

3. 质证的对象

所有证据，包括当事人提出的证据、当事人申请法院调查收集的证据、法院依职权调查收集的证据。

注意：法院依职权调查收集的证据也属质证的客体。法院调查收集的证据虽然在程序上更具有公正性，且调查收集的主体是居中裁判者，可信程度大，但是证据的真实性、关联性和合法性不会因为收集证据的主体与案件处理结果无利害关系就有所变化，法院调查收集的证据材料是否与案件有关联，能否作为认定案件事实的证据，仍然需要通过质证程序得以确认。

4. 质证的时间：（《民诉解释》第 103 条、《证据规定》第 60 条）

（1）原则：法庭上出示质证。

（2）例外：当事人在审理前的准备阶段认可的证据，在人民法院调查、询问过程中发表过质证意见的证据，经审判人员在庭审中说明后，视为质证过的证据。

5. 程序：（《证据规定》第 62 条）

（1）当事人提出的证据：按以下顺序进行：①原告出示证据，被告、第三人与原告进行质证；②被告出示证据，原告、第三人与被告进行质证；③第三人出示证据，原告、被告与第三人进行质证。

（2）法院根据当事人申请调查收集的证据：审判人员对调查收集的证据情况进行说明后，由提出申请的当事人与对方当事人、第三人进行质证。

（3）法院依职权调查收集的证据：由审判人员对调查收集的证据情况进行说明后，听取当事人的意见。

（四）认证

认证，是指法院对经过质证或当事人在证据交换中认可的各种证据材料作出审查判断，确认其能否作为认定案件事实的根据。

《证据规定》第 85 条规定："人民法院应当以证据能够证明的案件事实为根据依法作出裁判。审判人员应当依照法定程序，全面、客观地审核证据，依据法律的规定，遵循法官职业道德，运用逻辑推理和日常生活经验，对证据有无证明力和证明力大小独立进行判断，并公开判断的理由和结果。"本法条包含以下两方面含义。

第一款是证据裁判主义。认定案件事实应当以证据为根据，不能通过主观臆断、猜测等进行实施的认定。

第二款是认定证据的基本原则。证据证明力的有无和大小问题需要审判人员依法、独立遵循职业道德、运用逻辑和生活经验进行审查判断，体现了"自由心证"的精髓和要义。

认证的标准：即证据的三个特征，客观性、关联性和合法性。

对证据的审核与认定集中在对证据能力和证明力的审核与认定上。证据能力，是一件事实材料可否作为证据的资格；证明力，是一件事实材料能够证明案件事实的程度的高低。围绕着对证据能力和证明力的审核、认定，《民诉解释》与《证据规定》确立了一系列重要规则。

1. 非法证据排除规则

《民诉解释》第 106 条："对以严重侵害他人合法权益、违反法律禁止性规定或者严重违背公序良俗的方法形成或者获取的证据，不得作为认定案件事实的根据。"

【例】北大方正公司欲起诉高术天力公司计算机软件著作权侵权，遂派员工假冒消费者与高术天力公司磋商，购买安装盗版软件，并申请北京国信公证处对该取证过程进行公证，出具了公证书。在本案中关于该取证行为以及公证书的效力问题成为本案一个争议焦点，最高人民法院再审认为：

（1）北大方正公司通过公证取证方式，不仅取得了高术天力公司现场安装盗版方正软件的证据，而且获取了其向其他客户销售盗版软件，实施同类侵权行为的证据和证据线索，其目的并无不正当性，其行为并未损害社会公共利益和他人合法权益，也未损害被告的合法权益，不属于非法方式收集证据。

（2）根据《民事诉讼法》第 72 条规定，经过法定程序公证证明的法律事实，除有相反证据足以推翻的外，人民法院应当作为认定事实的根据。高术天力公司安装盗版方正软件是本案公证证明的事实，因高术天力公司无相反证据足以推翻，对于该事实的真实性应予认定。

2. 最佳证据规则（证明力大小的判断）

人民法院就数个证据对同一事实的证明力，可以依照下列原则认定：

（1）国家机关、社会团体依职权制作的公文书证的证明力一般大于其他书证；

（2）物证、档案、鉴定意见、勘验笔录或者经过公证、登记的书证，其证明力一般大于其他书证、视听资料和证人证言；

（3）原始证据的证明力一般大于传来证据；

（4）直接证据的证明力一般大于间接证据；

（5）证人提供的对与其有亲属或者其他密切关系的当事人有利的证言，其证明力一般小于其他证人证言。

3. 补强证据规则（不得单独作为认定案件事实的证据）

有些事实材料由于自身的缺陷，不能够单独作为认定案件事实的依据，需要其他事实材料补充和加强才能证明案件事实。根据《证据规定》第 90 条规定，下列证据不能单独作为认定案件事实的根据：

（1）当事人的陈述；

（2）无民事行为能力人或者限制民事行为能力人所作的与其年龄、智力状况或者精神健康状况不相当的证言；

（3）与一方当事人或者其代理人有利害关系的证人陈述的证言；

（4）存有疑点的视听资料、电子数据；

（5）无法与原件、原物核对的复印件、复制品。

注意：上述五种证据不能单独认定案件事实，是关于证明力之规定，不等于说这些证据就是间接证据。这些证据证明力较弱，不能单独作为认定案件事实的证据，只有通过其他证据予以补强后才能据此认定案件事实。

4. 证明妨害规则（也称证据持有推定规则）

《证据规定》第 95 条："一方当事人控制证据无正当理由拒不提交，对待证事实负有举证责任的当事人主张该证据的内容不利于控制人的，人民法院可以认定该主张成立。"

真题自测

1. 甲在丙的超市买了乙公司的产品，产品有问题，甲到法院起诉了丙。丙要求追加乙公司并由乙公司负最终的责任，乙公司庭审前提交答辩状里承认了产品存在问题。但是开庭时又不承认，说是律师写错字了，丙对此表示不知情不发表意见。下列说法正确的有哪些？（2022，多选）

A. 乙公司构成自认

B. 乙公司的自认对丙不发生效力

C. 丙不发表意见拟制自认

D. 乙公司撤销自认，法庭不应准许

答案：AD。提示：《民事诉讼法》第 92 条；《证据规定》第 3、第 9 条。

2. 张三起诉李四要求清偿借款，李四主张该笔欠款已经偿还。为证明其主张，李四向法院提交了一张有张三签名的收条，张三提出其签名系伪造。关于本案收条

的证明，下列哪些说法是正确的？（2021，多选）

　　A. 张三对收条的真实性承担证明责任

　　B. 李四对收条的真实性承担证明责任

　　C. 张三对签名为假承担提供证据责任

　　D. 李四对签名为真承担提供证据责任

　　答案：BC。提示：证明责任。《民诉证据规定》第 92 条。

　　3. 张三向李四借款 60 万元，期限两年，王五提供连带保证。张三只在第一年还款 6 万元，后李四持张三欠其 60 万元的借条起诉，称双方口头约定 10% 的利息，偿还的 6 万元乃第一年的利息，请求法院判令两被告归还 60 万元借款本金以及第二年的利息共 66 万元。第一次开庭时张三承认 6 万元是利息，第二次开庭时张三改口称双方未约定利息，第一年还款 6 万元属于本金，现只欠李四 54 万元。王五始终拒绝承认约定过利息。各方均无其他证据。关于本案，下列表述正确的有？（2021，多选）

　　A. 张三第一次自认有效，应向李四归还 66 万元

　　B. 王五未承认约定利息的事实，张三的表述不构成自认，应归还 54 万元

　　C. 王五应承担 60 万元的担保责任

　　D. 王五应与张三一并向李四归还 54 万元

　　答案：BD。提示：自认。《民事证据规定》第 6 条。

　　4. 下列各情形中，不构成自认的有？（2020，单选）

　　A. 被告在法庭辩论终结前，向法庭提交了一份书面材料，其中记载了其向原告借款 20 万元的事实以及借款的具体过程

　　B. 在庭审结束后，被告跟原告说："我借了你 5 万元，的确是事实，但是在法庭上我就不承认，气死你"

　　C. 被告在证据交换的过程中承认向原告借款 5 万元，但是主张已经还款。开庭时，原告不承认还款事实，被告说，既然他不承认还款，那我也不承认借款

　　D. 原告主张被告向其借款 5 万元，庭审中法官问被告是否借款 5 万元，被告说当时向好几个同事借款，已经记不清了，法官再次确认是否借款，被告仍表示记不清了

　　答案：B。提示：自认。《民诉证据规定》第 3、第 4、第 9 条。

　　5. A 村与甲公司签订了一份服务合同，由甲公司利用飞机为 A 村喷洒农药施肥，飞机每次飞行时都会途经何某的养鸡场。2 个月后，何某发现自己饲养的鸡越来越瘦，认为是甲公司的飞机低空飞行产生了太大的噪声，影响鸡的生长，于是起诉要求甲公司承担赔偿责任。本案应当如何分配证明责任？（2020，单选）

A. 甲公司是否存在主观过错，应当由何某承担证明责任

B. 甲公司是否存在主观过错，应当由甲公司承担证明责任

C. 何某的损失与飞机飞行噪声之间是否存在因果关系，应当由何某承担证明责任

D. 何某的损失与飞机飞行噪声之间是否存在因果关系，应当由甲公司承担证明责任

答案：D。提示：环境侵权纠纷的证明责任分配。《民法典》第 1229、第 1230 条。

6. 夏某在回宿舍的楼道里，不小心被季某堆放在楼梯过道的衣柜绊倒受伤，夏某向法院起诉季某，要求损害赔偿。在诉讼中双方对本案被告季某是否存在过错产生争议，关于该争议事实的证明责任分配，下列表述正确的是？（2019，单选）

A. 法院承担证明责任

B. 过错不是本案的证明对象

C. 由季某证明自己没有过错

D. 由夏某证明季某有过错

答案：C。提示：证明责任的分配。

7. 甲向法院起诉乙，提交了一张银行转账的凭证，证明自己借给乙 50 万元，在诉讼中，关于乙主张甲借款给自己是为了偿还自己以前借款给甲的事实，下列说法正确的有？（2019，多选）

A. 甲提交的银行转账凭证属于直接证据

B. 甲提交的银行转账凭证属于间接证据

C. 乙对甲曾经向自己借款的事实承担举证责任

D. 甲应对借款给乙的事实承担证明责任

答案：BD。提示：证据的分类，证明责任。

8. 甲公司与乙公司签订长期代销产品合同，2015 年至 2017 年，甲公司支付给乙公司货款 660 万元，乙公司供货后开具 590 万元的增值税发票。2018 年 1 月，甲公司向法院起诉要求乙公司返还差款价额 70 万元，乙公司辩称发票少开是对方同意的，但是确实给甲公司提供了价值 660 万元的货物，并提供了双方 2017 年 12 月合同期限结束时的对账单，对账单写明了双方以先送货后付款的方式发生了 660 万元的业务并全部结清。甲公司辩称该对账单是传真件，是对方伪造的。关于本案，下列说法正确的有？（2018，多选）

A. 对账单只是对账簿记录审核、对照形成的会计凭证，并不能作为证据使用

B. 该对账单是传真件，没有单位盖章，不能作为证据使用

C. 该对账单可以作为证据使用，法官可以综合案件情况对该事实进行认定

D. 该对账单是伪造的，该事实举证证明责任应该由甲公司承担

答案：CD。提示：《民诉解释》第91、104、111条；《民事诉讼法》第73条。

9. 贾某因家里突发急事、急需用钱，向好友艾某借了30万元，并承诺下月还钱，因是朋友关系，再加上很快就会归还，艾某也就没有让贾某打借条。过了半年之后，贾某仍未归还该笔欠款。正好赶上艾某家里有事急用钱，就打电话给贾某要求尽快还钱。电话中，艾某要求贾某归还欠款30万元，并要求贾某支付逾期利息3000元。贾某承认借款30万元，但请求艾某免除利息。后双方没有协商成功，艾某向法院起诉，要求贾某归还欠款及支付利息。艾某将其与贾某打电话时私下偷录的电话录音，剪辑之后提交给了法院。关于本案证据的认定，下列说法错误的有？（2018，多选）

A. 电话录音没有经过对方同意，不能作为证据使用

B. 电话录音虽然没有经过对方同意，依然可以作为证据使用

C. 电话录音经过了剪辑，存有疑点，不能作为证据使用

D. 贾某对借款事实的承认构成了自认

答案：ACD。提示：《民诉解释》第92、第106条；《证据规定》第90条。

 **案例讨论**

1. 张某起诉与妻子李某离婚，并要求分割财产和子女抚养，李某委托肖律师代为应诉。诉讼中，李某同意离婚，依法组织对财产分割、子女抚养问题进行调解。在调解中，李某承认有转移财产行为，但因为财产分割方案以及子女抚养费数额问题没法达成调解协议，法院不再组织调解。在诉讼中，李某承认与案外人宋某存在婚外情，且承认孩子张小小是自己与宋某所生。请分析以下问题：

（1）李某同意离婚的主张是否构成自认？

（2）李某承认转移财产的行为是否构成自认？

（3）李某承认存在婚外情的事实是否构成自认？

（4）李某承认孩子张小小是自己与宋某所生的事实是否构成自认？

（5）如果李某对肖律师的授权为一般授权，则肖律师能否代为进行自认？

2. 刘某购买甲公司的化肥，使用后农作物生长异常。刘某向法院起诉，要求甲公司退款并赔偿损失。诉讼中甲公司否认刘某的损失是因其出售的化肥质量问题造成的，刘某向法院提供了本村吴某起诉甲公司损害赔偿案件的判决书，以证明甲公司出售的化肥有质量问题且与其所受损害有因果关系。

请问：本案中，刘某是否应当对化肥质量问题以及该质量问题与其所受损失承担证明责任？并且是否应当将该事实证明到高度可能性的标准？

3. 甲公司根据合同向乙公司交付货物后起诉乙公司未支付货款，乙公司辩称已经将货款交付给甲公司的业务员傅某。甲公司承认傅某是本公司业务员，但称傅某无权代理本公司收取货款，且傅某也未将乙公司所声称的货款交给本公司。

请问：乙公司是否应当对傅某是甲公司员工以及傅某是否将该款项交给甲公司的事实承担证明责任？

Chapter 9
第九章
法院调解与诉讼和解

经典案例

杭州妙影微电子有限公司、宁波市科技园区妙影电子有限公司
与北京小桔科技有限公司侵害商标权纠纷案①

【案情】 宁波市科技园区妙影电子有限公司（以下简称"宁波妙影公司"）在第九类"计算机程序"（可下载软件）上核准注册了"嘀嘀"商标，后将上述注册商标转让给杭州妙影微电子有限公司（以下简称"杭州妙影公司"）。双方其后又签订商标许可协议，杭州妙影公司将该注册商标排他许可给宁波妙影公司使用。北京小桔科技有限公司（以下简称"小桔公司"）在 2012 年推出了"滴滴"打车系列 App，通过网站和应用下载商店提供用户下载。杭州妙影公司以小桔公司将"滴滴"作为 App 商标，使用在"滴滴"打车的乘客版、司机版 App、网站 www.xiaojukeji.com 以及其各地门店招牌、微博、微信公众号上等行为涉嫌侵害其注册商标专用权为由，诉至杭州市中级人民法院，索赔人民币 8020 万元。本案在审理过程中，经法院主持调解，各方最终于 2016 年 5 月达成商标"一揽子"转让协议。

评析："互联网＋"时代商标领域出现了诸多新型、典型问题，本案就是其中具有代表性的一起。"嘀嘀"和"滴滴"，这差别背后却暗藏着一起总额为 8020 万元的天价索赔案，颇具探讨意义。本案涉及的"滴滴打车"属于何种商品或服务，以及与原告注册商标核定使用的商品是否构成类似等法律问题，引发了法律界的多方争议，社会影响大、媒体关注度高。而杭州市中级人民法院通过调解处理该案，毫无疑问是一个"双赢"的结果，减轻了双方当事人的诉累。作为解决纠纷的常见方式，调解和诉讼最大的不同在于：诉讼关注的是争议焦点，而调解关注的是利益

---

① 资料来源：北大法宝，2016 年度浙江法院十大知识产权调解案件之一。

共同点。

在本案中，杭州市中级人民法院使双方在短时间内解决了纠纷，握手言和，并且化干戈为玉帛。此外，快速解决纠纷也节约了司法资源，取得了较好的社会效果。法院调解作为中国一项重要的诉讼制度，是人民法院行使司法权的重要方式。在社会主义司法制度中，法院调解是一种具有中国历史、民族特色和时代特色的矛盾纠纷解决方式。

知识梳理

1. 法院调解
2. 诉讼和解

 一、法院调解

（一）概述

法院调解，又称诉讼调解，是指在诉讼过程中，在人民法院审判人员的主持下，诉讼当事人就争议的问题，通过自愿协商，达成协议，解决其民事纠纷的活动。法院调解是人民法院审理和解决民事纠纷的重要形式。

《民事诉讼法》第9条："人民法院审理民事案件，应当根据自愿和合法的原则进行调解；调解不成的，应当及时判决。"

《民事诉讼法》第96条规定："人民法院审理民事案件，根据当事人自愿的原则，在事实清楚的基础上，分清是非，进行调解。"

《民诉解释》第142条规定："人民法院受理案件后，经审查，认为法律关系明确、事实清楚，在征得当事人双方同意后，可以径行调解。"

1. 特征

法院调解有以下三个特点：

（1）法院调解是一种诉讼活动。与一般的调解不同，法院调解是在法院审判人员的主持下进行的，通过审判人员的"劝导"，促使双方当事人明了法理、分清是非，达成解决纠纷的协议。

（2）法院调解是法院行使审判权和当事人行使处分权的结合。

（3）法院调解是人民法院审结民事案件的一种方式。通过法院调解，当事人双方自愿达成协议后，经法院审查认可，调解书送达双方当事人签收后，即发生法律效力，从而终结诉讼程序。有效的调解书与生效的判决书具有同等的法律效力。

2. 与判决的关系

调解与判决一样，是人民法院审理民事案件的重要方式。法院在审理民事案件时，对能够调解的案件应当根据自愿和合法的要求，以说服劝导的方式，促使争议双方互谅互让，达成协议，解决纠纷。

（1）调解与判决都是解决民事纠纷的方式，人民法院审理民事案件时，既可以根据自愿运用调解方式，也可以运用判决方式，人民法院应根据案件的具体情况合理选择适用。

（2）调解不是法院审理民事案件的必经程序（除了离婚案件），人民法院可以不经过调解，而在查明事实的前提下，直接作出判决。

（3）即使当事人愿意调解的民事案件，人民法院也不能久调不决，调解不成的或调解书送达前当事人反悔的，人民法院应当及时作出判决。

（二）法院调解的原则

1. 自愿

自愿原则是法院调解的前提，它是指人民法院以调解方式解决纠纷时，必须在当事人自愿的基础上进行，包括调解活动的开始和进行过程，以及调解协议的达成等方面，都必须以当事人自愿为前提。

自愿原则包括以下两层意思。

（1）程序自愿，是指是否以调解的方式来解决当事人之间的争议，取决于当事人的意愿，人民法院不能未经当事人同意自行依职权调解或强迫当事人接受调解。

（2）实体自愿，是指经过调解所达成的调解协议的内容必须是双方当事人真实的意思表示。可以由双方协商达成协议，也可以由法院提供调解方案供当事人参考，但不能强迫当事人接受。

2. 合法

合法原则，是指人民法院进行调解必须依法进行，调解的过程和达成的调解协议的内容，应当符合法律的规定。

（1）首先是程序上的合法。人民法院的调解活动应当严格按照法律规定的程序进行，包括调解的开始，调解的方式、步骤，调解的组织形式，调解协议的形成以及调解书的送达等，都要符合《民事诉讼法》的规定。

（2）其次是实体上的合法。即经调解达成的协议的内容合法。其内容只要不违反法律、法规的规定，不损害国家、社会和他人的合法权益，就为合法。

3. 查明事实、分清是非原则

人民法院对民事案件进行调解，应当是在事实清楚、是非分明的基础上进行。

否则，审判人员就会心中无数，无法对当事人以事实和法律进行说服教育，就可出现无原则地"和稀泥"，容易造成久调不决，使诉讼迟延。

（三）人民法院调解的适用范围

（1）人民法院调解适用于一审（包括普通程序和简易程序）、二审和再审程序，执行程序不适用调解。

（2）适用人民法院调解的案件。

① 对有可能通过调解解决的民事案件，应当调解。

② 对于离婚案件，应当先行调解。（《民诉解释》145 条第 2 款）

③ 对于简易程序简易审理的下列六类案件应当先行调解：婚姻家庭纠纷和继承纠纷；劳务合同纠纷；交通事故和工伤事故引起的权利义务关系较为明确的损害赔偿纠纷；宅基地和相邻关系纠纷；合伙合同纠纷；诉讼标的额小的纠纷。（《简易程序规定》第 14 条第 1 款规定）

（3）不适用法院调解的案件。（《民诉解释》第 143 条）

① 特别程序、督促程序、公示催告程序的案件。

② 婚姻等身份关系确认案件。

婚姻等身份关系的确认案件不得调解，但非婚姻身份确认外的其他类型案件除法律另有明确规定外，可以进行调解。比如，根据《民事诉讼法》第 101 条规定，人民法院可以调解维持收养关系；根据第 209 条规定，解除婚姻关系也是可以调解的。

③ 其他根据案件性质不能进行调解的民事案件。

【例】甲与乙自愿结婚，乙的母亲坚决反对，以乙未达结婚年龄为由请求法院确认二人婚姻关系无效，但乙坚决反对，乙的母亲无奈之下向法院申请撤回起诉。

请问：法院能否调解结案？

分析： 不能。首先，最高人民法院关于适用《民法典》婚姻家庭编的解释（一）第 11 条规定，人民法院受理请求确认婚姻无效案件后，原告申请撤诉的，不予准许。对婚姻效力的审理不适用调解，应当依法作出判决。其次，根据《民诉解释》第 143 条规定，婚姻等身份关系确认案件不能进行调解，其原因在于涉及公序良俗。故在本案中，不允许撤诉，不允许调解，法院经过依法审理后认为婚姻无效的，应当依法判决确认婚姻无效。

（四）法院调解不公开（《民诉解释》第 146 条）

（1）调解过程不公开，但当事人同意公开的除外。

（2）调解协议内容不公开，但为保护国家利益、社会公共利益、他人合法权益，法院认为确有必要公开的除外（如公益诉讼中的和解、调解协议应当公开）。

（五）调解协议与调解书

1. 调解协议

调解协议，是指经过人民法院的调解，当事人之间就他们争议的民事权利义务关系所达成的，并经人民法院审查、批准的协议。

（1）调解协议在类型上包括两种形式：一种是需要制作调解书的调解协议；另一种是不需要制作调解书的调解协议。

民事案件经调解达成协议后，应当制作调解书，但下列案件可以不制作调解书：①调解和好的离婚案件；②调解维持收养关系的案件；③能够及时履行的案件；④其他不需要制作调解书的案件。（《民事诉讼法》第101条）

对于不需要制作调解书的调解协议，应当记入笔录，由双方当事人、审判人员、书记人员签名或者盖章后，即具有法律效力。当事人请求制作调解书的，人民法院审查确认后可以制作调解书送达当事人。当事人拒收调解书的，不影响调解协议的效力。

（2）调解协议超出诉讼请求的，可以准许。（《最高人民法院关于人民法院民事调解工作若干问题的规定》（以下简称《民事调解规定》）第7条）

（3）双方可以就不履行调解协议约定民事责任。（《民事调解规定》第8条）

调解协议的本质是合同，不履行合同可能产生民事责任，那么不履行调解协议同样可能涉及民事责任的问题。

（4）调解协议约定一方不履行协议，另一方可以请求人民法院对案件作出裁判的条款，不予准许。（《民事调解规定》第8条）

因为调解本身就是对案件进行实体解决，既然调解结案，该纠纷已经经过了实体解决，自然不能再请求作出裁判或不能再起诉。否则违反一事不再理原则。

（5）调解协议具有下列情形之一的，不予确认（《民事调解规定》第10条）：①侵害国家、社会公共利益；②侵害案外人利益；③违背当事人真实意思；④违反法律、行政法规禁止性规定的。

2. 调解书的制作与生效

（1）达成调解协议后，原则上应当制作调解书，经双方当事人签收后，即具有法律效力。当事人拒不签收调解书的，调解书不生效，法院应当及时判决。

（2）当事人达成和解协议或者调解达成调解协议后请求法院据此制作判决书

的，不予支持。但有两种情形例外：

① 无民事行为能力人的离婚案件，由其法定代理人进行诉讼。法定代理人与对方达成协议要求发给判决书的，可根据协议内容制作判决书。（《民诉解释》第148条）

② 涉外民事诉讼中，经调解双方达成协议，应当制发调解书。当事人要求发给判决书的，可以依协议的内容制作判决书送达当事人。（《民诉解释》第528条）

（3）调解书生效的时间。《民诉解释》第149条："调解书需经当事人签收后才发生法律效力的，应当以最后收到调解书的当事人签收的日期为调解书生效日期。"

（4）对调解书的救济。不可上诉；可再审，但离婚案件的调解书除外。

二、诉讼和解

诉讼和解，是指在民事诉讼过程中，当事人双方在相互协商的基础上达成解决争议的协议，并请求法院结束诉讼程序的一种制度。

（一）诉讼和解与诉讼调解的区别

1. 性质不同

诉讼和解是双方当事人在自行协商的基础上，自我解决纠纷的合意行为，性质上不属于法院解决民事纠纷的结案方式。法院调解则是法院行使审判权和当事人行使处分权的结合，是法院的一种结案方式。

2. 参加人员不同

诉讼和解只发生在双方当事人或诉讼代理人之间，一般没有第三方参加。法院调解必须在审判人员的主持下，是审判人员和当事人共同进行的诉讼行为。

3. 法律效力不同

和解协议不具有法律上的强制执行力。调解协议，如果一方当事人拒不履行，另一方当事人可以根据调解协议申请法院强制执行。

（二）诉讼和解后的程序事项

（1）申请撤诉——撤诉后视为从未起诉，当事人可以再次起诉。

（2）请求依据和解协议制作调解书——对方当事人不履行，可以强制执行。

 **真题自测**

1. 甲和乙有纠纷，后达成调解协议，法院制作调解书，送达甲、乙签收。后来甲发现调解书和调解协议有不同，违反甲的意愿，甲如何救济？（2020，单选）

A. 申请法院再审

B. 法院收回调解书重新制作

C. 法院作裁定补正

D. 要求法院根据调解协议重新制作调解书

答案：A。提示：对调解书申请再审。

2. 甲乙因纠纷诉至法院，诉讼中甲乙达成调解协议并签收，后甲发现调解书中内容与调解协议不一致，下列说法正确的是？（2019，单选）

A. 甲可以向法院申请再审

B. 甲可以申请法院裁定补正调解书的内容

C. 调解书因违反调解协议而无效

D. 甲应当重新提起诉讼

答案：B。提示：《最高人民法院关于人民法院民事调解工作若干问题的规定》第 13 条。

3. 周某（男）与张某（女）婚后因感情纠纷，诉至法院，请求离婚。诉讼中双方达成调解协议：约定两个孩子由女方抚养，两套房屋均归女方所有，男方每月支付抚养费 1 万元，法院依据调解协议制作调解书送达双方当事人。张某发现法院调解书上关于房屋部分的内容错误，将调解协议中约定都归她所有的两套房屋写成了周某和张某一人一套，遂提出异议。关于本案，下列说法正确的是？（2018，单选）

A. 调解书已经生效，不能提出异议，可以违反自愿原则为由申请再审

B. 调解书不生效，法院收回调解书，重新制作后再送达双方

C. 法院审查后认为异议成立的，及时作出判决

D. 法院审查后认为异议成立的，作出裁定予以补正

答案：D。提示：《最高人民法院关于人民法院民事调解工作若干问题的规定》第 13 条。

 案例讨论

1. 李四欠张三 20 万元，逾期不归还，但李四对王五享有 20 万元到期债权，张

三代位起诉王五归还借款本金 20 万元，法院依法追加李四为第三人。在诉讼中张三和王五达成调解协议，约定：王五在 30 日内向张三归还借款本金 18 万元，另支付利息 1 万元；王五未在约定履行期限内履行义务，每日需支付违约金 1000 元；案外人赵六为本金、利息以及违约金提供担保。同时协议中约定，因为履行本调解协议发生纠纷，双方当事人均可以通过起诉方式解决。法院根据调解协议制作调解书，送达调解书时，张三、王五均签收，而李四和赵六拒不签收调解书。请分析以下问题：

（1）调解协议内容是否符合法律规定？

（2）本案中李四和赵六拒不签收调解书，法院可否留置送达？

（3）本案中李四和赵六拒不签收调解书，是否影响调解书生效？

2. 甲公司起诉美国乙公司合同纠纷一案，在诉讼中当事人达成和解协议，请问可以有何种结案方式，法律效果如何？

Chapter 10

C 第十章

民事诉讼保障制度

颜某某诉黄某某离婚纠纷抚养权先予执行案①

【案情】原告颜某某与被告黄某某于 2017 年登记结婚，2019 年生育龙凤胎黄某男和黄某女。女方怀龙凤胎期间，双方发生激烈争执，女方回娘家居住，男方随后注销了双方共同开销的银行卡，将证券套现提取现金 200 多万元，将男方婚前首付、婚后共同按揭的房屋出售，并自分居后未再给付女方一分钱，未再见面，女方生产时男方也未出现。女方提起离婚诉讼，诉讼请求：①原告、被告离婚；②被告抚养一对龙凤胎子女；③被告支付房屋、存款、证券等共同财产折价款 400 多万元；④被告承担原告怀孕及待产期间支出的保胎、产检、手术费用、住院费及保姆费、生活费用等合计 40 多万元；⑤被告归还原告价值 21 万元的钻戒一枚；⑥被告支付原告生活补助费一次性 20 万元；⑦被告一次性支付原告精神损害赔偿金 5 万元；⑧被告立即办理两婚生子的户口申报等手续。审理过程中，原告将第 2 项诉讼请求变更为被告抚养婚生子，原告抚养婚生女。

宁波市鄞州区人民法院认为，案件审理期间，颜某某已经因精神问题被确认为无民事行为能力人，黄某某应当无条件立即承担抚养义务。本案抚养权清晰，不先予执行将严重影响女方的生活，本案符合《中华人民共和国民事诉讼法》第 109 条第 3 款规定的情况紧急的情形，也符合该法第 110 条第 1 款规定的先予执行的条件。同时，根据《最高人民法院关于适用〈中华人民共和国民事诉讼法〉的解释》第 170 条第 2 项规定，"情况紧急"包括"需要立即制止某项行为"的情形。据此，裁定抚养权先予执行。

---

① 资料来源：北大法宝，最高人民法院发布妇女儿童权益保护十大典型案例之二。

评析：党的十八大以来，以习近平同志为核心的党中央把促进妇女儿童事业发展放在更加突出的位置进行了系列部署。

在本案中，双方发生争执且女方已被确认为无民事行为能力人，未成年子女可能面临无人抚养的紧急情况。对此，法院采取了抚养权先予执行裁定的方式，要求男方立即承担抚养义务。正所谓，"生而不养法不容，先予执行化急情"。先予执行制度设立的目的在于保障民事主体的合法权益，其体现出了司法公正与效率的平衡。而本案将先予执行制度适用于离婚纠纷中的子女抚养问题，充分保障了母亲、孩子的合法权益，也充分体现了尊重妇女、保护儿童的理念。为全面贯彻落实习近平法治思想、中央全面依法治国工作会议精神和《法治社会建设实施纲要（2020－2025年)》总体要求，应提高妇女儿童权益保护案件审判工作能力，进一步推动社会主义核心价值观融入司法裁判。

> **知识梳理**
>
> 1. 期间与期日
> 2. 送达
> 3. 保全
> 4. 先予执行
> 5. 对妨害民事诉讼的强制措施
> 6. 诉讼费用

一、期间与期日

（一）期间

期间是指人民法院、当事人以及其他诉讼参与人实施或完成某种诉讼行为应遵守的期限。

1. 期间的种类

（1）法定期间，即法律明文规定的期间，又称不变期间。

① 绝对不可变是指该期间经法律确定，任何机构和人员都不得改变，如上诉期间、第三人提出撤销权之诉的期间（6个月），申请再审的期间（6个月）等。

② 相对不可变是指该期间经法律确定后，在通常情况下不可改变，但遇到有关法定事由，法院可对其依法予以变更，如一审的案件审理期限，涉外案件在中国境

内没有住所的当事人的答辩、上诉期等。

（2）指定期间是指人民法院根据案件审理时遇到的具体情况和案件审理的需要，依职权指定当事人及其他诉讼参与人进行或完成某种诉讼行为的期间。如法院指定当事人提供证据的期间、履行判决书确定义务的期间等。指定期间在通常情况下不应任意变更，但如遇有特殊情况，法院可依职权变更原确定的指定期间。

注意：法定期间，一般不变，但也可变（区分绝对不变期间与相对不变期间）；指定期间，通常可变，但不能随意变（得有法定事由）。

2. 期间的计算（《民事诉讼法》第85条）

（1）期间以时、日、月、年为计算单位。

（2）期间开始的时、日，不计算在期间内。期间以月、年为计算单位，期间届满日为开始日的对应日，没有对应日的，以最后一个月的最后一天为期间届满日。

（3）期间的最后一日为法定休假日的，以法定休假日后的第一日为期间届满日。

（法定休假日，指法律规定的全体公民休假的日期。法定休假日的范围要广于法定节假日）

（4）期间不包括在途时间，诉讼文书在期满前交邮的，不算过期。

【例1】被告甲于某年2月2日（星期二）收到一审判决，当事人不服要上诉。但法院告知当事人按照国家规定2月13日到2月19日放春节长假7天。请问甲的上诉期届满日为哪一天？

分析： 上诉期届满日为2月20日。判决的上诉期为15天，由于以日为单位，从2月3日起算，即2月3日为第1天，原本应当于2月17日届满，但2月13日到2月19日为春节休假期，因此以休假日后的第一日即2月20日为上诉期最后一日。

【例2】A区法院对甲和乙的离婚诉讼案件作出一审判决，并于2020年11月1日送达了判决书，乙对其中的夫妻共同财产分割不服，通过邮局11月12日寄出了上诉状，但由于赶上"双十一"的物流大潮，法院在11月23日才收到乙的上诉状。

请问：乙的上诉行为是否有效？

分析： 此时乙的上诉行为有效，因为期间不包括文书在途的时间，乙在上诉期满前交邮的，不算过期。

3. 期间的耽误和顺延

《民事诉讼法》第86条："当事人因不可抗拒的事由或者其他正当理由耽误期

限的，在障碍消除后的十日内，可以申请顺延期限，是否准许，由人民法院决定。"

【例】甲于 8 月 2 日收到法院的一审判决书，表示不服，决定提起上诉，但当天晚上当地就发生地震，此后余震不断并引起暴雨，最终去往法院的道路全部损毁。8 月 22 日道路得以恢复。请问：

（1）甲能不能申请顺延上诉期？分析：可以。

（2）法院能不能依职权延长上诉期？分析：不能，必须依当事人申请。

（3）甲能不能在 9 月 15 日申请顺延上诉期？分析：不能，必须在障碍消除后的 10 日内申请。

（二）期日

期日，是指当事人及其他诉讼参与人与法院会合进行某一诉讼行为的具体时间。例如，法院开庭审理案件的日期、原被告之间交换证据的日期、法院宣告判决的日期等。

二、送达

送达是指法院按照法定的程序和方式，将诉讼文书交付给当事人或其他诉讼参与人的诉讼行为。送达的特征：（1）送达的主体是法院；（2）送达的对象是当事人或者其他诉讼参与人；（3）送达的内容是各种诉讼文书，如起诉状副本、传票、开庭通知书、判决书、裁定书、调解书等；（4）送达必须按法定的程序和方式进行。

送达的方式有以下几种。

（一）直接送达

直接送达，是指人民法院指派专人包括执行送达任务的书记员、司法警察或者其他工作人员将应当送达的诉讼文书，直接当面交付给受送达人本人签收或者法律明确规定的相关人的送达方式。直接送达是最基本的送达方式。

（1）受送达人是公民的，应当由本人签收；本人不在的，交给他的同住成年家属签收。

但需注意以下问题。

第一，离婚案件诉讼文书的送达有特殊性，如果受送达的一方当事人不在时，不宜交由作为成年家属的对方当事人签收。

第二，为了解决实践中"送达难"的问题，根据《民诉解释》第 131 条规定，直接送达不仅可以到当事人住处送达文书，也可以通知当事人到法院领取文书或者在当事人住所地以外的地方向当事人送达文书。

① 人民法院直接送达诉讼文书的，可以通知当事人到法院领取。当事人到达法院，拒绝签署送达回证的，视为送达。审判人员、书记员应当在送达回证上注明送达情况并签名。

② 人民法院可以在当事人住所地以外向当事人直接送达诉讼文书。当事人拒绝签署送达回证的，采用拍照、录像等方式记录送达过程即视为送达。审判人员、书记员应当在送达回证上注明送达情况并签名。

（2）受送达人是法人或其他组织的，应当由法人的法定代表人、其他组织的主要负责人或者该法人、组织负责收件的人签收。

（3）受送达人有诉讼代理人的，可以送交其代理人签收。

（4）受送达人已向人民法院指定代收人的，送交代收人签收。

（二）留置送达

留置送达，是指受送达人无正当理由拒绝签收诉讼文书时，送达人依法将送达文书放置在受送达人的住所即产生送达法律效力的送达方式。

《民事诉讼法》第 89 条："受送达人或者他的同住成年家属拒绝接收诉讼文书的，送达人可以邀请有关基层组织或者所在单位的代表到场，说明情况，在送达回证上记明拒收事由和日期，由送达人、见证人签名或者盖章，把诉讼文书留在受送达人的住所；也可以把诉讼文书留在受送达人的住所，并采用拍照、录像等方式记录送达过程，即视为送达。"

注意：调解书因需当事人签收才生效，故不能适用留置送达。（《民诉解释》第 133 条）

（三）电子送达（简易送达）

《民事诉讼法》第 90 条："经受送达人同意，人民法院可以采用能够确认其收悉的电子方式送达诉讼文书。通过电子方式送达的判决书、裁定书、调解书，受送达人提出需要纸质文书的，人民法院应当提供。采用前款方式送达的，以送达信息到达受送达人特定系统的日期为送达日期。"

电子送达可以采用传真、电子邮件、移动通信等即时收悉的特定系统作为送达媒介。

"到达受送达人特定系统的日期"是指人民法院对应系统显示发送成功的日期，但受送达人证明到达其特定系统的日期与人民法院对应系统显示发送成功的日期不一致的，以受送达人证明到达其特定系统的日期为准。

（四）委托送达

委托送达，是指受诉人民法院直接送达诉讼文书有困难时，委托受送达人所在地人民法院代为送达的方式。例如，受送达人居住在受诉法院辖区外，或者由于疫情防控等原因，导致直接送达诉讼文书有困难等的情形。

受诉法院委托其他法院代为送达的，委托法院应当出具委托函，并附需要送达的诉讼文书和送达回证，受委托法院应当在收到委托函及相关诉讼文书之日起 10 日内代为送达。受送达人在送达回证上签收的日期为送达日期。

注意：只能委托其他法院，不能委托其他机构或组织。

（五）邮寄送达

邮寄送达，是指在人民法院直接送达诉讼文书有困难时，通过邮政机构将诉讼文书挂号寄给或者以专递方式交给受送达人的方式。

邮寄送达以受送达人在挂号回执或者专递回执上注明的收件日期为送达日期。

注意：在民事诉讼中，送达以直接送达为原则，能够直接送达的，应当尽量采取直接送达的方式。《民事诉讼法》第 91 条规定的委托送达和邮寄送达均是直接送达的补充方式，是法院在直接送达难以实现时的补救性手段。委托送达和邮寄送达在选择适用上并无先后之分，当受诉法院在直接送达诉讼文书确有困难时，受诉法院既可以选择委托送达，也可以选择邮寄送达。

（六）转交送达

《民事诉讼法》第 92 条："受送达人是军人的，通过其所在部队团以上单位的政治机关转交。"

《民事诉讼法》第 93 条："受送达人被监禁的，通过其所在监所转交。受送达人被采取强制性教育措施的，通过其所在强制性教育机构转交。"

《民事诉讼法》第 94 条："代为转交的机关、单位收到诉讼文书后，必须立即交受送达人签收，以在送达回证上的签收日期，为送达日期。"

（七）公告送达

公告送达，是指受送达人下落不明或者以其他方式无法送达的情况下，人民法院通过适当的媒介将需要送达的诉讼文书的有关内容进行公告，经过一定时间后视为送达的方式。

（1）适用条件：①受送达人下落不明；或②穷尽了其他送达方式仍无法送达。

（2）方式：公告送达可以在法院的公告栏和受送达人住所地张贴公告，也可以在报纸、信息网络等媒体上刊登公告，发出公告日期以最后张贴或者刊登的日期为准。对公告送达方式有特殊要求的，应当按要求的方式进行。法院在受送达人住所地张贴公告的，应当采取拍照、录像等方式记录张贴过程。

（3）自公告之日起，经过 30 日，即视为送达。对在中华人民共和国领域内没有住所的当事人公告送达，自公告之日起 3 个月，即视为送达。

注意：①调解书因需当事人签收才生效，故不能适用公告送达；②支付令需为债务人提供充分异议的机会，故也不能适用公告送达；③适用简易程序审理的案件，不适用公告送达。

三、保全

【例】 2019 年 12 月 6 日，甲公司同乙公司签订了一份导航仪买卖合同。合同约定，甲公司购买乙公司的导航仪 1000 台，每台价格 5500 元，总货款为 550 万元。甲公司应在收到导航仪后 10 日内向乙公司付清全部货款。2020 年 4 月 1 日，乙公司按照约定的时间、地点，向甲公司交付了 1000 台导航仪。4 月 8 日，甲公司支付了 200 万元货款，剩余货款未在合同约定的时间内支付。乙公司多次催要，甲公司总以部分导航仪质量有问题为由拒付款。甲公司在拒绝付款的同时，还分别同丙公司、丁公司协商导航仪买卖事宜，准备将该 1000 台导航仪转手卖给丙公司和丁公司。乙公司为了避免不应有的损失发生，可以怎么做？

 乙公司可以向人民法院提起诉前财产保全申请，请求人民法院对该 1000 台导航仪予以查封，法院根据乙公司的申请，对导航仪采取诉前保全措施后，乙公司应当在 30 日内向人民法院提起诉讼。如果乙公司 30 日内不起诉，人民法院应当解除财产保全措施。

（一）诉讼前财产保全

《民事诉讼法》第 104 条规定："利害关系人因情况紧急，不立即申请保全将会使其合法权益受到难以弥补的损害的，可以在提起诉讼或者申请仲裁前向被保全财产所在地、被申请人住所地或者对案件有管辖权的人民法院申请采取保全措施。申请人应当提供担保，不提供担保的，裁定驳回申请。人民法院接受申请后，必须在 48 小时内作出裁定；裁定采取保全措施的，应当立即开始执行。申请人在人民法院采取保全措施后三十日内不依法提起诉讼或者申请仲裁的，人民法院应当解除保全。"

诉讼前财产保全，是指利害关系人在起诉前或申请仲裁前向法院申请采取保全措施的制度。诉前保全属于应急性的保全措施，目的是保护利害关系人不致遭受无法弥补的损失。诉前财产保全应当具备以下条件：

（1）适用条件：必须是利害关系人因情况紧急，不立即申请保全将会使其合法权益受到难以弥补的损害。

（2）时间：除了向法院提起诉讼前，向仲裁机关申请仲裁前也可以向人民法院申请诉前保全。

（3）管辖法院：被保全财产所在地、被申请人住所地或者对案件有管辖权的法院均可受理诉前保全申请。

（4）启动方式：只能由利害关系人提出申请。

（5）是否提供担保：必须提供担保。

（6）申请人提起诉讼的期限：申请人应当在法院采取保全措施后 30 日内正式提起诉讼或者申请仲裁，否则，法院将解除保全。

以上条件必须同时具备，才能采取财产保全措施。法院接受诉前保全申请后，必须在 48 小时内作出裁定，对裁定采取财产保全措施的，应当立即开始执行。

（二）诉讼中财产保全

《民事诉讼法》第 103 条规定："人民法院对于可能因当事人一方的行为或者其他原因，使判决难以执行或者造成当事人其他损害的案件，根据对方当事人的申请，可以裁定对其财产进行保全、责令其作出一定行为或者禁止其作出一定行为；当事人没有提出申请的，人民法院在必要时也可以裁定采取财产保全措施。人民法院采取财产保全措施，可以责令申请人提供担保；申请人不提供担保的，裁定驳回申请。人民法院接受申请后，对情况紧急的，必须在 48 小时内作出裁定；裁定采取财产保全措施的，应当立即开始执行。"

诉讼中财产保全，是指人民法院在案件受理后作出判决前的诉讼过程中，因被申请人有隐匿、转移、出卖其财产等行为，使人民法院作出的判决将来难以执行，人民法院根据申请人的申请或者依职权对被申请人的财产所采取的强制性保全措施。诉讼财产保全必须具备以下条件：

（1）适用条件：可能因当事人一方的行为或者其他原因，使判决难以执行或者造成当事人损害，即存在实施保全措施的客观需要。

（2）时间：诉讼进行过程中（受理后裁判前）。

（3）管辖法院：一审诉讼中，由第一审法院保全；当事人上诉后，二审法院接到报送的案件之前，由一审法院保全；在二审诉讼中，由二审法院保全。

（4）启动方式：由当事人申请或者法院依职权采取。

（5）是否提供担保：可以责令申请人提供相应担保，也可以不要求申请人提供担保。

法院接受财产保全申请后，应当在五日内作出裁定；需要提供担保的，应当在提供担保后五日内作出裁定；裁定采取保全措施的，应当在五日内开始执行。对情况紧急的，必须在 48 小时内作出裁定；裁定采取保全措施的，应当立即开始执行。

（三）行为保全

【例】被告电网公司在距某小区居民直接距离不足 2 米的地方建设了一座大型变电站，原告认为电磁辐射严重，为了小区居民的人身安全向法院起诉，请求判令被告停止建设变电站并立即拆除已建设施。在变电站是否威胁居民人身安全尚未确认的情况下，如果允许被告继续建设，一旦判决被告拆除，被告可能会承担更大的损失，在这种情况下，法院可以根据原告的申请裁定被告立即停止施工，等待最终裁判。

行为保全，是指人民法院为了保护当事人一方的合法权益，保证今后判决或裁定得以顺利执行，避免造成损失或损失扩大，在诉讼前或诉讼过程中，责令另一方当事人作出一定行为或禁止其作出一定行为的强制性措施。如禁止被申请人再继续非法出版申请人享有著作权的作品等。

需要注意：

（1）行为保全的适用阶段。虽然《民事诉讼法》第 103 条中规定了诉讼中的行为保全，但是可以明确地说，行为保全同样适用于起诉之前，即行为保全也分为诉前和诉中两种。《民诉解释》第 152 条第 2 款确认了诉前行为保全。

（2）行为保全的范围：限于金钱请求以外请求权，通常是请求相对人为一定的行为（作为）或不为一定行为（不作为）。作为：包括办理证照手续、转移所有权、交付特定物、返还原物、恢复原状等各类行为。不作为：包括排除妨碍、停止侵害等行为。

（四）执行前的保全

《民诉解释》第 163 条："法律文书生效后，进入执行程序前，债权人因对方当事人转移财产等紧急情况，不申请保全将可能导致生效法律文书不能执行或者难以执行的，可以向执行法院申请采取保全措施。债权人在法律文书中指定的履行期间届满后五日内不申请执行的，人民法院应当解除保全。"

执行前的保全目的是解决审判实践中出现结案后进入执行程序前，当事人提出保全申请如何处理的问题。

（1）时间：法律文书生效后，进入执行程序前。

（2）管辖法院：执行法院。

法院文书：一审法院和与其同级的财产所在地法院。

其他文书：被执行人住所地或财产所在地法院。

（3）启动方式：当事人向法院提交书面申请。

（4）是否提供担保：由于判决已经生效，当事人之间权利义务关系已经明确，故执行前的保全可以不要求当事人提供担保。

（5）解除：申请执行人在文书确定的履行期限届满后 5 日内不申请执行的，法院应当解除保全。

（五）保全的其他规定

1. 保全范围

仅限于请求的范围，或者与本案有关的财物。（《民事诉讼法》第 105 条）

限于请求的范围，是指保全财产的价值或者对象上与申请人诉讼请求的内容相等或相符。

与本案有关的财物，是指本案的标的物，或者与本案有牵连的其他财物。

另外还需要注意，根据《民诉解释》第 157、第 158、第 159 条规定，对下列财产可以采取保全措施。

（1）债务人所有的对其他人享有抵押权、质押权或留置权的财产。

《民诉解释》第 157 条规定："法院对抵押物、质押物、留置物可以采取财产保全措施，但不影响抵押权人、质权人、留置权人的优先受偿权。"

【例】X 商城和 T 贸易公司签订一份买卖合同，X 商城将其一座商业大楼抵押给 T 贸易公司。后 X 商城和 F 纸业公司发生合同纠纷，F 纸业公司向法院起诉，并申请保全，受诉法院裁定将商业大楼查封。

分析： 根据《民诉解释》第 157 条规定，该商业大楼即是抵押物，人民法院可以裁定采取财产保全措施，但是 T 贸易公司并不因此而丧失对商业大楼的优先受偿权。

（2）债务人应得的收益。

《民诉解释》第 158 条规定："法院对债务人到期应得的收益，可采取财产保全措施，限制其支取，通知有关单位协助执行。"

到期应得的收益，如租金、利息、股权分红等。

（3）债务人的到期债权。

《民诉解释》第 159 条规定："债务的财产不能满足保全请求，但对他人有到期债权的，法院可以依债权人申请裁定该他人不得对本案债务人清偿。该他人要求偿付的，由法院提存财物或者价款。"

2. 保全的措施（《民事诉讼法》第 106 条）

（1）查封、扣押、冻结或者法律规定的其他方法。

查封是指人民法院将需要保全的财物清点后，加贴人民法院的封条，就地封存，不便加贴封条的，应当张贴公告，不准任何单位和个人进行移动和处理。

扣押是指把需要保全的财物运到其他便于保存的场所加以扣留，避免被申请人继续占有、使用和处分。被扣押的财产可以由人民法院保管，也可以由有关单位或个人保管，所需费用由被申请人负担。

冻结是指对被申请人的存款、资产、债权、股权等收益采取的保全措施。具体由法院发出协助执行通知书，请银行、信用社和有关单位办理冻结被申请人存款、资产、债权、股权的相关手续，不准提取和转移。

其他方法，如对不动产和特定的动产（如车辆、船舶等），可以扣押有关财产权证照并通知有关产权登记部门不予办理该项财产的转移手续的财产保全措施；对季节性商品、鲜活、易腐烂变质以及其他不宜长期保存的物品采取保全措施时，可以责令当事人及时处理，由法院保存价款等。

（2）人民法院保全财产后，应当立即通知被保全财产的人。

（3）财产已被查封、冻结的，不得重复查封、冻结。

3. 救济

对保全裁定不服的，可以自收到裁定书之日起 5 日内向作出裁定的法院申请复议一次。法院应当在收到复议申请后 10 日内审查。裁定正当的，驳回当事人的申请；裁定不当的，变更或者撤销原裁定。复议期间不停止裁定的执行。（《民诉解释》第 171 条）

4. 保全的解除（《民诉解释》第 166 条）

裁定采取保全措施后，有下列情形之一的，法院应当作出解除保全裁定：

（1）保全错误的；

（2）申请人撤回保全申请的；

（3）申请人的起诉或者诉讼请求被生效裁判驳回的；

（4）人民法院认为应当解除保全的其他情形。

四、先予执行

【例】一日下午，李某像往常一样，下班后就到其女儿赵某某（4岁）所在的幼儿园接其回家。母女俩在穿越人行横道的时候，被酒后驾车的王某所驾驶的"东风"牌小货车撞伤。李某诉王某道路交通事故人身损害赔偿一案被法院立案。经查，赵某某是李某与邻村赵某未婚同居所生子女。事故发生后，赵某以未结婚登记，没有婚姻关系的存在为由拒绝承担责任。李某的娘家则认为"嫁出去的女儿，就是泼出去的水"，也袖手旁观。而王某在事故发生后，弃车逃逸下落不明，未替受害母女俩预付任何治疗费用。诉至法院时，母女俩均未脱离治疗，生活极度困难。李某申请法院先予执行。主审法官审查后认定符合先予执行的条件，协调交警部门对王某驾驶的"东风"牌小货车进行了变卖，卖得价款用以支付李某母女医疗费和生活费，解决了母女俩的燃眉之急。在母女治疗结束后，该案得到及时开庭审理和判决。

先予执行，是指人民法院在终审判决之前，为解决一方当事人生活或生产经营的急需，根据当事人的申请，依法裁定另一方当事人预先给付申请人一定数额的金钱、财物，或者立即实施、停止某种行为的诉讼制度。

（一）先予执行的案件范围（《民诉法》第109条）

1. 追索赡养费、扶养费、抚养费、抚恤金、医疗费用的

2. 追索劳动报酬的

3. 因情况紧急需要先予执行

何谓紧急情况？根据《民诉解释》第170条规定：

（1）需要立即停止侵害、排除妨碍的；

（2）需要立即制止某项行为的；

（3）追索恢复生产、经营急需的保险理赔费的；

（4）需要立即返还社会保险金、社会救助资金的；

（5）不立即返还款项，将严重影响权利人生活和生产经营的。

（二）先予执行的条件

（1）明确性：当事人之间权利义务关系明确。

（2）迫切性：不先予执行将严重影响申请人的生活或者生产经营的。

（3）有能力：被申请人有履行能力。

（4）依申请：先予执行必须依当事人的申请适用，法院不得依职权适用。

（三）程序要求

（1）申请：权利人向受诉法院申请，法院不能主动依职权采取。

（2）担保：非必要。法院可以责令申请人提供担保，也可以不责令提供担保。但是一旦责令提供担保，申请人必须提供，否则驳回申请。

（3）范围：限于当事人诉讼请求的范围，并以当事人的生活、生产经营的急需为限。

（4）裁定程序：对符合条件的，应及时作出先予执行的裁定，并送达双方当事人。对不符合条件的，则应裁定驳回。当事人、利害关系人对裁定不服的，不得提起上诉，但可以申请复议一次，复议申请须在收到裁定书的 5 日内提出，复议期间不停止裁定的执行。

（5）先予执行裁定的最终处理

权利人胜诉，先予执行是正确的，人民法院应在判决中说明权利人应享有的权利在先予执行中已得到全部或部分的实现；权利人败诉，先予执行是错误的，人民法院应在判决中指出先予执行是错误的，责令申请人返还因先予执行所取得的利益或裁定采取执行回转措施强制执行，被申请人因先予执行遭受损失的，申请人应当赔偿。

五、对妨害民事诉讼的强制措施

【例】某中级人民法院根据申请人申请，对甲存放在某物资仓库的 50 吨化工原料采取了就地封存的财产保全措施。甲买通仓库保管员乙，私自撕毁法院封条，转移了封存的原料。该中级人民法院对甲和乙分别拘留了 15 天，并各罚款 1 万元。人民法院对二人所采取的强制措施，是否符合民事诉讼法的规定？

分析： 案例中的甲和乙，私自撕毁法院查封财产的封条并转移被查封财产的行为，符合妨害民事诉讼行为的构成要件，是严重妨害民事诉讼的行为。人民法院对其二人同时采取罚款和拘留的强制措施，符合民事诉讼法对妨害民事诉讼强制措施的有关规定。

（一）对妨害民事诉讼的强制措施的概念

对妨害民事诉讼的强制措施，是指人民法院为保障民事诉讼和执行的正常进行，依法对妨害民事诉讼与执行的行为采取强制手段予以制止与排除，并对实施妨害行为的人予以强制教育与惩戒的手段。

（1）适用阶段：适用于民事诉讼的整个过程中，包括审判阶段和执行阶段。

（2）适用对象：是实施了妨害民事诉讼行为的一切行为人，即不仅适用于实施了妨害行为的当事人及其他诉讼参与人，也适用于实施了妨害行为的案外人。

（3）适用主体：只能是法院。

（4）适用目的：主要是保障民事诉讼和执行的正常进行。

（5）对妨害民事诉讼的行为适用强制措施，根据该行为的情节轻重，既可以单独适用，也可以将几种强制措施合并适用。

（二）妨害民事诉讼行为的构成和种类

1. 妨害民事诉讼行为的构成

妨害民事诉讼的行为，是指行为主体故意破坏和扰乱正常诉讼秩序，妨碍诉讼活动正常进行的行为。

（1）主体条件：既可以是当事人，也可以是其他诉讼参与人，还可以是案外人。

（2）行为要件：必须实施了妨害民事诉讼秩序的行为，而且在客观上形成了民事诉讼秩序的混乱。

（3）主观要件：行为人实施妨害行为出于主观故意。

（4）时间条件：妨害民事诉讼行为一般是发生在民事诉讼过程中。但在法院执行终结6个月之内，被执行人或者其他人对已执行的标的有妨害行为的，法院可以依申请排除妨害，并可以依照《民事诉讼法》第114条的规定进行处罚。此外，因妨害行为给执行债权人或者其他人造成损失的，受害人可以另行起诉。（《民诉解释》第519条）

2. 妨害民事诉讼行为的种类

根据《民事诉讼法》第112～117条的规定，妨害民事诉讼行为有五类：

（1）拒不到庭。

必须到庭的当事人或其法定代理人不到庭，可能使案件的审理难以正常进行，其无正当理由拒不到庭构成妨害民事诉讼行为。

（2）扰乱法庭秩序。

这是最典型的一种妨害民事诉讼行为。这类妨害民事诉讼行为又有轻重之分，有一般的违反法庭规则的行为和严重扰乱法庭秩序的行为，后者如哄闹、冲击法庭、侮辱、诽谤、威胁、殴打审判人员等。

《民诉解释》第176条对此又有新规定：未经准许进行录音、录像、摄影的，或者未经准许以移动通信等方式现场传播审判活动的，或者其他扰乱法庭秩序，妨害审判活动进行的，在施加强制措施之外，法院还可以暂扣录影、录像、摄像、传播审判活动的器材，并责令其删除有关内容，拒不删除的，法院可以采取必要手段强制删除。

（3）妨害诉讼进程。

这是包容面最广的妨害民事诉讼行为。有妨害证明的行为，妨害查封与扣押的行为，妨害诉讼参与人的行为，拒不履行判决或裁定的行为等。

（4）拒不履行协助义务。

这是指有义务协助调查、执行的单位拒不履行协助义务。

（5）恶意诉讼或者仲裁。

当事人通过恶意诉讼等手段，侵害案外人合法权益的情况时有发生。包括以下方面：

① 当事人之间恶意串通，企图通过诉讼，调解等方式侵害国家利益、社会公共利益或者他人合法权益的，人民法院应当驳回其请求，并根据情节轻重予以罚款、拘留；构成犯罪的，依法追究刑事责任。当事人单方捏造民事案件基本事实，向人民法院提起诉讼，企图侵害国家利益、社会公共利益或者他人合法权益的，适用前款规定。（《民事诉讼法》第115条）

② 被执行人与他人恶意串通，通过诉讼、仲裁、调解等方式逃避履行法律文书确定义务的，人民法院应当根据情节轻重予以罚款、拘留；构成犯罪的，依法追究刑事责任。（《民事诉讼法》第116条）

（三）强制措施的种类及适用

1. 拘传

拘传，是短时间限制被拘传人人身自由的强制措施，具体指在人民法院开庭审理案件或办理执行案件时，对必须到庭的被告或必须到场的被执行人经过两次传票传唤，在其无正当理由拒不到庭或到场的情况下，人民法院依法强制其到庭参加诉讼活动或者到场接受询问的一种强制措施。

（1）对象：必须到庭的当事人。

① 必须到庭的被告，即负有赡养、抚育、扶养义务和不到庭就无法查清案情的被告。必须到庭之被告的法定代理人，也可适用拘传。（《民诉解释》第174、第235条）

② 必须到庭才能查清案件基本事实的原告。(《民诉解释》第 174 条第 2 款)

有些案件需要原告到庭才能查清案件基本事实，但原告拒不到庭，此时如果依照《民事诉讼法》第 146 条的规定，按撤诉处理，可能会损害国家利益、社会公共利益或者他人合法权益，因此有必要拘传其到庭，以查清案件基本事实。比如，对于《民事诉讼法》第 115 条规定的双方当事人恶意串通侵害他人合法权益提起诉讼的案件或者原告冒充他人提起诉讼的案件，在诉讼过程中，原告如果认为人民法院已有所察觉，就会采取拒不到庭的方式来逃避追究，这时如果人民法院不能拘传其到庭，就不能在查清案件基本事实的基础上，依法处理这类案件，以维护国家利益、社会公共利益或者他人合法权益，并依法对原告等相关责任人采取罚款、拘留等强制措施，维护人民法院正常的诉讼秩序。

（2）程序要件：经过两次传票传唤无正当理由不到庭。

法院传唤被告的次数不得少于两次，只经过一次传唤的，不能适用拘传。传唤的方式必须使用拘传票，并直接送达被拘传人；在拘传前，应当向被拘传人说明拒不到庭的后果，经批评教育仍拒不到庭的，可以拘传其到庭。

正当理由，是指当事人无法预见和难以克服的事由，如自然灾害、身染重病、工作和生活上有某些客观困难等。

［特别规定：《民诉解释》第 482 条第 1 款规定，对必须接受调查询问的被执行人，被执行人的法定代表人、负责人或者实际控制人，经依法传唤无正当理由拒不到场的，法院可以拘传其到场。（此处的拘传不需要两次传唤）］

（3）适用拘传必须院长批准，签发拘传票。独任审判员或者合议庭只能提出拘传的建议，无权决定拘传。

2. 训诫、责令退出法庭

训诫、责令退出法庭针对的是轻微扰乱法庭秩序的行为人所适用的强制措施。

训诫，是指以批评、警告的方式，指出行为人的违法事实和错误，并责令其不许再犯，其强制性在所有强制措施中是最弱的，仅适用于诉讼参与人和其他人违反法庭规则且情节显著轻微、尚不需要采取责令退出法庭、罚款、拘留措施的情况。

责令退出法庭，是指命令违反法庭规则、扰乱法庭秩序的人离开法庭或者依法强制其离开法庭。

训诫和责令退出法庭这两种强制措施均要当场进行，由独任审判员或者合议庭审判长直接作出口头决定适用。

3. 罚款与拘留

罚款与拘留均是对事实严重妨害民事诉讼行为人采取的惩罚措施。

罚款，是对妨害民事诉讼行为人的一种经济制裁措施。

拘留，是指人民法院对妨害民事诉讼情节严重的行为人予以强行关押，在一定期限内限制其人身自由的一种强制措施，也是对妨害民事诉讼行为人采取的一种最严厉的强制措施。

（1）决定权在人民法院，由人民法院院长批准。

（2）罚款、拘留应当用决定书。

（3）对个人的罚款金额，为人民币十万元以下。对单位的罚款金额，为人民币五万元以上一百万元以下。

（4）拘留的期限，为 15 日以下。被拘留的人，由人民法院交公安机关看管。在拘留期间，被拘留人承认并改正错误的，人民法院可以决定提前解除拘留。

法院对被拘留的人采取拘留措施后，应当在 24 小时内通知家属，确实无法按时通知或者通知不到的，应当记录在案。（《民诉解释》第 180 条）

（5）被罚款、拘留的人不服罚款、拘留决定，可以自收到决定书之日起 3 日内向上一级人民法院申请复议一次。上级人民法院应当自收到复议申请后 5 日内作出决定，并将复议结果通知下级人民法院和当事人。（《民事诉讼法》第 119 条、《民诉解释》第 185 条）

（6）罚款和拘留可以单独适用，也可以合并适用。但对同一妨害民事诉讼行为的罚款、拘留不得连续适用。发生新的妨害民事诉讼行为的，人民法院可以重新予以罚款、拘留。（《民诉解释》第 183、第 184 条）

六、诉讼费用

《民事诉讼法》第 121 条规定："当事人进行民事诉讼，应当按照规定交纳案件受理费。财产案件除交纳案件受理费外，并按照规定交纳其他诉讼费用。当事人交纳诉讼费用确有困难的，可以按照规定向人民法院申请缓交、减交或者免交。收取诉讼费用的办法另行规定。"

（一）诉讼费用的种类

1. 案件受理费

案件受理费，是指当事人启动民事诉讼程序，向人民法院依法交纳的费用。

（1）案件受理费包括：第一审案件受理费；第二审案件受理费；再审案件当事人一般不需要交纳案件受理费，但《诉讼费用交纳办法》第 9 条规定除外。

《诉讼费用交纳办法》第 9 条规定，再审案件当事人不交纳案件受理费，但下列情形除外：

① 当事人有新的证据，足以推翻原判决、裁定，向人民法院申请再审的，人民法院经审查决定再审的案件；

② 当事人对人民法院第一审判决或者裁定未提出上诉，第一审判决、裁定或者调解书发生法律效力后又申请再审，人民法院经审查决定再审的案件。

（2）除《诉讼费用交纳办法》规定可以不缴纳受理费的案件外，其他案件原则上均应交纳案件受理费。

根据《诉讼费用交纳办法》第 8 条规定，下列案件不交纳案件受理费：

① 特别程序审理的案件，如选民资格案件、宣告公民失踪案件、宣告公民死亡案件、认定公民无民事行为能力或者限制民事行为能力的案件、认定财产无主案件；

② 裁定不予受理、驳回起诉、驳回上诉的案件；

③ 对不予受理、驳回起诉和管辖权异议裁定不服，提起上诉的案件；

④ 行政赔偿案件。

案件受理费因案件性质不同执行不同的交纳标准。《诉讼费用交纳办法》第 13 条对财产案件、非财产案件、知识产权案件、劳动争议案件、管辖权异议等案件的受理费规定了不同的收费标准。由于我国各地经济发展水平差异较大，该条规定省、自治区、直辖市人民政府可以结合本地实际情况，对部分案件受理费交纳标准制定具体的规定。

2. 申请费

申请费，是指当事人申请人民法院执行法律规定由人民法院执行的法律文书、申请人民法院采取财产保全措施等事项时，应向人民法院交纳的费用。

根据《诉讼费用交纳办法》第 10 条规定，当事人依法向人民法院申请下列事项，应当交纳申请费：（1）申请执行人民法院发生法律效力的判决、裁定、调解书，仲裁机构依法作出的裁决和调解书，公证机构依法赋予强制执行效力的债权文书；（2）申请保全措施；（3）申请支付令；（4）申请公示催告；（5）申请撤销仲裁裁决或者认定仲裁协议效力；（6）申请破产；（7）申请海事强制令、共同海损理算、设立海事赔偿责任限制基金、海事债权登记、船舶优先权催告；（8）申请承认和执行外国法院判决、裁定和国外仲裁机构裁决。《诉讼费用交纳办法》第 14 条对上述案件申请费的标准作了详细规定。

3. 其他诉讼费用

其他诉讼费用，是指在诉讼过程中实际支出的应由当事人负担的各种费用。

根据《诉讼费用交纳办法》第 11、第 12 条的规定，证人、鉴定人、翻译人员、理算人员在人民法院指定日期出庭发生的交通费、住宿费、生活费和误工补贴，由人民法院按照国家规定标准代为收取。当事人复制案件卷宗材料和法律文书应当按实际成本向人民法院交纳工本费。诉讼过程中因鉴定、公告、勘验、翻译、评估、拍卖、变卖、仓储、保管、运输、船舶监管等发生的依法应当由当事人负担的费用，人民法院根据谁主张、谁负担的原则，决定由当事人直接支付给有关机构或者单位，人民法院不得代收代付。人民法院依照《民事诉讼法》规定提供当地民族通用语言、文字翻译的，不收取费用。

（二）诉讼费用的预交

根据《诉讼费用交纳办法》第 20 条规定：

（1）案件受理费由原告、有独立请求权的第三人、上诉人预交。被告提起反诉，依照本办法规定需要交纳案件受理费的，由被告预交。追索劳动报酬的案件可以不预交案件受理费。

（2）申请费由申请人预交。但是，本办法第十条第（一）项、第（六）项规定的申请费不由申请人预交，执行申请费执行后交纳，破产申请费清算后交纳。

（3）本办法第十一条规定的其他费用，待实际发生后交纳。

（三）诉讼费用的负担

诉讼费用的负担，以"败诉方负担"为原则，以"法院决定负担""当事人协商负担""自行负担"为补充。可参考《诉讼费用交纳办法》第 29～43 条。

（四）诉讼费用的缓、减、免

1. 缓交诉讼费用

缓交，是指当事人经济上确有困难，暂时无力交纳诉讼费用，向人民法院申请延缓交纳，待有能力时再行交纳的制度。

《诉讼费用交纳办法》第 47 条规定："当事人申请司法救助，符合下列情形之一的，人民法院应当准予缓交诉讼费用：（一）追索社会保险金、经济补偿金的；（二）海上事故、交通事故、医疗事故、工伤事故、产品质量事故或者其他人身伤害事故的受害人请求赔偿的；（三）正在接受有关部门法律援助的；（四）确实需要缓交的其他情形。"

2. 减交诉讼费用

减交，是指当事人经济上确有困难，无力交纳全部诉讼费用，人民法院准予减少交纳诉讼费用的制度。

《诉讼费用交纳办法》第 46 条规定："当事人申请司法救助，符合下列情形之一的，人民法院应当准予减交诉讼费用：（一）因自然灾害等不可抗力造成生活困难，正在接受社会救济，或者家庭生产经营难以为继的；（二）属于国家规定的优抚、安置对象的；（三）社会福利机构和救助管理站；（四）确实需要减交的其他情形。人民法院准予减交诉讼费用的，减交比例不得低于30%。"

3. 免交诉讼费用

免交，是指当事人经济确有困难，无力交纳诉讼费用，人民法院准许其不交纳诉讼费用的制度。免交不同于不交，不交是指依法不应当交纳，免交是指依法应当交纳但由于当事人经济困难，法院予以免除的情形。

《诉讼费用交纳办法》第44条第2款规定：诉讼费用的免交只适用于自然人。

《诉讼费用交纳办法》第45条规定："当事人申请司法救助，符合下列情形之一的，人民法院应当准予免交诉讼费用：（一）残疾人无固定生活来源的；（二）追索赡养费、扶养费、抚育费、抚恤金的；（三）最低生活保障对象、农村特困定期救济对象、农村五保供养对象或者领取失业保险金人员，无其他收入的；（四）因见义勇为或者为保护社会公共利益致使自身合法权益受到损害，本人或者其近亲属请求赔偿或者补偿的；（五）确实需要免交的其他情形。"

4. 司法救助的申请程序

《诉讼费用交纳办法》第48条规定："当事人申请司法救助，应当在起诉或者上诉时提交书面申请、足以证明其确有经济困难的证明材料以及其他相关证明材料。因生活困难或者追索基本生活费用申请免交、减交诉讼费用的，还应当提供本人及其家庭经济状况符合当地民政、劳动保障等部门规定的公民经济困难标准的证明。人民法院对当事人的司法救助申请不予批准的，应当向当事人书面说明理由。"

 真题自测

1. 胜达公司与王某签订劳动合同，后王某于2020年离职，2021年向劳动仲裁委申请仲裁，因为生活费不能支撑正常生活，王某申请仲裁委裁决先行予以支付，对此劳动仲裁委怎么处理？（2022，单选）

A. 移送胜达公司住所地法院审查

B. 裁决先予执行，由劳动仲裁委执行

C. 裁决先予执行，移送胜达公司住所地法院执行

D. 不予准许先予执行

答案：C。提示：先予执行。《中华人民共和国劳动争议调解仲裁法》第44条。

2. 张三和李四婚后育有一子。后因性格不合，张三向法院起诉离婚，法院判决两人离婚，儿子由张三抚养，李四每月可探望两次。李四因多次探望被拒，向法院

申请强制执行。对此，法院可采取下列哪些强制措施？（2021，多选）

A. 可对张三拘留

B. 可对张三罚款

C. 可将孩子带到指定场所探望

D. 可将李四带到张三住处探望

答案：AB。提示：强制措施。《婚姻家庭编解释（一）》第68条。

3. 王某与胜达公司订立了商品房买卖合同，由王某购买位于甲市的房屋一套。后胜达公司拒绝交付房屋，王某根据买卖合同中的仲裁条款向设立在乙市的仲裁委员会申请仲裁，要求胜达公司依约交付房屋。在仲裁过程中，王某提出案件法律关系清楚，且自己结婚在即急需用房，于是申请先予执行。关于本案，下列选项中说法正确的是？（2020，单选）

A. 王某无权申请先予执行

B. 王某应当向乙市仲裁委提出申请，由乙市仲裁委将申请转交法院

C. 王某应当向房屋所在地的基层人民法院申请先予执行

D. 王某应当向乙市仲裁委所在地的基层人民法院申请先予执行

答案：A。提示：先予执行。《民事诉讼法》第109条。

4. 李某和赵某的离婚案件，适用普通程序审理，法院判决作出后，向双方送达诉讼文书时，下列哪一项送达是正确的？（2020，单选）

A. 向李某送达时，李某不在家，由赵某代为签收

B. 向赵某送达时赵某拒不开门，法院将文书贴在赵某家门口，拍照录像后产生送达效力

C. 通知双方到法院领取文书，到达法院后李某拒不签字，视为送达

D. 多次送达未果，法院工作人员到李某常去的朋友王某家找到李某，李某仍然拒绝签署，法院拍照录像后视为直接送达

答案：C。提示：送达的方式。《民诉解释》第131条。

5. 王某与吴某是同学关系。2010年2月王某因结婚需购买住房向吴某借款2万元，口头约定年底归还。后无力偿还借款。吴某在多次催讨无果的情况下，于2012年2月7日诉诸法院。2月28日开庭时，王某辩称此前已还了1万元借款，但未向法庭提供证据。在调解未果的情况下，法庭电子邮件通知双方决定于2012年3月8日就该案进行宣判。王某因事无法走开，委托其妻子到庭代为签收判决书。宣判之日，王某妻子发现判决王某败诉，并未对1万元还款事实予以认定，当即表示不认可判决结果，并拒绝在送达回证上签字。审判人员、书记员在送达回证上注明了送达情况并签名。关于本案的送达方式，下列说法正确的是？（2018，单选）

A. 构成留置送达

B. 构成直接送达

C. 构成委托送达

D. 构成电子送达

答案：B。提示：送达的方式。《民诉解释》第 131 条。

6. H 地的刘某创作了歌曲《沙漠骆驼》，B 地的罗某、展某未经过刘某同意演唱了该首歌曲，一炮而红，并计划在 C 地开演唱会。刘某拟申请诉前禁令，关于本案，下列说法错误的有？（2018，多选）

A. 刘某可以向 H 地、B 地、C 地法院申请诉前禁令

B. 刘某应在申请诉前禁令后的 30 日内提起诉讼

C. 刘某申请诉前禁令时应当提供担保，且应当提供相当于请求保全数额的担保

D. 罗某、展某可在收到保全裁定之日起 5 日内提出异议，收到异议后，法院应当撤销原裁定，禁止令失效

答案：ACD。提示：《最高人民法院关于审查知识产权纠纷行为保全案件适用法律若干问题的规定》第 3 条；《民事诉讼法》第 104 条第 3 款；《民诉解释》第 152 条第 2 款、第 171 条。

 案例讨论

1. 张三、李四合同纠纷一案，一审判决送达后，张三不服，在赴法院提交上诉状的路上被撞昏迷，待其苏醒后已经超过了上诉期 2 天。关于本案，请分析如下表述是否正确。

（1）上诉期是法定期间，且是绝对不可变期间，故不能适用顺延的规定。

（2）本案因意外事故耽误上诉期，法院可依职权为张三顺延期限。

（3）张三可以在苏醒后 10 天内向法院申请顺延期间，是否准许，由法院决定。

2. 李某与温某之间的债权债务纠纷经甲市 M 区法院审理做出一审判决，要求温某在判决生效后 15 日内偿还李某的欠款。双方均未提出上诉。判决生效后，履行期限届满前，李某发现温某正在转移财产，温某位于甲市 N 区有可供执行的房屋一套，故申请法院对该房屋采取保全措施。法院发现，该房屋已经抵押给某银行。请分析：

（1）本案当事人可以向哪些法院申请保全？

（2）法院能否对该房屋采取保全措施？

（3）法院采取保全措施后，李某应当在什么时间内申请执行？

（4）法院采取保全措施应否责令当事人提供担保？

$\mathbf{C}$hapter 11

第十一章
第一审普通程序

经典案例 •

刘某某与某公司买卖合同纠纷上诉案
——滥用权利重复诉讼的，法院有权驳回起诉案[①]

【案情】 刘某某在某餐饮公司购买有机礼盒月饼十盒，每盒单价 268 元。在刘某某购买前，该公司员工给刘某某发的宣传单中宣传该商品低糖少油，刘某某购买后经查询得知该商品不是低糖少油商品，宣传与实际不符。故刘某某以某餐饮公司存在虚假宣传、隐瞒真实情况、存在欺诈行为、违反相关法律规定为由，要求其按照货款 3 倍标准支付赔偿金 8040 元。经查，在提起本案诉讼之前，刘某某已经以某餐饮公司为被告，就涉案商品提起退还货款并按货款 10 倍标准支付赔偿金的民事诉讼。被告某餐饮公司辩称，刘某某重复起诉，不应支持。

北京市丰台区人民法院经审理认为：当事人就已经提起诉讼的事项在诉讼过程中或者裁判生效后再次起诉，构成重复起诉。重复起诉的，法院不应受理，已受理的，应当裁定驳回起诉。判断后诉与前诉是否重复，应从当事人、诉讼标的、诉讼请求三方面分析。经调查，后诉与前诉当事人相同，涉案标的均为金钱给付行为，诉讼请求均为请求被告支付惩罚性赔偿，故刘某某提起本诉的行为构成重复起诉，我院依法裁定驳回刘某某的起诉。

评析： 起诉是人民群众维权的途径之一，但是应当依照法律规定正确行使诉讼权利。法律支持维权，但不支持滥用权利。重复起诉不仅会导致对内容的重复审理，还可能导致矛盾裁判的出现。不但不能尽快解决当事人的纠纷，还会降低公众对司

---

① 资料来源：北大法宝：北京市丰台区人民法院弘扬社会主义核心价值观十大典型案例（第二辑）之十。

法裁判的信任度。同时，重复起诉会造成司法资源的浪费。国家的司法资源是有限的。故相较于重复起诉的行为，应该集中资源打击更为严重的犯罪行为。禁止重复起诉也能在一定程度上减少当事人的诉累。

我国禁止重复起诉，其依据是《最高人民法院关于适用〈中华人民共和国民事诉讼法〉的解释》第247条：当事人就已经提起诉讼的事项在诉讼过程中或者裁判生效后再次起诉，同时符合下列条件的，构成重复起诉：（一）后诉与前诉的当事人相同；（二）后诉与前诉的诉讼标的相同；（三）后诉与前诉的诉讼请求相同，或者后诉的诉讼请求实质上否定前诉裁判结果。当事人重复起诉的，裁定不予受理；已经受理的，裁定驳回起诉，但法律、司法解释另有规定的除外。

本案中，刘某某在前案再审期间，以相同的被告、事由和诉讼请求再次提起诉讼，是典型的重复起诉行为，故法院依法予以驳回。该法院的做法是倡导人民群众的合法维权的体现，同时也警示"职业打假者"应树立正确的诚实信用价值观，不应利用诉讼权利扰乱正常的经营秩序。

知识梳理

1. 起诉与受理
2. 审理前的准备
3. 开庭审理
4. 庭审笔录
5. 审结期限
6. 审理中的特殊情形
7. 判决、裁定、决定

普通程序，是指人民法院审判第一审民事案件时通常所适用的最基本的诉讼程序。依照法律规定，我国人民法院审判民事案件实行四级两审终审制，因此，民事诉讼中的审判程序便有第一审程序和第二审程序的分别设置。就诉讼程序而言，第一审程序包括普通程序和简易程序。

普通程序是第一审程序的基本程序，相对于简易程序而言，它具有以下两个特点：

一是内容上具有系统性、完整性。第一审普通程序从原告起诉开始至人民法院宣告裁判止，期间的起诉与受理、审理前的准备、开庭审理等主要阶段，以及审理过程中可能出现的延期、中止、终结等内容，均有详尽规定，各阶段之间首尾相衔、严谨周密，构成一套完整的体系。

二是适用范围上具有广泛性、通用性。中级或中级以上的人民法院审理第一审民事案件，原则上必须适用普通程序。基层人民法院审理第一审民事案件，根据案件的简繁程度不同，可分别适用普通程序和简易程序，但适用简易程序审理时，其本身未作规定的，仍需参照适用普通程序的有关规定。第二审人民法院审理上诉案件、第二审人民法院发回重审的案件以及按照审判监督程序再审的案件，除适用有关程序本身的特殊规定外，应当适用普通程序的有关规定。

一、起诉与受理

（一）起诉

民事诉讼中的起诉，是指公民、法人和其他组织在其民事权益受到侵害或与他人发生争议时，向人民法院提起诉讼，请求法院通过审判予以司法保护的诉讼行为。

1. 起诉的条件（《民事诉讼法》第 122 条）

（1）原告是与本案有直接利害关系的公民、法人或其他组织；（原告适格）

（2）有明确的被告；（被告下落不明 ≠ 被告不明确；被告明确 ≠ 被告正确/适格）

根据《民诉解释》第 209 条规定，"有明确的被告"的认定：原告提供被告的姓名或者名称、住所等信息具体明确，足以使被告与他人相区别，可以认定为有明确的被告。

【例】甲起诉乙返还借款，但是乙已经下落不明半年多，此时法院能否以没有明确的被告为理由，不予受理甲的起诉？

分析： 不能。被告下落不明不等于被告不明确，此时若满足其他的起诉条件，法院受理案件后可以对乙公告送达相关文书。

（3）有具体的诉讼请求、事实和理由；（具体，不要求得到法院实体支持）

注意：此处并不要求证据完整充分，符合具体的要求即可；起诉证据的具体化 ≠ 胜诉证据的充分化。

【例】甲和乙谈恋爱 3 年，因为另有新欢而与乙分手，乙要求甲赔偿青春损失费，甲不同意，于是乙起诉甲，要求甲赔偿青春损失费，问法院是否受理？

分析： 应当受理。该纠纷关键点在于很多人认为青春损失费的请求于法无据，所以本案不能受理。应该说，只要原告提出了诉讼请求，符合起诉条件，法院应当依法受理。至于该主张能否得到法律的支持是实体审理需要判断的，与起诉条件无关。法院受理后，经过实体审理认为该请求不能得到支持的，应当依法判决驳回诉讼请求。

（4）属于法院受理民事诉讼的范围和受诉法院管辖。（主管和管辖正确）

2. 起诉的方式和内容

（1）形式：以书面起诉为原则，口头起诉为例外。

起诉应向法院递交起诉状，并按被告人数提出副本。书写起诉状确有困难的，可以口头起诉，由人民法院记入笔录，并告知对方当事人。

（2）内容。

《民事诉讼法》第124条规定："起诉状应当记明下列事项：（一）原告的姓名、性别、年龄、民族、职业、工作单位、住所、联系方式，法人或者其他组织的名称、住所和法定代表人或者主要负责人的姓名、职务、联系方式；（二）被告的姓名、性别、工作单位、住所等信息，法人或者其他组织的名称、住所等信息；（三）诉讼请求和所根据的事实与理由；（四）证据和证据来源，证人姓名和住所。"

3. 起诉的效力

（1）引起第一审程序的发生。

（2）当事人不得以同一诉讼请求向其他法院起诉。

（3）诉讼时效中断。

（二）先行调解

《民事诉讼法》第125条："当事人起诉到人民法院的民事纠纷，适宜调解的，先行调解，但当事人拒绝调解的除外。"

先行调解，是指当事人起诉后，案件进入审理程序之前，由人民调解组织或法院对双方当事人之间的纠纷先期进行调解。先行调解属于替代诉讼的纠纷解决机制，是案件分流的重要途径。先行调解不同于诉讼外调解和诉讼中调解，其发生在人民法院对当事人之间的民事纠纷进行审理之前，也被称为诉前调解。诉前调解包括设在各级法院立案庭的人民调解组织或调解员进行的人民调解和立案庭法官进行的立案调解。

诉前调解并非适用于所有案件类型，实践中调撤率较高的案件主要为亲属、邻里之间纠纷或事实清楚、标的额较小的案件。婚姻家庭纠纷、继承纠纷、劳务合同纠纷、交通事故和工伤事故引起的权利义务关系较为明确的损害赔偿纠纷、宅基地和相邻关系纠纷、合伙协议纠纷、诉讼标的额较小的民事纠纷，属于适于调解的纠纷，一般可先行调解，但是根据案件的性质和当事人的实际情况不能调解或者显然没有调解必要的除外。对适用特别程序、督促程序、公示催告程序审理的案件，婚姻关系、身份关系确认案件以及其他依案件性质不宜进行调解的民事案件，不予调解。

人民法院在收到当事人起诉状或者口头起诉之后，正式立案之前，要积极引导当事人先行就近、就地选择调解组织解决纠纷，充分发挥诉前调解的案件分流作用，力争将矛盾纠纷化解在诉前。当事人选择诉前调解的，应当暂缓立案；当事人不同意诉前调解的，或者诉前调解期限届满未达成协议，当事人坚持起诉的，经审查符合《民事诉讼法》规定的受理条件的，应当及时立案，保障当事人依法行使诉权。

（三）受理

受理，是指人民法院接受原告的起诉，对符合起诉条件的案件予以立案的诉讼行为，司法实践中受理也称为立案。立案工作由各级人民法院立案庭负责。

1. 立案登记

2012 年修正的《民事诉讼法》第 123 条取消了人民法院审查起诉条件的规定，要求对符合起诉条件的，7 日内立案并作出裁定书。《民诉解释》第 208 条进一步确立了立案登记制。立案登记制，是指法院对当事人的起诉不进行实质审查，仅仅对形式要件进行审查。

在立案登记制背景下，人民法院应当保障当事人依照法律规定享有的起诉权利：

（1）人民法院接到当事人提交的民事起诉状时，对符合《民事诉讼法》第 122 条规定的起诉条件，且不属于第 127 条规定不予受理情形的，一律应当在 7 日内登记立案，并通知当事人。（立案不再实行审查制，最大限度地保护当事人的诉权）

（2）不符合起诉条件的，应当在 7 日内作出裁定书，不予受理。

（3）对当场不能判定是否符合起诉条件的，应当接收起诉材料，并出具注明收到日期的书面凭证。需要补充必要相关材料的，人民法院应当及时告知当事人。在补齐相关材料后，应当在 7 日内决定是否立案。

（4）立案后发现不符合起诉条件或者属于《民事诉讼法》第 127 条规定不予受理情形的，裁定驳回起诉。

2. 受理的法律后果

人民法院受理原告的起诉后，产生以下法律后果。

（1）受诉人民法院对该案取得了审判权。

（2）确定了双方当事人的诉讼地位。

（3）当事人不得另行起诉。（一事不再理）

（4）诉讼时效中断。

3. 不予受理的案件

根据《民事诉讼法》第 127 条规定，对下列起诉，法院不予受理：

（1）依照《行政诉讼法》的规定，属于行政诉讼受案范围的，告知原告提起行

政诉讼；（属于行政诉讼的受案范围）

（2）依照法律规定，双方当事人达成书面仲裁协议申请仲裁、不得向人民法院起诉的，告知原告向仲裁机构申请仲裁；（有仲裁协议）

（3）依照法律规定，应当由其他机关处理的争议，告知原告向有关机关申请解决；（不属于人民法院主管）

（4）对不属于本院管辖的案件，告知原告向有管辖权的人民法院起诉；（不属于受诉法院管辖）

（5）对判决、裁定、调解书已经发生法律效力的案件，当事人又起诉的，告知原告申请再审，但人民法院准许撤诉的裁定除外；（重复起诉）

（6）依照法律规定，在一定期限内不得起诉的案件，在不得起诉的期限内起诉的，不予受理；（在不得起诉的期限内起诉）

（7）判决不准离婚和调解和好的离婚案件，判决、调解维持收养关系的案件，没有新情况、新理由，原告在六个月内又起诉的，不予受理。（特定的离婚、收养案件）

4. 受理的特殊情形

为了解决当事人"起诉难"的问题，最高人民法院先后作出以下多项关于受理的司法解释：

（1）裁定不予受理、驳回起诉的案件原告再次起诉。

根据《民诉解释》第212条规定，如果符合起诉条件，法院应予受理。

（2）撤诉后再次起诉。

根据《民诉解释》第214条规定，原告撤诉或者法院按撤诉处理后，原告又以同一诉讼请求再次起诉的，法院应予受理。

原告撤诉或者按撤诉处理的离婚案件，没有新情况、新理由，6个月内又起诉的，比照《民事诉讼法》第127条第7项规定不予受理。

（3）仲裁条款或者仲裁协议不成立、无效、失效或者内容不明确无法执行。

根据《民诉解释》第215条规定，法院有管辖权。

（4）夫妻一方下落不明，另一方诉至人民法院，只要求离婚，不申请宣告下落不明人失踪或者死亡的案件。

根据《民诉解释》第217条规定，人民法院应当受理，对下落不明人公告送达诉讼文书。

（5）赡养费、扶养费、抚养费案件，裁判发生法律效力后，一方当事人以新情况、新理由再行起诉。

根据《民诉解释》第218条规定，一方当事人再行起诉要求增加或减少费用的，人民法院应当作为新案受理。

（6）当事人超过诉讼时效期间起诉的。

根据《民诉解释》第219条规定，人民法院应予受理。受理后对方当事人提出诉讼时效抗辩，人民法院经审理认为抗辩事由成立的，判决驳回原告的诉讼请求。

【例1】张某因为甲公司拖欠其工资与甲公司总经理李某发生冲突，将甲公司的总经理办公室砸毁。甲公司起诉张某赔偿损失，并向李某赔礼道歉，张某反诉甲公司要求支付工资。

请问：法院应该如何处理？

分析： 甲公司起诉张某提出两项诉讼请求，第一是要求张某赔偿财物损失，对于这项诉讼请求，甲公司是侵权实体法律关系的受害人，故甲公司是适格原告，法院应当依法受理；第二是要求张某向李某赔礼道歉，在这个权利义务关系中，只有张某和李某是适格当事人，而甲公司并非本案适格原告，故原告不适格，不符合起诉条件，法院应当裁定不予受理，受理后则裁定驳回起诉；张某反诉甲公司要求支付工资，属于劳动纠纷，仲裁前置，本案未经劳动仲裁，故不属于人民法院主管，不符合起诉条件，法院应当依法裁定不予受理，受理后则应当裁定驳回起诉。

【例2】甲起诉乙，要求解除乙与本村村委会的鱼塘承包合同。

分析： 对于乙与本村村委会之间的鱼塘承包合同是否解除，只有乙与本村村委会是适格当事人，甲并非本案适格当事人，故本案原告不适格，不符合起诉条件，法院应当裁定不予受理；若是受理后发现的，应当裁定驳回起诉。

【例3】丙起诉与丁离婚，法院受理后向丁送达起诉状副本时，发现丁已于丙起诉前死亡。

请问：法院应该如何处理？

分析： 丙起诉与丁离婚，法院在受理后发现丙起诉前被告丁已经死亡，注意两点：一是被告丁的死亡时间是起诉前，说明在丙起诉时本案已经没有明确被告，故不符合起诉条件；二是法院已经受理案件，故应当依法裁定驳回起诉。

【例4】甲起诉乙归还借款10万元，法院受理案件前，发现借款已过诉讼时效。

请问：法院应该如何处理？

分析： 起诉条件中对诉讼请求的要求仅仅是具体，而不要求请求一定要能得到实体上的支持。甲起诉被告要求归还借款10万元，已经提出了具体的诉讼请求，符合起诉条件，法院应当依法受理，受理后，如果被告主张时效抗辩，且查明无中止、中断事由，则应当判决驳回原告诉讼请求。

【例5】甲公司起诉乙公司合同纠纷，法院受理案件前发现存在有效的仲裁协议。

请问：法院应该如何处理？

分析： 本案存在有效仲裁协议，当事人应当根据仲裁协议申请仲裁，而不能起诉，本案不属于人民法院主管，故不符合起诉条件，应当依法裁定不予受理。

二、审理前的准备

审前准备程序，也称审理前的准备，是指人民法院受理案件后至开庭审理之前为开庭审理所进行的一系列诉讼活动。

（一）在法定期间内及时送达诉讼文书

根据《民事诉讼法》第128条规定，人民法院应当在立案之日起5日内将起诉状副本发送被告，被告应当在收到之日起15日内提出答辩状。人民法院在收到答辩状之日起5日内将答辩状副本发送原告。被告不提出答辩状，不影响人民法院审理。

（二）告知当事人的诉讼权利和审判人员的组成

《民事诉讼法》第129条规定，人民法院对决定受理的案件，应当在受理案件通知书和应诉通知书中向当事人告知有关的诉讼权利义务，或者口头告知。

《民事诉讼法》第131条规定，审判人员确定后，应当在3日内告知当事人。

（三）审阅诉讼材料

《民事诉讼法》第132条规定，审判人员必须认真审核诉讼材料，调查收集必要的证据。

（四）确定举证期限与调查收集必要的证据

根据《民事诉讼法》及最高人民法院司法解释的规定，当事人对自己提出的主张有责任提供证据。当事人及其诉讼代理人因客观原因不能自行收集的证据，可以申请法院调查收集。法院认为审理案件需要的证据，也可以依职权调查收集。

（五）追加当事人

《民事诉讼法》第 135 条规定，必须共同进行诉讼的当事人没有参加诉讼的，人民法院应当通知其参加诉讼。

（六）程序分流

经过审前准备阶段，民事案件的大概情况已经基本呈现出来。不是所有的民事纠纷都会进入正式庭审中，否则将会造成严重的讼累。为此，法官会在审前阶段进行一定的程序分流处理。

《民事诉讼法》136 条规定，人民法院对受理的案件，分别情形，予以处理。

（1）当事人没有争议，符合督促程序规定条件的，可以转入督促程序。

（2）开庭前可以调解的，采取调解方式及时解决纠纷。

（3）根据案件情况，确定适用简易程序或者普通程序。

（4）需要开庭审理的，通过要求当事人交换证据等方式，明确争议焦点。

（七）召集庭前会议

《民诉解释》第 224 条规定，人民法院可以在答辩期届满后，通过组织证据交换、召集庭前会议等方式，做好审理前的准备。

《民诉解释》第 225 条规定，根据案件具体情况，庭前会议可以包括下列内容。

（1）明确原告的诉讼请求和被告的答辩意见。

（2）审查处理当事人增加、变更诉讼请求的申请和提出的反诉，以及第三人提出的与本案有关的诉讼请求。

（3）根据当事人的申请决定调查收集证据，委托鉴定，要求当事人提供证据，进行勘验，进行证据保全。

（4）组织交换证据。

（5）归纳争议焦点。

（6）进行调解。

《民诉解释》第 226 条："人民法院应当根据当事人的诉讼请求、答辩意见以及证据交换的情况，归纳争议焦点，并就归纳的争议焦点征求当事人的意见。"

三、开庭审理

开庭审理，是指受诉法院在完成审理前的准备工作后，于确定的日期，在双方当事人及其他诉讼参与人的参加下，依照法定的形式和程序，在法庭上对民事案件进行实体审理的诉讼活动过程。

人民法院适用普通程序审理民事案件，必须严格依照法定程序进行。根据《民事诉讼法》的规定，开庭审理分为以下几个阶段。

（一）开庭准备

《民事诉讼法》第 139 条规定："人民法院审理民事案件，应当在开庭 3 日前通知当事人和其他诉讼参与人。公开审理的，应当告知当事人姓名、案由和开庭的时间、地点。"

（二）庭审准备

（1）开庭审理前，书记员应当查明当事人和其他诉讼参与人是否到庭，宣布法庭纪律。

（2）开庭审理时，由审判长或者独任审判员核对当事人，宣布案由，宣布审判人员、法官助理、书记员等的名单，告知当事人有关的诉讼权利义务，询问当事人是否提出回避申请。

（三）法庭调查

法庭调查是指人民法院依照法定程序，在法庭上对案件事实进行调查，对各种证据予以核实的诉讼活动。法定调查是开庭审理的核心，是案件进入实体审理的主要阶段，主要任务是进一步明确当事人的诉讼请求，在当事人均在场的情况下，通过法院的直接审理，查明案件事实、审查核实证据，从而全面揭示案情，为认定案件事实、正确适用法律提供依据，为后来的法庭辩论、合议庭评议等奠定基础。

根据《民事诉讼法》第 141 条规定，法庭调查主要包括两个内容：一是当事人陈述；二是当事人出示证据并相互质证。法庭调查的顺序如下。

1. 当事人陈述

原告、被告、第三人依次进行陈述。

2. 当事人出示证据并相互质证

证据应当在法庭上出示，由当事人相互质证。未经当事人质证的证据，不得作为认定案件事实的根据。证据依下列顺序出示：

（1）告知证人的权利义务，证人作证，宣读未到庭的证人证言；

（2）出示书证、物证、视听资料和电子数据；

（3）宣读鉴定意见；

（4）宣读勘验笔录。

（四）法庭辩论

辩论原则是民事诉讼的基本原则。法庭辩论是在法庭调查的基础上，双方当事人及其诉讼代理人在法庭上就仍有争议的事实和法律问题，进行辩驳和论证，以维护其合法权益的活动，是当事人行使辩论权最重要的形式。根据《民事诉讼法》第144条的规定，法庭辩论按照下列顺序进行：

（1）原告及其诉讼代理人发言；

（2）被告及其诉讼代理人答辩；

（3）第三人及其诉讼代理人发言或者答辩；

（4）互相辩论；

（5）法庭辩论终结，由审判长或者独任审判员按照原告、被告、第三人的先后顺序征询各方最后意见。

注意：法庭调查和法庭辩论的合并。

《民诉解释》第230条："人民法院根据案件具体情况并征得当事人同意，可以将法庭调查和法庭辩论合并进行。"一般情况下，法庭辩论是双方当事人在此前法庭调查已基本查明案件事实和证据材料的基础上进行。依据《民事诉讼法》的规定，法庭调查和法庭辩论属于相对独立的诉讼环节，均有自身的特定流程。但是在审判实践中，对于一些争议较多的案件，辩论问题分散且庭审时间过长，如果严格按照法庭调查和法庭辩论的环节分别进行，将可能导致法庭调查和法庭辩论在一些问题上重复，也可能导致当事人和审判人员对具体问题遗忘疏漏。为了发挥开庭审理的效率，提高审理的效果，审判人员认为法庭调查和法庭辩论可以合并的，征得当事人同意后，可以合并进行。在法庭调查阶段，一方当事人认为对方陈述不清，或认为证据需要对方证实，在征得审判长同意后，可以向对方发问。审判长认为一方当事人请求合理，应允许其向另一方当事人发问或与另一方当事人进行辩论。当事人间的发问或辩论结束后，审判人员继续进行法庭调查。

（五）合议庭评议

《民事诉讼法》第145条："法庭辩论终结，应当依法作出判决。判决前能够调解的，还可以进行调解，调解不成的，应当及时判决。"

法庭辩论结束后，调解不成的，合议庭应当休庭，进入评议室进行评议。评议时合议庭应根据法庭调查和法庭辩论的情况，确定案件的性质，认定案件的事实，分清是非责任，正确地适用法律，对案件作出最后的处理。合议庭评议案件，由审判长主持，秘密进行，合议庭有不同意见时，实行少数服从多数的原则，但少数意见要如实记入笔录。评议笔录由书记员制作，经合议庭成员和书记员签名或盖章，归档备查，不得对外公开。评议结束后，应制作判决书，并由合议庭成员签名。

（六）宣告判决

无论是公开审理还是不公开审理的案件，宣告判决一律公开。

宣告判决有两种方式：

一种是当庭宣判，即在合议庭评议后，由审判长宣布继续开庭并宣读裁判。宣判后，10 日内向有关人员发送判决书。

另一种是定期宣判，即不能当庭宣判的，另定日期宣判。定期宣判后，应立即发给判决书。

宣告判决的内容包括：认定的事实、适用的法律、判决的结果和理由、诉讼费用的负担、当事人的上诉权利、上诉期限和上诉法院。宣告离婚判决，还必须告知当事人在判决发生法律效力前不得另行结婚。

四、庭审笔录

庭审笔录，是指人民法院的书记员制作的能够反映法庭审理真实情况的书面记录。

《民事诉讼法》第150 条规定："书记员应当将法庭审理的全部活动记入笔录，由审判人员和书记员签名。法庭笔录应当当庭宣读，也可以告知当事人和其他诉讼参与人当庭或者在 5 日内阅读。当事人和其他诉讼参与人认为对自己的陈述记录有遗漏或者差错的，有权申请补正。如果不予补正，应当将申请记录在案。法庭笔录由当事人和其他诉讼参与人签名或者盖章。拒绝签名盖章的，记明情况附卷。"

五、审结期限

根据《民事诉讼法》第152 条规定，在第一审程序中，人民法院适用普通程序审理的案件，应当在立案之日起 6 个月内审结。有特殊情况需要延长的，经本院院长批准，可以延长 6 个月；还需要延长的，报请上级人民法院批准。

根据《民诉解释》第243 条规定，这里所指的审限，是指从立案之次日起至裁判宣告、调解书送达之日止的期间，但公告期间、鉴定期间、双方当事人和解期间、审理当事人提出的管辖权异议以及处理人民法院之间的管辖争议期间不计算在内。

六、审理中的特殊情形

（一）撤诉

撤诉，是指法院受理案件后，判决宣告前，当事人撤回起诉的行为。

1. 申请撤诉

申请撤诉是指当事人主动向受诉法院提出申请，不要求法院对案件继续进行审理，它是当事人对自己诉讼权利的积极处分。

《民事诉讼法》第148条第1款规定："宣判前，原告申请撤诉的，是否准许，由人民法院裁定。"

（1）申请撤诉的主体：原告及其法定代理人。原告，包括本诉的原告、提出反诉的被告、有独立请求权的第三人。但提出反诉的被告作为反诉的原告，有权撤回的是反诉；有独立请求权第三人之诉的原告，有权撤回的是有独立请求权第三人之诉。

（2）申请撤诉的时间：案件受理后，判决宣告前。

但要注意：《民诉解释》第238条第2款：法庭辩论终结后原告申请撤诉，被告不同意的，人民法院可以不予准许。

（3）撤诉必须以书面或者口头的方式向受诉人民法院提出。

（4）申请撤诉必须基于当事人真实意思表示。

（5）撤诉的目的必须正当、合法，是否准许，由人民法院裁定。

2. 按撤诉处理

按撤诉处理是指受诉法院依照法律的明确规定，针对当事人的某些行为，比照当事人申请撤诉的情况来对案件加以处理，是当事人对自己诉讼权利的消极处分。

根据《民事诉讼法》第146条以及《民诉解释》的规定，按撤诉处理具体适用于以下几种情况：

（1）原告、有独立请求权的第三人、法定代理人经法院传票传唤，无正当理由拒不到庭或者未经法庭许可中途退庭的。

（2）原告应当预交而未预交案件受理费的，经通知后仍不交纳或申请缓交、减免未获法院批准仍不交纳的，按撤诉处理。

应当注意的是，《民诉解释》第238条：当事人申请撤诉或者依法可以按撤诉处理的案件，要以是否有利于维护当事人的合法权益的标准来决定，如果当事人有违反法律的行为需要依法处理的，人民法院可以不准许撤诉或者不按撤诉处理。

3. 撤诉的法律后果

（1）本案的诉讼程序完结；

（2）撤诉视为未起诉，原告仍有权提起诉讼；

（3）原告负担有关的诉讼费用；

（4）撤诉以后，本案诉讼时效期间重新开始计算。

（二）缺席判决

缺席判决，是与对席判决相对而言的，是指在当事人一方无正当理由拒不到庭或者未经法庭许可中途退庭的情况下，受诉人民法院经过开庭审理后依法对案件作出判决的法律制度。

（1）根据《民事诉讼法》和《民诉解释》的规定，出现下列情形之一的，可以适用缺席判决。

① 原告申请撤诉，未获准许，经传票传唤，无正当理由拒不到庭或者未经许可中途退庭的。

② 非必须到庭的被告经传票传唤，无正当理由拒不到庭的，或者未经法庭许可中途退庭的，可以缺席判决。

③ 无民事行为能力的被告（非必须到庭）的法定代理人，经传票传唤无正当理由拒不到庭的。（《民诉解释》第235条）

④ 无独立请求权的第三人经人民法院传票传唤，无正当理由拒不到庭的，或者未经法庭许可中途退庭的，不影响案件的审理，即可以对其缺席判决。（《民诉解释》第240条）

⑤ 无民事行为能力人离婚诉讼，当事人的法定代理人应当到庭；法定代理人不能到庭的，人民法院应当在查清事实的基础上，依法作出判决。（《民诉解释》第234条）

（2）缺席判决的法律后果。

人民法院审理民事案件，以对席判决为原则，以缺席判决为例外。缺席判决尽管在形式上与对席判决有所差异，但二者的法律效力是完全相同的，对一审判决，缺席一方当事人仍依法享有上诉权。缺席判决在诉讼程序上因一方当事人的缺席会有所变化，但法院仍应查明案件事实，核实有关证据，要与对席判决一样保证审判质量，并且要注意使缺席一方当事人的合法权益得到应有的法律保护。

【例1】下列哪些民事诉讼案件法院不可以按撤诉处理？①王某是有独立请求权

的第三人，开庭审理过程中未经法庭许可中途退庭；②韩律师是原告的委托代理人，无正当理由拒不到庭；③张某是无独立请求权的第三人，无正当理由拒不到庭；④李某是被告的法定代理人，无正当理由拒不到庭。

分析： ②③④不可按撤诉处理。①中有独立请求权第三人在有独立请求权第三人之诉中为原告，开庭审理过程中未经法庭许可中途退庭，对有独立请求权第三人之诉按撤诉处理；②中原告的委托代理人无正当理由拒不到庭，不能按撤诉处理；③中无独立请求权第三人无理由拒不到庭，应当缺席判决，而不是按撤诉处理；原告的法定代理人无正当理由拒不到庭可以按撤诉处理，但④中是被告的法定代理人，无正当理由拒不到庭，应当缺席判决。

【例2】 甲起诉乙要求返还借款10万元，法院适用普通程序审理并向双方当事人送达出庭传票，因被告乙不在家，乙的妻子代其签收了传票。开庭时，被告乙未到庭。经查，乙已离家出走，下落不明。

请问：法院对本案应如何处理？

分析： 法院对本案可以进行缺席判决。本案中乙的妻子有权代收文书，开庭传票已经有效送达，被告开庭时无正当理由，拒不到庭，可以对其缺席判决。很多人看到"离家出走，下落不明"等字眼，当然地想到了公告送达，但是本案中，诉讼中文书已经有效地送达过了（妻子签收，同住成年家属代为签收为直接送达），不需要再行送达，直接以无正当理由拒不到庭，在查明事实、分清是非的前提下可以缺席判决。

（三）延期审理

延期审理是指人民法院确定了案件的审理日期后或者在开庭审理过程中，由于出现了法律规定的特殊情况使开庭审理无法如期或继续进行，而将开庭审理日期推延的制度。延期审理仅仅将庭审推迟，其他诉讼活动照常进行，待障碍消除后再次开庭即可，这是与诉讼中止的本质区别。

根据《民事诉讼法》第149条的规定，有下列情形之一的，可以延期审理：

（1）必须到庭的当事人和其他诉讼参与人有正当理由没有到庭的；

（2）当事人临时提出回避申请的；

（3）需要通知新的证人到庭，调取新的证据，重新鉴定、勘验，或者需要补充调查的；

（4）其他应当延期的情形（是指因不可抗力或者意外事件导致庭审无法正常进行的情形）。

【例1】甲与乙专利侵权纠纷一案，法庭审理过程中，发现需要重新进行鉴定，法院决定延期审理。

分析： 正确。需要重新鉴定，故本次庭审不能继续，需要等到重新鉴定后再次开庭，故应当决定延期审理，表述正确。

【例2】甲、乙人身损害赔偿一案，甲在前往法院开庭的路上遇到车祸，小腿骨折住院治疗，法院决定延期审理。

分析： 正确。小腿骨折送往医院治疗，本次庭审无法继续，但诉讼仍然要继续，仍然是甲、乙继续，只是换个时间开庭而已，决定延期审理的做法正确。

注意：（1）延期审理的文书用决定书，而不是裁定。

（2）以上四种延期审理的情形本质是诉讼出现障碍致使庭审无法继续进行下去，需要推迟开庭或者择日开庭。

（四）诉讼中止

诉讼中止，是指在诉讼程序进行过程中，由于某种法定情形的出现，致使本案的诉讼无法继续进行或者不宜继续进行，而暂时停止本案诉讼程序的制度。

1. 根据《民事诉讼法》第153条的规定，有下列情形之一的，人民法院即应裁定中止诉讼

（1）一方当事人死亡，需要等待继承人表明是否参加诉讼的。

（2）一方当事人丧失诉讼行为能力，尚未确定法定代理人的。

（3）作为一方当事人的法人或者其他组织终止，尚未确定权利义务承受人的。

（4）一方当事人因不可抗拒的事由，不能参加诉讼的。

（5）本案必须以另一案的审理结果为依据，而另一案尚未审结的。

（6）其他应当中止诉讼的情形。

中止诉讼的原因消除后，恢复诉讼。

【例1】甲诉乙归还借款一案，诉讼中，乙因盗窃被刑事拘留，法院裁定诉讼中止。问法院的做法是否正确？

分析： 错误。本案是借款纠纷，另一案是乙盗窃案。本案的审理不需要以乙盗窃案的结果为依据，故盗窃案尚未审结不影响本案的审理，本案应当继续审理。

【例2】甲将一条价值10万元的项链寄存在银行保险柜中，后该项链丢失，甲起诉银行，在诉讼过程中，银行的出纳员乙因盗窃该项链被公安机关刑事拘留，进入刑事诉讼程序，法院裁定中止诉讼，问法院的做法是否正确？

分析： 错误。因为本案是甲诉银行保管合同纠纷，另一案是银行出纳员乙盗窃案。盗窃案的审理结果（项链是否为乙所盗窃）不影响银行的赔偿义务，不论是否是乙盗窃了该项链，基于合同的相对性，银行都需要对甲进行赔偿，所以本案的处理并不以刑事诉讼的结果为依据。所以不能诉讼中止，民事诉讼应当继续进行。

【例3】张三死后，三个儿子张甲、张乙、张丙因为遗产继承纠纷起诉到法院，诉讼过程中，张丙因为涉嫌杀害邻居李四，被公安机关刑事拘留，问该遗产继承纠纷应如何处理？

分析： 继续进行。因为本案是张甲、张乙、张丙遗产继承纠纷，另一案是张丙涉嫌杀害邻居李四。另一案的结果不影响本案中张丙的继承权，故本案的审理不需要另一案的结果为依据，故不需要诉讼中止，而是继续进行。

【例4】张三死后，三个儿子张甲、张乙、张丙因为遗产继承纠纷起诉到法院，诉讼过程中，张丙因为涉嫌杀害张三，被公安机关刑事拘留，问该遗产继承纠纷应如何处理？

分析： 诉讼中止，因为本案是张甲、张乙、张丙遗产继承纠纷，另一案是张丙涉嫌杀害张三（被继承人）。根据《民法典》规定，继承人杀害被继承人是丧失继承权的法定理由，所以遗产继承纠纷的正确处理需要以张丙涉嫌杀害张三的刑事诉讼结果为依据，而该案尚未审结，法院应当裁定诉讼中止。

2. 诉讼中止的效力

诉讼中止的裁定一经作出，立即发生法律效力，当事人既不能提出上诉，也不能申请复议。中止诉讼裁定作出后，本案诉讼程序暂停。中止诉讼的原因消除后，恢复诉讼。在裁定中止诉讼的原因消除、恢复诉讼程序时，不必撤销原裁定，从人民法院通知或者准许当事人双方继续进行诉讼时起，中止诉讼的裁定即失去效力。诉讼程序恢复后，人民法院和当事人原来已经进行的一切诉讼活动仍然有效。

（五）诉讼终结

诉讼终结，是指在诉讼程序进行过程中，因发生某种法定的诉讼终结原因，致使本案诉讼程序继续进行已没有必要或不可能继续进行，从而由法院结束本案诉讼程序的制度。

根据《民事诉讼法》第154条规定，有下列情形之一的，人民法院应当裁定终结诉讼：

（1）原告死亡，没有继承人，或者继承人放弃诉讼权利的；

（2）被告死亡，没有遗产，也没有应当承担义务的人的；

（3）离婚案件一方当事人死亡的；

（4）追索赡养费、扶养费、抚养费以及解除收养关系案件的一方当事人死亡的。

七、判决、裁定、决定

（一）判决

判决，是指法院在对民事案件审理终结后，根据查明的案件事实和有关法律，对当事人之间争议的民事权利义务关系作出的具有法律约束力的判定。

1. 判决的内容

（1）案由、诉讼请求、争议事实和理由；（2）判决认定的事实和理由、适用的法律和理由；（3）判决结果和诉讼费用的负担；（4）上诉期间和上诉法院。

判决书由审判人员、书记员署名，加盖人民法院印章。

2. 判决错误的纠正

（1）如果是瑕疵，如笔误、文字错误、计算错误、诉讼费用漏写等，则用裁定书补正。

（2）如果是实质内容错误，如适用法律错误、认定事实错误，则视当事人是否上诉而定。

当事人上诉的，原审法院可以提出原判决有误的意见，报送二审法院，由二审法院通过二审程序予以纠正。

当事人未上诉的，判决生效，应当按照审判监督程序处理。

3. 民事判决的法律效力

主要包括对人的拘束力、对事的确定力和执行力。

对人的拘束力，是指判决具有确认某一主体应为或不应为一定行为的效力，包括对当事人、法院和社会的效力。

对事的确定力，是指判决对当事人的争议能够从法律上进行定论，当事人不得再行争执。

执行力，是指判决作为执行根据能够进行强制执行的效力。

4. 民事裁判文书的公开

《民事诉讼法》第159条："公众可以查阅发生法律效力的判决书、裁定书，但涉及国家秘密、商业秘密和个人隐私的内容除外。"

（二）裁定

裁定，是指人民法院在审理案件的过程中，对程序上应解决的事项所作的权威性判定。

根据《民事诉讼法》第 157 条规定，裁定的适用范围包括：

（1）不予受理；（2）管辖权异议；（3）驳回起诉（这三种可以上诉）；（4）财产保全和先予执行；（5）准许或不准许撤诉；（6）中止或终结诉讼；（7）补正判决书中的笔误；（8）中止或终结执行；（9）撤销或不予执行仲裁裁决；（10）不予执行公证机关赋予强制执行力的债权文书；（11）其他需要裁定解决的事项。

裁定书应当写明裁定结果和作出该裁定的理由。裁定书有审判人员、书记员署名，加盖人民法院印章。口头裁定的，记入笔录。

（三）决定

决定，是指人民法院为保证民事诉讼活动的顺利进行，对诉讼程序中发生的特殊事项所作的判定。所谓特殊事项，是指既非案件实体问题又非纯诉讼程序事项，但此类事项的处理关系到诉讼程序的正常进行。决定的主要作用在于排除民事诉讼中的障碍，保障诉讼活动正常进行。

决定的适用范围：

（1）解决回避问题；（2）对妨碍民事诉讼行为的处理；（3）对诉讼费用减、免、缓交申请的处理；（4）其他需要使用决定处理的事项（如延期审理、决定再审）等。

决定有书面或口头两种形式，一经作出，立即发生法律效力。

 真题自测

1. 晋某购买了甲房地产开发公司的一间房屋，后因房屋被征收，晋某起诉要求返还双倍定金共计 40 万元，法院认定甲房地产开发公司没有过错，判决只需返还定金 20 万元。判决生效后晋某又起诉要求甲房地产开发公司支付定金利息 2 万元，甲房地产开发公司认为晋某属于重复起诉，关于法院处理下列说法正确的是？（2022，单选）

A. 既判力范围及于利息，直接裁定驳回起诉

B. 原判决有既判力，直接裁定适用原判决

C. 既判力范围及于利息，判决驳回诉讼请求

D. 既判力范围不及于利息，不属于重复起诉，法院继续审理

答案：A。提示：重复起诉。

2. 张三与李四自愿登记结婚，李四的母亲却一直反对，遂以李四与张三结婚时未达到法定结婚年龄为由，向法院起诉请求确认婚姻无效。诉讼过程中，因李四态度坚决，李四的母亲无奈向法院申请撤诉。关于本案的处理，法院的下列哪一做法是正确的？（2021，单选）

A. 裁定同意撤诉申请

B. 调解结案

C. 判决结案

D. 裁定驳回起诉

答案：C。提示：《婚姻家庭解释（一）》第9、第11条。

3. 甲因合同纠纷起诉星星公司，诉讼过程中甲突发急病，不幸变成植物人。其父老甲表示要撤回起诉，专心为甲治病；其妻乙不同意撤诉，想要继续进行诉讼。对此，法院的下列哪一做法是正确的？（2021，单选）

A. 变更乙为原告，继续诉讼

B. 裁定诉讼中止

C. 裁定乙为法定代理人，继续诉讼

D. 裁定准许撤诉

答案：B。提示：《民事诉讼法》第153条。

4. 甲省规定不超过3000万元的财产纠纷由基层法院管辖。大昌公司在甲省乙市丙区法院起诉请求兴平公司支付工程款2500万元。法庭辩论终结后，合议庭评议一致决定支持大昌公司的诉讼请求。准备写判决书时，大昌公司变更诉讼请求要求兴平公司支付工程款3500万元。对此，法院的下列哪一做法是正确的？（2021，单选）

A. 直接移送乙市中级法院审理

B. 直接就2500万元诉讼请求作出判决

C. 重新进行法庭调查

D. 兴平公司提出管辖权异议后移送管辖

答案：B。提示：《民诉解释》第232条。

5. A公司与B公司因买卖合同的履行发生争议，A公司将B公司诉至甲市M区法院，请求法院判令B公司按照合同的约定交付货物。法院经过审理后查明系B公司的上游公司因疫情原因没有供货，才导致B公司无法发货，于是判决驳回A公司的诉讼请求，双方当事人均未上诉。3个月后，A公司发现B公司的上游已经复工复产，但B公司仍然没有履行合同，此时A公司应当如何维护自身权益？（2020，单选）

A. A 公司可以向甲市中级人民法院上诉

B. A 公司可以向甲市中级人民法院申请再审

C. A 公司可以重新向甲市 M 区法院提起诉讼，要求 B 公司交付货物

D. A 公司不得再次向甲市 M 区法院提起诉讼，否则构成重复起诉

答案：C。提示：上诉期、再审理由、重复起诉。《民诉解释》第 248 条。

6. 王某以借款纠纷为由起诉吴某。经审理，法院认为该借款关系不存在，王某交付吴某的款项为应支付的货款，王某与吴某之间存在买卖关系而非借用关系。法院向王某作出说明，但王某坚持己见，不予变更诉讼请求和理由。法院遂作出裁定，驳回王某的诉讼请求。关于本案，下列选项正确的是？（2020，单选）

A. 法院违反了不告不理原则

B. 法院适用裁判形式错误

C. 法院违反了辩论原则

D. 法院违反了处分原则

答案：B。提示：裁判形式。

7. 2013 年 5 月，高某租赁品尚公司商业铺面，约定租期 1 年，到期后支付租金。租期届满后，高某仅支付 6 个月租金。品尚公司法定代表人赵某是高某的好友，因此品尚公司一直未予主张。2017 年 10 月赵某离职后，品尚公司起诉高某要求支付剩余租金和逾期利息。案件审理过程中，品尚公司并入金光公司。关于本案，下列说法正确的是？（2020，单选）

A. 法院不应受理品尚公司的起诉

B. 高某可反诉原告诉请超过诉讼时效

C. 公司合并后法院应当裁定诉讼终结

D. 原告应承担高某租赁其铺面事实的证明责任

答案：D。提示：诉讼时效、诉讼终结、反驳与反诉、证明责任。《民诉解释》第 91、第 219 条；《民事诉讼法》第 154 条。

8. 根据《民事诉讼法》以及相关司法解释，关于离婚诉讼，下列选项正确的有？（2020，不定项）

A. 被告下落不明的，案件由原告住所地法院管辖

B. 一方当事人死亡的，诉讼终结

C. 判决生效后，不允许当事人申请再审

D. 原则上不公开审理，因其属于法定不公开审理案件范围

答案：AB。提示：离婚诉讼。《民事诉讼法》第 23、第 211 条。

9. 温某驾驶未登记的电动车回家，路上不慎撞倒黄某，致其重度颅内损伤，

构成五级伤残。事故发生后，双方达成赔偿协议，约定温某一次性赔偿黄某医疗费、护理费等各项损失共计 8.4 万元，此次事故一次性解决后了事。后黄某以欺诈为由诉请撤销该协议，并要求温某赔偿损失 120 万元。法院受理后，对该案进行了开庭审理，但是在庭审结束后第二天，黄某又被电动车撞倒，当场死亡。法院查明，黄某只有唯一一个继承人黄小明，现黄小明下落不明。法院应该如何处理？（2018，单选）

A. 裁定撤诉

B. 裁定中止诉讼

C. 根据庭审情况直接作出判决

D. 裁定终止诉讼

答案：B。提示：《民事诉讼法》第 153 条。

 案例讨论

1. 甲与乙系父子关系，甲起诉乙请求给付赡养费。法院确定开庭审理后，对甲和乙都进行了传票传唤。但法院开庭审理时，乙未到庭，也没有向法院说明理由。

请问：在这种情况下，法院应如何处理？

2. 丙与丁结婚后，丁向法院提起诉讼，请求确认其与丙之间的婚姻关系无效。案件审理过程中，丙病故。经查，丙没有其他近亲属。

请问：（1）法院应当驳回起诉吗？

（2）法院应当裁定诉讼终结还是继续审理本案？

Chapter 12

C 第十二章
简易程序

彭某与杨某民间借贷纠纷案①

【案情】原告彭某与被告杨某系朋友关系。2021 年 2 月 11 日，杨某因资金周转向彭某借款，彭某通过微信向杨某转账 5000 元。后经彭某多次催收，杨某拒不偿还，彭某遂提起诉讼，请求杨某偿还借款。

重庆市垫江县人民法院经审查认为，本案符合小额诉讼程序的适用条件，以适用小额诉讼程序审理为宜。审理前法院通过原告彭某提供的电话与被告杨某联系，接听方拒绝承认其是杨某本人。法院立即通过查询协作机制，查找杨某实名登记的手机号码并与其联系，杨某才配合应诉，并认可案件事实。根据彭某的陈述、举示的微信聊天记录等证据，可以认定彭某与杨某存在民间借贷关系，故对彭某主张由杨某偿还借款 5000 元的请求予以支持。

评析：在 2019 年中央政法工作会议上，习近平总书记提出，深化诉讼制度改革，推进案件繁简分流、轻重分离、快慢分道。为落实该要求，全国人大常委会于 2019 年 12 月 28 日作出了《关于授权最高人民法院在部分地区开展民事诉讼程序繁简分流改革试点工作的决定》。取得授权的最高人民法院于 2020 年 1 月印发了《民事诉讼程序繁简分流改革试点实施办法》，在 15 个省的试点法院进行繁简分流改革。2022 年 1 月 1 日，新《民事诉讼法》对小额诉讼程序作了重要的修改和补充，进一步凸显小额诉讼程序的优势。

小额诉讼程序具有便民、低成本、公正与效率兼顾等优势，符合当下解决众多小额纠纷的需要。我国《民事诉讼法》第 165 条规定，基层人民法院和它派出的法

---

① 资料来源：重庆市高级人民法院发布 4 起小额诉讼典型案例之一。

庭审理事实清楚、权利义务关系明确、争议不大的简单金钱给付民事案件，标的额为各省、自治区、直辖市上年度就业人员年平均工资50%以下的，适用小额诉讼的程序审理，实行一审终审。本案中，重庆市垫江县人民法院推动了小额诉讼程序"应适尽适"，不仅减少了当事人的诉累，还节约了司法资源。

> **知识梳理**
>
> 1. 简易程序
> 2. 小额诉讼程序

一、简易程序

【例】甲（女）与乙（男）结婚三年，未生育子女。婚后双方因性格不合，不断产生矛盾和纠纷。某日，甲到其所在地法院起诉离婚。书记员丙打电话找到乙，传他下午到法院来。下午，丁法官开始审理他们的离婚案。经过简单询问，丁法官了解到他们都愿意离婚，对财产的分割虽然有分歧但均要求依法处理，而且无子女抚养问题。丁法官问双方是否愿意调解，他们回答可以，但双方由于对财产分割有分歧而未达成协议，于是法官结束庭审，告诉当事人等候判决。第三天双方被通知到法院听候宣判，法院作出了准予离婚的判决。

请问：本案中法院的做法是否正确？

分析： 本案是一宗比较简单的民事诉讼案件，应当适用简易程序。而且，在审理过程中该案件也没有变化，仍然是事实清楚、权利义务关系明确、争议不大的案件，不需要转换为普通程序审理。由于适用简易程序，所以原告甲用口头形式起诉得到许可，受诉法院的派出法庭当即予以受理，而且被告乙也以口头形式答辩。原告起诉后，法庭用电话传唤被告，没有使用传票。案件的审判组织采用了独任制，丙担任王法官的书记员。案件的审理程序也简便，法官仅履行了调查案件事实的程序，听取了当事人双方的辩论意见，在调解不成的情况下作出了判决。适用简易程序审理案件，可以像本案这样简便，也可采取稍正式的程序审理，但不论其程序是简易还是比较正式，其审判组织形式都是独任制。

民事简易程序设立宗旨在于通过简便易行的诉讼程序，迅速解决司法实践中大量存在的相对较为简单的民事纠纷，以此达到繁简分流、合理配置司法资源，进而提高诉讼时效和降低诉讼成本。

简易程序是指基层人民法院和它的派出法庭审理简单的民事案件所适用的程序。简易程序是与普通程序并列、独立的民事诉讼程序，与普通程序相比，具有诉讼成本较低、审理周期较短、诉讼方式简便及适用范围较广，即"迅速、简便、低消耗"的特征。

（一）简易程序的适用范围

1. 具体适用范围

《民事诉讼法》第 160 条："基层人民法院和它派出的法庭审理事实清楚、权利义务关系明确、争议不大的简单的民事案件，适用本章规定。基层人民法院和它派出的法庭审理前款规定以外的民事案件，当事人双方也可以约定适用简易程序。"

（1）适用的法院：仅限于基层人民法院及其派出法庭，不适用于其他级别的法院。

（2）适用的审级：仅适用于审理第一审民事案件。

（3）适用的案件范围：事实清楚、权利义务关系明确、争议不大的简单的民事案件。

《民诉解释》第 256 条规定：

事实清楚是指当事人对争议的事实陈述基本一致，并能提供相应的证据，无须人民法院调查收集证据即可查明事实；

权利义务关系明确是指能明确区分谁是责任的承担者，谁是权利的享有者；

争议不大是指当事人对案件的是非、责任承担以及诉讼标的争执无原则分歧。

2. 不得适用简易程序审理的案件（《民诉解释》257 条）

（1）起诉时被告下落不明的；（2）发回重审的；（3）当事人一方人数众多的；（4）适用审判监督程序的；（5）涉及国家利益、社会公共利益的；（6）第三人起诉请求改变或撤销生效判决、裁定、调解书的；（7）其他不宜适用简易程序的案件。

3. 合意适用

根据《民事诉讼法》第 160 条第 2 款规定，扩大了简易程序的适用范围：基层人民法院及其派出法庭原本应适用第一审普通程序审理的案件，如果双方当事人自愿选择适用简易程序，即达成适用简易程序的合意，则可适用简易程序进行审理。

当事人约定适用简易程序的，应当在开庭前提出。口头提出的，记入笔录，由双方当事人签名或者捺印确认。（《民诉解释》第 264 条）

（二）简易程序的特点

1. 起诉方式简便（《民事诉讼法》第 161 条）

可以口头起诉，并不限于书写有困难的人。口头起诉的，由书记员将起诉的内容记入笔录。在普通程序中以书面起诉为原则，当事人书写确有困难的才可以用口头方式。

2. 受理案件方式程序简便（《民事诉讼法》第 161 条）

当事人双方可以同时到基层法院或者其派出法庭，请求解决纠纷，基层法院或者其派出法庭可以当即审理，也可以另定日期审理。不必像普通程序，经历起诉、受理、答辩、传唤、审理的程序以及期间的规定。

3. 传唤当事人和通知证人、送达诉讼文书的方式简便（《民事诉讼法》第 162 条、《民诉解释》第 261 条）

法院可以采取捎口信、打电话、发短信、发传真、发电子邮件等简便方式传唤、通知当事人、证人，不要求必须采用传票、通知书形式。传唤的时间也更加灵活，不受普通程序规定的必须在开庭的 3 日前通知当事人和其他诉讼参加人的限制。

但是要注意：（1）要实际传唤到位。以捎口信、电话、传真、电子邮件等形式发送的开庭通知，未经当事人确认或者没有其他证据足以证明当事人已经收到的，人民法院不得将其作为按撤诉处理和缺席判决的根据。（2）另外，还特别强调，即使是使用简便方式进行传唤、送达和审理，依然应当保障当事人陈述意见的权利。

4. 答辩期限与举证期限的特别规定（《民诉解释》第 266 条）

（1）当庭举证确有困难的，举证期限由法院确定，也可以由当事人协商一致并经法院准许，但不得超过 15 日。被告要求书面答辩的，法院可在征得其同意的基础上，合理确定答辩期间。

（2）人民法院应当将举证期限和开庭日期告知双方当事人，并向当事人说明逾期举证以及拒不到庭的法律后果，由双方当事人在笔录和开庭传票的送达回证上签名或者捺印。

（3）当事人双方均表示无须举证期限、答辩期间的，人民法院可以立即开庭审理或者确定开庭日期。

5. 审判组织采用独任制（《民事诉讼法》第 163 条）

简易程序审理民事案件则采用独任制，即案件由审判员一人独任审理。但注意：（1）要配备书记员担任记录，独任审判员不得自审自记。（2）必须由审判员审理，不能由陪审员审理。

6. 先行调解

根据《最高人民法院关于适用简易程序审理民事案件若干规定》（以下简称

《简易程序规定》）第 14 条规定，下列适用简易程序的民事案件，法院在开庭审理时，应当先行调解：

(1) 婚姻家庭纠纷和继承纠纷；

(2) 劳务合同纠纷；

(3) 交通事故和工伤事故引起的权利义务关系较为明确的损害赔偿纠纷；

(4) 宅基地和相邻关系纠纷；

(5) 合伙协议纠纷；

(6) 诉讼标的额较小的纠纷。

7. 审理程序简便

(1) 适用简易程序审理案件，可以简便方式进行审理前的准备。（《民诉解释》第 267 条）

(2) 当事人双方可就开庭方式向人民法院提出申请，由人民法院决定是否准许。经当事人双方同意，可以采用视听传输技术等方式开庭。（《民诉解释》第 259 条）

(3) 庭审程序比较简便，法庭调查和法庭辩论可以合并进行，也可以穿插进行，灵活掌握。

(4) 庭审次数较少，原则上应当一次开庭审结，但人民法院认为确有必要再次开庭的除外。（《简易程序规定》第 23 条）

(5) 宣判方式简便，判决结案的宣判方式，除人民法院认为不宜当庭宣判的以外，应当当庭宣判。（《简易程序规定》第 27 条）

8. 裁判文书可以简化（《民诉解释》第 270 条）

对适用简易程序审理的案件，有下列情形之一的，人民法院在制作判决书、裁定书、调解书时，对认定事实或裁判理由部分可以适当简化：

(1) 当事人达成调解协议并需要制作民事调解书的；

(2) 一方当事人明确表示承认对方全部或者部分诉讼请求的；

(3) 涉及商业秘密、个人隐私的案件，当事人一方要求简化裁判文书中相关内容，人民法院认为理由正当的；

(4) 当事人双方同意简化的。

9. 案件的审结期限较短

《民事诉讼法》第 164 条："应当在立案之日起三个月内审结。有特殊情况需要延长的，经本院院长批准，可以延长一个月。"

《民诉解释》第 258 条："适用简易程序审理的案件，审理期限到期后，有特殊情况需要延长的，经本院院长批准，可以延长审理期限。延长后的审理期限累计不得超过四个月。"

（三）简易程序与普通程序转化

【例】 甲和乙是朋友，乙两年前曾经向甲借过5万元钱，久未归还。于是甲到法院起诉乙，要求归还借款。法院受理后，适用简易程序，由审判员丙独任审理。在审理过程中，甲认为丙对案子有倾向性，并认为案件虽小但却复杂，要求适用普通程序审理，并要求丙回避。丙发现案情确有复杂之处，原告提供的证据借条因保管不善，字迹模糊不清，借款数额难以辨认，而被告又不承认借过这笔钱，也不承认自己在借条上签名，需要进一步调查取证并进行书证笔迹鉴定。另外，被告又提起了反诉。

请问：甲是否有权提出适用普通程序审理的要求？甲要求回避的理由是否成立？在此种情况下，案件应如何进行？

分析： 甲有程序异议权，法院应当依法审查，决定是否准许。甲认为丙有倾向性的理由不成立，法律没有这种回避事由的规定。如果案情确实复杂，法院应当转为普通程序审理。

1. 简易程序可转换为普通程序

具体情形：

（1）原告提供了被告的准确地址，但法院无法向被告直接或者留置送达应诉通知书的，应当将案件转入普通程序审理。（《简易程序规定》第8条）

【例】 夏某因借款纠纷起诉陈某，法院决定适用简易程序审理。法院依夏某提供的被告地址送达时，发现有误，经多方了解和查证也无法确定准确地址。对此，法院应如何处理？

分析： 法院应裁定驳回起诉。《简易程序规定》第8条："人民法院按照原告提供的被告的送达地址或者其他联系方式无法通知被告应诉的，应当按以下情况分别处理：（一）原告提供了被告准确的送达地址，但人民法院无法向被告直接送达或者留置送达应诉通知书的，应当将案件转入普通程序审理；（二）原告不能提供被告准确的送达地址，人民法院经查证后仍不能确定被告送达地址的，可以被告不明确为由裁定驳回原告起诉。"所以，本案属于第二种情况，可以以被告不明确为由驳回起诉。

（2）当事人对法院适用简易程序提出异议，法院认为异议成立，裁定转为普通程序。（《民诉解释》第269条）

（3）人民法院在审理过程中发现不宜适用简易程序审理的，裁定转为普通程序。（《民事诉讼法》第170条）

提示：①简易程序转换为普通程序的文书为裁定书，而不是决定书；②简易程序转换为普通程序后，普通程序审限是从立案次日起开始计算，而不是从程序转化之日开始重新计算。

2. 普通程序转为简易程序

（1）普通程序原则上不能转换为简易程序。《民诉解释》第260条规定，已经按照普通程序审理的案件，在开庭后不得转为简易程序审理。

（2）例如，根据《民事诉讼法》第160条第2款规定，简易程序可以约定适用，即基层人民法院和它派出法庭本应适用第一审普通程序审理的民事案件，当事人双方也可以约定适用简易程序。

二、小额诉讼程序

小额诉讼程序，指基层人民法院受理诉讼标的在一定金额以下的简单民事纠纷所适用的诉讼程序。

《民事诉讼法》第165条规定："基层人民法院和它派出的法庭审理事实清楚、权利义务明确、争议不大的简单金钱给付民事案件，标的额为各省、自治区、直辖市上年度就业人员年平均工资50%以下的，适用小额诉讼的程序审理，实行一审终审。基层人民法院和它派出法庭审理前款规定的民事案件，标的额超过各省、自治区、直辖市上年度就业人员年平均工资50%但在2倍以下的，当事人双方也可以约定适用小额诉讼的程序。"

（一）小额诉讼程序的适用范围

1. 适用法院

（1）只能由基层人民法院及其派出法庭适用，而且只适用于审理一审案件。

（2）海事法院可以审理海事、海商小额诉讼案件。（《民诉解释》第273条）

2. 适用条件

（1）依职权适用：小额诉讼程序适用于事实清楚、权利义务明确、争议不大的简单金钱给付民事案件，标的额为各省、自治区、直辖市上年度就业人员年平均工资50%以下。

（2）依约定适用：标的额超过各省、自治区、直辖市上年度就业人员年平均工资 50% 但在 2 倍以下的，当事人双方也可以约定适用小额诉讼的程序。

3. 不适用小额诉讼程序的案件

《民事诉讼法》第 166 条规定了不适用小额诉讼程序的案件：

（1）人身关系、财产确权案件；

（2）涉外案件；

（3）需要评估、鉴定或者对诉前评估、鉴定结果有异议的案件；

（4）一方当事人下落不明的案件；

（5）当事人提出反诉的案件；

（6）其他不宜适用小额诉讼的程序审理的案件。

（二）小额诉讼程序的审理特点

1. 法院的告知义务（《民诉解释》第 274 条）

法院受理小额诉讼案件，应当向当事人告知该类案件的审判组织、一审终审、审理期限、诉讼费用交纳标准等相关事项。

2. 举证期限与答辩期限（《民诉解释》第 275 条）

法院适用小额诉讼程序审理案件，举证期限由法院确定，也可以由当事人协商，并经法院准许，但一般不超过 7 日。

被告要求书面答辩的，法院可以在征得其同意的基础上合理确定答辩期，但最长不得超过 15 日。

当事人到庭后表示不需要举证期限和答辩期间的，法院可以立即开庭审理。

3. 审理方式（《民事诉讼法》第 167 条）

人民法院使用小额诉讼的程序审理案件，可以一次开庭审结并且当庭宣判。

4. 裁定禁止上诉（《民诉解释》第 276、第 277 条）

当事人对小额诉讼案件提出管辖权异议的，人民法院应当作出裁定。人民法院受理小额诉讼案件后，发现起诉不符合起诉条件的，裁定驳回起诉。裁定一经作出即生效。对管辖权异议、驳回起诉的裁定均不得提起上诉。

5. 程序的转化（《民事诉讼法》第 169 条）

（1）法院在审理过程中，发现案件不宜适用小额诉讼的程序的，应当适用简易程序的其他规定审理或者裁定转为普通程序。

（2）当事人认为案件适用小额诉讼的程序审理违反法律规定的，可以向法院提出异议。法院对当事人提出的异议应当审查，异议成立的，应当适用简易程序的其他规定审理或者裁定转为普通程序；异议不成立的，裁定驳回。

6. 裁判文书的简化（《民诉解释》第 280 条）

小额诉讼的裁判文书可以简化，主要记载当事人基本信息、诉讼请求、裁判主文等内容。

7. 审结期限（《民事诉讼法》第 168 条）

人民法院适用小额诉讼的程序审理案件，应当在立案之日起两个月内审结。有特殊情况需要延长的，经本院院长批准，可以延长一个月。

（三）对判决的救济

小额诉讼一审终审，判决一律不得上诉，但可适用再审程序。根据《民诉解释》第 424 条规定：

（1）当事人认为生效裁判存在错误而申请再审，但适用小额诉讼程序并无不当，可向原审人民法院申请再审，人民法院应当受理。申请再审事由成立的，应当裁定再审，组成合议庭进行审理。作出的再审判决、裁定，当事人不得上诉。

（2）当事人以不应按小额诉讼案件审理为由向原审人民法院申请再审的，人民法院应当受理。理由成立的，应当裁定再审，组成合议庭审理。作出的再审判决、裁定，当事人可以上诉。

 真题自测

1. 甲租赁乙的仓库，仓库位于 A 区，月租金 300 元，约定纠纷由甲住所地法院管辖，甲后来累计欠付租金 2500 元。于是乙向甲住所地法院起诉，法院适用小额诉讼程序，甲认为应由仓库所在地法院管辖本案，提出管辖权异议，但是被法院驳回，法院判决甲败诉。甲在裁判生效后，认为管辖权错误，欲申请再审，下列说法正确的是？（2022，单选）

A. 管辖权异议裁定不服可以上诉

B. 甲应向甲住所地法院申请再审

C. 甲应向仓库所在地法院申请再审

D. 管辖权错误无法启动再审程序

答案：D。提示：《民事诉讼法》第 165、第 211 条。

2. 甲市 A 区法院是繁简分流改革试点法院，苏强将其子苏明诉至甲市 A 区法院，请求法院判令被告支付赡养费 3000 元。被告苏明称其没有固定工作和固定收入，因此无力支付赡养费。关于本案，下列选项中说法正确的是？（2020，单选）

A. 经过双方当事人同意，法院在裁判文书中可以不写裁判理由

B. 法院可以不经过双方当事人同意，直接采用在线视频的方式进行开庭审理

C. 本案可以一审终审

D. 经过双方当事人同意，本案可以不开庭审理

答案：C。提示：小额诉讼。《民事诉讼法》第165条、《民事诉讼程序繁简分流改革试点实施办法》第9条。

3. 2014年9月30日，吴某租赁王某建筑搭架设备，使用结束后，经双方结算欠王某1000元。2016年5月29日，吴某为王某出具了一张1000元欠条，后经王某多次催要，吴某一直未还，王某诉至法院。法院决定适用小额诉讼程序审理，告知了双方小额诉讼程序的特点。被告要求书面答辩，法院确定了7日的答辩期，并指定了5日的举证期限。在答辩期内，被告提出了管辖权异议，法院告知其小额诉讼程序不能提管辖权异议。关于本案的诉讼程序，法院做法正确的有？（2018，多选）

A. 法院决定适用小额诉讼程序审理该案

B. 法院确定了7日的答辩期

C. 法院指定5日举证期限

D. 法院告知其小额诉讼程序不能提管辖权异议

答案：ABC。提示：小额诉讼。《民事诉讼法》第165条；《民诉解释》第275、第276条。

 案例讨论

1. 某县人民法院受理甲诉乙借款合同纠纷一案，当事人书面协议案件适用普通程序审理。开庭时，法院认为案件事实清楚，权利义务关系明确，争议不大，遂适用简易程序对案件进行审理。开庭前法院通过电子邮件向当事人送达了开庭通知，原告甲对邮件予以了回复确认，但乙一直未回复。开庭时，乙未到庭，法院缺席判决。经甲同意，法院通过电子邮件方式向甲送达了判决书，而向乙送达判决书时，乙下落不明，法院进行公告送达。

判决书送达后，甲提起上诉，二审法院认为原判决认定基本事实不清，撤销一审判决将案件发回重审。县法院重新指定审判员丙担任独任审判员，案件进行审理后作出判决。关于本案，请分析以下问题：

（1）县法院违反当事人协议约定，适用简易程序审理案件的做法是否正确？

（2）县法院通过电子邮件向当事人送达开庭通知的做法是否正确？

（3）县法院缺席判决的做法是否正确？

（4）县法院通过电子邮件向甲送达判决书的做法是否正确？

（5）县法院对乙公告送达的做法是否正确？

（6）本案适用简易程序审理，能否适当简化判决书和庭审笔录？

（7）县法院重新指定丙担任独任审判员审理案件的做法是否正确？

2. 张某诉李某借款纠纷一案，甲市A县法院受理后适用小额诉讼程序审理，在提交答辩状期间，李某提出管辖权异议，法院认为异议不成立，裁定驳回。法院经过审理后判决李某归还借款8000元。判决生效后，李某认为本案审理中法院认定事实错误，而申请再审。接受再审的法院认为李某的理由成立，裁定本案再审。请分析：

（1）李某对法院驳回其管辖权异议的裁定能否上诉？

（2）李某对本案判决不服，应当向哪一法院申请再审？

（3）法院裁定再审后，重新审理本案应当如何确定适用的审理组织？

（4）对本案再审判决能否上诉？

Chapter 13
第十三章
公益诉讼与第三人撤销之诉

经典案例 ●

湖南省益阳市人民检察院诉夏顺安等 15 人生态破坏民事公益诉讼案

【案情】2016 年 6 月至 11 月，夏顺安等人为牟取非法利益，分别驾驶九江采158 号、湘沅江采 1168 号、江苏籍 999 号等采砂船至洞庭湖下塞湖区域非规划区非法采砂，非法获利 2243.333 万元。夏顺安等人的非法采砂行为构成非法采矿罪，被相关刑事生效判决予以认定。2019 年 7 月，湖南省益阳市人民检察院提起民事公益诉讼，请求判令夏顺安等人对其非法采砂行为所造成的生态环境损害承担连带赔偿责任，并赔礼道歉。经湖南省环境保护科学研究院生态环境损害司法鉴定中心鉴定，夏顺安等 15 人非法采砂行为对非法采砂区域的生态环境造成的影响分为水环境质量受损、河床结构受损、水源涵养受损和水生生物资源受损，所造成生态环境影响的空间范围共计约 9.9 万平方米，其中造成的水生生物资源损失 2.653 万元，修复水生生物资源受损和河床结构与水源涵养受损所需的费用分别为 7.969 万元和 865.61万元，合计 873.579 万元。

法院生效裁判认为：首先，根据我国相关矿产资源法律法规的规定，开采矿产资源必须依法申请许可证，取得采矿权。夏顺安等 15 人在下塞湖区域挖取的砂石系国家矿产资源。根据沅江市砂石资源开采管理领导小组办公室证明、益阳市水务局《情况说明》、湘阴县河道砂石综合执法局证明、岳阳市河道砂石服务中心证明，并结合另案生效判决认定的事实及各被告当庭陈述，可证明被告未依法获得许可，私自开采国家矿产资源，应认定为非法采砂。其次，非法采砂行为不仅造成国家资源损失，还对生态环境造成损害，致使国家利益和社会公共利益遭受损失。因此，非法采砂违法犯罪行为不仅需要依法承担刑事责任，还要依法承担生态环境损害赔偿民事责任。应当按照谁污染谁治理、谁破坏谁担责的原则，依法追究非法采砂行为人的刑事、民事法律责任。

评析：生态环境保护是我国的一项基本国策，党的十八大以来，在习近平生态文明思想和习近平法治思想科学指引下，中国生态环境的法治建设取得了显著的成效。但仍然有些人在利益的驱动下作出破坏自然资源、损害自然环境的违法、犯罪行为，最终给国家和公共利益造成了巨大损害。而生态环境、资源保护是公益诉讼的一项重要内容，因而"启动、发展、完善"环境民事公益诉讼制度可以对已受损的环境公益进行救济以及防范发生生态环境受害风险的可能。同时，需要注意的是，近几年的案例通常都是刑事附带民事的环境公益诉讼案件，因此，人民法院在审理环境民事公益诉讼案件必须坚持损害赔偿、全面赔偿原则，对破坏生态违法犯罪的行为，要依法追究刑事责任，还要依法追究生态环境损害民事责任。对违法行为造成的生态环境损害的认定，要从环境质量、生物资源等各方面进行综合评价，并作出合理的认定。

习近平总书记强调，建设生态文明，重在建章立制，保护生态环境必须依靠制度、依靠法治。因此，必须坚持在法治化、制度化的轨道上推进生态文明和生态环境的保护，把制度优势转化为治理效能，促进生态环境质量体系和治理能力的现代化。

> **知识梳理**
>
> 1. 公益诉讼
> 2. 第三人撤销之诉

 一、公益诉讼

《民事诉讼法》第 58 条规定："对污染环境、侵害众多消费者合法权益等损害社会公共利益的行为，法律规定的机关和有关组织可以向人民法院提起诉讼。人民检察院在履行职责中发现破坏生态环境和资源保护、食品药品安全领域侵害众多消费者合法权益等损害社会公共利益的行为，在没有前款规定的机关和组织或者前款规定的机关和组织不提起诉讼的情况下，可以向人民法院提起诉讼。前款规定的机关或者组织提起诉讼的，人民检察院可以支持起诉。"

民事公益诉讼，是指基于维护受到损害的公共利益，特定的诉讼主体依法向人民法院提起的民事诉讼。该公共利益属于社会利益范畴，其利益主体不特定、不具体，是比较广泛意义上的人民、国家和社会。只有在公共利益受到损害时，才可基于维护社会公共利益提起公益诉讼。如果针对污染环境、侵害消费者合法权益的行为，直接请求保护个体利益，则不属于民事公益诉讼的范围，而属于一般普通民事诉讼即私益诉讼。公共利益的核心在于公共性，涉及不特定多数人的利益。

（一）起诉的主体

（1）环境公益诉讼：依法在设区的市级以上人民政府民政部门登记，且专门从事环境保护公益活动连续 5 年以上且无违法记录的社会组织。

（2）消费公益诉讼：省级以上消费者保护协会（中国消费者协会以及在省、自治区、直辖市设立的消费者协会）。

（3）检察院：在履行职责中发现破坏生态环境和资源保护、食品药品安全领域侵害众多消费者合法权益等损害社会公共利益的行为，在没有前款规定的机关和组织或者前款规定的机关和组织不提起诉讼的情况下，可以向人民法院提起诉讼。

（二）起诉的条件（《民诉解释》第 282 条）

（1）有明确的被告；

（2）有具体的诉讼请求；

（3）有社会公共利益受到损害的初步证据；

（4）属于人民法院受理民事诉讼的范围和受诉人民法院管辖。

（三）管辖（《民诉解释》第 283 条）

（1）由侵权行为地或者被告住所地中级人民法院管辖，但法律、司法解释另有规定的除外。

（2）因污染海洋环境提起的诉讼，由污染发生地、损害结果地或者采取预防污染措施地海事法院管辖。

（3）对同一侵权行为分别向两个以上人民法院提起公益诉讼的，由最先立案的人民法院管辖，必要时由他们的共同上级人民法院指定管辖。

（四）法院告知程序（《民诉解释》第 284 条）

法院受理公益诉讼案件后，应当在 10 日内书面告知相关行政主管部门。

（五）其他机关、组织参诉（《民诉解释》第 285 条）

人民法院受理公益诉讼案件后，依法可以提起诉讼的其他机关和有关组织，可以在开庭前向人民法院申请参加诉讼。人民法院准许参加诉讼的，列为共同原告。

【例】A省的某企业排污导致水污染，水顺流而下流经A省、B省、C省。按照法律规定，A、B、C三省的环保组织都可以提起公益诉讼，都是合格的原告。现在，A省的环保组织先起诉了，法院受理了案件之后，B省和C省的环保组织在开庭前向受理法院申请参加诉讼。

请问：是否可以？如果可以，是什么诉讼地位？

分析：可以，法院可以将其列为共同原告，而且公共利益是不可分割的，只能起诉一次、审理一次、判决一次，因此他们是必要共同诉讼的原告。

（六）与私益诉讼的关系（《民诉解释》第286条）

法院受理公益诉讼案件不影响同一侵权行为的受害人自行向法院提起诉讼。

（七）和解、调解的公告程序（《民诉解释》第287条）

（1）可以和解，人民法院可以调解。

（2）当事人达成和解或者调解协议后，人民法院应当将和解或者调解协议进行公告。公告期间不得少于30日。

（3）公告期满后，人民法院经审查，和解或者调解协议不违反社会公共利益的，应当出具调解书；和解或者调解协议违反社会公共利益的，不予出具调解书，继续对案件进行审理并依法作出裁判。

（八）撤诉的时间限制（《民诉解释》第288条）

一般民事诉讼案件中，原告在宣告判决之前皆可撤诉。但是，在公益诉讼案件中，原告撤诉必须在法庭辩论终结前；原告在法庭辩论终结后申请撤诉的，法院不予准许。

注意：公益诉讼中允许原告撤诉，但不允许因为当事人达成和解协议而撤回起诉，即达成和解协议后只有一种结案方式，由法院出具调解书结案。因为如果当事人达成和解协议后以撤诉的方式结案，会导致缺乏法院民事调解书的确认，该和解协议没有强制执行效力，不利于对公共利益的维护；同时会导致原、被告私下交易而牺牲公共利益。

（九）一事不再理（《民诉解释》第289条）

公益诉讼案件的裁判发生法律效力后，其他依法具有原告资格的机关和有关组织就同一侵权行为另行提起公益诉讼的，人民法院裁定不予受理，但法律、司法解释另有规定的除外。

（十）环境公益诉讼（《最高人民法院关于审理环境民事公益诉讼案件适用法律若干问题的解释》，以下简称《环境公益诉讼解释》）

1. 管辖（《环境公益诉讼解释》第6条）

第一审环境民事公益诉讼案件由污染环境、破坏生态行为发生地、损害结果地或者被告住所地的中级以上人民法院管辖。

中级人民法院认为确有必要的，可以在报请高级人民法院批准后，裁定将本院管辖的第一审环境民事公益诉讼案件交由基层人民法院审理。

2. 当事人追加（《环境公益诉讼解释》第10条）

有权提起诉讼的其他机关和社会组织在公告之日起30日内申请参加诉讼，经审查符合法定条件的，人民法院应当将其列为共同原告；逾期申请的，不予准许。

公民、法人和其他组织以人身、财产受到损害为由申请参加诉讼的，告知其另行起诉。

3. 被告不得反诉（《环境公益诉讼解释》第17条）
4. 撤诉（《环境公益诉讼解释》第26条）

负有环境保护监督管理职责的部门依法履行监管职责而使原告诉讼请求全部实现，原告申请撤诉的，人民法院应予准许。

（十一）消费公益诉讼（《最高人民法院关于审理消费民事公益诉讼案件适用法律若干问题的解释》，以下简称《消费公益诉讼解释》）

（1）被告不得反诉。（《消费公益诉讼解释》第11条）

（2）公益诉讼提起后，因同一行为提起的私益诉讼可以诉讼中止。（《消费公益诉讼解释》第10条）

（3）公益诉讼认定的事实，私益诉讼中双方均无须举证证明，但有异议并有相反证据足以推翻的除外；公益诉讼认定的不法行为，私益诉讼中原告可以主张适用，被告有反证推翻的除外；被告主张对其有利的认定，法院不予支持。（《消费公益诉讼解释》第16条）

（十二）检察机关提起公益诉讼（《最高人民法院、最高人民检察院关于检察公益诉讼案件适用法律若干问题的司法解释》，以下简称《检察公益诉讼解释》）

1. 诉前公告（《检察公益诉讼解释》第13条）

人民检察院在履行职责中发现破坏生态环境和资源保护，食品药品安全领域侵害众多消费者合法权益，侵害英雄烈士等的姓名、肖像、名誉、荣誉等损害社会公共利益的行为，拟提起公益诉讼的，应当依法公告，公告期间为 30 日。

公告期满，法律规定的机关和有关组织、英雄烈士等的近亲属不提起诉讼的，人民检察院可以向人民法院提起诉讼。

人民检察院办理侵害英雄烈士等的姓名、肖像、名誉、荣誉的民事公益诉讼案件，也可以直接征询英雄烈士等的近亲属的意见。

（注意：诉前公告的目的是保证检察机关提起公益诉讼的补充性，即只有在法律规定的机关、组织或者英雄烈士等的近亲属不提起诉讼的前提下，检察机关才能提起公益诉讼。）

2. 起诉的主体与管辖的法院（《检察公益诉讼解释》第 5、第 9 条）

由市级检察院以公益诉讼起诉人身份提起诉讼，由被告住所地、侵权行为地中级人民法院管辖。

可以调查、收集证据，在诉讼中类似于原告身份，有权宣读起诉书、对证据进行质证、参与法庭辩论等。

3. 上诉与二审（《检察公益诉讼解释》第 10、第 11 条）

检察院不服人民法院第一审判决、裁定的，可以向上一级法院提起上诉。

二审中，由提起公益诉讼的检察院派员出庭，上一级检察院也可以派员参加。

二、第三人撤销之诉

【例 1】A 与 B 是合伙关系，A 与 C 是朋友关系。A 与 B 合伙时，共同出资购买了一处房屋，房屋产权登记在 A 名下。A 想要独占本处房产，于是让 C 向 A 本人提起房屋所有权确认之诉，在诉讼过程中 C 出示了虚假的借条证明其是本处房屋的实际出资人，A 也表示自己只是名义下的购房人，其房屋所有权属于 C，人民法院作出了房屋所有权属于 C 的判决。在整个诉讼过程中，B 根本不知道该虚假诉讼的存在。

请问：在原判决生效后，B 可以怎样救济自己的权利？

分析： B 可以提出第三人撤销之诉撤销原判决。

【例 2】甲为了出国深造两年，临行前，将自家祖传的一对古董花瓶交给女友乙暂为保管，等其回国后再取回。但乙在甲出国后，又结交了新男朋友丙。丙在得知乙为前男友保管古董的事情后，萌发了一个"好主意"，于是丙和乙串通，制造了一个花瓶买卖合同。按照二人事先的谋划，丙将乙诉至 L 法院，请求法院确认该古董花瓶的所有权属于丙。法院在不知情的情况下支持了丙的诉讼请求。甲学成归来后，才发现不仅女朋友早已"易主"，连自家的花瓶也被丙"合法"占有。

请问：此时，甲有何救济途径？

分析： 甲有权向 L 法院提起第三人撤销之诉，请求法院撤销原判决。

在司法实践中，当事人通过恶意诉讼、虚假诉讼等手段，侵害他人合法权益的情况时有发生。

第三人撤销之诉，是指由于不可归责于本人的事由而未能参加诉讼的第三人，针对法院所作出的存在错误并损害自己利益的判决、裁定、调解书，将生效司法文书中的双方当事人作为被告，以提起诉讼的方式，请求法院撤销已经发生法律效力的司法文书的诉讼。

（一）起诉条件（《民诉解释》第 290 条）

1. 主体条件

（1）原告是案外第三人（包括有独立请求权的第三人和无独立请求权的第三人）。

有权提起第三人撤销之诉的主体一定是本应作为有独立请求权第三人、无独立请求权第三人，而如果是本应作为共同原告、共同被告的人由于不能归责于本人的事由没有参加诉讼的，不能提出第三人撤销之诉，其可以通过申请再审救济自身合法权益。

（2）被告是原审诉讼的当事人。

2. 程序条件

（1）第三人因不能归责于本人的事由而未能参加诉讼。

根据《民诉解释》第 293 条规定，不能归责于本人的事由是指没有被列为生效判决、裁定、调解书当事人，且无过错或者无明显过错的情形，具体包括：

① 不知道诉讼而未参加的；

② 申请参加未获准许的；

③ 知道诉讼，但因客观原因无法参加的；

④ 因其他不能归责于本人的事由而未参加诉讼的。

（2）自知道或应当知道其民事权益受到损害之日起 6 个月内提出。

3. 实体条件

（1）撤销的对象是已经发生法律效力的判决、裁定、调解书。

（2）有证据证明发生法律效力的判决、裁定、调解书部分或全部内容错误。

（3）有证据证明发生法律效力的判决、裁定、调解书内容错误损害其民事权益。

4. 管辖法院

由作出该判决、裁定、调解书的人民法院管辖。具体来说，一审后裁判生效的，向一审法院提起；二审后裁判生效的，向二审法院提起。

（二）程序事项

1. 当事人诉讼地位（《民诉解释》第 296 条）

原告：第三人；

被告：生效判决、裁定、调解书的当事人；

第三人：不承担责任的无独立请求权第三人。

2. 审查起诉与受理（《民诉解释》第 291、第 295 条）

（1）人民法院应当在收到起诉状和证据材料之日起 5 日内送交对方当事人，对方当事人可自收到起诉状之日起 10 日内提出书面意见。

（2）人民法院应当对第三人提交的起诉状，证据材料以及对方当事人的书面意见进行审查。必要时，可以询问双方当事人。

（3）经审查，符合起诉条件的，法院应当在收到起诉状之日起 30 日内立案。不符合起诉条件的，应当在收到起诉状之日起 30 日内裁定不予受理。

（4）对下列情形提起第三人撤销之诉的，法院不予受理：

① 适用特别程序、督促程序、公示催告程序、破产程序等非讼程序处理的案件；

② 婚姻无效、撤销或者解除婚姻关系等判决、裁定、调解书中涉及身份关系的内容；

③《民事诉讼法》第 57 条规定的未参加登记的权利人对代表人诉讼案件的生效裁判；

④《民事诉讼法》第 58 条规定的损害社会公共利益行为的受害人对公益诉讼案件的生效裁判。

3. 审判组织和审理方式

应当适用一审普通程序，组成合议庭，开庭审理。

4. 法院审理后的处理结果（《民诉解释》第 298 条）

（1）对第三人撤销或者部分撤销发生法律效力的判决、裁定、调解书内容的请求，法院经审理，按下列情形分别处理：

① 请求成立且确认其民事权利的主张全部或部分成立的，改变原判决、裁定、调解书内容的错误部分；

② 请求成立，但确认其全部或部分民事权利的主张不成立，或者未提出确认其民事权利请求的，撤销原判决、裁定、调解书内容的错误部分；

③ 请求不成立的，驳回诉讼请求。

（2）对撤销之诉的判决不服的，当事人可以上诉。

（3）原判决、裁定、调解书的内容未改变或者未撤销的部分继续有效。

【例】甲起诉乙争议房屋所有权，法院判决房屋归甲所有，判决生效后，丙认为原判决错误，向法院提起第三人撤销之诉，请求改判房屋归自己所有。

法院经过审理后，有可能存在以下三种情形，分别处理：

① 丙的诉讼请求成立，房屋确实不是甲的，而是丙的——改判房屋归丙所有；

② 原判错误，但丙的诉讼请求亦不成立，房屋判给甲确实判错了，但该房屋也不是丙的——撤销原错误判决即可，但不能改判房屋归丙所有；

③ 原判正确，房子确实是甲的——驳回丙的诉讼请求。

分析:《民诉解释》第 298 条的原理在于第三人撤销之诉中，第三人其实提出了两项递进的诉讼请求：一是认为原判决错误、请求撤销原错误判决；二是提出了自己的权利主张。

故法院经过审理后，①认为两项请求均成立的，应当依法改判（即撤销原判决，同时对第三人权利主张予以支持）；②认为原判虽然错误，但第三人的权利主张亦不成立或第三人并没有提出权利主张，则应当撤销原判（撤销原判，但对第三人权利主张不予支持）；③两项请求都不成立，则驳回其诉讼请求。

（三）第三人撤销之诉与再审程序的关系（《民诉解释》第 299、第 300 条）

问：在第三人撤销之诉审理期间，法院对原生效裁判启动再审的，应当怎么处理两个程序之间的关系？

1. 原则

再审优先，将第三人诉讼请求并入再审程序审理。如果适用一审程序再审的，将第三人诉讼请求并入后一并审理，所作的判决可以上诉；如果适用二审程序再审的，将第三人诉讼请求并入进行调解，调解不成，裁定撤销原判决、裁定、调解书，发回第一审法院重审，重审时应当列明第三人。（保护第三人上诉权）

2. 例外

如果有证据证明原审当事人恶意串通，损害第三人合法权益的，法院先行审理第三人撤销之诉，而中止再审程序。

【例】丙公司认为法院对甲公司诉乙公司工程施工合同的一审判决（未上诉）损害其合法权益，向 A 市 B 县法院提起第三人撤销之诉。案件审理中，检察院提起抗诉，A 市中级人民法院对该案进行再审，B 县法院裁定将撤销之诉并入再审程序。关于中级人民法院对丙公司提出的撤销之诉，根据自愿原则进行调解，调解不成的，裁定撤销原判发回重审。

分析： 本案中，第三人撤销之诉和检察院抗诉引起再审两个程序竞合，法院应当先行审理再审，将第三人撤销之诉并入再审。该案生效判决是基层人民法院，检察院提起抗诉，A 市中级人民法院对该案进行再审，构成提审，适用二审程序审理。因此，为了保障第三人的上诉权，按照第二审程序审理的，法院对第三人的诉讼请求，应该先行调解，调解不成的，发回一审法院重审。

（四）第三人撤销之诉与执行异议（《民诉解释》第 301 条）

问：根据《民事诉讼法》第 238 条的规定，执行程序中，案外人对执行标的提出书面异议，对人民法院驳回其异议的裁定不服的，认为原判决、裁定错误的，依照审判监督程序办理，明确规定了此种情况下，案外人享有申请再审的权利。

请问：如果该案外人符合《民事诉讼法》第 59 条关于第三人撤销之诉的规定条件时，案外人是走第三人撤销之诉程序还是走再审程序？

《民诉解释》第 301 条的规定综合了以上意见，明确规定了按照启动程序的先后，当事人只能选择一种相应的救济程序，不能同时启动两种程序，一旦选定则不允许变更。先启动执行异议程序的，如果异议被驳回，对驳回其执行异议裁定不服的，按照《民事诉讼法》第 238 条规定通过审判监督程序救济；先启动第三人撤销之诉程序的，即使第三人又在执行程序中提出执行异议，第三人撤销之诉继续进行，第三人也不能再按照《民事诉讼法》第 238 条规定申请再审，以提高诉讼效率，也便于当事人诉讼和法院审理案件。

 真题自测

1. 下列可以提起环境公益诉讼的主体是？（2022，单选）

A. 连续十年从事环保工作的某企业

B. 在某省级民政部门登记注册的某环保联盟协会

C. 国外某环保协会

D. 某县登记的环保协会

答案：B。提示：《环境保护法》第 58 条。

2. 甲公司起诉乙公司，甲公司胜诉，乙公司不服上诉后二审维持原判。丙公司认为生效判决损害自身权益提出了第三人撤销之诉，中级人民法院在审理第三人撤销之诉的过程中，高级人民法院对本案启动了再审，此时法院如何处理？（2022，多选）

A. 高级人民法院裁定将再审并入三撤

B. 中级人民法院裁定将三撤并入再审

C. 高级人民法院裁定撤销一审二审判决，发回重审

D. 高级人民法院裁定再审中止审理，等待撤销判决

答案：BC。提示：《民诉解释》第 299 条。

3. 翔宇化工厂违规排放污水，造成河流严重污染。甲环保组织提起公益诉讼，要求赔偿 100 万元。法官审查后发现 100 万元远远不够治理河流污染，建议甲环保组织将赔偿额修改为 1000 万元。后法院判决甲环保组织胜诉。关于本案的程序规则，下列说法错误的有？（2021，多选）

A. 适用一审终审，不得上诉

B. 应由中级法院管辖

C. 法官建议增加赔偿额，违反处分原则

D. 甲环保组织起诉前应通知生态环境部门

答案：ABCD。提示：公益诉讼。《最高人民法院关于审理环境民事公益诉讼案件适用法律若干问题的解释》第 6 条第 2 款、第 9 条、第 12 条。

4. 甲与乙买卖合同诉讼的判决生效后，案外人丙提起第三人撤销之诉，请求法院撤销甲与乙的生效判决。法院审查后认为该判决中原告甲的证据是伪造的，但是丙无法证明甲与乙的生效判决侵害了自己的权益。法院应当如何处理本案？（2020，单选）

A. 裁定驳回起诉

B. 判决驳回诉讼请求

C. 裁定撤销原判

D. 判决撤销原判

答案：A。提示：第三人撤销之诉。《民诉解释》第 290 条。

5. 甲公司生产一款治疗肾病的药品"妖妖灵"，因前期市场宣传和广告力度大，上市后众多消费者购买服用，不久众多患者服用后均有不同程度的肾脏损伤症状。经检测，该药品掺杂各种动物品质，属于假药。关于本案，下列说法正确的是？（2020，单选）

A. 经依法公告，若有关组织不提起诉讼，检察院可提起公益诉讼

B. 检察院一旦提起公益诉讼，不允许撤回起诉

C. 甲公司可在诉讼中提起反诉

D. 若检察院对甲公司已提起刑事诉讼，则不可再提公益诉讼

答案：A。提示：检察公益诉讼。《关于检察公益诉讼案件适用法律若干问题的解释》第 13、第 16、第 19、第 20 条。

6. 张三和李四自行车的所有权纠纷一案，法院判决归张三所有，进入执行程序后，王五认为自己是合法所有权人，下列说法正确的有？（2020，不定项）

A. 王五提起第三人撤销之诉，并向法院提供担保，法院裁定中止执行

B. 王五提起第三人撤销之诉，法院继续执行，王五以案外人身份提出执行异议

C. 王五提起第三人撤销之诉，在执行中又以案外人身份提出执行异议被驳回，王五不能申请再审

D. 王五在执行中以案外人身份提出执行异议被驳回，之前未提出第三人撤销之诉，只能申请再审，不能提第三人撤销之诉

答案：ABCD。提示：第三人撤销之诉与案外人执行异议的关系。《民诉解释》第 297、第 301 条。

7. 某市环保协会提起诉讼，起诉某厂因生产极大影响了周边居民的生活生产活动，对环境造成破坏。甲因该厂的污染行为受到损害，也想参与本案的诉讼。关于法院的做法，下列选项正确的是？（2019，单选）

A. 将甲列为有独立请求权的第三人

B. 将甲列为无独立请求权的第三人

C. 告知甲另行起诉

D. 将甲列为共同原告

答案：C。提示：公益诉讼。《民诉解释》第 286 条。

8. 甲对乙有 20 万元债权到期，乙对丙有 20 万元债权。甲对丙提起代位权诉讼，法院依法将乙列为第三人。诉讼中甲、丙达成调解协议，约定丙将一条价值 20 万元的手链交付给甲，用于清偿该笔债务，法院依法制作调解书送达当事人。丁主张手链是自己的，欲提起第三人撤销之诉，下列关于本案当事人的表述正确的是？（2019，单选）

A. 甲、乙、丙均为被告

B. 甲、丙为被告，乙是第三人

C. 甲、乙是被告，丙为第三人

D. 甲为被告，乙和丙是第三人

答案：B。提示：第三人撤销之诉。《民诉解释》第 296 条。

9. 某河流经河东省 A、B 两个城市，位于上游 A 市的甲化工厂非法排放污水，污染了整个河流，A、B 两市的两岸土地和百姓深受其害。A 市环保联合会已经对甲化工厂提起了环境侵权公益诉讼。现 B 市的环保公益组织也欲提起环境侵权公益诉讼，下列相关说法正确的有？（2019，多选）

A. A、B 两市的法院可分别受理案件

B. 由 A 市的受理法院管辖本案

C. 如果法院对公益诉讼作出裁决，则受害个人不能针对此污染行为提起侵权诉讼

D. 提起公益诉讼的环保组织应在设区的市级以上民政部门登记

答案：BD。提示：环境公益诉讼。《最高人民法院关于审理环境民事公益诉讼案件适用法律若干问题的解释》第 6 条第 3 款、第 29 条；《环境保护法》第 58 条。

 **案例讨论**

1. 某化工厂排污污染环境，当地符合法律规定有权提起公益诉讼的组织有 A、B 两组织，其中 A 组织向当地中级人民法院提起公益诉讼。法院依法在 10 日内通知当地环境主管机关。本案经过审理，法院依法作出判决。请回答以下问题：

（1）B 组织可否参加诉讼，应当符合何种程序要求？

（2）法院判决生效后，B 组织可否另行提起公益诉讼？

（3）在诉讼中，环保主管机关依法履行监管职责后，原告认为其诉讼请求已经实现，可否申请撤诉？

（4）在诉讼中，原告能否与化工厂进行和解，法院能否组织调解，应当履行何种程序？

（5）河沿岸养殖户张某认为其权益受到损害，能否参加本案的审理？在本案判决生效后能否对本案判决提起第三人撤销之诉？

2. 杨某开设古玩店，因收购藏品等所需巨额周转资金，即以号称"镇店之宝"的一块雕有观音图像的翡翠（简称"翡翠观音"）作为抵押物，向胜洋小额贷款公司（简称"胜洋公司"）贷款 200 万元，但翡翠观音仍然置于杨某店里。后因古玩店经营不佳，进入亏损状态，无力如期偿还贷款。胜洋公司遂向法院起诉杨某。法院经过审理，确认抵押贷款合同有效，杨某确实无力还贷，遂判决翡翠观音归胜洋公司所有，以抵偿 200 万元贷款及利息。判决生效后，杨某未在期限内履行该判决。胜洋公司遂向法院申请强制执行。

在执行过程中，案外人商某向法院提出执行异议，声称该翡翠观音属于自己，杨某无权抵押。并称：当初杨某开设古玩店，需要有"镇店之宝"装点门面，经杨

某再三请求，商某才将自己的翡翠观音借其使用半年（杨某为此还支付了 6 万元的借用费），并约定杨某不得处分该翡翠观音，如造成损失，商某有权索赔。法院经审查，认为商某提出的执行异议所提出的事实没有充分的证据，遂裁定驳回商某的异议。

（1）如果商某认为作为法院执行根据的判决有错，可以采取哪两种途径保护自身的合法权益？

（2）与第一问两种途径相关的两种民事诉讼制度（或程序）在适用程序上有何特点？

（3）商某可否同时采用上述两种制度（或程序）维护自己的权益？为什么？

第十四章
第二审程序

经典案例 •

胡某与携程消费欺诈纠纷上诉案——"大数据杀熟第一案"

【案情】胡女士为携程 App 的钻石贵宾客户。依携程公司宣传内容，钻石贵宾客户享有酒店会员价 8.5 折起等特权。2020 年 7 月 18 日，胡女士通过携程 App 代理渠道预订酒店，订金为 2889 元，但退房时，酒店发票显示房价仅为 1377.63 元。据此，胡女士致电携程客服，经查询后，携程客服仅同意退还胡女士 1268 元。由此胡女士认为携程利用其个人信息，根据其"高净值客户"的标签向其报出高价，构成欺诈，遂对携程提起诉讼，要求携程对欺诈所涉的房费差价进行退一赔三的赔付，以及要求其不同意携程 App 的《服务协议》《隐私政策》，仍可以使用携程 App，拒绝"大数据杀熟"。

一审中，绍兴市柯桥区人民法院判决携程"退一赔三"和"增加不同意《隐私政策》仍可使用其 App 的选项"，携程不服一审判决结果而提起上诉。2021 年 12 月 31 日，本案二审法院浙江省绍兴市中级人民法院就本案作出终审判决，维持了一审法院对于携程构成欺诈的认定，虽然没有支持胡女士"不同意《隐私政策》仍可使用 App"的诉讼请求，但法院充分论述了携程违法处理个人信息的事实。

评析：在数据信息高速发展的时代，大数据杀熟是当今社会热议的一个话题。大数据杀熟实质上是经营者利用算法工具，以其收集到的消费者个人交易习惯、支付能力等相关信息形成用户画像，从而根据不同消费者的特点针对同一商品或服务实施价格等交易条件上的差别对待，其集中体现为对条件相同的消费者实施无关乎成本的差别定价。大数据杀熟的行为不仅侵犯了消费者的合法权益，也对网络平台的健康发展造成了不良影响。在本案中，携程的"大数据杀熟"行为不仅构成了欺诈也导致用户的个人信息被非法处理。因此，本案二审法院在维持构成欺诈的前提下，对携程违规处理个人信息这一事实进行了全面的探讨，这可以督促经营者从保护消费者和保护个人信息的角度出发，进行合规性的纠正，也体现了党的二十大明确指出的"要加强个人信息保护"的要求，全面贯彻了习近平新时代的法治思想，践行了人民至上的价值理念。

知识梳理

1. 上诉的提起
2. 上诉的受理
3. 撤诉
4. 上诉案件的审理
5. 上诉案件的调解与和解
6. 上诉案件的裁判
7. 上诉案件的宣判和审理期限

二审程序是指当事人不服地方各级人民法院未生效的第一审裁判，在法定期间内向上一级法院提起上诉，上一级法院对案件进行审理所适用的程序。

上诉的提起

上诉是指当事人不服地方各级法院所作的尚未生效的一审裁判，在法定期限内声明不服，要求上级法院撤销或变更该裁判的诉讼行为。上诉是当事人的重要诉讼权利，符合法定条件的上诉，其法律后果是引起二审程序的发生，因此，当事人提起上诉应当具备下列条件。

（一）实质条件

1. 提起上诉的客体必须是依法允许上诉的判决或裁定

（1）允许上诉的判决：即地方各级人民法院适用普通程序、简易程序审理后作出的第一审判决，二审法院发回一审法院重新审理后作出的判决，按照一审程序对案件进行再审后作出的判决。

（2）允许上诉的裁定：一审法院作出的不予受理、驳回起诉、管辖权异议的裁定。

（3）下列情形一审终审，不得上诉：①最高人民法院的一审判决、裁定一审终审；②调解书一审终审，不能上诉；③特别程序、督促程序、公示催告程序一审终审；④小额诉讼程序一审终审（包括实体判决、驳回起诉、管辖权异议裁定）。

2. 提起上诉的主体必须合格

（1）上诉的主体：一审当事人。包括一审中的原告和被告、共同诉讼人、诉讼代表人和被代表的成员、有独立请求权的第三人、依法院判决承担民事责任的无独立请求权的第三人。

（2）上诉人和被上诉人的确定：谁上诉，谁就是上诉人；对谁提，谁就是被上诉人；全都上诉，均列为上诉人，法院可依职权确定第二审程序中当事人的诉讼地位。

（3）必要共同诉讼中部分共同诉讼人上诉问题的处理。（《民诉解释》第317条）

其规律是，享有上诉权的当事人，谁提出上诉谁就是上诉人，上诉人对与谁之间的权利义务分担有意见，谁就是被上诉人；上诉人的上诉请求不涉及的人依原审诉讼地位列明。

判断技巧：假设上诉人的上诉请求成立，即二审法院完全按照上诉人的上诉请求改判，此时与一审判决对比，该改判对谁不利，谁就是被上诉人；该改判与该当事人无关，则将该当事人按照原审地位列明。

【例1】甲、乙、丙三人共同致丁身体损害，丁起诉三人要求赔偿3万元。一审法院经审理判决甲、乙、丙分别赔偿2万元、8000元和2000元，三人承担连带责任。甲认为丙赔偿2000元的数额过低，提起上诉。

请问：分析二审中当事人的诉讼地位？

分析：甲为上诉人，丙为被上诉人，乙为原审被告，丁为原审原告。

首先，甲提起上诉，甲为上诉人。

其次，甲认为丙赔偿2000元数额过低，显然其上诉请求若成立，则二审法院将会改判丙承担更多的赔偿责任，该改判对丙不利，应当将丙列为被上诉人。同时，二审法院如此改判对乙、丁并无不利影响，故乙、丁按照原审地位列明。

【例2】甲、乙、丙诉丁遗产继承纠纷一案，甲不服一审法院判决，认为分配给丙、丁的遗产份额过多，提起上诉，请分析二审中当事人诉讼地位？

分析：甲是上诉人，丙、丁是被上诉人，乙为原审原告。

首先，甲提起上诉，甲为上诉人。

其次，甲认为一审判决分配给丙、丁财产份额过多，显然其上诉请求应该是请求减少一审判决中分配给丙、丁的遗产份额。故假设其上诉请求成立，二审法院将会减少丙、丁在一审判决中获得的遗产份额，该改判会对丙、丁不利，故本案应当将丙、丁列为被上诉人。而该改判与乙的权利义务无关，乙应当按照原审原告地位列明。

3. 必须在法定的上诉期内上诉

当事人不服地方人民法院第一审判决的，有权在判决书送达之日起 15 日内向上一级人民法院提起上诉；当事人不服地方人民法院第一审裁定的，有权在裁定书送达之日起 10 日内向上一级人民法院提起上诉。

4. 必须递交书面上诉状，口头上诉无效

（二）上诉的途径

（1）原则上向原审法院递交上诉状，通过原审法院提起上诉。

（2）也允许向二审法院直接提交上诉状，提起上诉。二审法院应当接收，不应拒绝。二审法院接到上诉状后，应当在 5 日内将上诉状及其副本移交原审法院，以便原审法院能及时送达上诉状副本，并将全部案卷报送二审法院。

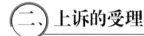

二、上诉的受理

（一）诉讼文书的接收与送达

原审法院收到上诉状后，应在 5 日内将上诉状副本送达对方当事人，对方当事人在收到之日起 15 日内提出答辩状。法院收到答辩状之日起 5 日内将答辩状的副本送达上诉人。对方当事人不提出答辩状的，不影响人民法院审理。

（二）诉讼案卷和证据的报送

原审法院收到上诉状和答辩状后，应在 5 日内连同案卷和证据，报送二审法院。至此，案件全部脱离一审法院，诉讼法律关系在一审全部结束，而由二审法院对案件进行审理，产生二审诉讼法律关系。

三、撤诉

（一）撤回上诉

二审判决宣告前，当事人可以申请撤回上诉，是否准许由二审法院裁定。（《民

事诉讼法》第 180 条）

二审法院经审查认为一审判决确有错误，或者双方当事人之间恶意串通损害国家利益、社会公共利益、他人合法权益的，不应准许；自二审法院裁定准许撤回上诉之日起，一审判决生效。（《民诉解释》第 335 条）

【例】经审理，一审法院判决被告王某支付原告刘某欠款本息共计 22 万元，王某不服提出上诉。二审中，双方当事人达成和解协议，约定：王某在 3 个月内向刘某分期偿付 20 万元，刘某放弃利息请求。案件经王某申请撤回上诉而终结。约定的期限届满后，王某只支付了 15 万元。

请问：刘某应如何寻求法律救济？

分析： 刘某可以向一审法院申请执行一审判决。本案关键在于撤回上诉的法律效果是一审判决生效，所以可向一审法院申请执行该生效判决。

（二）二审中撤回起诉

《民诉解释》第 336 条："在第二审程序中，原审原告申请撤回起诉，经其他当事人同意，且不损害国家利益、社会公共利益、他人合法权益的，人民法院可以准许。准许撤诉的，应当一并裁定撤销一审裁判。原审原告在第二审程序中撤回起诉后重复起诉的，人民法院不予受理。"

在二审程序中，因为案件已经经过一审，无论是原审原告还是原审被告对此都付出了许多的时间、精力和金钱，因此，原审原告不能凭自己单方面的因素撤回起诉，必须征得原审被告的同意并经人民法院审查准许。此外，对于原审原告撤回起诉得到准许的，原审原告不能违背诚信原则再行起诉，如果原审原告坚持重复起诉的，法院应当坚决不予受理。

四、上诉案件的审理

（一）审理的范围——有限审查原则

【例】甲诉乙人身损害赔偿纠纷一案，由 S 市 H 区人民法院审理终结。一审法院判决乙赔偿甲医疗费 15000 元、误工费 1000 元、营养费 300 元、交通费 200 元。判决书向双方送达后，乙认为医疗费赔偿过高而上诉；甲未上诉，但他在答辩状中向二审法院提出了误工费赔偿不够，应当增加上诉请求。对甲的请求，法院不予审理。

分析： 根据《民事诉讼法》第 175 条规定，二审法院应当在当事人上诉请求范围内审理，乙是本案的上诉人，法院仅在其上诉范围内审理，甲未上诉，所以其要求增加误工赔偿金的请求不在上诉请求的范围之内，法院不予审理。

1.《民事诉讼法》第 175 条规定，第二审法院应当对上诉请求的有关事实和适用法律进行审查

但是，二审审理范围的有限性同时也存在一个现实问题，即上诉人对一审判决、裁定中部分认定事实有误之处以及第一审法院适用法律有误之处并未提出上诉，那么，二审法院对上诉请求之外的内容是否一概不作审查？对此，《民诉解释》第 321 条规定："第二审人民法院应当围绕当事人的上诉请求进行审理。当事人没有提出请求的，不予审理，但一审判决违反法律禁止性规定，或者损害国家利益、社会公共利益、他人合法权益的除外。"

2. 二审的审理范围限于一审诉讼请求和审理范围之内，在一审中没有提出的诉讼请求或者虽然提出但一审法院未予审理的诉讼请求，不属于二审范围，《民诉解释》对特殊情形，作出了相应规定

（1）对当事人在第一审程序中已经提出的诉讼请求，原审法院未作审理、判决的，第二审法院可以根据当事人自愿的原则进行调解；调解不成的，发回重审。（《民诉解释》第 324 条）

（2）必须参加诉讼的当事人或者有独立请求权的第三人，在第一审程序中未参加诉讼，第二审法院可以根据当事人自愿的原则予以调解，调解不成的，发回重审。（《民诉解释》第 325 条）

（3）在二审程序中，原审原告增加独立的诉讼请求或者原审被告提出反诉的，第二审法院可以根据当事人自愿的原则就新增加的诉讼请求则和反诉进行调解；调解不成的，告知当事人另行起诉。双方当事人同意由第二审法院一并审理的，第二审法院可以一并裁判。（《民诉解释》第 326 条）

（4）一审判决不准离婚的案件，上诉后，第二审法院认为应当判决离婚的，可以根据当事人自愿原则，与子女抚养、财产问题一并调解；调解不成的，发回重审。双方当事人同意由第二审法院一并审理的，第二审法院可以一并裁判。（《民诉解释》第 327 条）

（二）审理的方式和地点

《民事诉讼法》第 176 条："第二审人民法院对上诉案件，应当开庭审理。经过阅卷、调查和询问当事人，对没有提出新的事实、证据或者理由，人民法院认为不需要开庭审理的，可以不开庭审理。第二审人民法院审理上诉案件，可以在本院进行，也可以到案件发生地或者原审人民法院所在地进行。"

二审法院对上诉案件可以根据案件的具体情况分别采取以下两种方式进行审理：

（1）开庭审理为原则；

（2）不开庭审理为例外，即径行裁判。

二审法院对上诉案件经过阅卷和调查，询问当事人，在事实核对清楚后，合议庭认为不需要开庭审理的，也可以径行判决、裁定。径行裁判不同于书面审理，径行裁判是在书面审查的基础上询问当事人，调查证据以后，无须开庭而直接作出的裁判。

根据《民诉解释》第331条规定，对于下列案件可以不开庭审理：（1）不服不予受理、驳回起诉、管辖权异议裁定的；（2）当事人提出上诉请求明显不能成立的案件；（3）原判决、裁定认定事实清楚，但适用法律错误的；（4）原判决严重违反法定程序，需要发回重审的案件。

（三）审判组织形式

原则上由审判员组成合议庭审理。但根据《民事诉讼法》第41条规定，中级人民法院对第一审适用简易程序审结或者不服裁定提起上诉的第二审民事案件，事实清楚、权利义务关系明确的，经双方当事人同意，可以由审判员一人独任审理。

五、上诉案件的调解与和解

（一）二审中的调解

调解是人民法院对案件审理的一种重要方式，既适用于第一审程序，也适用于第二审程序。根据《民事诉讼法》第179条规定，在二审中达成调解协议的，一律制作调解书。调解书送达后，原审人民法院的判决即视为撤销。

【例】张三诉李四离婚诉讼，一审判决后，当事人提起上诉，二审法院组织双方当事人调解达成协议，维持婚姻关系。关于本案，请分析如下表述。

（1）本案调解维持婚姻关系，可以不制作调解书，由双方当事人、审判人员、书记员在调解协议上签字、盖章后发生法律效力。

分析： 错误。二审达成调解协议的，应当制作调解书，调解书经当事人签收后，一审判决视为撤销。故二审达成调解协议的，必须制作调解书结案，不存在不制作调解书的情形。

（2）本案当事人可以请求法院根据调解协议制作判决书。

分析： 错误。诉讼中达成调解、和解协议后申请法院根据调解、和解协议制作判决书的，法院不予支持。但存在两种情形例外：一是无民事行为能力人的离婚案件；二是涉外民事诉讼案件。故本案不允许根据调解、和解协议制作判决书。

（3）本案二审法院应当制作调解书结案，调解书中应当写明"撤销原判"。

分析： 错误。二审调解书签收后，原一审判决当然视为撤销，但应注意调解书上不能写"撤销一审判决"。

（二）二审中的和解

《民诉解释》第337条："当事人在第二审程序中达成和解协议的，人民法院可以根据当事人的请求，对双方达成和解协议进行审查并制作调解书送达当事人；因和解而申请撤诉，经审查符合撤诉条件的，人民法院应予准许。"

【例】张三起诉李四要求赔偿10万元，一审法院判决李四赔偿张三8万元，李四不服判决，提起上诉，二审中，张三、李四达成和解协议，约定李四赔偿张三6万元。请分析本案可以何种方式结案，其法律效果如何？

分析：（1）当事人可以申请法院根据和解协议制作调解书结案，调解书签收后，一审判决视为撤销，李四不履行义务的，张三可以申请强制执行调解书。

（2）上诉人李四可以申请撤回上诉，撤回上诉后一审判决生效，李四拒不履行义务的，张三可以申请强制执行一审判决。

（3）原告张三可以申请撤回起诉，法院准许撤回起诉的，应当一并裁定撤销原一审判决。二审中撤回起诉的，不得再次起诉。

六、上诉案件的裁判

【例】甲贸易公司与乙木材公司之间的木材质量纠纷案件，经A区法院审理后，判决甲贸易公司败诉，应当承担接收木材，并支付木材款的一审判决。判决送达后，甲贸易公司不服，提出上诉，市中级人民法院在审理该上诉案件的过程中，发现一审主审该案件的吴审判员应当回避未回避，并可能影响案件的正确判决，此时，二审法院如何处理该案件？

分析：此时二审法院应当裁定撤销原判决，发回 A 区法院重审。

《民事诉讼法》第 177 条规定："第二审人民法院对上诉案件，经过审理，按照下列情形，分别处理：（一）原判决、裁定认定事实清楚，适用法律正确的，以判决、裁定方式驳回上诉，维持原判决、裁定；（二）原判决、裁定认定事实错误或者适用法律错误的，以判决、裁定方式依法改判、撤销或者变更；（三）原判决认定基本事实不清的，裁定撤销原判决，发回原审人民法院重审，或者查清事实后改判；（四）原判决遗漏当事人或者违法缺席判决等严重违反法定程序的，裁定撤销原判决，发回原审人民法院重审。原审人民法院对发回重审的案件作出判决后，当事人提起上诉的，第二审人民法院不得再次发回重审。"

（一）对一审判决上诉案件的处理

1. 判决驳回上诉，维持原判

原判决认定事实清楚，适用法律正确。

《民诉解释》第 332 条规定：原判决、裁定认定事实或者适用法律虽有瑕疵，但裁判结果正确的，二审法院可以在判决、裁定中纠正瑕疵后，予以维持。

2. 依法改判

（1）应当改判：原判决认定事实错误或适用法律有误。

（2）可以改判：原判决认定基本事实不清，二审法院可以查清事实后改判。

基本事实，是指用以确定当事人主体资格、案件性质、民事权利义务等对原判决、裁定的结果有实质性影响的事实。（《民诉解释》第 333 条）

（区分：认定事实错误和基本事实不清。认定事实错误是指根据现有证据，可以确认一审法院的事实认定是错误的，并且能够厘清正确的事实，那么从提高诉讼效率的角度考虑，由二审法院直接予以纠正即可。基本事实不清是指二审法院根据现有证据也无法判断案件事实到底是什么样的。两者的处理方式是不同的。）

3. 裁定撤销原判，发回重审

（1）可以发回：原判决认定基本事实不清。

（2）应当发回：原判决严重违反法定程序。具体包括以下几种情形：

① 审判组织的组成不合法；

② 应当回避的审判人员未回避；

③ 无诉讼行为能力人未经法定代理人代为诉讼的；

④ 违法剥夺当事人辩论权利的。

4. 裁定撤销原判，驳回起诉（《民诉解释》第 328 条）

第二审程序审理的案件，认为依法不应由第一审人民法院受理的，可以由第二审人民法院直接裁定撤销原判，驳回起诉。

（二）对一审裁定上诉案件的处理

（1）根据《民事诉讼法》第178条规定："第二审人民法院对不服第一审人民法院裁定的上诉案件的处理，一律使用裁定。"

① 原裁定认定事实清楚，适用法律正确的，应当裁定驳回上诉，维持原裁定。

② 原裁定认定事实错误或者适用法律错误的，以裁定方式撤销或变更。

（2）第二审法院审理案件，认为第一审法院受理案件违反专属管辖规定的，应当裁定撤销原裁判并移送有管辖权的法院。（《民诉解释》第329条）

（3）第二审人民法院查明第一审人民法院作出的不予受理、驳回起诉的裁定有错误的，应当在撤销原裁定的同时，指令第一审法院立案受理或继续审理。（《民诉解释》第330条）

七、上诉案件的宣判和审理期限

（一）宣判

第二审人民法院宣告判决可以自行宣判，也可以委托原审人民法院或者当事人所在地人民法院代行宣判。（《民事诉讼法》第338条）

（二）审理期限

人民法院审理对判决的上诉案件，应当在第二审立案之日起3个月内审结。有特殊情况需要延长的，由本院院长批准。（《民事诉讼法》第183条）

人民法院审理对裁定的上诉案件，应当在第二审立案之日起30日内作出终审裁定。有特殊情况需要延长的，由本院院长批准。（《民诉解释》第339条）

 真题自测

1. 甲起诉乙要求支付600万元货款，一审法院判决支持了甲全部的诉讼请求，乙上诉，上诉中双方和解，由乙支付100万元，丙支付400万元，乙要是不按期履行就按年12%支付违约金，甲撤回上诉。到期后乙拒绝履行，乙认为违约金过高显失公平，请求法院撤销和解协议。下列说法正确的有？（2022，多选）

A. 甲可申请执行一审判决

B. 乙可以以显失公平为由撤销协议

C. 法院应当支持乙的请求

D. 甲可以就和解协议起诉乙支付违约金

答案：AD。提示：《民诉解释》第337条。

2. 红光公司因合同纠纷起诉绿源公司，甲市乙区法院一审判决红光公司胜诉。绿源公司不服一审判决，通过乙区法院提起上诉，乙区法院收到上诉状后发现，绿源公司的上诉已超过法定上诉期限。关于本案的处理，乙区法院的下列哪一做法是正确的？（2021，单选）

A. 报请甲市中级人民法院裁定驳回绿源公司的上诉

B. 直接裁定驳回绿源公司的上诉

C. 不予接收绿源公司的上诉状

D. 向甲市中级人民法院移送案卷

答案：D。提示：上诉的提起与受理。

3. 甲公司与乙公司因合同纠纷起诉至法院，二审审理过程中，甲公司和丙公司合并为丁公司。关于本案，下列说法正确的有？（2021，多选）

A. 法院作出的一审判决对丁公司有实质的既判力

B. 乙公司可以向法院申请更换丁公司为诉讼当事人

C. 法院可依职权更换丁公司为诉讼当事人

D. 法院继续审理，作出的判决对丁公司有拘束力

答案：BC。提示：《民诉解释》第334条。

4. A将B诉至法院，要求B支付赔偿金2万元并公开赔礼道歉。一审法院判决B向A赔偿1.2万元，未对赔礼道歉的请求作出判决。A不服一审判决提出上诉，要求改判B赔偿2万元。二审法院经过审理后维持一审判决。关于本案二审的处理方式，下列选项中说法正确的是？（2020，单选）

A. 二审法院可以对上诉请求作出判决，遗漏的诉讼请求调解不成的发回重审

B. 二审法院应当围绕上诉请求进行审理并作出判决

C. 因为一审法院遗漏诉讼请求，所以二审法院应当先行调解，调解不成的，发回重审

D. 二审法院不应超过上诉请求的范围进行审理和裁判

答案：C。提示：《民诉解释》第324条。

5. 王某与黄某的离婚诉讼，一审法院判决不准离婚。王某不服提出上诉，二审法院认为应当判离，于是对财产分割问题进行调解，但双方无法达成合意，二审法院于是将案件发回重审。发回重审后，一审法院再次判决不准离婚，王某再次提出

上诉。此时二审法院应当如何处理本案？（2020，多选）

    A. 二审法院可以先针对婚姻关系部分作出判决

    B. 二审法院应当再次撤销原判，将案件发回重审

    C. 二审法院应当直接改判

    D. 二审法院可以告知当事人对财产部分另行起诉

    答案：AD。提示：《民诉解释》第327条；《民事诉讼法》第177条。

6. 甲和乙因为人身损害赔偿纠纷起诉到法院，一审法院作出判决，甲对赔偿标准有异议，提起上诉。原审法院也发现赔偿金及利息的适用标准有错误，原审法院将案件移交上级法院，甲没有按期缴纳上诉费，法院应该如何处理？（2020，不定项）

    A. 二审法院撤销原判，发回重审

    B. 一审法院启动审判监督程序

    C. 继续审理

    D. 二审法院按撤回上诉处理

    答案：BD。提示：二审程序。

7. 李某起诉吉通公司，要求吉通公司履行合同义务，A市B区法院判决驳回，李某上诉，在上诉状提交后第三天，李某车祸身亡。下列说法正确的是？（2019，单选）

    A. A市中级人民法院应裁定诉讼终结

    B. B区法院应裁定诉讼终结

    C. B区法院应裁定诉讼中止，通知李某继承人参与诉讼

    D. A市中级人民法院应裁定诉讼中止，通知李某继承人参与诉讼

    答案：D。提示：诉讼中止。

 案例讨论

1. 某县法院审理王某（女）诉周某离婚一案，判决离婚，女儿归王某抚养。周某不服，提起上诉。某中级法院对本案进行了调解。当事人协议离婚，女儿归周某抚养。法院制作了调解书，并写明撤销一审判决。

    问：本案中二审法院的做法是否正确？

2. 甲与乙因写字楼租用协议发生纠纷而诉至法院，一审判决作出后，双方均不服并提起上诉，甲在提交上诉状的同时，向法院提交了一份双方有关租用时间的补充协议，二审法院在进行阅卷、调查并对甲和乙进行询问后，认为不需要开庭审理，

遂采用不开庭审理的方式对案件进行了二审。

请问：（1）法院的做法是否正确？

（2）假若上例中当事人均没有提交新的事实、证据或理由，二审法院在进行阅卷、调查并对甲和乙进行询问后，认为不需要开庭审理，此时是否必须采用不开庭审理的方式？

C第十五章
审判监督程序

黄某与镇江某 4S 店买卖合同纠纷案
——4S 店隐瞒汽车曾经销售信息构成欺诈，再审改判惩罚性赔偿

【案情】2015 年 4 月 8 日，案外人束某在镇江某 4S 店购买昂科威汽车一辆，在为车辆购买保险、办理临时牌照、激活车载安吉星系统后，当日又退还了车辆。4S 店将购车发票作废并将保单退保。4 月 10 日，束某另行提取配置相同的汽车。同年 8 月 10 日，原告黄某与该 4S 店签订购车合同，4S 店将束某退还的车辆出售给黄某，并隐瞒该车曾被销售的情况。黄某在使用过程中发现车辆漏油，在送检时发现该车安吉星系统曾被注册以及车辆曾被售出的情况，遂以 4S 店欺诈为由起诉要求解除购车合同并赔偿三倍购车款损失。4S 店辩称案外人束某虽在 2015 年 4 月 8 日有意购买涉案车辆，但当日并未缴付全部购车款，遂将该车辆保单退保，并将发票作废。2015 年 4 月 10 日，束某现金支付 18.99 万元后选择了同等型号的另一车辆，因此涉案车辆并未实际交付。4S 店为证明其主张，提供了束某 2015 年 4 月 10 日现金交付的凭证，但未提供车辆退保申请单。经再审查明，现金凭证系 4S 店伪造，束某在 2015 年 4 月 8 日已付清全部购车款，车辆退保申请单载明退保原因为"车辆存在质量问题需退回厂家"。

裁判结果：一审法院认为，案外人束某虽对涉案汽车办理了保险并激活了车载安吉星系统，但该车并未实际交付，仍属于新车。4S 店不构成欺诈，但未明确告知车载系统激活的情况，对黄某决定是否购买车辆有一定影响，侵犯了消费者知情权，判决 4S 店赔偿经济损失 3 万元，驳回黄某其他诉讼请求。黄某不服，提出上诉。二审法院判决驳回上诉，维持原判。黄某不服，向检察机关申诉，检察机关提出抗诉。法院再审认为，案外人束某付清全部购车款后，为涉案车辆办理了保险、领取了临

时牌照并激活车载安吉星系统。4S 店在黄某购车时，蓄意隐瞒涉案车辆曾经销售、交付他人的事实，且在一、二审期间伪造束某交款凭证的证据，严重侵犯了消费者的知情权，构成销售欺诈，改判支持黄某诉讼请求。

评析： 在司法实践中，民事再审程序是法院纠正错误的重要手段，正确使用这种司法监督机制，不仅能保护当事人的合法权益，也能保障诉讼的公平性，也是对其进行救济的最后一道防线。具体在本案中，通过对再审程序的纠正，支持了惩罚性赔偿，并对 4S 店的违法行为进行了法律上的处罚，既是对消费者权益的保护，同时也向各个企业发出诚信经营的要求，进一步彰显了社会主义核心价值观。

知识梳理

1. 再审程序的启动
2. 再审审理程序

审判监督程序，也称再审程序，是指人民法院对已经发生法律效力的判决书、裁定书、调解书发现确有错误，依法对案件再次进行审理所适用的程序。

再审程序主要分为两个部分：一、再审的启动，主要解决原生效裁判是否确有错误，是否需要进行再审；二、再审的审理，主要是启动再审后对案件进行重新审理。而再审没有独立的审理程序，适用原来的一审或二审程序进行审理。

一、再审程序的启动

（一）人民法院基于审判监督权启动的再审

（1）各级人民法院院长。《民事诉讼法》第 209 条第 1 款："各级人民法院院长对本院已经发生法律效力的判决、裁定、调解书，发现确有错误，认为需要再审的，应当提交审判委员会讨论决定。"

（注意：①院长不是作出决定的主体，最终的决定主体是本院的审委会，因此可以把这种模式称为"院长＋审委会"的模式。②"院长＋审委会"的模式只适用于本院作出的生效文书。）

（2）上级人民法院和最高人民法院。《民事诉讼法》第 209 条第 2 款："最高人民法院对地方各级人民法院已经发生法律效力的判决、裁定、调解书，上级人民法院对下级人民法院已经发生法律效力的判决、裁定、调解书，发现确有错误的，有权提审或者指令下级人民法院再审。"

（注意：这里并不强调上一级，只要是上级法院即可启动这一程序，因为上下级法院之间是监督关系。上级法院和最高人民法院启动再审处理方式有两种：提审或指令下级法院再审。）

（二）人民检察院基于检察监督权启动的再审

《民事诉讼法》第219条："最高人民检察院对各级人民法院已经发生法律效力的判决、裁定，上级人民检察院对下级人民法院已经发生法律效力的判决、裁定，发现有本法第二百一十一条规定情形之一的，或者发现调解书损害国家利益、社会公共利益的，应当提出抗诉。

地方各级人民检察院对同级人民法院已经发生法律效力的判决、裁定，发现有本法第二百一十一条规定情形之一的，或者发现调解书损害国家利益、社会公共利益的，可以向同级人民法院提出检察建议，并报上级人民检察院备案；也可以提请上级人民检察院向同级人民法院提出抗诉。

各级人民检察院对审判监督程序以外的其他审判程序中审判人员的违法行为，有权向同级人民法院提出检察建议。"

本法条规定了人民检察院对人民法院抗诉、再审检察建议和一般检察建议三种监督方式。

第一种，抗诉，是指人民检察院对人民法院已经发生法律效力的民事判决、裁定和调解书，发现确有错误，依照法定程序要求人民法院对案件进行再次审理的诉讼行为。

第二种，再审检察建议，是指人民检察院对人民法院已经发生法律效力的判决、裁定和调解书，发现确有错误，向人民法院发出检察建议请求人民法院予以改正的监督方式。此方式是对抗诉的有利补充。

第三种，一般检察建议，是指人民检察院发现人民法院的审判活动中审判人员有违法行为时，向人民法院发出检察建议书请求人民法院予以纠正的监督方式。

1. 检察院启动再审的方式：抗诉和检察建议

（1）最高人民检察院对各级人民法院（包括最高人民法院）的生效判决、裁定和调解书有法定情形都可以提起抗诉。

（2）上级人民检察院对下级人民法院的生效判决、裁定和调解书有法定情形都可以提起抗诉。

（3）地方各级检察院发现同级法院已经生效判决、裁定和调解书有法定情形之一，不能直接抗诉，可以提请上级检察院对同级法院提起抗诉。

（4）地方各级检察院发现同级法院已经生效判决、裁定和调解书有法定情形之一，也可以向同级法院提出检察建议，并报上级检察院备案。

2. 法定情形

（1）判决书、裁定书再审的法定情形。（《民事诉讼法》第211条）

① 有新的证据，足以推翻原判决、裁定的。

根据《民诉解释》第385条规定，"再审新证据"实质性认定标准是新证据能够证明原判决、裁定认定基本事实或者裁判结果错误。

② 原判决、裁定认定的基本事实缺乏证据证明的。

"案件的基本事实"，也称为主要事实、要件事实，是民事实体法规定的据以确定当事人之间民事法律关系性质、各自的权利义务和民事责任等主要内容的事实。它们对权利发生、变更或消灭的法律效果有直接作用，故也称为直接事实。"缺乏证据证明"，是指缺乏能够证明案件基本事实所必不可少的证据，或者达不到证明标准。

③ 原判决、裁定认定事实的主要证据是伪造的。

这里强调的是"主要证据"，而不是所有证据。

④ 原判决、裁定认定事实的主要证据未经质证的。

根据《民诉解释》第387条规定，"未经质证"不包括当事人对原判决、裁定认定事实的主要证据在原审中拒绝发表质证意见或者质证中未对证据发表质证意见的情形。

⑤ 对审理案件需要的主要证据，当事人因客观原因不能自行收集，书面申请人民法院调查收集，人民法院未调查收集的。

⑥ 原判决、裁定适用法律确有错误的。

根据《民诉解释》第388条规定，"适用法律有错误"包括：适用的法律与案件性质明显不符的；确定民事责任明显违背当事人约定或者法律规定的；适用已经失效或者尚未施行的法律的；违反法律溯及力规定的；违反法律适用规则的；明显违背立法原意的。

⑦ 审判组织的组成不合法或者依法应当回避的审判人员没有回避的。

⑧ 无诉讼行为能力人未经法定代理人代为诉讼或者应当参加诉讼的当事人，因不能归责于本人或者其诉讼代理人的事由，未参加诉讼的。

⑨ 违反法律规定，剥夺当事人辩论权利的。

根据《民诉解释》第389条规定，"剥夺当事人辩论权利"包括：不允许当事人发表辩论意见的；应当开庭审理而未开庭审理的；违反法律规定送达起诉状副本或者上诉状副本，致使当事人无法行使辩论权利的；违法剥夺当事人辩论权利的其他情形。

⑩ 未经传票传唤，缺席判决的。

⑪ 原判决、裁定遗漏或者超出诉讼请求的。

根据《民诉解释》第390条规定，"诉讼请求"包括一审诉讼请求、二审诉讼请求，但当事人未对一审判决、裁定遗漏或者超出诉讼请求提起上诉的除外。

⑫ 据以作出原判决、裁定的法律文书被撤销或者变更的。

根据《民诉解释》第391条规定，"法律文书"的范围包括：发生法律效力的判决书、裁定书、调解书；发生法律效力的仲裁裁决书；具有强制执行效力的公证债权文书。

⑬ 审判人员审理该案件时有贪污受贿，徇私舞弊，枉法裁判行为的。

根据《民诉解释》第392条规定，"审判人员审理该案件时有贪污受贿，徇私舞弊，枉法裁判行为"是指已经由生效刑事法律文书或者纪律处分决定所确认的行为。

（2）调解书再审的法定情形：损害国家利益、社会公共利益的特定情形下才可以对调解书进行抗诉。

3. 人民检察院的调查取证权

《民事诉讼法》第221条："人民检察院因履行法律监督职责提出检察建议或者抗诉的需要，可以向当事人或者案外人调查核实有关情况。"

4. 抗诉的法律效果（对抗诉的处理）

《民事诉讼法》第222条："人民检察院提出抗诉的案件，接受抗诉的人民法院应当自收到抗诉书之日起三十日内作出再审的裁定；有本法第二百一十一条第一项至第五项规定情形之一的，可以交下一级人民法院再审，但经该下一级人民法院再审的除外。"

请问：检察院提出抗诉后，接受抗诉的法院应当在30日内审查，作出是否再审的裁定？

分析： 错误。抗诉必然启动再审，法院必须在30日内裁定再审。也就是说，只要检察院抗诉的，法院必须裁定再审。法院不能对检察院的抗诉进行实质审查，只要抗诉符合形式要件，不存在驳回抗诉的问题。（抗诉是刚性的，必须再审；检察建议是柔性的，不必然引起再审）

5. 对检察建议的处理

根据《民诉解释》第417条规定：（1）法院收到再审检察建议后，应当组成合议庭，在3个月内进行审查，发现原判决、裁定、调解书确有错误，需要再审的，依法裁定再审，并通知当事人。（2）经审查，决定不予再审的，应当书面回复人民检察院。

（三）当事人基于诉权申请再审

《民事诉讼法》第 210 条："当事人对已经发生法律效力的判决、裁定，认为有错误的，可以向上一级人民法院申请再审；当事人一方人数众多或者当事人双方为公民的案件，也可以向原审人民法院申请再审。当事人申请再审的，不停止判决、裁定的执行。"

1. 申请再审的主体

有权申请再审的主体，包括第一审的原告和被告，共同诉讼人、有独立请求权的第三人以及被判决承担民事责任的无独立请求权的第三人，第二审的上诉人和被上诉人。无民事行为能力人、限制民事行为能力人的法定代理人，可以代理当事人提出再审申请。

2. 申请再审的法定事由

（1）针对判决和裁定的事由与检察院抗诉的法定事由相同（《民事诉讼法》第211 条）。

（2）针对调解书的事由是调解违反自愿原则或调解协议的内容违反法律，才可以申请再审。

3. 申请再审的法定期限（《民事诉讼法》第 216、第 211 条）

（1）当事人申请再审，应当在判决、裁定、调解书发生法律效力后六个月内提出。

（2）有下列情形之一的，自知道或者应当知道之日起六个月内提出：①有新的证据，足以推翻原判决、裁定的；②原判决、裁定认定事实的主要证据是伪造的；③据以作出原判决、裁定的法律文书被撤销或者变更；④审判人员审理该案件时贪污受贿，徇私舞弊，枉法裁判行为的。

4. 申请、答辩、审查与裁定（《民事诉讼法》第 214、第 215 条）

（1）申请程序：当事人申请再审的，应当提交再审申请书等材料。法院应当自收到再审申请书之日起五日内将再审申请书副本发送对方当事人。

（2）答辩：对方当事人应当自收到再审申请书副本之日起十五日内提交书面意见；不提交书面意见的，不影响人民法院审查。人民法院可以要求申请人和对方当事人补充有关材料，询问有关事项。

（3）审查期限：人民法院审查再审申请的期限为收到再审申请书之日起三个月内，有特殊情况需要延长的，由本院院长批准。

（4）裁定：审查的结果，无论是否启动再审，都应当以裁定的形式作出结论。

符合法定情形——裁定再审；不符合法定情形——裁定驳回申请。

5. 申请再审的法院（《民事诉讼法》第210条、《民诉解释》第377条）

（1）通常为上一级人民法院；

（2）当事人一方人数众多或者当事人双方为公民的案件，可以向上一级和原审法院申请；

（3）当事人一方人数众多或者当事人双方为公民的案件，当事人分别向原审法院和上一级法院申请再审且不能协商一致的，由原审法院受理。

6. 不予受理的情形（《民诉解释》第381条）

当事人申请再审，有下列情形之一的，人民法院不予受理：

（1）再审申请被驳回后再次提出申请的；

（2）对再审判决、裁定提出申请的；

（3）在人民检察院对当事人的申请作出不予提出再审检察建议或者抗诉决定后又提出申请的。

7. 当事人申请再审与申请检察院检察建议或抗诉的先后关系

《民事诉讼法》第220条："有下列情形之一的，当事人可以向人民检察院申请检察建议或者抗诉：（1）人民法院驳回再审申请的；（2）人民法院逾期未对再审申请作出裁定的；（3）再审判决、裁定有明显错误的。人民检察院对当事人的申请应当在三个月内进行审查，作出提出或者不予提出检察建议或者抗诉的决定。当事人不得再次向人民检察院申请检察建议或者抗诉。"

再审程序启动有三种方式：人民法院依职权启动、人民检察院抗诉和当事人申请再审。《民事诉讼法》却没有规定三种方式的先后顺序，实践中不少当事人既向法院申请再审，又向检察院申请抗诉或者检察建议，造成多头申诉、反复缠讼等现象。《民事诉讼法》第220条明确了二者的先后顺序，当事人应当先向法院申请，只有在三种情形下，才能向检察院申请检察建议或抗诉。

该法条具体包含以下含义：

（1）明确了当事人可以向检察院申请检察建议或抗诉，但是与当事人申请再审有先后关系。具体而言，只有三种情况下，当事人才可以向检察院提出申请再审的检察建议或抗诉，由检察院向法院抗诉或者提出检察建议。

（2）当事人依法向检察院申请再审检察建议或者抗诉，检察院应当在三个月内进行审查。

（3）人民检察院对当事人的申请进行审查后，作出提出或不予提出检察建议或抗诉的决定后，当事人便不得再次向检察院申请建议或者抗诉，也不能再次向法院申请再审。（即当事人只能向检察院申请一次检察建议或抗诉）

总结：当事人申请对原生效法律文书进行再审有两次机会——在原裁判生效后应当先向法院申请再审，对法院的处理不满意再向检察院申请检察建议或者抗诉，检察院所作的决定应当具有终局性。

（四）案外人申请再审

除了当事人，没有参加诉讼的案外人在法定条件下，也可以申请再审。

1. 被遗漏必要共同诉讼人申请再审（《民诉解释》第 420 条）

因不能归责于本人或者诉讼代理人的事由未参加诉讼的，可以自知道或应当知道之日起六个月内申请再审。因案外人申请人民法院裁定再审的，人民法院经审理认为案外人应为必要的共同诉讼当事人，在按第一审程序再审时，应追加其为当事人，作出新的判决、裁定；在按第二审程序再审时，经调解不能达成协议的，应撤销原判决、裁定，发回重审，重审时应追加案外人为当事人。

2. 非被遗漏必要共同诉讼人的案外人申请再审（《民诉解释》第 422 条）

案外人不是必要的共同诉讼当事人的，人民法院仅审理原判决、裁定、调解书对其民事权益造成损害的内容。经审理，再审请求成立的，撤销或者改变原判决、裁定、调解书；再审请求不成立的，维持原判决、裁定、调解书。

3. 执行程序中案外人申请再审（《民诉解释》第 421 条）

根据《民事诉讼法》第 238 条规定，在执行程序中，案外人申请再审以案外人提出执行异议为前置条件。即案外人行使申请再审权利的，需要对人民法院的执行行为提出异议。只有在人民法院裁定驳回其执行异议后，该案外人仍不服，认为执行行为依据的原判决、裁定、调解书内容错误且损害其民事权益的，可以自执行异议裁定送达之日起六个月内向作出原判决、裁定、调解书的人民法院申请再审。

二、再审审理程序

（一）再审法院的确定

1. 法院启动再审的案件（《民事诉讼法》第 209 条）

（1）本院启动的再审：由本院审理。

（2）上级法院启动的再审：由该上级法院提审。

《民事诉讼法》第 209 条规定，上级法院启动再审，有权提审或者指令下级法院再审。但是，2015 年 2 月颁布的《最高人民法院关于民事审判监督程序严格依法适用指令再审和发回重审若干问题的规定》第 2 条第 3 款规定，人民法院依据《民事诉讼法》第209条第2款裁定再审的，应当提审。也就是说，当上级人民法院和最高人民法院依职权裁定再审的，一律提审，不存在指令下级法院再审的空间，亦即司法解释对《民事诉讼法》本身规定作出了限缩，所以需要注意在"上级＋最高"的模式下不再有指令下级法院再审的空间，上级法院和最高人民法院一律提审，用二审程序审。

2. 检察院抗诉的案件（《民事诉讼法》第222条）

（1）原则上由接受抗诉的法院审理（接受抗诉的法院是原生效裁判的上级法院，故应当是提审）。

（2）有《民事诉讼法》第211条第1项至第5项（即证据问题，属于实体错误）规定情形之一的，可以交给下一级法院再审，但是经该下一级法院再审的除外。

3. 当事人申请再审的案件（《民事诉讼法》第210条、第215条第2款）

《民事诉讼法》第210条："当事人对已经发生法律效力的判决、裁定，认为有错误的，可以向上一级人民法院申请再审；当事人一方人数众多或者当事人双方为公民的案件，也可以向原审人民法院申请再审。当事人申请再审的，不停止判决、裁定的执行。"

《民事诉讼法》第215条第2款："因当事人申请裁定再审的案件由中级人民法院以上的人民法院审理，但当事人依照本法第210条的规定选择向基层人民法院申请再审的除外。最高人民法院、高级人民法院裁定再审的案件，由本院再审或者交其他人民法院再审，也可以交原审人民法院再审。"

（1）因当事人申请而裁定再审的案件由中级以上法院审理，但当事人依法选择向基层法院申请再审的除外；

（2）最高人民法院、高级人民法院裁定再审的案件，由本院再审或者交由其他人民法院再审，也可以交由原审法院再审。

【例1】甲公司和乙公司的合同纠纷，经基层人民法院作出生效判决，甲公司想申请再审，只能向中级人民法院申请，因为不属于"当事人一方人数众多或者当事人双方为公民"的情形。当然，原生效判决是基层法院作出的，而再审此案的是中级人民法院，故为提审，适用二审程序审。

【例2】甲公司和王五的合同纠纷，经基层人民法院作出生效判决，王五想申请再审，只能向中级人民法院申请，因为不属于"当事人一方人数众多或者当事人双方为公民"的情形。同上，原生效判决是基层法院作出的，而再审此案的是中级人民法院，故为提审，适用二审程序审。

【例3】张三和李四的合同纠纷，经基层人民法院作出生效判决，李四想要申请再审。因为属于"当事人一方人数众多或者当事人双方为公民"的情形，李四可以向基层人民法院申请再审，基层法院应适用一审程序审理。李四也可以向中级人民法院申请再审，则中级人民法院适用二审程序审理，不能发回原基层法院审理。

【例4】张三和李四的合同纠纷，经中级人民法院作出二审生效法律文书，李四想要申请再审。因为属于"当事人一方人数众多或者当事人双方为公民"的情形，李四可以向中级人民法院申请再审，中级人民法院适用二审程序审理。李四也可以向高级人民法院申请再审，则高级人民法院可以适用二审程序再审或者交由其他人民法院再审，也可以发回原中级人民法院按二审程序再审。

【例5】张三和李四的合同纠纷，经中级人民法院作出一审生效法律文书，李四想要申请再审。因为属于"当事人一方人数众多或者当事人双方为公民"的情形，李四可以向中级人民法院申请再审，中级人民法院适用一审程序审。李四也可以向高级人民法院申请再审，则高级人民法院可以适用二审程序再审或者交由其他人民法院再审，也可以发回原中级人民法院按一审程序审理。

（二）再审时对原判决的处理

《民事诉讼法》第217条："按照审判监督程序决定再审的案件，裁定中止原判决、裁定、调解书的执行，但追索赡养费、扶养费、抚育费、抚恤金、医疗费用、劳动报酬等案件，可以不中止执行。"

（三）再审案件的审判组织

《民事诉讼法》第218条第2款规定："人民法院审理再审案件，应当另行组成合议庭。"

（四）再审案件的审理程序（《民事诉讼法》第218条）

再审没有独立的审理程序，而是适用一审或二审程序重新审理：

（1）原来生效裁判是一审法院作出的，按照第一审程序审理，所作裁判可以上诉；

（2）原来生效裁判是二审法院作出的，按照第二审程序审理，所作裁判是终审裁判；

（3）上级人民法院按照审判监督程序提审的，按照第二审程序审理，所作裁判是终审裁判。

（五）再审审理范围

根据《民诉解释》第403条规定，人民法院审理再审案件应当围绕再审请求进行。当事人的再审请求超出原审诉讼请求的，不予审理；符合另案诉讼条件的，告知当事人可以另行起诉。法院经再审，发现已经发生法律效力的判决、裁定损害国家利益、社会公共利益、他人合法权益的应当一并审理。

【例1】甲起诉乙公司要求依约交付计算机，并支付迟延履行违约金5万元。经县市两级法院审理，甲胜诉。后乙公司以原审适用法律错误为由申请再审，省高级人民法院裁定再审后，甲变更诉讼请求为解除合同，支付迟延履行违约金10万元。再审法院最终维持原判决。再审法院对甲变更后的请求应当不予审查。

【例2】丙起诉丁人身损害赔偿2万元，经过两审终审，丁败诉，申请再审。在再审中，丁反诉丙人身损害赔偿，此时法院适用二审程序审理再审案件，不能"调解不成，告知另行起诉"，应当"直接告知另行起诉"。

分析： 再审是纠错程序，仅仅纠正原生效裁判的错误，不解决新的纠纷。因此当事人在再审中新提出的诉讼请求或增加、变更的诉讼请求，提出反诉等，再审法院不予审理。

（六）再审案件的结案

1. 裁判（《民诉解释》第405、第406条）

（1）维持原判。

经再审审理，原判决、裁定认定事实清楚、适用法律正确的，应予维持；原判决、裁定在认定事实、适用法律虽有瑕疵，但裁判结果正确的，应当在再审判决、裁定中纠正瑕疵后予以维持。

（2）依法改判、撤销或者变更。

经再审审理，原判决、裁定认定事实、适用法律错误，导致裁判结果错误的。

（3）裁定撤销原一、二审判决，驳回起诉。

按照二审程序再审的案件，法院经审理认为不符合《民事诉讼法》规定的起诉条件或者符合《民事诉讼法》第127条规定不予受理情形的，应当裁定撤销一、二审判决，驳回起诉。

2. 调解

再审程序中可以适用调解，达成调解协议的，应当制作调解书，调解书送达后，原判决、裁定视为撤销。（不需要专门在调解书中注明"撤销原判"）

3. 再审程序中的特殊情形

（1）检察院撤回抗诉，法院应予准许，同时恢复原裁判的执行。（《民诉解释》第404条）

（2）再审申请人撤回再审申请，由法院裁定是否准许；裁定准许的，终结再审

程序，恢复原裁判的执行。（《民诉解释》第404条）

（3）一审原告在再审审理程序中申请撤回起诉，经其他当事人同意，且不损害国家利益、社会公共利益、他人合法权益的，人民法院可以准许。裁定准许撤诉的，应当一并撤销原判决。（《民诉解释》第408条）

（4）在再审中撤回起诉后重复起诉的，法院不予受理。（《民诉解释》第408条）

（七）再审案件的审结期限与宣判

1. 审结期限

与适用审理程序相适应，即适用一审程序审理的，遵循一审案件的审理期限；适用二审程序审理的，遵循二审案件的审理期限。

2. 宣判

适用一审程序审理的，无论是否公开审理，一律公开宣判；适用二审程序审理的，可以由再审法院自行宣判，也可以委托原审法院或者当事人所在地法院代行宣判。

 真题自测

1. 朱某和葛某之间的民间借贷纠纷，一审判决朱某向葛某支付本金及利息。朱某不服上诉，二审葛某表示一审判决正确应该维持。经审判，二审法院维持原判。葛某之后表示一审判决利息计算存在错误，申请再审。下列说法正确的是？（2022，单选）

A. 葛某有再审利益，法院可以裁定再审

B. 经法院院长同意裁定再审

C. 经朱某同意可以再审

D. 葛某缺乏再审利益，浪费司法资源，违反诉讼诚信原则

答案：D。提示：当事人申请再审。《民事诉讼法》第210、第211条。

2. 张三向李四借款50万元，由王五提供保证，保证合同中未约定保证方式。后因借款清偿发生纠纷，一审法院判决认定王五承担连带保证责任。王五不服提起上诉，二审法院判决王五承担一般保证责任。判决生效后，王五以签订保证合同时意思表示错误不应承担保证责任为由申请再审。关于对王五申请的处理，下列哪一做法是正确的？（2021，单选）

A. 裁定再审后组织调解，调解不成，告知另行起诉

B. 裁定再审后组织调解，调解不成，裁定发回重审

C. 裁定不予受理再审申请

D. 裁定驳回再审申请

答案：D。提示：《民诉解释》第 393 条第 2 款、《民事诉讼法》第 211 条。

3. 范某与张某的买卖合同纠纷，甲市 A 区法院经过审理作出一审判决，双方当事人均未上诉。判决生效后，范某以审判组织形式违法为由向甲市中级人民法院申请再审，张某以主要证据未经质证为由向甲市 A 区法院申请再审。法院应当如何处理范某和张某的申请？（2020，单选）

A. 应当由甲市中级人民法院受理并审查再审申请

B. 应当由最先受理再审申请的法院进行审查

C. 应当由甲市中级人民法院裁定负责审查的法院

D. 应当由甲市 A 区法院与甲市中级人民法院进行协商，协商不成的，由甲市 A 区法院受理并审查再审申请

答案：D。提示：再审申请与受理。《民诉解释》第 377 条。

4. 张某与李某因相邻纠纷诉至 A 市 B 区法院，B 区法院经过审理作出判决，张某和李某均未上诉。在本案执行的过程中，李某向 A 市中级人民法院申请再审。下列选项中说法错误的有？（2020，多选）

A. A 市中级人民法院应当驳回李某的再审申请

B. A 市中级人民法院应当告知李某向 B 区法院申请再审

C. A 市中级人民法院应当裁定将再审案件移送 B 区法院审理

D. B 区法院应当裁定中止执行

答案：ABCD。提示：再审的申请。《民事诉讼法》第 209 条。

5. 李一和王二的借款合同纠纷一案，标的额为 20 万元，法院适用小额诉讼程序审理，生效法律文书作出后，李一欲申请再审，下列关于再审的说法正确的有？（2020，多选）

A. 李一可以发现新证据为由申请再审

B. 李一可以法院适用小额诉讼程序审理错误为由申请再审

C. 法院裁定再审的，应当适用合议庭审理

D. 法院裁定再审的，适用小额诉讼程序审理

答案：ABC。提示：再审程序。《民事诉讼法》第 211 条。

6. 张某起诉李某，要求李某返还借款。一审法院判决李某败诉，当事人均未上诉。判决生效后李某向法院申请再审。法院决定再审，在再审过程中，发现张某和李某已经达成了和解协议，并且已经支付完毕。下列做法正确的是？（2019，单选）

A. 继续再审

B. 驳回再审请求

C. 判决执行一审判决

D. 裁定终结再审程序

答案：D。提示：《民诉解释》第400、404条。

7. 谢某与周某交通事故侵权纠纷一案，2016年2月6日，经A县B乡人民调解委员会主持调解，双方签订了人民调解协议，并书面申请司法确认。2016年3月3日，A县法院作出民事裁定，确认该调解协议有效。4月2日，谢某按协议履行完了全部约定的义务。2016年7月5日，谢某以发现新证据，原调解协议内容错误为由，向法院申请再审，法院当如何处理？（2018，单选）

A. 驳回再审申请

B. 告知另行起诉

C. 进行再审审查，如调解协议错误，裁定执行回转

D. 告知可以申请撤销调解协议

答案：A。提示：《民诉解释》第378条。

8. 甲、乙因一幅字画所有权问题产生争议，甲主张该幅字画属于自己所有，起诉要求乙返还该幅字画。A市B县法院判决乙交付字画给甲，双方均未提起上诉。后因乙拒不履行判决义务，甲申请强制执行。执行过程中，丙向法院提出异议，主张该字画的所有权，法院经审查驳回了其异议。丙遂向A市中级人民法院申请再审，A市中级人民法院在再审中发现该字画实为甲和丙共同所有。关于A市中级人民法院的做法，下列选项中正确的有？（2018，不定选）

A. 应当进行调解，调解不成的，再审审理后直接作出判决

B. 应当进行调解，调解不成的，驳回丙再审申请，告知其提起执行异议之诉

C. 应当进行调解，调解不成的，驳回起诉讼请求，告知丙另行起诉

D. 应当进行调解，调解不成的，裁定撤销原判决，发回重审

答案：D。提示：《民诉解释》第420条。

 案例讨论

1. 梁某因为合同纠纷经甲省乙市中级人民法院作出终审判决后，认为该终审判决确有错误，欲申请审判监督程序。关于本案，请分析以下说法正确与否。

（1）梁某应当向甲省高院提出再审申请。（   ）

（2）梁某可以法院管辖权错误为由申请再审。（   ）

（3）法院受理梁某再审申请后应当裁定中止原判决的执行。（   ）

（4）判决生效后，梁某可以向检察院申请检察建议或者抗诉。（   ）

（5）梁某可以在向法院申请再审的同时向检察院申请检察建议或者抗诉。

（   ）

（6）法院裁定再审，经重新审理作出新的判决后，梁某认为再审判决仍有明显错误的，可以再次向法院申请再审。（　　）

（7）梁某向高级人民法院申请再审，高级人民法院认为符合情形的，应当裁定再审，同时应当裁定撤销原判决。（　　）

2. 甲公司向 S 市 N 区人民法院起诉乙公司，要求乙公司依约履行合同，S 市 N 区人民法院认为甲公司证据不足，判决驳回甲公司诉讼请求，双方当事人均未上诉。判决生效后，甲公司财务人员发现新证据，甲公司申请再审，法院审查后认为甲公司申请再审符合法定情形，遂裁定再审。再审中，甲公司要求法院判令乙公司履行合同，并赔偿相应违约金，乙公司对甲公司提出反诉，要求确认合同无效，并要求甲公司承担缔约过失责任。关于本案，请回答以下问题：

（1）甲公司应当向哪些（个）法院申请再审？为什么？

（2）再审法院应当适用何种程序对本案进行重新审理？为什么？

（3）再审法院对于甲、乙公司的诉讼请求应当如何处理？为什么？

Chapter 16
C 第十六章
特别程序

经典案例

冠利达公司与胡某等申请确认人民调解协议
效力案——联调快速化解劳资纠纷

【案情】2020年6月底，胡某等31名劳动者到深圳市宝安区石岩街道劳动办投诉称，冠利达公司未按时发放工资，其中部分劳动者的工资已被拖欠三个月以上。劳动办经调查了解，该公司因新冠疫情期间国外订单取消造成资金紧张，导致工资不能按时发放，目前虽有订单，但部分劳动者因工资问题消极怠工，生产经营不能正常开展，若订单按时完成，一个月左右便能通过货款补足拖欠的工资。在劳动办的调解下，冠利达公司与劳动者达成分期支付工资的初步意向，但劳动者仍有顾虑，担心即使按时完成订单生产，公司仍有可能拖欠工资。为此，劳动办与法院联系，启动"调解＋司法确认"联动机制。

深圳市宝安区人民法院为促进冠利达公司尽快恢复生产，采取"上门服务"的方式，到公司现场开展司法确认工作。经过宣讲，公司和劳动者均同意就双方达成的调解协议申请司法确认，并提交了相关申请材料。收到材料后，法院立即开启"绿色通道"，于当天完成审查工作，2020年7月16日出具民事裁定书，确认冠利达公司与31名劳动者达成的分期支付工资的调解协议合法有效。劳动者收到裁定书后，立即投入到工作中，公司生产经营已恢复正常。

评析：我国自古就有着无讼是求的传统存在，而当代人民调解制度就是非诉讼解决方式中的重要一项，其作为我国具有中国特色的制度而存在，有利于化解当事人双方的矛盾，促进人与人之间的和睦和社会的和谐发展。因而，实行和完善人民调解协议司法确认机制具有重要意义。首先，在繁多的诉讼案件的压力下，通过非诉讼解决方式化解纠纷，有助于减缓法院"案多人少"的现实困境，节约了司法资源，提高了司法效率；其次，减少了当事人的诉讼成本，彰显了人民调解和司法确认的公信力，更有利于调动人民的积极性，使得人民的主动性和创造性得以充分的发挥。正如习近平总书记强调的，要树立以人民为中心的发展思想，强调法制建设为了人民，依靠人民，造福人民，保护人民。因而，全面推动人民调解协议司法制度的常态化、规范化是人民法院应当遵守的初心使命，是满足群众司法需求的必然要求。

知识梳理

1. 特别程序
2. 选民资格案件
3. 宣告失踪和宣告死亡案件
4. 指定遗产管理人案件
5. 认定公民无、限制民事行为能力案件
6. 认定财产无主案件
7. 确认调解协议效力案件
8. 实现担保物权案件

一、特别程序

《民事诉讼法》第 184 条规定："人民法院审理选民资格案件、宣告失踪和宣告死亡案件、指定遗产管理人案件、认定公民无民事行为能力或者限制民事行为能力案件、认定财产无主案件、确认调解协议效力案件和实现担保物权案件，适用本章规定。本章没有规定的，适用本法和其他法律的有关规定。"

特别程序，是指人民法院审理某些非民事权益纠纷案件所适用的特殊程序。特别程序属于民事审判程序的一部分，与普通程序、简易程序这些诉讼程序相对应。在民事诉讼中具有独立的、特殊的地位。特别程序的特点如下。

（1）各类型案件的审判程序独立。

（2）不存在民事权益争议，只是确认某种法律事实或权利是否存在。

（3）没有利害关系相对立的双方当事人。

（4）审判组织具有特殊性。除选民资格案件或重大疑难案件由审判员组成合议庭，其他案件的审理，由独任制审判庭进行审理。

（5）实行一审终审。

（6）审限较短。应当在立案之日起三十日内或者公告期满后三十日内审结，有特殊情况需要延长的，由本院院长批准。但审理选民资格的案件除外，必须在选举日前审结。

（7）免交案件受理费，只需交纳实际支出的费用，如公告、鉴定等所需要的费用。

（8）不能适用再审程序。但有独特的救济程序：适用特别程序作出的判决、裁定，当事人、利害关系人认为有错误的，可以向作出该判决、裁定的人民法院提出异议。人民法院经审查，异议成立或者部分成立的，作出新的判决、裁定撤销或者改变原判决、裁定；异议不成立的，裁定驳回。对人民法院作出的确认调解协议、准许实现担保物权的裁定，当事人有异议的，应当自收到裁定之日起十五日内提出；利害关系人有异议的，自知道或应当知道民事权益受到侵害之日起六个月内提出。

二、选民资格案件

【例】甲家住某市 B 区，原在某市 A 区的某公司工作，甲与公司的劳动争议纠纷还在诉讼中，适逢选举市人大代表。A 区的选民名单公布后，甲发现没有他的名字，便质问公司为什么漏报他。公司称："你已经不是我公司的职工，公司当然没有把你报上去，你应当到 B 区参加选举。"王先生不同意，坚持要在 A 区参加选举，并认为他与公司的劳动争议案件尚未审结，就应当在 A 区参加选举。甲向 A 区选举委员会申诉，A 区选举委员会经审查作出甲应在 B 区参加选举的决定。甲不服申诉决定，在选举日五日之前向 A 区法院提起诉讼。法院立即受理，开庭时起诉人甲和选举委员会的代表都到庭参加诉讼，法院及时在选举日前作出了判决，并及时送达。

选民资格案件，是指公民对选举委员会的选民资格名单有异议，向选举委员会申诉后，对选举委员会就其申诉所作的处理决定仍然不服，而向人民法院提起诉讼的案件。

（一）管辖：由选区所在地基层人民法院行使管辖权。

（二）起诉的条件：申诉处理前置——公民不能直接向人民法院起诉，而必须就选民资格问题先向选举委员会申诉，选举委员会对该申诉处理后，如果不服该处理决定，可以在选举日的五日之前向法院起诉。

（三）当事人：与普通诉讼案件的当事人不同，选民资格案件的当事人分别称为起诉人、选举委员会和有关公民，而非原告和被告。而且起诉人不一定是选民本人。《民事诉讼法》并没有限制选民资格案件的起诉人，因此，起诉人可以是选民本人，也可以是其他人。

（四）审判组织：由审判员组成合议庭审理，不得采用独任制，也不实行陪审制。

（五）当事人必须到庭：起诉人、选举委员会的代表和有关公民必须参加，不得缺席。

（六）审限：法院受理选民资格案件后，必须在选举日前审结；另外，人民法院的判决书，应当在选举日前送达选举委员会和起诉人，并通知有关公民。

（七）实行一审终审。

三、宣告失踪和宣告死亡案件

【例1】杨女士的丈夫外出做生意，逐渐没了音讯。杨女士到处寻找打听都没下落，至今已五年。杨女士想把丈夫开的加工厂接过来自己管理，另外还想离婚。杨女士向法院提出申请宣告其丈夫失踪，法院要求其提交当地公安机关出具的其丈夫下落不明的证明。法院受理此案后，登报发出了寻找该下落不明者的公告。三个月过去了，仍然没有消息。法院确认杨女士的丈夫失踪，作出了宣告失踪的判决，并指定杨女士为财产代管人。法院的做法是否正确？

分析： 本案是申请宣告失踪的案件。被申请宣告失踪的公民必须下落不明满两年，并且有利害关系人提出申请。案例中杨女士的丈夫已经下落不明满五年，其妻为利害关系人，有权向法院提出申请。杨女士应当向他们住所地的基层法院提出书面申请。法院受理此类案件后应当发出公告寻找失踪人，公告期满后，被申请宣告失踪人仍没有音讯时，法院可以作出宣告失踪的判决，同时还应当按照《民法典》的规定为失踪人指定财产代管人。案例中法院作出判决的程序合法，指定杨女士为财产代管人的程序也合法。

【例2】方家患有老年痴呆症的老父亲于75岁那年失踪，家人经过长期多方寻找，均无所获。六年后方家儿子向其父亲原住所地某县法院申请宣告其父亲死亡，并向县法院提供了其父下落不明的证明。法院受理后，依照《民事诉讼法》的规定发出公告，公告期届满，方父仍然无音讯。法院经审查，认为申请人的申请符合法定条件，于是作出宣告方父死亡的判决。方家父亲被法院宣告死亡后，其遗产被其继承人依法继承。

（一）宣告公民失踪案件

1. 条件

（1）该公民下落不明的客观事实存在；（2）下落不明的期间须持续满两年。

2. 管辖

下落不明人住所地基层人民法院。

3. 启动

利害关系人书面申请。

根据《最高人民法院关于适用〈中华人民共和国民法典〉总则编若干问题的解释》（以下简称《民法典总则编解释》）第 14 条规定，利害关系人包括：

（1）被申请人的近亲属；

（2）依据《民法典》第 1128、第 1129 条规定对被申请人有继承权的亲属；

（3）债权人、债务人、合伙人等与被申请人有民事权利义务关系的民事主体，但是不申请宣告失踪不影响其权利行使、义务履行的除外。

4. 公告期：三个月（一是在法院的公告栏内张贴；二是登报告示）

5. 指定审理期间的财产管理人（这一程序不是案件的必经程序）

6. 判决

公告期满，被申请人仍无音讯，法院应当依法作出宣告该公民为失踪人的判决。如果被申请人有音讯，证明其未失踪，法院应当作出驳回申请人申请的判决。

7. 指定财产代管人

法院作出宣告失踪的判决的同时，应为失踪人指定财产代管人。

8. 判决的撤销

被宣告失踪人在法院宣告失踪后出现，经过失踪人本人或者利害关系人的申请，由法院作出新判决，撤销原判决。

9. 公民被宣告失踪的法律后果

（1）失踪人的财产由代管人代管；（2）失踪人如果负有债务，由代管人以失踪人的财产清偿。如果代管人拒绝清偿的，其债权人应当以代管人为被告提起民事诉讼。（《民法典总则编解释》第 15 条）

（二）宣告死亡的程序

1. 条件

（1）该公民须有下落不明的客观事实存在；

（2）下落不明达法定期间：①一般情况下落不明的时间持续满 4 年；②因意外

事件下落不明，从公民音讯消失的次日起算持续满 2 年；③经有关机关证明该公民不可能生存的，不受时间的限制。

2. 管辖

下落不明人住所地基层法院。

3. 启动

利害关系人书面申请。

根据《民法典总则编解释》第16条规定，利害关系人包括：

（1）被申请人的配偶、父母、子女；

（2）依据《民法典》第1129条规定对被申请人有继承权的亲属；

（3）符合下列情形之一的，被申请人的其他近亲属，以及依据《民法典》第1128条规定对被申请人有继承权的亲属：①被申请人的配偶、父母、子女均已死亡或者下落不明的；②不申请宣告死亡不能保护其相应合法权益的。

（被申请人的债权人、债务人、合伙人等民事主体不能认定为申请宣告死亡的利害关系人，但是不申请宣告死亡不能保护其相应合法权益的除外）

4. 冲突

对同一自然人，有的利害关系人申请宣告死亡，有的利害关系人申请宣告失踪，符合宣告死亡条件的，人民法院应当宣告死亡。

5. 公告

申请宣告公民死亡案件的公告期间为 1 年，因意外事故下落不明，经有关机关证明该公民不可能生存的，宣告死亡的公告期间为 3 个月。

6. 判决

公告期满，仍无音讯，判决死亡。被申请人有音讯的，则判决驳回申请人的申请。

判决宣告之日为其死亡的日期，判决书除发给申请人外，还应当在被宣告死亡的人的住所地或居所地及法院所在地公告。

7. 判决宣告后的法律后果

（1）人身关系方面产生如同自然死亡后的法律后果；（2）财产方面产生如同自然死亡后的法律后果。

8. 判决的撤销及法律后果

被宣告死亡的人重新出现，经本人或者利害关系人的申请，法院应当作出新判决、撤销原判决。判决被撤销后，（1）被撤销死亡宣告的人有权请求返还财产；（2）依法取得其财产的公民或组织，应当返还原物，如果原物不存在，应当给予适当补偿；（3）婚姻关系自判决被撤销之日起自行恢复，但是其配偶再婚或者向婚姻登记机关书面声明不愿意恢复的除外。

四、指定遗产管理人案件

【例】厦门市思明区某处房屋原业主为魏姜氏（19世纪生人）。魏姜氏育有三女一子，该四支继承人各自向下已经延嗣到第五代，但其中儿子一支无任何可查信息，幼女一支散落海外情况不明，仅长女和次女两支部分继承人居住在境内。因继承人无法穷尽查明，长女和次女两支继承人曾历经两代、长达十年的继承诉讼，仍未能顺利实现继承析产。《民法典》实施后，长女一支继承人以欧某士为代表提出，可由生活在境内的可查明信息的两支继承人共同管理祖宅；次女一支继承人则提出，遗产房屋不具有共同管理的条件，应由现实际居住在境内且别无住处的次女一支继承人中的陈某萍和陈某芬担任遗产管理人。

裁判结果：生效裁判认为，魏姜氏遗产的多名继承人目前下落不明、信息不明，遗产房屋将在较长时间内不能明确所有权人，其管养维护责任可能长期无法得到有效落实，确有必要在析产分割条件成就前尽快依法确定管理责任人。而魏姜氏生前未留有遗嘱，未指定其遗嘱执行人或遗产管理人，在案各继承人之间就遗产管理问题又分歧巨大、未能协商达成一致意见，故当秉承最有利于遗产保护、管理、债权债务清理的原则，在综合考虑被继承人内心意愿、各继承人与被继承人亲疏远近关系、各继承人管理保护遗产的能力水平等方面因素，确定案涉遗产房屋的合适管理人。次女魏某燕一支在魏姜氏生前尽到主要赡养义务，与产权人关系较为亲近，且历代长期居住在遗产房屋内并曾主持危房改造，与遗产房屋有更深的历史情感联系，对周边人居环境更为熟悉，更有实际能力履行管养维护职责，更有能力清理遗产上可能存在的债权债务；长女魏某静一支可查后人现均居住漳州市，客观上无法对房屋尽到充分、周到的管养维护责任。故，由魏某静一支继承人跨市管理案涉遗产房屋暂不具备客观条件；魏某燕一支继承人能够协商支持由陈某萍、陈某芬共同管理案涉遗产房屋，符合遗产效用最大化原则。因此判决指定陈某萍、陈某芬为魏姜氏房屋的遗产管理人。①

分析：在遗产管理人制度中，遗产管理人的产生方式至关重要。《民法典》第1145、1146条规定了遗产管理人的五种产生方式：一是遗嘱中指定了遗嘱执行人的，由遗嘱执行人担任遗产管理人。它需要存在合法有效的遗嘱，也是一个直接产

---

① 【民法典典型案例之九】[EB/OL]. 石家庄长安网，2022-10-18. 最高人民法院发布的13件人民法院贯彻实施《民法典》典型案例（第一批）之九的"欧某士申请指定遗产管理人案"。

生遗产管理人的方式。二是由继承人共同推选遗产管理人。它限定的场景有两种：没有合法有效的遗嘱，适用法定继承；虽然存在合法有效遗嘱但遗嘱中没有指定遗嘱执行人。三是继承人就遗产管理人无法达成一致推选意见，则由所有继承人共同担任遗产管理人。依据《民法典》第 1145 条规定，"推选"是指在继承人中推选，而不包括在继承人之外推选。四是没有继承人或者继承人均放弃继承时，由民政部门或者村委会担任遗产管理人。五是上述四种方式均无法产生遗产管理人或有争议的情况下，利害关系人可以申请由法院指定遗产管理人。《民法典》继承编首次规定了遗产管理人制度，但规定较为原则，难以为此类案件的审理提供明确的程序指引，该制度司法实践中遇到了一些困难。

2023 年 9 月 1 日，十四届全国人大常委会第五次会议审议通过《全国人民代表大会常务委员会关于修改〈中华人民共和国民事诉讼法〉的决定》，自 2024 年 1 月 1 日起施行。本次修改的《民事诉讼法》在第十五章"特别程序"中新增一节"指定遗产管理人案件"，细化遗产管理人制度的程序法规则，回应司法实践需求，对申请指定遗产管理人的管辖法院、指定遗产管理人的原则、遗产管理人存在特殊情形下的处理作了明确规定，对统一司法实践、有效发挥遗产管理人制度有重要意义。

（一）指定遗产管理人适用"特别程序"

《最高人民法院关于印发修改后的〈民事案件案由规定〉的通知》将"指定遗产管理人案件"纳入适用特别程序审理的案件中。《民事诉讼法》第 185 条规定，依照特别程序审理的案件，实行一审终审。因此，司法实践中许多法院受理指定遗产管理人的案件后，案号使用"民特号"。2023 年《民事诉讼法》修改明确把指定遗产管理人案件放在特别程序中，从而统一司法实践，有利于法院通过及时指定遗产管理人确保被继承人的遗产能得到妥善管理。

（二）指定遗产管理人案件的管辖法院

《民事诉讼法》第 194 条规定："对遗产管理人的确定有争议，利害关系人申请指定遗产管理人的，向被继承人死亡时住所地或者主要遗产所在地基层人民法院提出。申请书应当写明被继承人死亡的时间、申请事由和具体请求，并附有被继承人死亡的相关证据。"

（三）指定遗产管理人的原则

《民事诉讼法》第 195 条规定："人民法院受理申请后，应当审查核实，并按照有利于遗产管理的原则，判决指定遗产管理人。"

上述案例中，被继承人魏姜氏生前未留有遗嘱，在案各继承人之间就遗产管理问题分歧大、未能达成一致意见，法院认为应秉持最有利于遗产保护、管理、债权债务清理的原则，在综合考虑被继承人内心意愿、各继承人与被继承人亲疏远近关系、各继承人管理保护遗产的能力水平等方面因素，确定案涉遗产房屋的合适管理人。魏某燕一支继承人能够协商支持由陈某萍、陈某芬共同管理案涉遗产房屋，符合遗产效用最大化原则。因此，判决指定陈某萍、陈某芬为魏姜氏房屋的遗产管理人。

（四）遗产管理人的变更

《民事诉讼法》第196条规定："被指定的遗产管理人死亡、终止、丧失民事行为能力或者存在其他无法继续履行遗产管理职责情形的，人民法院可以根据利害关系人或者本人的申请另行指定遗产管理人。"

（五）遗产管理人资格的撤销

《民事诉讼法》第197条规定："遗产管理人违反遗产管理职责，严重侵害继承人、受遗赠人或者债权人合法权益的，人民法院可以根据利害关系人的申请，撤销其遗产管理人资格，并依法指定新的遗产管理人。"

（五）认定公民无、限制民事行为能力案件

【例】教授老王患老年痴呆症，没有能力管理、处分其名下房产。为了他的利益，其名下房产需要管理、处分，其子女向法院申请宣告老王为无民事行为能力人。老王住所地法院受理了此案，对其精神状况进行了司法鉴定。司法鉴定确认该教授无民事行为能力。法院又在其亲属中为其指定了诉讼期间的代理人，经过审理，作出判决，宣告该教授为无民事行为能力人。

（一）申请条件

申请认定公民无民事行为能力或者限制民事行为能力，由利害关系人或者有关组织向该公民住所地基层人民法院提出。申请书应当写明该公民无民事行为能力或者限制民事行为能力的事实和根据。（《民事诉讼法》第198条）

1. 利害关系人

（1）近亲属：配偶、父母、子女、兄弟姐妹、祖父母、外祖父母、孙子女、外

孙子女；（2）其他利害关系人：近亲属以外的亲属、朋友。

2. 有关组织

包括居民委员会、村民委员会、学校、医疗机构、妇女联合会、残疾人联合会、依法设立的老年人组织、民政部门等。

（二）鉴定

人民法院受理申请后，必要时应当对被请求认定为无民事行为能力或者限制民事行为能力的公民进行鉴定。申请人已提供鉴定意见的，应当对鉴定意见进行审查。（《民事诉讼法》第 199 条）

（三）审理程序

人民法院审理认定公民无民事行为能力或者限制民事行为能力的案件，应当由该公民的近亲属为代理人，但申请人除外。近亲属互相推诿的，由人民法院指定其中一人为代理人。该公民健康情况许可的，还应当询问本人的意见。（《民事诉讼法》第 200 条）

（四）判决

人民法院经审理认定申请有事实根据的，判决该公民为无民事行为能力或者限制民事行为能力人；认定申请没有事实根据的，应当判决予以驳回。

（五）撤销判决条件

人民法院根据被认定为无民事行为能力人、限制民事行为能力人本人、利害关系人或者有关组织的申请，证实该公民无民事行为能力或者限制民事行为能力的原因已经消除的，应当作出新判决，撤销原判决。（《民事诉讼法》第 201 条）

六、认定财产无主案件

【例】老肖去世已多年，其配偶也去世了，无子女，无遗嘱，有少量遗产无人管理。某单位向法院申请宣告这些遗产为无主财产。遗产所在地法院受理后，发出了财产认领公告，老肖的兄弟得知后，向法院申请认领。法院经审查后，裁定驳回了某单位的申请。

（一）条件

申请认定财产无主，由公民、法人或者其他组织向财产所在地基层人民法院提出。申请书应当写明财产的种类、数量以及要求认定财产无主的根据。（《民事诉讼法》第 202 条）

（二）审理程序

人民法院受理申请后，经审查核实，应当发出财产认领公告。（《民事诉讼法》第 203 条）

（1）公告满一年无人认领的，判决认定财产无主，收归国家或者集体所有。

《民法典》第 1160 条规定："无人继承又无人受遗赠的遗产，归国家所有，用于公益事业；死者生前是集体所有制组织成员的，归所在集体所有制组织所有。"

（2）公告期间，有人对该财产提出请求，人民法院应当裁定终结特别程序，告知申请人另行起诉，适用普通程序审理。

（三）撤销财产无主的判决

判决认定财产无主后，原财产所有人或者继承人出现，在《民法典》规定的诉讼时效期间可以对财产提出请求，人民法院审查属实后，应当作出新判决，撤销原判决。（《民事诉讼法》第 204 条）

"民法典规定的诉讼时效"，根据《民法典》第 188 条规定，财产所有权人或者继承人应当自知道财产被法院判决认定为无主财产后的三年内向人民法院主张权利。

七、确认调解协议效力案件

【例】甲和乙是楼上楼下的邻居，甲将自家房屋委托中介出租，原有的三间卧室及客厅被隔断成四个小间，阳台被隔断成两个小间，"群租"给 16 个人居住。由于房小人多，群租客不爱护房屋设施，不久就造成厨房、卫生间、卧室往楼下乙家漏水，乙家室内装修受损。两家为此发生纠纷，乙家要求甲家马上解除租赁合同，并赔偿损失。甲家根本不配合，态度不好，漏水情况一再发生，导致两家之间、乙家与租客之间不断发生冲突。当地人民调解委员会应邀调解，经当地派出所民警和人民调解委员会反复做工作，两家最终达成调解协议：甲家解除与中介公司的群租合同，并赔偿乙家经济损失 3 万元。甲家称经济困难，3 万元分半年付清。协议达成后，人民调解委员会征求双方意见，建议他们去法院确认，他们同意了。于是，第三天，双方当事人到当地区法院申请司法确认。人民法院受理了他们的申请，依法经过审查，确定符合法律规定，裁定调解协议有效，并告知双方当事人，若义务人不履行义务，乙家可以向法院申请强制执行。

《民事诉讼法》第 205 条："经依法设立的调解组织调解达成调解协议，申请司法确认的，由双方当事人自调解协议生效之日起三十日内，共同向下列人民法院提出：（一）人民法院邀请调解组织开展先行调解的，向作出邀请的人民法院提出；（二）调解组织自行开展调解的，向当事人住所地、标的物所在地、调解组织所在地的基层人民法院提出；调解协议所涉纠纷应当由中级人民法院管辖的，向相应的中级人民法院提出。"

《民事诉讼法》第 206 条："人民法院受理申请后，经审查，符合法律规定的，裁定调解协议有效，一方当事人拒绝履行或者未全部履行的，对方当事人可以向人民法院申请执行；不符合法律规定的，裁定驳回申请，当事人可以通过调解方式变更原调解协议或者达成新的调解协议，也可以向人民法院提起诉讼。"

调解协议确认案件，是指人民调解、商事调解、行业调解、行政调解等非法院的调解组织，对当事人之间的纠纷进行调解，当事人达成调解协议后，为取得强制执行力而申请法院审查确认，作出裁定的案件。

调解协议确认程序，是指《民事诉讼法》规定的用于审查经过人民调解委员会等调解组织调解，当事人达成的调解协议，以裁定赋予执行力的专门程序。

（一）启动

双方当事人，自调解协议生效之日起三十日内共同申请，可以采用书面形式或者口头形式。

（二）管辖

（1）人民法院邀请调解组织开展先行调解的，向作出邀请的人民法院提出；

（2）调解组织自行开展调解的，向当事人住所地、标的物所在地、调解组织所在地的基层人民法院提出；调解协议所涉纠纷应当由中级人民法院管辖的，向相应的中级人民法院提出。

注意：级别管辖，确认调解协议效力可以由中级人民法院管辖；地域管辖，应当区分法院邀请调解和调解组织自行调解。

（三）不予受理的情形

当事人申请司法确认调解协议，有下列情形之一的，人民法院裁定不予受理：

（1）不属于人民法院受理范围的；

（2）不属于收到申请的人民法院管辖的；

（3）申请确认婚姻关系、亲子关系、收养关系等身份关系无效、有效或者解除的；

（4）涉及适用其他特别程序、公示催告程序、破产程序审理的；

（5）调解协议内容涉及物权、知识产权确权的。

人民法院受理申请后，发现有上述不予受理情形的，应当裁定驳回当事人的申请。

（四）处理和救济

1. 符合法律规定的

（1）处理：裁定调解协议有效；一方不履行或者未全部履行，对方当事人可以向法院申请强制执行。

（2）救济：当事人对该裁定不服的，应当自收到裁定之日起十五日内提出；利害关系人有异议的，自知道或应当知道其民事权益受到侵害之日起六个月内提出。（《民诉解释》第 372 条）

2. 不符合法律规定的

（1）处理：经审查，有下列情形之一的，法院裁定驳回申请：①违反法律强制性规定的；②损害国家利益、社会公共利益、他人合法权益的；③违背公序良俗的；④违反自愿原则的；⑤内容不明确的；⑥其他不能进行司法确认的情形。

（2）救济：裁定驳回申请的，当事人可以通过调解方式变更原调解协议或者达成新的调解协议，也可以向人民法院提起诉讼。

八、实现担保物权案件

【例】B 公司因经营资金短缺，向 A 公司借款 200 万元，约定了利息及两年的借款期限。为保障借款能够归还，经 A 公司要求，B 公司将其所有的位于某写字楼的一处物业作为担保物提供担保。双方签订担保协议，并约定届时 B 公司若不能清偿债务，A 公司有权向担保财产所在地某区人民法院申请拍卖该物业以清偿债务。两年届满，B 公司无力清偿债务，经 A 公司多次催促无果。因此，A 公司根据合同约定，向该物业所在地区法院申请拍卖担保财产。该区法院受理申请后，经审查，符合法律规定，裁定拍卖担保财产，A 公司依据该裁定向该区人民法院申请强制执行。

《民事诉讼法》第 207 条："申请实现担保物权，由担保物权人以及其他有权请求实现担保物权的人依照《民法典》等法律，向担保财产所在地或者担保物权登记地基层人民法院提出。"

《民事诉讼法》第 208 条："人民法院受理申请后，经审查，符合法律规定的，裁定拍卖、变卖担保财产，当事人依据该裁定可以向人民法院申请执行；不符合法律规定的，裁定驳回申请，当事人可以向人民法院提起诉讼。"

担保物权实现案件，是指担保物权在债务人不履行到期债务或者发生当事人约定的实现担保物权的情形时，担保物权人与债务人、担保人不能自行实现时，根据法律规定申请法院裁定并强制拍卖或变卖担保财产的案件。

担保物权实现案件程序，是指依据《民法典》在《民事诉讼法》中设置的，担保物权人申请法院审查、裁定、拍卖或变卖担保财产的非诉讼特别程序。

（一）启动

1. 申请主体：由担保物权人以及其他有权请求实现担保物权的人申请

根据《民诉解释》第 359 条规定：

（1）担保物权人，包括抵押权人、质权人、留置权人；

（2）其他有权请求实现担保物权的人，包括抵押人、出质人、财产被留置的债务人或者所有权人等。因为如果担保物权人怠于行使担保物权，将有可能损害这些权利人的权利，故其也有权请求实现担保物权。

2. 根据《民诉解释》第 365 条规定，申请实现担保物权，应当提交下列材料

（1）申请书。申请书应当记明申请人、被申请人的姓名或者名称、联系方式等基本信息，具体的请求和事实、理由；

（2）证明担保物权存在的材料，包括主合同、担保合同、抵押登记证明或者他项权利证书，权利质权的权利凭证或者质权出质登记证明等；

（3）证明实现担保物权条件成就的材料；

（4）担保财产现状的说明；

（5）人民法院认为需要提交的其他材料。

（二）管辖

（1）向担保财产所在地或者担保物权登记地基层人民法院提出。

（2）实现票据、仓单、提单等有权利凭证的权利质权案件，可以由权利凭证持有人住所地人民法院管辖；无权利凭证的权利质权，由出质登记地人民法院管辖。（《民诉解释》第 360 条）

（3）实现担保物权属于海事法院专门人民法院管辖的，由专门人民法院管辖。（《民诉解释》第361条）

（三）受理

《民诉解释》第366条规定："人民法院受理申请后，应当在五日内向被申请人送达申请书副本、异议权利告知书等文书。被申请人有异议的，应当在收到人民法院通知后的五日内向人民法院提出，同时说明理由并提供相应的证据材料。"

（四）审查

1. 审查主体形式

根据《民诉解释》第367条规定，可以由审判员一人独任审查。担保财产标的额超过基层人民法院管辖范围的，应当组成合议庭进行审查。

2. 审查的内容

《民诉解释》第369条规定："人民法院应当就主合同的效力、期限、履行情况，担保物权是否有效设立、担保财产的范围、被担保的债权范围、被担保的债权是否已届清偿期等担保物权实现的条件，以及是否损害他人合法权益等内容进行审查。被申请人或者利害关系人提出异议的，人民法院应当一并审查。"

（五）处理

根据《民诉解释》第370条规定，人民法院审查后，按下列情形分别处理：

（1）当事人对实现担保物权无实质性争议且实现担保物权条件成就的，裁定准许拍卖、变卖担保财产；

（2）当事人对实现担保物权有部分实质性争议的，可以就无争议部分裁定准许拍卖、变卖担保财产；

（3）当事人对实现担保物权有实质性争议的，裁定驳回申请，并告知申请人向人民法院提起诉讼。

（六）救济

根据《民诉解释》第372条规定：

（1）对于准许拍卖、变卖担保财产的裁定，当事人有异议的，应当在十五日内提出异议，利害关系人有异议的，自知道或应当知道权益受损之日起六个月内提出异议。

（2）对于驳回申请的裁定，当事人可以通过诉讼等方式解决纠纷。

 **真题自测**

1. 刘某没有子女，祝某把自己女儿祝乙过继给了刘某，刘某和刘某弟弟的女儿祝丙签订了意定监护协议，后刘某因疾病丧失行为能力，法院直接指定祝乙监护，但是祝乙和刘某闹矛盾，不愿意住在一起，祝丙拿着意定监护协议去法院起诉更改监护人。下列说法正确的有？（2022，多选）

A. 法院无权依据祝丙的申请直接变更监护人

B. 指定监护无效

C. 对祝丙的申请法院应经过审判程序解决

D. 祝丙的申请不解决实质纠纷，适用非诉讼程序

答案：BC。提示：《民诉解释》第 349 条第 2 款规定。

2. 夏某向甲银行贷款 500 万元，由夏某和杜某各自提供一套房屋设定抵押担保。抵押合同约定发生纠纷向 A 市仲裁委员会申请仲裁。后因夏某无力归还贷款，甲银行向法院申请实现房屋抵押权。夏某对此无异议，杜某提出抵押合同因受欺诈而订立请求法院撤销。关于本案的处理，下列哪些选项是正确的？（2021，多选）

A. 裁定准许拍卖夏某的房屋

B. 裁定准许拍卖杜某的房屋

C. 裁定驳回甲银行拍卖夏某房屋的申请，告知另行仲裁

D. 裁定驳回甲银行拍卖杜某房屋的申请，告知另行仲裁

答案：AD。提示：实现担保物权案件。《民诉解释》第 370 条。

3. 甲因拖欠乙汽车修理厂修理费，乙厂遂对其汽车进行留置。对此，下列说法正确的有？（2020，不定项）

A. 甲乙均有权向法院申请实现该担保物权

B. 本案可以由汽车所在地或者担保物权登记地基层法院管辖

C. 法院审查符合法律规定，裁定拍卖、变卖该汽车的，该裁定可以强制执行

D. 法院审查不符合法律规定的，裁定驳回申请后，当事人可以向法院起诉

答案：ABCD。提示：实现担保物权案件。《民事诉讼法》第 207、208 条。

 **案例讨论**

1. 甲市 A 区的张某与甲市 B 区的李某在甲市 C 区签订了一份房屋买卖合同，约定将李某位于甲市 D 区的价值 6000 万元的一套别墅卖给张某，同时约定，因为履行本协议发生纠纷由合同签订地 C 区人民法院管辖。后双方因为履行本协议发生纠

纷，由 E 区人民调解委员会调解达成协议：约定张某付清余款后别墅归张某所有。后双方当事人申请法院确认调解协议效力，法院驳回了当事人申请。

请问：（1）双方当事人应向哪些法院申请确认调解协议？

（2）法院驳回当事人确认申请的理由是什么？

（3）法院驳回当事人确认申请后，张某和李某而可以通过何种方式解决纠纷？

2. 单某原系某厂工人。2014 年 5 月单某失踪。2016 年 11 月，单某所在的工厂以单某失踪 2 年多毫无下落、生死不明为由要求宣告单某失踪。人民法院于 2017 年 5 月判决宣告单某失踪。2019 年 6 月，单某的妻子孙某以单某失踪长达 5 年之久毫无下落，夫妻关系名存实亡为由，向法院起诉要求离婚。人民法院认为单某失踪多年，不能出庭应诉，但已符合宣告死亡的条件，遂将本案依特别程序进行审理，发布公告，寻找失踪人单某。公告期间 3 个月届满后单某仍无下落。人民法院遂于 2019 年 10 月 19 日作出判决：第一，宣告单某死亡，本判决宣告之日即为其死亡之日；第二，单某和孙某的婚姻关系自判决之日起解除。2020 年春节，失踪多年的单某回到家中。

请问：（1）单某所在的工厂是否有权利申请宣告单某失踪？

（2）人民法院可否主动适用宣告死亡程序？其所适用的宣告死亡程序有无错误？

（3）单某回到家中后可以以何种手段寻求救济？

C
hapter 17
第十七章
督促程序

余某某等 16 人向湘阴县法院申请支付令案

【案情】2019 年 4 月 19 日，郝某某找到包括余某某在内的 16 名农民工在其承包的工程从事木工工作。2019 年 5 月 30 日，郝某某所承包的工程项目已完工，发包方将工程款已全部结算给被申请人郝某某，但郝某某却拖欠余某某等 16 名农民工的劳动报酬不予支付。2019 年 5 月 31 日，郝某某向 16 名农民工当场出具了欠条，并承诺于 2019 年 6 月 18 日付清。但到期后，被申请人郝某某未按承诺支付工资。16 名农民工依据欠条向湘阴劳动监察部门进行了投诉，劳动监察部门多次催告被申请人郝某某支付劳动报酬未果。2019 年 8 月 26 日，余某某等 16 名农民工在湘阴劳动监察部门的陪同下向湘阴县法院申请支付令，共同要求被申请人郝某某支付他们的劳动报酬共计 32267 元。湘阴县法院经与湘阴劳动监察部门及 16 名农民工沟通后，当天便向被申请人郝某某送达支付令，责令被申请人郝某某应当自收到支付令之日起十五日内，给付申请人余某某等 16 名农民工劳动报酬共计 32267 元。后因被申请人郝某某在收到支付令后十五日内未向法院提出书面异议也未履行支付义务，故余某某等 16 名农民工向法院申请强制执行，湘阴县法院快速执行及时为 16 名农民工追回了劳动报酬。

评析：近年来，农民工人上门讨债事件频发，农民工人在法律地位上一般属于较为弱势的一方，他们不知道如何运用法律的武器去保护自身权益，督促程序的出现将有效缓解此类社会矛盾。支付令是人民法院根据债权人的申请，依法作出的督促债务人为一定给付义务的法律文书，一般适用于处理债权债务关系明确的民事、经济纠纷。根据《民事诉讼法》的有关规定，债务人应当自收到支付令之日起十五日内清偿债务，或者向人民法院提出书面异议。债务人在规定期限不提出异议又不履行支付令的，债权人可以向人民法院申请执行。人民法院收到债务人提出的书面异议后，经审查，异议成立的，应当裁定终结督促程序，支付令自行失效，可转入诉讼程序。本案中，湘阴县人民法院引导农民工通过申请支付令的方式维护权益，使案件得以快速处置，有效减少了当事人的诉累，同时也有效缓解了社会矛盾。

知识梳理

1. 概述
2. 程序
3. 督促程序和普通程序的转换
4. 督促程序的终结

 概述

督促程序，是指人民法院根据债权人的申请，以支付令的方式，催促债务人在法定期间内向债权人履行给付金钱和有价证券义务，如果债务人在法定期间内未履行义务又不提出书面异议，债权人可以根据支付令向人民法院申请强制执行的程序。督促程序与其他民事审判程序相比较，具有以下特点。

（一）督促程序的非讼性

督促程序与解决民事争议案件的一般审判程序不同，它以当事人之间不存在实体上的债权债务纠纷为前提，当事人不直接进行对抗。债权人是申请人而不是原告，其权利请求仅限于向人民法院申请以支付令的方式催促债务人履行到期债务。督促程序因债权人的申请而开始，没有对立双方当事人参加诉讼。因此，督促程序并不解决当事人之间的民事权益争议，具有非讼的特点。

（二）适用范围的特定性

督促程序仅适用于请求给付金钱和有价证券的案件，并附有一定条件限制，如债权人没有对待给付义务、支付令能送达债务人等。它不像处理民事争议案件的审判程序对民事案件具有普遍的适用性。所谓金钱，是指作为流通手段和支付手段的货币，通常是指人民币，在特定的情况下也包括外国货币。所谓有价证券，是指汇票、本票、支票、股票、债券、国库券以及可以转让的存单。

（三）程序的可选择性

债权人请求债务人给付金钱、有价证券，符合条件的，可以适用督促程序。但是，法律并没有强制规定这类案件必须适用督促程序，当事人可以选择诉讼程序或督促程序来解决，只是选择诉讼程序时间更长，不利于问题的快捷简便解决。如果当事人选择了诉讼程序，就不能再选择督促程序。选择诉讼程序的，适用第一审普通程序或者简易程序进行审理。可见，督促程序不是解决这类案件的必经程序或唯一程序，法律赋予了当事人的程序选择权。

（四）审理的简捷性

人民法院适用督促程序审理案件，仅对债权人提出的申请和债权债务关系的事实和证据进行书面审查，不传唤债务人，也无须开庭审理。对符合条件的，人民法院直接发出支付令；不符合条件的，人民法院驳回债权人的申请，并且不能提出上诉。审判组织采用独任制的形式。因此，与诉讼程序相比，督促程序具有简便、快捷的特点。

（五）与诉讼程序衔接

支付令失效后，法院经债权人同意，可以将案件转入诉讼程序进行审判。

二、程序

（一）申请支付令的条件

根据《民事诉讼法》第 225 条和《民诉解释》第 427 条规定，债权人申请支付令，应符合下列条件：

（1）债权人请求给付的标的物仅限于金钱或者有价证券。具体包括：请求给付金钱或汇票、本票、支票、股票、债券、国库券和可转让的存款单等有价证券。

（2）债权已经到期且数额确定，并写明了请求所根据的事实、证据。

（3）债权人与债务人之间没有其他债务纠纷，也称债权人没有对待给付义务。

（4）债务人在我国境内且未下落不明。

（注意：对于债务人不在我国境内，需要域外送达，或者虽在我国境内，但需要公告送达支付令的，不适用督促程序。）

（5）支付令能够送达债务人。

（6）收到申请书的人民法院有管辖权。（债务人住所地的基层人民法院）

（7）债权人未向人民法院申请诉前保全。（如果债权人向法院申请诉前保全，说明其有走诉讼程序的意愿，即采取诉前保全后应当在三十日内向法院提起诉讼。）

（二）法院对支付令申请的受理

债权人提出支付令申请后，人民法院应当对债权人的申请进行审查。但这种审查只限于程序方面的内容，故称为形式审查。形式审查的内容主要包括支付令申请的七个条件，如债权人请求给付的标的物是否为金钱或有价证券；债权人是否具备申请的资格和能力；债务是否已到履行期；债权人和债务人之间是否有其他债务纠纷；债权人的申请是否属于本院管辖；支付令能否送达债务人等。

经审查，认为申请符合上述条件的，应当在 5 日内立案受理，并通知债权人；认为申请不符合上述条件的，应当在 5 日内通知债权人不予受理，并说明理由。

（三）人民法院对支付令申请的审查和处理

1. 人民法院对支付令申请的审查

人民法院受理债权人提出的支付令申请后，应当由审判员一人对申请进行审查。这一阶段的审查目的是决定是否发布支付令。审查内容是债权债务关系是否明确、合法，也就是对申请人和被申请人之间的权利义务关系等实质问题的非实质性审查。审查时不开庭审理，实行书面审理的原则。这一阶段的审查与受理前的审查不同，不是形式方面的审查，而是实质内容的审查。对支付令申请的实质审查，包括以下几项。

（1）债权债务关系是否明确。

所谓"明确"，是指债权人与债务人之间的债权债务关系事实清楚、数额确定，双方并无实质争议，债务人对债权人有给付义务。

（2）债权债务关系是否合法。

所谓"合法"，是指引起债权债务关系发生的法律事实以及债权债务的内容是否不违反法律的规定。

（3）债权人提出请求所依据的事实和证据。

2. 人民法院对支付令申请的处理

人民法院对支付令申请进行上述实质审查后，有以下两种不同的处理结果。

（1）驳回支付令申请。

根据《民诉解释》第 428 条规定，有下列情形之一的，应当在受理之日起 15 日内裁定驳回申请：

① 申请人不具备当事人资格的；

② 给付金钱或者有价证券的证明文件没有约定逾期给付利息或者违约金、赔偿金，债权人坚持要求给付利息或者违约金、赔偿金的；

③ 要求给付的金钱或者有价证券属于违法所得的；

④ 要求给付的金钱或者有价证券尚未到期或者数额不确定的。

（2）发出支付令。

经审查，债权人提供的事实、证据，对债权债务关系明确、合法的，人民法院应当自受理之日起 15 日内，直接向债务人发出支付令。

支付令的效力。支付令一经送达债务人，便产生如下法律效力：

第一，债务人应当自收到支付令之日起 15 日内清偿债务，或者向人民法院提出书面异议。这里的"清偿"既包括债务人实际履行了义务，也包括债务人与债权人达成了和解协议。

第二，债务人自收到支付令之日起 15 日内，既不提出异议又不清偿债务的，支付令发生强制执行效力，债权人可以向人民法院申请强制执行。申请执行支付令的期限为 2 年，申请执行的时效中止、中断，适用法律有关诉讼时效中止、中断的规定。

注意：支付令自作出之日起发生法律效力，债务人 15 日内既不提出异议，又不履行债务的，支付令取得强制执行效力。

（四）支付令异议

支付令异议，是指债务人向签发支付令的人民法院申明不服支付令确定的给付义务的法律行为。

1. 债务人异议成立的条件

债务人提出的支付令异议要成立，必须符合以下条件：

（1）异议必须由债务人提出。其他人提出的不构成支付令异议。

（2）异议必须在法定期限内提出。债务人对支付令的异议必须在收到支付令之日起 15 日内提出。此 15 日为不变期间，超过法定期限提出异议的，视为未提出异议；期间届满未提出异议的，视为放弃异议权。但如果因为不可抗力等客观原因延误了期间，可以向法院申请延期。

（3）异议必须以书面方式提出。债务人以口头方式提出异议的无效。

（4）异议必须针对债权人的请求，即针对债务关系本身提出。根据《民诉解释》第 436 条规定，债务人对债务本身没有异议，只是提出缺乏清偿能力、延缓债务清偿期限、变更债务清偿方式等异议的，不影响支付令的效力。

（5）向发出支付令的法院提出。

【例】甲公司向乙公司购买了5万元的苹果，甲公司以乙公司提供的苹果不符合约定为由拒绝付款。为此，乙公司向法院申请支付令，要求甲公司支付货款。在支付令异议期间，甲公司既不提出异议又不履行义务，而是向另一法院提起诉讼，要求退货。这一起诉对支付令有什么影响？

分析：甲公司的起诉行为不能阻止支付令的效力。根据《民诉解释》第431条规定，债务人收到支付令后，未在法定期间内提出书面异议，而是向其他法院起诉的，不影响支付令的效力。此处是向其他法院起诉不影响支付令的效力，但是如果是向发出支付令的法院起诉，视为书面异议，将会影响支付令的效力。

2. 债务人异议成立的法律后果

《民事诉讼法》第224条规定："人民法院收到债务人提出的书面异议后，经审查，异议成立的，应当裁定终结督促程序，支付令自行失效。支付令失效的，转入诉讼程序，但申请支付令的一方当事人不同意提起诉讼的除外。"

（1）经审查，异议成立的，裁定终结督促程序。

（2）支付令失效的，转入诉讼程序，但申请支付令的一方当事人不同意提起诉讼的除外。

三、督促程序和普通程序的转换

《民事诉讼法》第228条规定："支付令异议与诉讼程序进行了衔接。支付令失效的，转入诉讼程序，但申请支付令的一方当事人不同意提起诉讼的除外。"

《民诉解释》第438条规定："支付令失效后，申请支付令的一方当事人不同意提起诉讼的，应当自收到终结督促程序裁定之日起7日内向受理申请的人民法院提出。申请支付令的一方当事人不同意提起诉讼的，不影响其向其他有管辖权的法院提起诉讼。"

第439条规定："支付令失效后，申请支付令的一方当事人自收到终结督促程序裁定之日起7日内未向受理申请的人民法院表明不同意提起诉讼的，视为向受理申请的人民法院起诉。债权人提出支付令申请的时间，即为向人民法院起诉的时间。"

【例】胡某向法院申请支付令，督促彗星公司交纳房租。彗星公司收到后立即提出书面异议称，根据租赁合同，彗星公司的装修款可以抵销租金，因而自己并不拖欠租金。对于法院收到该异议后应如何做？

分析： 根据《民事诉讼法》的规定，人民法院收到对支付令的异议后，经审查，异议成立，应当裁定终结督促程序，将案件转为诉讼程序审理，但申请人不同意的除外。因此本案应终结督促程序，将案件转为诉讼程序审理，但胡某不同意的除外。

（四）督促程序的终结

督促程序的终结是指由于发生特定的原因，或者由于督促程序各个阶段的任务已经完成，从而结束督促程序。终结督促程序的情形有：

（一）自然终结

债务人在收到人民法院发出的支付令后，在法定的期间履行了债务，督促程序自然终结。

（二）裁定终结

（1）不予受理裁定。

（2）裁定驳回。

（3）其他裁定情形。

① 人民法院在发出支付令前，债权人撤回申请的，人民法院应当裁定终结督促程序。

《民诉解释》第 437 条："人民法院作出终结督促程序或者驳回异议裁定前，债务人请求撤回异议的，应当裁定准许。债务人对撤回异议反悔的，人民法院不予支持。"

② 债务人在法定期间对支付令提出书面异议，支付令自行失效，人民法院应当终结督促程序。

③ 人民法院受理支付令申请后，债权人就同一债权关系又提起诉讼，或者人民法院发出支付令之日起 30 日内无法送达债务人的，应当裁定终结督促程序。

④ 人民法院院长对本院已发生法律效力的支付令，发现确有错误，认为需要撤销的，应当提交审判委员会讨论决定后，裁定撤销支付令，驳回债权人的申请，终结督促程序。

真题自测

1. 甲欠乙 50 万元货款，乙为了防止甲转移财产申请了诉前保全。后又急着想

要实现债权，向甲的住所地法院申请支付令，受理支付令申请的法院对此应如何处理？（2022，单选）

A. 本案属于到期金钱给付案件，法院应发出支付令

B. 本案属于货物合同纠纷，法院不应受理

C. 因乙申请了诉前保全，法院不应受理乙的申请

D. 诉前保全法院将保全移交给支付令法院

答案：C。提示：申请支付令的条件。

2. 甲公司与乙公司签订了外加剂买卖合同，之后甲公司申请法院向乙公司发出支付令，要求乙公司支付货款 35 万元。A 区法院受理申请后，于 2020 年 8 月 1 日向乙公司发出支付令，乙公司在 2020 年 8 月 6 日提出书面异议称双方已经协商延期付款 3 个月。此外，2020 年 8 月 10 日，乙公司又以甲公司提供的外加剂质量不合格为由，将甲公司诉至 B 区法院，要求其承担违约责任。关于本案，下列选项中说法错误的是？（2020，多选）

A. 因为乙公司提出了书面异议，因此支付令失效，法院应裁定终结督促程序

B. 因为乙公司向法院提起了诉讼，因此支付令失效，法院应当终结督促程序

C. A 区法院应当终结督促程序，将案件移送给 B 区法院

D. 支付令的效力不受影响

答案：BCD。提示：督促程序。《民事诉讼法》第 228 条；《民诉解释》第 431 条。

3. 甲欠乙钱，丙为甲担保。到期后乙向甲发支付令。下列说法正确的是？（2020，不定项）

A. 支付令仅对甲生效

B. 支付令对甲、丙均生效

C. 如果乙起诉担保人丙，支付令效力不受影响

D. 如果乙起诉担保人丙，则支付令效力失效

答案：AD。提示：支付令效力。《民诉解释》第 434 条。

4. 甲向乙借款 20 万元，到期后一直没有归还。乙于 2018 年 10 月 21 日向甲住所地 A 区法院申请支付令，并向法院提交了甲向乙借款时出具的借条，要求甲偿还借款 20 万元。在支付令异议期间，乙觉得支付令不如法院判决更为稳妥，于是向自己住所地的 B 区法院起诉。关于本案，下列说法错误的是？（2018，单选）

A. 乙应当向 A 区法院申请支付令

B. 乙可以向 B 区法院起诉

C. 乙向 B 区法院起诉，会导致支付令失效

D. 乙未向发出支付令的法院起诉，不影响支付令的效力

答案：D。提示：管辖、督促程序。《民事诉讼法》第 24、第 225 条；《民诉解释》第 18、第 430 条。

 **案例讨论**

1. 某生化制品厂与某农资公司于某年 11 月 1 日签订了一份骨粉供销合同，约定生化厂以 1600 元/吨的价格向农资公司提供骨粉，农资公司在货到 10 日内付款。12 月 1 日，生化厂经铁路货运发送骨粉 200 吨，12 月 6 日农资公司收到货运提单，并在月底前分三批提走全部骨粉。生化厂没有在预期内收到货款，于是向农资公司发函催款。农资公司于次年元月回函称：骨粉质量不合格，要求退货并索赔。生化厂向农资公司发送商检局检验报告的传真件，证明其产品合格。次年 2 月初，农资公司口头答应一个月内还款。但到期后，农资公司不仅未付款，经手此项业务的有关人员也不知去向。

请问：生化厂能否向农资公司所在地的城区人民法院申请签发支付令？

2. 个体工商户李某拖欠甲公司货款 5 万元，甲公司多次催讨无果，遂向李某所在地的基层人民法院申请支付令。法院受理后经过审查，认为该申请成立，遂签发支付令。但送达支付令时，李某拒绝接收。李某在拒收后的第 11 日请人代写了意见书提交给法院。意见书主要内容为指责法院与甲公司领导有亲属关系，不该受理本案。

请问：李某拒收支付令，法院应该怎么办？李某的意见书是否在法定期间内提出？该意见书的内容能否成为有效的异议书？为什么？

Chapter 18
第十八章
公示催告程序

中国农业银行休宁县支行申请公示催告案

【案情】中国农业银行休宁县支行（以下简称休宁支行）在办理银行汇票业务过程中，通过持票人背书的方式取得华东三省一市银行汇票一张及相关的银行汇票结算凭证即解讫通知，银行汇票的出票银行是交通银行无锡分行（以下简称无锡交行）、申请人为无锡山禾集团第一制药有限公司（以下简称山禾公司）、收款人为黄山市宏泰活性炭厂（以下简称宏泰厂）、金额为5万元。休宁支行取得银行汇票后，不慎将解讫通知遗失，于是以银行汇票凭证第三联解讫通知联为可以背书转让的票据遗失为由，根据《民事诉讼法》第229条规定，向安徽省休宁县人民法院申请公示催告。休宁县人民法院对其申请予以受理，并制作了公示催告的公告。该公告内容为：休宁支行因华东三省一市银行汇票第三联银行汇票解讫通知遗失，出票行无锡交行、申请人山禾公司、收款人宏泰厂、金额为5万元，向本院申请公示催告，本院决定受理，现予以公告；自公告之日起60日内，利害关系人应向本院申报权利，届时如果无人申报权利，本院将依法作出判决，宣告上述票据无效。在公示催告期间，转让票据权利的行为无效等。

评析：本案中法院受理的公示催告，在程序上存在值得探讨的问题。正如前所述，银行汇票的解讫通知本身并不是票据，持有银行汇票的解讫通知是不能向票据的付款人请求支付票据金额的，也就是说解讫通知不是债权证券，持有解讫通知并不代表持有人享有票据权利。解讫通知不是有价证券，不具有财产权性质，所以即使持有银行汇票的解讫通知，也不能将解讫通知背书转让，即使受让也无法取得票据权利。而公示催告程序是由票据的失票人提起的失票救济程序，显然不能适用于其他结算凭证。所以解讫通知遗失，遗失人是不能够向法院申请公示催告程序的。

休宁县人民法院将银行汇票的解讫通知作为票据对待，是不符合《票据法》的相关规定和《民事诉讼法》关于公示催告的相关规定的，实际上是混淆了票据与票据结算凭证的界限。即使法院发出公告，在期限内无利害关系人向法院申报权利的，人民法院也不能作出票据的除权判决。

> **知识梳理**
>
> 1. 公示催告程序的概述
> 2. 公示催告程序的适用范围
> 3. 公示催告程序的功能
> 4. 公示催告程序的程序
> 5. 公示催告程序终结与对利害关系人权利的救济

一、公示催告程序的概述

公示催告程序，是指人民法院根据申请人的申请，以公告的方式，告知并催促不明确的利害关系人在一定期限内申报权利，如果逾期无人申报或者申报被驳回，则根据申请人的申请，依法作出除权判决的程序。与通常诉讼程序相比而言，公示催告程序具有以下几个显著特征。

（一）申请人的限定性

申请人只能是丧失票据的最后持有人。"票据持有人"是指票据被盗、遗失或者灭失前的最后持有人。

（二）适用范围的特定性

仅适用于可以背书转让的票据在丧失后向法院申请公示催告的案件。

（三）案件的非讼性

只有申请人，没有被申请人，也不存在民事权益争议。

（四）审理方式的特殊性

一是以公示催告的方式来确定利害关系人是否存在，只进行书面审查；二是公告期届满无人申报权利的，法院不直接作出判决，而必须由申请人向法院提出申请后，才可以作出除权判决。

（五）审理组织的特殊性

分两个阶段：第一阶段，在法院对申请人的公示催告申请进行审查并发布公告期间，由一名审判员独任审理。第二阶段，法院根据当事人的申请作出除权判决时，由合议庭审理。

二、公示催告程序的适用范围

根据我国《民事诉讼法》第 229 条规定，我国公示催告程序的适用范围包括：

（一）票据

可以背书转让的票据（汇票、本票、支票）。

（二）其他事项

依法可以申请公示催告的其他事项，主要有记名股票和提单、仓单。

三、公示催告程序的功能

公示催告程序是随着社会的发展，为满足社会经济生活的需要而逐渐发展起来的。这一程序主要具有以下几个方面的功能：

第一，维护失票人的合法权益；

第二，对利害关系人的合法权益进行救济；

第三，确保票据流通的安全。

四、公示催告程序的程序

（一）公示催告的申请

公示催告程序作为一种权利救济的制度与程序，只有权利人提出申请才能启动。

人民法院不得依职权主动启动公示催告程序。

1. 申请公示催告的主体

根据《民事诉讼法》第 229 条规定，公示催告程序的申请主体即申请人必须是按照规定可以背书转让的票据持有人或法律规定可以申请公示催告的其他事项的拥有人。就票据而言，只有可以背书转让的票据被盗、遗失或者灭失时，失票人才能通过公示催告的程序实现票据与权利的分离，获得权利的救济；对于不可以背书转让的票据，失票人只能通过诉讼的方式寻求权利的救济。

2. 申请公示催告的事项

申请人申请公示催告的事项，必须属于公示催告程序的适用范围。我国公示催告程序仅适用于可以背书转让的汇票、本票和支票以及法律规定可以公示催告的其他事项。

3. 申请公示催告的原因

申请人申请公示催告所依据的一定事由，就是申请的原因。根据《民事诉讼法》的规定，就票据公示催告来说，申请人申请公示催告的事由只能是票据被盗、遗失或者灭失。因为只有票据被盗、遗失或者灭失时，才会发生利害关系人不明确的状况，才有必要通过公示催告程序实现票据与权利的分离，恢复失票人的权利。不是基于以上三种原因之一，便不会发生利害关系人不明确的状况，案件即不符合公示催告程序的适用条件，申请人也就不可以申请公示催告。

4. 案件管辖

对于当事人的公示催告申请，根据《民事诉讼法》第 229 条规定，由票据支付地的基层人民法院管辖。从级别管辖来看，公示催告案件由基层人民法院管辖，中级以上的人民法院不得管辖此类案件；从地域管辖来看，公示催告案件由票据支付地的人民法院管辖。所谓票据支付地，就是票据载明的付款地，如承兑或付款银行的所在地、收款人开户银行所在地等，票据未载明付款地的，以票据付款人的住所地或主要营业地为票据支付地。

由票据支付地的基层人民法院管辖，能够确保受理案件的法院与付款人保持最近的空间距离，便于当事人提出申请，也便于受理案件的人民法院及时通知付款人停止支付，防止票据被冒领而发生损失。

5. 申请公示催告的方式

根据《民事诉讼法》第 229 条第 2 款规定，申请公示催告应当采取书面方式，即申请人应当向人民法院递交申请书。申请书应当载明下列内容：申请人的基本情况，票据的种类、票面金额、发票人、持票人、背书人等票据主要内容，申请的事实和理由，受申请的法院。

（二）对公示催告申请的审查与受理

人民法院收到公示催告申请，应当立即审查，并决定是否受理。

根据《民诉解释》第 444 条规定，审查的内容：人民法院应结合票据存根、丧失票据的复印件、出票人关于签发票据的证明、申请人合法取得票据的证明、银行挂失止付通知书、报案证明等证据，决定是否受理。总之，在决定是否受理的阶段，人民法院对审查主要是程序性审查，而不是实质性审查。

经审查，认为申请人的公示催告申请符合法定的条件和程序，即符合受理条件的，应当立即通知受理，并同时通知付款人停止支付；认为不符合受理条件的，应当在 7 日内裁定驳回申请。

（三）发出停止支付通知和权利申报公告

（1）人民法院决定受理公示催告申请后，应同时通知付款人停止支付。

（2）人民法院受理申请人的公示催告申请后，应当在 3 日内发出公告，催促利害关系人申报权利，这就是公示催告公告。公告期，由法院根据情况决定，但不少于 60 日，且公示催告期间届满日不得早于票据付款日后 15 日。

（3）公告的内容。根据《民诉解释》第 445 条规定，公告的内容包括：

① 公示催告申请人的姓名或者名称；

② 票据的种类、号码、票面金额、出票人、背书人、持票人、付款期限等事项以及其他可以申请公示催告的权利凭证的种类、号码、权利范围、权利人、义务人、行权日期等事项；

③ 申报权利的期间；

④ 在公示催告期间转让票据等权利凭证，利害关系人不申报的法律后果。

公告应当在有关报纸或者其他媒体上刊登，并于同日公布于人民法院公告栏内。人民法院所在地有证券交易所的，还应当同日在该交易所公布。

【例】

公告①

申请人中国建筑第八工程局有限公司因遗失 1 张银行承兑汇票，向本院申请公示催告，本院决定受理，现依法予以公告。该银行汇票票据号码为 1050×××××××8234，出票日期为 2018 年 9 月 13 日，票据金额为人民币 80 万元，汇票申请人为中国建筑第八工程局有限公司，收款人为江苏省设备成套有限公司，持票人为

---

① 载《人民法院报》2019 年 1 月 5 日，第 2 版。

中国建筑第八工程局有限公司，出票行为中国建设银行上海六里支行。自公告之日起60日内，利害关系人应向本院申报权利，届时无人申报权利，本院将依法作出判决，宣告上述票据无效。在公示催告期间，转让票据权利的行为无效。

上海市浦东新区人民法院

（4）公告效力。第一，限制票据流通。根据《民事诉讼法》规定，在公示催告期间，转让票据权利的行为无效。这具有财产保全的作用，表现了程序法独特的功能，与《票据法》的法理并不违背。第二，推定排除其他利害关系人。经过公示催告公告规定的申报权利的期间，仍无人申报权利的，就可以推定本案所涉及的票据没有其他利害关系人存在，票据权利为申请人享有。

（四）申报权利

申报权利，是指受公示催告的利害关系人，在公示催告期间内向人民法院主张票据权利的行为。申报权利是利害关系人防止自己的权利免受人民法院宣告票据无效损害的重要方式，是否有人申报权利也是人民法院查明票据有无利害关系人、是否应当作出宣告票据无效的除权判决的重要标准。

1. 申报权利的主体

要主张公示催告的票据的权利，即成为申报权利的主体，必须同时具备两个条件：（1）必须与票据存在利害关系；（2）必须是持票人。

2. 申报权利的地点与期间

利害关系人应当向发出公示催告公告的人民法院申报权利，利害关系人向其他人民法院申报权利的，不能发生申报的法律后果。

申报权利的期间，就是利害关系人申报权利的时间限制。根据《民事诉讼法》第232条规定，利害关系人应当在公示催告期间内申报权利。但《民诉解释》第448条规定，在申报期届满后、判决作出之前，利害关系人申报权利的，同样应当裁定终结公示催告程序。由此可见，利害关系人在公示催告期间以及公示催告期间届满后、除权判决作出前申报权利都是可以的。

3. 申报权利的形式与内容

利害关系人向人民法院申报权利，应当采取书面形式，即应当向人民法院提交票据权利申报书。申报书应当写明申报权利请求、理由和事实等事项，并应当向人民法院出示票据正本或者法律规定的证据。

《民诉解释》第449条规定，利害关系人申报权利，人民法院应当通知其向法院出示票据，并通知公示催告申请人在指定的期间查看该票据。公示催告申请人申请公示催告的票据与利害关系人出示的票据不一致的，人民法院应当裁定驳回利害关系人的申报。

4. 申报权利的法律后果

利害关系人申报权利产生的法律后果分为两种情况。

一是驳回申报。即利害关系人出示的票据与公示催告申请人申请公示催告的票据不一致的，表明申报人的申报与公示催告的票据无关而不能成立，人民法院应当裁定驳回利害关系人的申报。

二是终结公示催告程序。即利害关系人出示的票据就是公示催告申请人申请公示催告的票据，人民法院应当裁定终结公示催告程序，并通知申请人和付款人。此时，票据的对方当事人已经明确，案件不再符合公示催告程序的适用条件，因此，公示催告程序应当终结。人民法院裁定终结公示催告程序后，申请人或申报人可以向人民法院起诉，由人民法院以票据纠纷为由依通常诉讼程序进行审理。

（五）除权判决

公示催告期间届满后，无利害关系人申报权利，或者申报被依法驳回的，人民法院应根据申请人的申请，作出宣告票据无效的判决，这种判决称为除权判决。

1. 除权判决的申请

根据《民诉解释》第450条规定，在申报权利的期间无人申报，或者申报被驳回的，申请人应当自申报权利期间届满之日起1个月内申请作出判决。逾期不申请判决的，终结公示催告程序。

公示催告与除权判决是相互衔接但又相互独立的两个阶段，从公示催告阶段不能自动过渡到除权判决阶段。因此，公示催告期间届满后，申请人必须在法定期间内重新提出申请，人民法院才能作出除权判决。申请人未在法定期间内申请除权判决的，人民法院应当终结公示催告程序，此后申请人无权再申请除权判决，人民法院也不会依职权主动作出除权判决。

申请除权判决，应当符合以下条件：第一，申请人必须在法定期间内提出申请，即必须在申报权利期间届满的次日起1个月内提出申请。第二，在公示催告期间无人申报权利，或者申报被依法驳回。第三，申请人必须向原受理公示催告申请的人民法院提出。除权判决与公示催告的管辖法院是完全一致的，因此，申请人必须向原受理案件的人民法院提出申请。

2. 除权判决的作出与公告

申请人在法定期间内向人民法院提出除权判决申请的，人民法院应当组成合议庭对申请进行审查与评议。审查的主要内容就是申请人的申请是否符合法定的条件，是否具备作出宣告票据无效的判决的条件。

合议庭经审查和评议，确信除申请人外没有其他利害关系人的，应当作出判决，宣告票据无效。除权判决应当公告，并通知支付人。除权判决一旦作出并公告，票据权利即与票据本身相分离。同时，公告除权判决是使票据权利与票据本身相分离的法定形式，也是这种分离产生公信力的基础，因此，公告除权判决是公示催告程序必不可少的内容。

3. 除权判决的效力

人民法院根据申请人的申请作出的除权判决产生的法律后果，就是除权判决的效力。根据《民事诉讼法》的规定，除权判决具有以下法律效力：

（1）原票据作废（失效）；

（2）申请人可以依据除权判决，向票据义务人主张权利（请求付款）；

（3）公示催告程序终结。

五、公示催告程序终结与对利害关系人权利的救济

（一）公示催告程序的终结

公示催告程序终结的四种情形：

（1）公示催告期间，因利害关系人申报权利引发公示催告程序终结。

（2）公示催告期间，无人申报权利或者申报权利被驳回，公示催告期间届满之日起1个月内申请人不申请除权判决的。

（3）公示催告期间，申请人撤回公示催告申请的。

（4）法院作出的除权判决亦被认定为具有终结公示催告程序的效果。

（二）利害关系人权利的救济

【例】甲的汇票遗失，向法院申请公示催告。公告期满后无人申报权利，甲申请法院作出了除权判决。后乙主张对该票据享有票据权利，只是因为发生意外事故导致未能在判决前向法院申报权利。

请问：乙可以如何救济自身权益？

分析:《民事诉讼法》第234条规定："利害关系人因正当理由不能在判决前向人民法院申报的，自知道或应当知道判决公告之日起一年内，可以向作出判决的人民法院起诉。"

利害关系人起诉必须同时具备下列条件：

第一，利害关系人在判决前没有向人民法院申报权利。如果利害关系人在除权判决前已经向人民法院申报权利，只是其申报被依法驳回的，该利害关系人就不得另行起诉。

第二，利害关系人没有申报权利有正当理由。利害关系人没有在法定期间内申报权利，必须具有正当的理由，并由利害关系人为此承担举证责任。利害关系人故意或者因过失未能在公示催告期间申报权利的，不得另行起诉。

《民诉解释》第458条规定了"正当理由"，包括：（1）因发生意外事件或者不可抗力致使利害关系人无法知道公告事实的；（2）利害关系人因被限制人身自由而无法知道公告事实，或者虽然知道公告事实，但无法自己或者委托他人代为申报权利的；（3）不属于法定申请公示催告情形的；（4）未予公告或未按法定方式公告；（5）其他导致利害关系人在判决作出前未能向人民法院申报权利的客观事由。

第三，利害关系人必须在知道或者应该知道判决公告之日起1年内另行起诉。超过该期间的，不得另行起诉。

第四，利害关系人必须向作出除权判决的人民法院提起诉讼。

第五，利害关系人只能以公示催告申请人为被告另行起诉。利害关系人另行起诉，其实质是请求人民法院行使审判权，就其与公示催告申请人之间因票据产生的纠纷进行裁判，因此，利害关系人另行起诉的对方只能是公示催告申请人。

利害关系人仅诉请确认其为合法持票人的，人民法院应当在裁判文书中写明，确认利害关系人为票据权利人的判决作出后，除权判决即被撤销。

 真题自测

1. 王杰申请法院发出公示催告的公告，称遗失的票据到期付款日为2016年8月1日。法院依申请发了公告，确定催告期间为80日，下列关于公告说法正确的是？（2020，多选）

A. 公告是必经程序

B. 由审判员一人签发

C. 催告的期间应不少于60日，且必须在2016年8月16日后届满

D. 付款日届至，刘震作为利害关系人申报权利，其申报的期间为15日

答案：ABCD。提示：公示催告程序。《民事诉讼法》第230、第233条；《民诉解释》第447、第452条。

2. 甲公司给乙公司开了一张汇票，付款人为临海银行。乙公司向临海银行确认此票据有效，到期付款。乙公司随后将此票据背书转让给张某。张某遗失此汇票被刘某捡到，刘某仿造张某的签章，把汇票背书转让给丙公司履行其与丙公司的货款

给付义务，丙公司按照约定向刘某交货，刘某收到货后将之转卖后携款潜逃。丙公司请求临海银行付款时，被告知经张某申请法院已经对此票据进行了除权判决。下列说法正确的是？（2019，多选）

A. 临海银行不应对丙公司承担付款责任

B. 甲公司应对丙公司承担票据付款责任

C. 乙公司不应对丙公司承担票据付款责任

D. 刘某应对丙公司承担付款责任

答案：ACD。提示：除权判决的效力。《民事诉讼法》第 233 条；《票据法》第 14 条第 1 款。

 **案例讨论**

A 公司从 B 纺织厂购进一批羊毛衫。为支付货款，A 向 B 厂开具了 10 万元货款的汇票，汇票付款人为 C 银行，付款期限为出票后 15 天。B 厂经销员拿到汇票后声称不慎于第 3 日遗失。B 厂随即向 C 银行所在地的区人民法院申请公示催告。人民法院接到申请后第 2 天即受理，并通知了付款人停止支付。第 3 天发出公告，限利害关系人在公告之日起 3 个月内到人民法院申报权利，否则，人民法院将根据申请人的申请，宣告票据无效。后来 D 持汇票到人民法院申报，并声称汇票是用 6 万元从经销员手里买的。人民法院接到申报后，裁定终结公示催告程序，并通知 B 厂和 C 银行。于是，B 厂向人民法院起诉。

请问：B 厂是否可以向区法院申请公示催告？区法院的公示催告程序是否正确？

Chapter 19
第十九章
执行程序

经典案例

沈某与谢某生民间借贷纠纷一案

【案情】沈某与谢某生民间借贷纠纷一案，常州市金坛区人民法院判决谢某生偿还沈某借款本金 155560 元及利息。因谢某生未按生效法律文书履行金钱给付义务，沈某向金坛法院申请强制执行。金坛法院经调查发现被执行人仅有一处宅基地上的自建房屋，没有其他可供执行的财产，因案涉自建房不宜处置，金坛法院在查封案涉房屋后裁定终结本次执行程序。2019 年 7 月 24 日，谢某生因上述案涉房屋拆迁获得 24 万余元拆迁款，但谢某生既未向法院申报财产，也未主动履行债务，而是将上述拆迁款转作他用，导致生效判决无法执行。金坛法院认为谢某生的行为涉嫌拒不执行判决、裁定罪，遂将案件移送公安机关侦查。2020 年 8 月，谢某生向公安机关投案，如实供述了自己的犯罪事实，并返还沈某 85000 元。金坛法院经审理于 2021 年 12 月 28 日作出刑事判决，以谢某生犯拒不执行判决罪，判处其拘役六个月。

评析：规避执行作为不执行生效法律文书的严重表现形式之一，不仅使得生效法律文书成为"一纸空文"，造成债权人的合法权益得不到实现，而且严重损害司法公信和法治权威。本案对被执行人依法追究拒执罪，有利于发挥拒执罪在切实解决执行难工作中的积极作用，是对失信被执行人的巨大威慑，也有利于在全社会形成诚实守信、严格守法的良好氛围；更警示失信被执行人在法院有未了结执行案件的情况下，如有新的财产不申报或转移等行为，都可能构成犯罪。通过对规避执行、抗拒执行的行为人予以刑事制裁，有助于督促被执行人主动、自觉履行生效法律文书确定的义务，保障司法权威，维护当事人的合法权益。

知识梳理

1. 执行依据
2. 执行管辖
3. 执行程序的启动
4. 委托执行
5. 执行担保
6. 执行和解
7. 执行回转
8. 代位执行
9. 参与分配
10. 执行转破产
11. 执行异议
12. 执行承担与变更、追加当事人
13. 执行中止和执行终结
14. 执行措施

民事执行，也称民事强制执行或者强制执行，是指执行机构依照法定程序，依据执行根据，运用国家强制力，强制被执行人履行生效法律文书确定的义务，以实现申请执行人合法权益的一种活动。

一、执行依据

执行依据是指由法定机关或机构依法作出的记载一定的民事权利和义务，权利人可据以请求人民法院执行的生效的法律文书。

（一）执行依据的构成要件

1. 三个形式要件

（1）它是一种法律文书；

（2）必须有明确的权利义务主体；

（3）必须具有明确的给付内容。

2. 四个实质要件

（1）它是已经生效的法律文书；

（2）它是具有给付内容的、且具有可执行性的法律文书；

（3）法律文书确定的给付内容属于民事执行的事项范围；

（4）义务人履行义务的条件已经成就。

（二）执行依据的类型

根据法律、司法解释的相关规定，我国主要的执行依据可以分为以下类型。

1. 人民法院制作的生效法律文书

（1）生效的且具有给付内容的民事判决书、裁定书、决定书、调解书、支付令；

（2）生效的刑事附带民事判决书、裁定书、调解书，刑事裁判涉财产部分；

（3）经人民法院裁定承认其效力的外国法院作出的判决、裁定，以及国外仲裁机构作出的仲裁裁决。

2. 法律规定由人民法院执行的其他机关制作的法律文书

其他机关制作的法律文书主要包括以下几点：

（1）依法应由人民法院执行的行政处罚决定、行政处理决定；

（2）我国仲裁机构作出的仲裁裁决书和调解书，人民法院依据《中华人民共和国仲裁法》有关规定作出的财产保全和证据保全裁定；

（3）公证机关依法赋予强制执行效力的债权文书；

（4）法律或司法解释规定按照民事执行程序执行的其他法律文书。

【例1】甲公司与乙农场签订了一份推广种子合同，合同约定乙农场收获后给付种子款，合同经过某公证处公证。后来乙农场以收成不好为理由拒绝付款，双方发生争执后，某公证处应甲公司要求，赋予合同强制执行效力。

请问：甲公司能否请求法院强制执行？

分析： 对于甲公司的执行申请，法院应裁定不予执行。因为，对于申请执行公证机关赋予强制执行效力的债权文书，法院应当进行审查，公证债权文书是正确的，才予以执行。而此例中的公证机关是在当事人双方对债权债务有争议的情况下，在一方当事人申请下作出赋予债权文书强制执行效力，属于公证债权文书确有错误。因此，法院应当裁定不予执行。

【例2】甲、乙都是新加坡人，在中国合作一项目。后双方为履行合同发生了争议，并在新加坡法院提起了诉讼，最终乙胜诉。甲拒不履行生效裁判确定的义务，而甲可供执行的财产在我国某市 A 区。那么，乙是否可以持着新加坡法院的判决向我国法院申请执行呢？

分析： 一般来讲，外国法院的裁判若要成为我国法院的执行依据，必须得到我国法院的承认，即承认其效力。一旦我国法院承认其效力，那么就可以作为执行根据。本例中，乙可以向某市的中级法院申请我国法院承认新加坡法院判决的效力。至于是否承认其效力，要看我国是否与新加坡签署了互相承认与执行法院判决的国际条约或双边条约，要审查其裁判是否有违反法律的地方，执行该外国法院裁判是否会损害我国公共利益等问题。

二、执行管辖

执行管辖是指将一定的执行案件、执行事务和执行中的命令及裁判事务决定由何法院执行的权限划分。包括级别管辖和地域管辖。

（一）管辖的确定

1. 法院裁判

（1）生效的民事判决、裁定，以及刑事判决、裁定的财产部分，由第一审人民法院或者与第一审人民法院同级的被执行的财产所在地人民法院执行。（《民事诉讼法》第235条）

【例】甲诉乙侵权一案经某市东区法院一审终结，判决乙赔偿甲6万元。乙向该市中级人民法院提出上诉，二审法院驳回了乙的上诉请求。乙居住在该市南区，家中没有什么值钱的财产，但其在该市西区集贸市场存有价值5万元的货物。甲应当向下列哪一个法院申请执行？

分析： 该市东区法院、西区法院。东区法院为一审法院，西区法院为一审法院同级的被执行财产所在地法院。注意：只有一审法院和被执行财产所在地法院管辖法院裁判的执行案件，而被执行人住所地法院没有执行管辖权，所以南区法院没有管辖权。

（2）生效的实现担保物权的裁定、确认调解协议的裁定、支付令，由作出裁定、支付令的法院或者与其同级的被执行财产所在地法院执行。（《民诉解释》第460条）

（3）认定财产无主的判决，由作出判决的法院将无主财产收归国家或者集体所有。（《民诉解释》第460条）

2. 其他机构制作的生效法律文书

仲裁裁决书、公证机关依法赋予强制执行效力的债权文书等，由被执行人住所

地或者被执行的财产所在地人民法院执行。(《民事诉讼法》第235条)

3. 共同管辖

根据《最高人民法院关于适用〈中华人民共和国民事诉讼法〉执行程序若干问题的解释》(以下简称《执行程序解释》)第2条规定:两个以上法院都有管辖权的执行案件,当事人可以向其中一个法院申请执行,当事人向两个以上法院申请执行的,(1)由最先立案的法院管辖;(2)法院在立案前发现其他有管辖权的人民法院已经立案的,不得重复立案;(3)立案后发现其他有管辖权的法院已经立案的,应当撤销案件;已经采取执行措施的,应当将控制的财产移交先立案的执行法院处理。

注意:这里和审判中共同管辖处理的规定不同,执行中应当撤销案件,而不是移送。

(二)执行管辖异议

当事人对法院的执行管辖有异议的,可以提出。《执行程序解释》第3条对执行法院的管辖异议问题作了规定。

1. 提出的时间

收到执行通知书之日起10日内提出。

2. 异议的处理

异议成立,即为撤销执行案件,并告知当事人向有管辖权的法院申请执行;异议不成立,即为裁定驳回。

3. 救济

当事人对执行管辖权异议的裁定不服的,可以向上一级法院申请复议。(不能上诉)

4. 管辖权异议、复议的效果

管辖权异议、复议期间不停止执行。

(三)对法院不执行的救济

为了保护当事人的权利,防止法院消极拖延执行,法律规定具有执行管辖权的法院有条件执行而自收到申请执行之日起六个月内未执行,申请执行人可以向上一级法院申请,该上一级法院可以发出督促执行令以责令有执行管辖权法院限期执行,或者决定由本院执行,或者指令其他法院执行。(《民事诉讼法》第237条)

1. 情形

有执行管辖权的法院收到执行申请之日起超过六个月未执行。

根据《执行程序解释》第10条规定,有下列情形之一的,上一级人民法院可以根据申请执行人的申请，责令执行法院限期执行或者变更执行法院：

（1）债权人申请执行时被执行人有可供执行的财产，执行法院自收到申请执行书之日起超过六个月对该财产未执行完结的；

（2）执行过程中发现被执行人可供执行的财产，执行法院自发现财产之日起超过六个月对该财产未执行完结的；

（3）对法律文书确定的行为义务的执行，执行法院自收到申请执行书之日起超过六个月未依法采取相应执行措施的；

（4）其他有条件执行超过六个月未执行的。

注意：公告期间、鉴定评估期间、管辖权争议处理期间、执行争议协调期间、暂缓执行、中止执行期间不计算在六个月内。

2. 程序

执行申请人依法向执行法院的上一级人民法院申请执行后，由上一级人民法院的执行机构具体负责处理。

3. 处理

（1）裁定由本院执行；（2）裁定指令辖区内其他法院执行；（3）作出督促执行令，责令执行法院在一定期限内执行。

三、执行程序的启动

执行启动的方式有两种不同的情形：申请执行和移送执行。其中申请执行是原则，移送执行是例外。

（一）申请执行

1. 条件

根据《最高人民法院关于人民法院执行工作若干问题的规定（试行）》（以下简称《执行规定》）第16条规定，生效法律文书上所确定的权利人根据生效法律文书，在对方不履行义务的情况下，向有管辖权的法院申请执行，申请执行应当满足下列几个条件。

（1）申请执行的法律文书已经生效；

（2）申请执行人：是生效法律文书确定的权利人或其继承人、权利承受人；

（3）申请执行的法律文书有给付内容，且执行标的和被执行人明确；

（4）义务人在生效法律文书确定的期限内未履行义务；

（5）属于受申请执行的人民法院管辖。

2. 时间

当事人在法定期限内提出申请。《民事诉讼法》第 250 条关于申请执行的期间规定了以下几方面内容。

（1）无论申请人是谁，申请执行的期限为 2 年，具体而言如下。

① 从法律文书规定的履行期间的最后一日起计算。

② 法律文书规定分期履行的，从最后一期履行期限届满之日起计算。

③ 法律文书未规定履行期间的，从法律文书生效之日起计算。

（2）执行时效适用法律有关诉讼时效中止、中断制度。（《执行程序解释》第 19、第 20 条）

执行时效中止：在申请执行时效期间的最后六个月内，因不可抗力或者其他障碍不能行使请求权的，申请执行时效中止。从中止时效的原因消除之日起，申请执行时效期间继续计算。

执行时效中断：申请执行时效因申请执行、当事人双方达成和解协议、当事人一方提出履行要求或者同意履行义务而中断。从中断时起，申请执行时效期间重新计算。

（3）不作为义务的执行时效起算方式：生效法律文书规定债务人负有不作为义务的，申请执行时效期间从债务人违反不作为义务之日起计算。（《执行程序解释》第 21 条）

（4）申请执行人超过申请执行时效期间向法院申请强制执行的，法院应否受理？

《民诉解释》第 481 条规定："申请执行人超过申请执行时效期间向人民法院申请强制执行的，人民法院应予受理。被执行人对申请执行时效期间提出异议的，人民法院经审查异议成立的，裁定不予执行。被执行人履行全部或者部分义务后，又以不知申请执行的时效期间届满为由申请执行回转的，人民法院不予支持。"

实务提示：

（1）在执行过程中，经过财产调查未发现可供执行财产，在申请执行人签字确认或者执行法院组成合议庭审查核实并经院长批准后，可以裁定终结本次执行程序。

终结执行后，申请执行人发现被执行人有可供执行财产的，可再次申请执行。再次申请不受申请执行时效的限制。（《民诉解释》第 517 条）

（2）因撤销申请而终结执行后，当事人在《民事诉讼法》第 250 条规定的申请执行期限内再次申请执行的，人民法院应当受理。（《民诉解释》第 518 条）

（二）移送执行

根据《执行规定》第 17 条，生效的法律文书执行，一般应由当事人依法提出申请，但是下列文书可以直接由审判庭移送执行机构执行。移送执行是民事执行程序启动的职权进行主义的体现，是启动民事执行程序的一种补充方式。

（1）已经生效的具有给付赡养费、扶养费、抚养费内容的法律文书。

（2）刑事附带民事判决、裁定、调解书。

（3）民事制裁决定书。

（三）执行通知

《民事诉讼法》第251条规定："执行员接到申请执行书或者移交执行书，应当向被执行人发出执行通知，并可以立即采取强制执行措施。"

【例】甲与乙机械买卖合同纠纷一案，法院判决甲在裁判生效后30日内向乙支付货款12万元，后因甲未按期履行，乙向法院申请强制执行。执行员在接到申请执行书后，向甲发出了执行通知书，并同时对其银行存款予以冻结。执行员的这一做法是否合法？

分析： 合法。因为根据《民事诉讼法》第251条规定，执行员有权在发出执行通知书时同步采取强制执行措施。本规则强化了人民法院的强制执行措施的采用，在执行通知书发出的同时可以立即采取强制执行措施，以减少司法实践中出现的收到执行通知书后逃避执行的情况。

（四）查找被执行人财产信息

（1）责令被执行人申报财产状况。

（2）执行机构依职权查询被执行人的身份信息和财产信息。

（3）申请执行人提供被执行人财产状况或者线索。

（四）、委托执行

《民事诉讼法》第240条规定："被执行人或者被执行的财产在外地的，可以委托当地人民法院代为执行。受委托人民法院收到委托函件后，必须在十五日内开始执行，不得拒绝。执行完毕后，应当将执行结果及时函复委托人民法院；在三十日内如果还未执行完毕，也应当将执行情况函告委托人民法院。受委托人民法院自收到委托函件之日起十五日内不执行的，委托人民法院可以请求受委托人民法院的上级人民法院指令受委托人民法院执行。"

根据《执行规定》，委托执行案件的办理程序如下：

（一）委托法院提出委托

（1）委托执行应向执行标的物所在地或者执行行为实施地的同级人民法院提出。

（2）委托应该向委托法院所属高级人民法院备案。

（3）提供法律规定的材料，包括委托执行函、执行依据副本、有关案件财产情况及执行情况的说明、相关主体信息等材料。

（4）移交已经控制的财产。

《最高人民法院关于委托执行若干问题的规定》第6条明确规定：

① 委托法院应当将已经查封、扣押、冻结的被执行人的异地财产，一并移交受托法院处理，并在委托执行函中说明。

② 委托法院对被执行人财产已经采取查封、扣押、冻结等措施的，视为受托法院的查封、扣押、冻结措施。受托法院需要继续查封、扣押、冻结，持委托执行函和立案通知书办理相关手续。

③ 受托法院续封续冻时，仍为原委托法院的查封冻结顺序。

④ 查封、扣押、冻结等措施的有效期限在移交受托法院时不足1个月的，委托法院应当先行续封或者续冻，再移交受托法院。

（二）受托法院的审查处理

（1）符合条件的，及时予以立案。

受托法院收到委托执行函后，应当在7日内予以立案，并及时将立案通知书通过委托法院送达申请执行人，同时将指定的承办人、联系电话等书面告知委托法院。

（2）手续不全的，要求委托法院补办。委托法院应当在30日内完成补办事项，在上述期间未能完成的，应该作出书面说明。

（3）不符合条件的，报高级人民法院批准后退回。

五、执行担保

执行担保，是指在执行程序中，为担保被执行人履行生效法律文书确定的全部或者部分义务，由被执行人或者他人向执行机构提供的担保。《民事诉讼法》第242条："在执行中，被执行人向人民法院提供担保，并经申请执行人同意的，人民法院可以决定暂缓执行及暂缓执行的期限。被执行人逾期仍不履行的，人民法院有权执行被执行人的担保财产或者担保人的财产。"

（一）适用条件

（1）被执行人提出申请。

（2）由被执行人或者他人向执行机构提供担保。

（3）须经申请执行人同意。

（4）执行机构可以决定暂缓执行以及暂缓执行的期限。

（二）执行担保的方式

一般认为，执行担保有抵押、质押和保证三种形式。

根据《民诉解释》第468条规定，可以由被执行人或者他人提供财产担保，也可以由他人提供保证。担保人应当具有代为履行或者代为承担赔偿责任的能力。他人提供执行保证的，应当向执行法院出具保证书，并将保证书副本送交申请执行人。被执行人或者他人提供财产担保的，应当参照《民法典》的有关规定办理相应手续。

（三）法律后果

（1）暂缓执行。

（2）暂缓期间发生危及担保行为的处理。

根据《民诉解释》第467条规定，被执行人或者担保人对担保的财产在暂缓执行期间有转移、隐藏、变卖、毁损等行为的，人民法院可以恢复强制执行。

（3）逾期不履行时的处理。

根据《民诉解释》第469条规定，在暂缓期间届满后，被执行人仍不履行义务的，人民法院可以直接执行担保财产，或者裁定执行担保人的财产，但执行担保人的财产以担保人应当履行义务部分的财产为限。

（四）暂缓执行的期限

根据《民事诉讼法》第242条及《民诉解释》第467条规定，暂缓执行的期限由法院决定，但是受到两点限制，即（1）担保有期限的，暂缓执行的期限应当与担保期限一致；（2）最长不得超过一年。

【例】在执行过程中，甲为乙提供6个月担保，经申请执行人的同意，人民法院遂决定暂缓1年执行生效判决，法院的做法是否合法？

分析： 不合法，暂缓执行的期限应当与担保期限一致，且最长不得超过1年。而且，即使担保人提供的担保超过1年，其也最多暂缓执行1年。

（六、）执行和解

执行和解，是指在执行过程中，双方当事人自愿作出相互谅解和让步，就如何履行生效法律文书的有关内容达成协议，经人民法院批准，从而结束执行程序的一种制度。《民事诉讼法》第 241 条规定："在执行中，双方当事人自行和解达成协议的，执行员应当将协议内容记入笔录，由双方当事人签名或盖章。申请执行人因受欺诈、胁迫与被执行人达成和解协议，或者当事人不履行和解协议的，人民法院可以根据当事人的申请，恢复对原生效法律文书的执行。"

（一）和解协议的成立

（1）和解协议由当事人自行达成。当事人有权处分自己的民事权利和诉讼权利。执行程序中允许当事人和解，但不允许调解。

（2）和解协议的形式。在执行中，双方当事人自行达成和解协议的，执行员应当将协议内容记入笔录，由双方当事人签名或者盖章。

（二）和解协议的效力

（1）当事人之间的和解协议合法有效并已经履行完毕的，法院应做执行结案处理。

（注意：达成和解协议后，执行程序中止，当事人按照和解协议的内容履行完毕时，法院按执行结案处理，执行程序即终结。）

（2）和解协议没有强制执行力。如果当事人不履行和解协议，不能申请执行和解协议。

（3）和解协议不具有撤销原执行文书的效力。和解协议只是对执行达成协议，不能撤销原执行文书，原执行文书仍然具有法律效力。

（三）原生效法律文书的恢复执行

申请执行人因受欺诈、胁迫与被执行人达成和解协议或当事人一方不履行和解协议，法院可以根据对方当事人的申请，恢复对原生效法律文书的执行，但和解协议中已经履行的部分应当扣除；和解协议已经履行完毕的，不予恢复执行。

（1）恢复执行的条件：受欺诈、受胁迫、被执行人不履行。

（2）恢复执行的前提：当事人申请，法院不能依职权恢复执行，因为和解是当事人行使处分权的体现。

（3）恢复的对象：是恢复对原生效法律文书的执行，而不是恢复对和解协议的执行。恢复执行后对已经履行和解协议部分应当扣除。

（4）和解协议已经履行完毕的，不予恢复执行，因为和解协议已经履行完毕，法院已经做结案处理了，自然不能恢复。

【例1】 甲赔偿乙40万元的判决生效后，因甲不履行义务而进入执行程序，在执行过程中，乙考虑到双方今后还要进一步合作以及甲确实存在暂时的困难，便与甲达成了和解协议：甲赔偿乙30万元，分10个月付清，每个月1号付清当月的3万元，可以提前付清。协议签署后，由执行员记入笔录。之后，甲多方筹集资金，在第2个月就将30万元付清。乙在甲付清款项后，认为甲有支付能力，觉得吃亏了，便向法院申请恢复原判决的执行，法院裁定不予恢复。

分析： 法院对本案的处理是正确的。执行和解只要是双方当事人自愿协商达成的，并记入执行笔录，就符合执行程序的相关规定，具有相应的法律效力，当事人能否反悔并申请按原裁判的内容恢复执行，这要看执行和解协议履行的情况而定：如果协议尚未履行，则可以申请恢复执行原裁判的内容；若履行了部分内容，则履行的部分不能恢复；若双方已经履行完毕，执行程序将不能再恢复。

【例2】 法院受理了甲出版社、乙报社著作权纠纷案，判决乙赔偿甲10万元，并登报赔礼道歉。判决生效后，乙交付10万元，但未按期赔礼道歉，甲申请强制执行。执行中，甲、乙自行达成口头协议，约定乙免于赔礼道歉，但另付甲1万元。

分析： 双方当事人在执行过程中自行和解达成协议是允许的，执行员应当将协议内容记入笔录，由双方当事人签名或盖章。

【例3】 甲诉乙返还10万元借款。胜诉后进入执行程序，乙表示自己没有现金，只有一枚祖传玉石可抵债。法院经过调解，说服了甲接受玉石抵债，双方达成和解协议并当即交付了玉石。后来甲发现此玉石为赝品，价值不足千元，遂申请法院恢复执行。

分析： 首先，法院不应在执行中劝说甲接受玉石抵债。执行和解的主体是双方当事人，法院不能参与和解，也就不能劝说任何一方当事人。

其次，法院应恢复执行。《民事诉讼法》第241条第2款规定："申请执行人因受欺诈、胁迫与被执行人达成和解协议或当事人一方不履行和解协议，法院可以根据对方当事人的申请，恢复对原生效法律文书的执行。"本例中，乙履行和解协议时交付的玉石是赝品，因此其中存在欺诈的情况，法院应当依据甲的申请恢复执行。

（四）另诉

（1）根据《最高人民法院关于执行和解若干问题的规定》第9、16条规定：

① 被执行人一方不履行执行和解协议的，申请执行人可以申请恢复执行原生效法律文书，也可以就履行执行和解协议向执行法院提起诉讼。

② 当事人、利害关系人认为执行和解协议无效或者应予撤销的，可以向执行法院提起诉讼。执行和解协议被确认无效或者撤销后，申请执行人可以据此申请恢复执行。

（2）就和解协议起诉，均由执行法院管辖；法院受理后，裁定终结执行，执行中的查封、扣押、冻结自动转为诉讼中的查封、扣押、冻结。

七、执行回转

执行回转是指执行完毕后，原据以执行的法律文书被依法撤销或者变更，执行机构根据当事人的申请或者依职权对已被执行的财产重新采取执行措施，恢复到执行开始时的状态的一种执行制度。执行回转是民事执行中一项必要的补救性制度，目的在于纠正因执行根据错误而导致的执行工作的失误，使当事人之间的权利义务关系恢复到正常状态，以保护当事人的合法权益。

在司法实践中，发生执行回转的原因大致有如下几种。

第一，人民法院制作的判决、裁定和调解书生效并执行完毕后，又被人民法院依法撤销的，人民法院可以依职权适用执行回转。

第二，其他机关制作的由人民法院强制执行的法律文书，在执行完毕后，该法律文书又被有关机关撤销的，经当事人申请，人民法院应当适用执行回转。

【例】A公司与B公司计算机买卖纠纷诉讼，A公司依据法院作出的生效判决申请法院执行B公司的银行存款，执行完毕后，原审法院发现判决确有错误而自行决定启动再审，并最终撤销了原判决，驳回了A公司的诉讼请求。此时法院应当裁定执行回转。

《民事诉讼法》第244条规定："执行完毕后，据以执行的判决、裁定和其他法律文书确有错误，被人民法院撤销的，对已被执行的财产，人民法院应当作出裁定，责令取得财产的人返还，拒不返还的，强制执行。"执行回转须具备下列条件：

（1）执行程序全部或者部分结束。

（2）执行依据被依法撤销或变更。

（3）取得财产的当事人拒绝返还财产。

（4）须有执行回转的裁定书作为依据。

八、代位执行

代位执行，是指被执行人不能清偿债务，但是对案外第三人享有到期债权，人民法院可以依申请执行人或被执行人申请，对该第三人强制执行。

《民诉解释》第 499 条规定："人民法院执行被执行人对他人的到期债权，可以作出冻结债权的裁定，并通知该他人向申请执行人履行。该他人对到期债权有异议，申请执行人请求对异议部分强制执行的，人民法院不予支持。利害关系人对到期债权有异议的，人民法院应当按照《民事诉讼法》第二百三十八条规定处理。对生效法律文书确定的到期债权，该他人予以否认的，人民法院不予支持。"

《执行规定》对代位执行也作了具体规定。

（一）适用条件

（1）被执行人不能清偿债务，但对第三人有到期债权。

（2）依申请执行人或被执行人的申请。

（二）履行通知的效力

（1）第三人应当收到通知后 15 日内向申请执行人履行债务，并不得向被执行人清偿。

（2）如果对债权债务关系有异议，应当在收到通知后 15 日内提出异议。

（3）既不履行债务，又不提出异议，法院可以裁定对第三人强制执行。

（三）关于第三人的异议

（1）异议原则上要求书面，但允许口头。

（2）第三人提出部分异议的，对其没有提出异议的部分，可以执行；提出异议部分，不审查，不能强制执行。

（3）第三人在 15 日内提出异议的，不能对第三人强制执行，法院对异议不审查。但是，第三人提出以下理由不属于异议，不影响履行通知的效力：①自己无履行能力；②自己与申请执行人无直接法律关系。

（四）对第三人的措施

（1）强制执行：第三人收到履行通知之日起 15 日内不提出异议，也不履行的。

（2）第三人收到法院要求其向申请执行人履行到期债务通知后，擅自向被执行人履行，造成已向被执行人履行的财产不能追回，第三人应在已履行的财产范围内与被执行人承担连带责任，并可以追究其妨碍执行的责任。

（五）代位执行一次为限

在对第三人作出强制执行裁定后，第三人确无财产可供执行的，不得就第三人对他人享有的到期债权强制执行。

【例】甲公司对乙公司的 50 万元债权经法院裁判后进入强制执行程序，被执行人乙公司不能清偿债务，但对第三人丙公司享有 30 万元的到期债权。甲公司欲申请法院对被执行人的到期债权予以执行。第三人的异议必须在 15 日内提出。第三人异议可以口头提出，也可以书面提出。法院对第三人的异议不进行实体审查，因为第三人与被执行人之间的法律关系没有生效的法律文书确定，而执行法院对实体问题，即权利义务关系的享有问题是无权审查的。代位执行以一次为限，如果第三人丙公司无财产可供执行，但对第四人有到期债权，法院也不得对第四人进行代位执行，否则就可能会无限代位下去。

九、参与分配

参与分配，是指在执行程序中，因债务人的财产不足以清偿多个债权人的债权，申请执行人以外的其他债权人凭借有效的执行根据加入已经开始的执行过程中，使各个债权人能够从执行标的物的变价中获得公平清偿的制度。

《民诉解释》第 506 条规定："被执行人为公民或者其他组织，在执行程序开始后，被执行人的其他已经取得执行依据的债权人发现被执行人的财产不能清偿所有债权的，可以向人民法院申请参与分配。对人民法院查封、扣押、冻结的财产有优先权、担保物权的债权人，可以直接申请参与分配，主张优先受偿权。"

（一）适用条件

（1）申请参与分配的债权人的资格：被执行人的其他已经取得执行依据的债权人；对人民法院查封、扣押、冻结的财产有优先权、担保物权的债权人，可以直接申请参与分配，主张优先受偿权。

（2）债务人仅限于公民和其他组织。如果债务人为企业法人，则适用破产还债程序办理。

（3）申请执行与参与分配的债权均为金钱债权。

（4）需有多个债权人对该被执行人享有到期债权，并且已经取得执行依据。

（5）须被执行人的财产不能清偿所有债权。

（6）参与分配的时间：参与分配申请应当在执行程序开始后，被执行人的财产执行终结前提出。

注意：在参与分配中，优先权人、担保物权人仍然享有优先受偿权，可以申请参与分配。

（二）程序

（1）申请参与分配，申请人应当提交申请书。申请书应当写明参与分配和被执行人不能清偿所有债权的事实、理由，并附有执行依据。（《民诉解释》第 507 条）

（2）参与分配方案由执行法院制作，送达各债权人和被执行人。（《民诉解释》第 509、510 条）

① 有异议的债权人或被执行人应当自收到分配方案之日起 15 日内向执行法院提出书面异议。

② 执行法院将书面异议通知未提出异议的债权人或被执行人。

③ 未提出异议的债权人或被执行人自收到通知之日起 15 日内，未提出反对意见的，执行法院依异议人的意见对分配方案审查修正后进行分配；提出反对意见的，通知异议人。异议人可以自收到通知之日起 15 日内，以提出反对意见的债权、被执行人为被告，向执行法院提起诉讼（分配方案异议之诉）；异议人逾期未提起诉讼的，执行法院按照原分配方案进行分配。

【例】甲向法院申请执行 A 的财产，乙、丙和丁向法院申请参与分配，法院根据 A 的财产以及各执行申请人的债权状况制订了财产分配方案。甲和乙认为分配方案不合理，可在收到方案之日起 15 日内向法院提出书面异议。法院将书面异议通知丙、丁和 A。如果丙、丁和 A 收到通知后 15 日内未提出反对意见，执行法院根据甲和乙的意见，对分配方案进行修正后进行分配；如果丙、丁和 A 提出反对意见，通知甲、乙。甲、乙可以自收到通知后 15 日内，以提出反对意见的人为被告，向执行法院提起分配方案异议之诉。

（3）清偿顺序。（《民诉解释》第 508 条）

参与分配执行中，执行所得价款扣除执行费用，并清偿应当优先受偿的债权后，对于普通债权，原则上按照其占全部申请参与分配债权数额的比例受偿。清偿后的剩余债务，被执行人应当继续清偿。债权人发现被执行人有其他财产的，可以随时请求人民法院执行。

十、执行转破产

《民诉解释》第511条规定："在执行中，作为被执行人的企业法人符合《企业破产法》第二条第一款规定情形的，执行法院经申请执行人之一或者被执行人同意，应当裁定中止对该被执行人的执行，将执行案件相关材料移送被执行人住所地人民法院。"

第512条规定："被执行人住所地人民法院应当自收到执行案件相关材料之日起三十日内，将是否受理破产案件的裁定告知执行法院。不予受理的，应当将相关案件材料退回执行法院。"

第513条规定："被执行人住所地人民法院裁定受理破产案件的，执行法院应当解除对被执行人财产的保全措施。被执行人住所地人民法院裁定宣告被执行人破产的，执行法院应当裁定终结对该被执行人的执行。被执行人住所地人民法院不受理破产案件的，执行法院应当恢复执行。"

第514条规定："当事人不同意移送破产或者被执行人住所地人民法院不受理破产案件的，执行法院就执行变价所得财产，在扣除执行费用及清偿优先受偿的债权后，对于普通债权，按照财产保全和执行中查封、扣押、冻结财产的先后顺序清偿。"

以上规定即是在执行程序与破产程序之间建立连接。

在执行中，作为被执行人的法人不能清偿到期债务，并且资产不足以清偿全部债务或者明显缺乏清偿能力的，符合破产条件，经申请执行人或者被执行人之一同意，执行法院应当裁定中止对该被执行人的执行，将执行案件相关材料移送被执行人住所地法院，执行转破产。

（一）成功

执行法院将案件相关材料移送被执行人住所地法院，被执行人住所地法院裁定受理破产案件的，执行法院应当解除对被执行人财产的保全措施。被执行人住所地法院裁定宣告被执行人破产的，执行法院应当裁定终结对被执行人的执行。

（二）失败

当事人不同意移送破产或者被执行人住所地法院不受理破产案件的，执行法院恢复执行，就变价所得的财产在扣除执行费用及清偿优先受偿的债权后，对于普通债权按照财产保全和执行中查封、扣押、冻结财产的先后顺序清偿。

【例】甲、乙、丙、丁四家公司为债权人分别对 A 公司享有 500 万元到期债权，A 公司可供执行财产只有 800 万元。如果债权人甲、乙、丙、丁之一或者 A 公司同意执行中适用破产程序处理的，就可以执行转破产，按照破产程序处理，则甲、乙、丙、丁四家公司可以分别受偿 200 万元。如果债权人甲、乙、丙、丁和债务人 A 公司都不同意适用破产程序处理，那就恢复执行，按照查封、扣押、冻结顺序清偿，第一个申请查封的甲公司从 800 万元中受偿 500 万元，第二个申请查封的乙公司只能受偿剩下的 300 万元，第三、第四个申请查封的丙、丁就没得受偿了。

所以对于丙、丁来说，还不如同意适用破产程序处理，只要有一个同意适用破产程序处理，执行转破产，破产程序激活，就能在破产程序中分得 200 万元。

十一、执行异议

【例】张三和李四之间借款合同纠纷，法院判决李四归还张三借款 5 万元，法院扣押了李四家中一架钢琴，李四提出这架钢琴是父亲留下来的遗物，申请用一块价值相当的名表替换钢琴，法院认为手表价值不足以抵偿债务，未予同意，李四认为法院扣押钢琴行为错误。同时案外人王五向法院主张自己已经与李四签订了钢琴买卖合同，并已经支付了价款，主张对钢琴的权利。

问：（1）李四可以何种手段行使救济权利，将产生何种法律效果？

（2）王五可以何种手段行使救济权利，将产生何种法律效果？

分析：（1）李四作为被执行人（当事人）认为法院扣押行为错误，显然是对法院执行行为有异议，故应当对执行行为提出异议。李四可以向执行法院提出书面异议（对执行行为的异议），法院审查认为异议成立的，裁定撤销或者改正，异议不成立的，裁定驳回。李四对裁定不服的，可以申请上一级法院复议一次。

（2）王五作为案外人（第三人），对执行标的（钢琴的权利）主张自己独立的权利，应为案外人对执行标的异议。王五可以向法院提出书面异议（案外人对执行标的的异议），法院认为异议成立的，裁定中止执行，认为异议不成立的，裁定驳回。

执行异议，是指当事人、利害关系人对执行行为声明不服或者对执行标的主张权利，要求纠正违法的执行行为或者停止对执行标的的执行的意见。执行异议可分为对执行行为的异议和对执行标的的异议两种形式。

（一）对执行行为的异议：行为—书面异议—复议

执行行为异议，是指当事人和利害关系人对法院的执行行为提出质疑，而要求法院变更或停止执行行为的制度。

《民事诉讼法》第 236 条："当事人、利害关系人认为执行行为违反法律规定的，可以向负责执行的人民法院提出书面异议。当事人、利害关系人提出书面异议的，人民法院应当自收到书面异议之日起十五日内审查，理由成立的，裁定撤销或者改正；理由不成立的，裁定驳回。当事人、利害关系人对裁定不服的，可以自裁定送达之日起十日内向上一级人民法院申请复议。"

（1）异议主体：当事人和利害关系人。

"当事人"既包括申请执行人和被执行人，也包括在执行过程中，被人民法院依法变更、追加为当事人的公民、法人和其他组织。

"利害关系人"是指执行当事人以外，因强制执行而侵害到其法律权益的公民、法人或其他组织。例如，执行法院若要执行某个公司股东的股权，在执行之前必须履行一个告知义务，因为其他股东在同等条件下有优先购买权。假设执行法院未通知其他股东便执行了某个股东的股权，则此时其他股东可以作为利害关系人提出执行行为异议。

（2）异议理由：认为执行行为违反法律规定。

（3）异议程序：向负责执行的法院提出书面异议。

（4）法院处理：15 日内审查，异议成立，裁定撤销或改正；异议不成立，裁定驳回。

（5）救济：不服法院的裁定，可以自送达之日起 10 日内向上一级法院申请复议。

（6）异议不停止执行：异议审查和复议期间，不停止执行。被执行人、利害关系人提供充分有效担保请求停止相应处分措施，可以准许；申请人提供充分、有效担保，要求继续执行的，应当继续执行。

（二）案外人对执行标的的异议

案外人异议，就是在未参加执行程序的案外第三人认为执行行为侵害其对执行标的物所享有的合法权益时，就执行标的物的全部或者部分请求执行法院予以救济的制度。

《民事诉讼法》第 237 条："执行过程中，案外人对执行标的提出书面异议的，人民法院应当自收到书面异议之日起十五日内审查，理由成立的，裁定中止对该标的的执行；理由不成立的，裁定驳回。案外人、当事人对裁定不服的，认为原判决、裁定错误的，依照审判监督程序办理；与原判决、裁定无关的，可以自裁定送达之日起十五日内向人民法院提起诉讼。"

（1）异议主体：案外人。

（2）异议理由：案外人对执行标的主张权利。

（3）异议程序：在执行过程中向执行法院提出书面异议。

（4）对异议的审查：法院应自收到书面异议之日起 15 日内进行审查。

执行法院应当进行实质性审查，以确认异议人是否真的对执行标的享有权利。审查期间，可对财产采取查封、扣押、冻结等保全措施，但不得处分。

（5）审查结果：（《民诉解释》第 463 条）。

① 案外人对执行标的不享有足以排除强制执行的权益的，裁定驳回其异议。

② 案外人对执行标的享有足以排除强制执行的权益的，裁定中止执行。

（6）救济。

① 案外人、当事人对裁定不服，如果是认为原判决、裁定确有错误的，依照审判监督程序处理。

一是当事人对法院作出的执行标的异议成立的裁定不服的，由当事人申请再审。

二是案外人对法院作出的执行标的异议不成立的裁定不服的，可以自执行异议裁定送达之日起六个月内，向作出原判决、裁定、调解书的法院申请再审。（《民诉解释》第 421 条）

【例】张三起诉李四，争议一处房屋的所有权，法院终审判决该房屋为张三所有，案件到了执行程序，法院将该房屋列为执行标的，在执行过程中，案外人王五提出，该房屋归自己所有，并提供了相应的证据（此即案外人对执行标的主张所有权，构成案外人异议）。

法院应当审查王五的异议，异议成立的，裁定中止对该标的物的执行；异议不成立的，裁定驳回王五的异议。当法院裁定异议不成立时，如果王五对该裁定不服，属于认为原裁判确有错误，应当根据审判监督程序处理，因为本案中对房屋所有权的认定与王五的主张相矛盾，一旦出现了问题，则意味着法院的裁判可能错误，对于有错误的生效裁判，只能通过审判监督程序处理。当法院裁定异议成立的，此时当事人可以申请再审。

② 案外人、当事人对裁定不服，如果与原判决、裁定无关，自裁定送达之日起 15 日内起诉（执行异议之诉）。

【例】张三起诉李四，要求归还借款 100 万元，法院终审判决李四归还借款 100 万元，案件到了执行程序，法院发现李四没有现金及存款，遂将李四的一处房屋列为执行标的，在执行过程中，王五提出，该房屋归自己所有，并提供了相应证据（此即案外人对执行标的的主张所有权，构成案外人异议）。

法院应当审查王五的异议，异议成立的，裁定中止对该标的的执行；异议不成立的，裁定驳回王五的异议。如果对该异议的裁定不服，则属于与原生效判决、裁定无关，应当自裁定送达 15 日内起诉。因为原生效判决只涉及归还借款问题，并不涉及房屋所有权问题，所以不需要启动审判监督程序进行处理。然而，现在张三、李四、王五之间就房屋所有权产生了纠纷，而执行程序不解决纠纷，所以，当事人需要通过起诉的方式解决纠纷。

（7）关于起诉（即执行异议之诉）。

① 案外人起诉（案外人异议之诉）：

即如果异议不成立，法院不支持案外人，原裁判又未直接涉及执行标的的权利归属，则案外人可以向人民法院起诉。

当事人的排列：案外人为原告，申请执行人为被告；被申请执行人反对案外人主张的，作为共同被告。

② 申请执行人起诉（许可执行之诉）：

即如果异议成立，法院支持了案外人，裁定了中止诉讼，原裁判又未直接涉及执行标的的权利归属，则申请执行人可以向人民法院起诉。

当事人排列：申请执行人为原告，案外人为被告；被申请人反对申请人主张的，作为共同被告。

【例】张三起诉李四，要求归还借款 100 万元，法院终审判决李四归还借款 100 万元，案件到了执行程序，法院将李四的一处房屋列为执行标的，在执行过程中，王五提出，该房屋归自己所有，并提供了相应证据（此即案外人对执行标的的主张所有权，构成案外人异议）。法院应当审查王五的异议，异议成立的，裁定中止对该标的的执行；异议不成立的，裁定驳回王五的异议。如果对该异议裁定不服，则属于与原生效判决、裁定无关，应该通过起诉的方式处理。

① 如果法院认为案外人王五的异议不成立，裁定驳回其异议，那么王五可能不服，于是案外人王五起诉，诉讼中应当以申请执行人张三为被告，因为王五认为正是因为张三申请执行才损害自己的权利；至于被执行人李四，如果李四不表示反对，则该诉讼与李四无关，如果李四反对案外人王五的主张（即李四主张该房屋不是王五的，而是自己的，可以作为执行标的），则将李四列为共同被告。这里，案外人王五起诉的目的是确定房屋归自己所有，而不能执行，所以该诉叫案外人异议之诉。

② 如果法院认为案外人王五的异议成立，法院裁定中止对该标的的执行，那么

申请执行人张三可能对该裁定不服，于是申请执行人张三起诉，该诉讼中应当以案外人王五为被告；至于被执行人李四，如果李四不表示反对，则该诉讼与李四无关，如果李四反对张三的主张（即李四主张房屋确实是案外人王五的，不能执行），则将李四列为共同被告。这里，申请执行人张三起诉的目的是确定房屋归被执行人李四所有，而继续执行，所以该诉叫许可执行之诉。

注意：被执行人不得提起执行异议之诉。

③ 管辖法院。

案外人和申请执行人提起异议之诉的，由执行法院管辖。

④ 起诉时间。

在相关案件执行程序终结前提出，且自执行异议裁定送达之日起 15 日内提起。

⑤ 程序。

A. 适用普通程序进行审理。

B. 在诉讼中，案外人应当就其对执行标的享有足以排除强制执行的权益承担举证责任。

C. 案外人异议之诉中的处分禁止：案外人执行异议之诉审理期间，法院不得对执行标的进行处分。申请执行人请求法院继续执行并提供相应担保的，法院可以准许。

十二、执行承担与变更、追加当事人

（一）执行承担

执行承担，又称变更被执行人，是指作为被执行人的公民死亡，以其遗产偿还债务；作为被执行人的法人或者其他组织终止的，由其权利义务承受人履行义务。

被执行人变更需要符合以下条件：

（1）被执行人的变更应当是发生在执行程序开始后至执行程序终结前；

（2）被执行人变更的原因，必须是执行依据中的原被执行人的主体已经不存在，作为公民的，死亡或被宣告死亡，作为法人或其他组织的，主体终止；

（3）被执行人的变更必须依法定程序予以审查认定，即在执行程序中由人民法院执行机构审查判断；

（4）变更被执行人的法律效果是使原法律文书确定的负有履行义务的被执行人改为原法律文书以外的依法负有履行义务的人。

（二）变更、追加被执行人的具体情形

根据《最高人民法院关于民事执行中变更、追加当事人若干问题的规定》，执行过程中，申请执行人或其继承人、权利承受人可以向人民法院申请变更、追加当事人。

以下情形可以追加被执行人：

（1）作为被执行人的自然人死亡或被宣告死亡，申请执行人申请变更、追加该自然人的遗嘱管理人、继承人、受遗赠人或其他因该自然人死亡或被宣告死亡取得遗产的主体为被执行人，在遗产范围内承担责任的。

（2）作为被执行人的自然人被宣告失踪，申请执行人申请变更该自然人的财产代管人为被执行人，在代管的财产范围内承担责任的。

（3）作为被执行人的法人或非法人组织因合并而终止，申请执行人申请变更合并后存续或新设的法人、非法人组织为被执行人的。

（4）作为被执行人的法人或非法人组织分立，申请执行人申请变更、追加分立后新设的法人或非法人组织为被执行人，对生效法律文书确定的债务承担连带责任的。但被执行人在分立前与申请执行人就债务清偿达成的书面协议另有约定的除外。

（5）作为被执行人的个人独资企业，不能清偿生效法律文书确定的债务，申请执行人申请变更、追加其出资人作为被执行人的。个人独资企业出资人作为被执行人的，人民法院可以直接执行该个人独资企业的财产。

（6）个体工商户的字号为被执行人的，人民法院可以直接执行该字号经营者的财产。

（7）作为被执行人的合伙企业，不能清偿生效法律文书确定的债务，申请执行人申请变更、追加普通合伙人为被执行人的。

（8）作为被执行人的有限合伙企业，财产不足以清偿生效法律文书确定的债务，申请执行人申请变更、追加未按期足额缴纳出资的有限合伙人为被执行人，在未足额缴纳出资的范围内承担责任的。

（9）作为被执行人的法人分支机构，不能清偿生效法律文书确定的债务，申请执行人申请变更、追加该法人为被执行人的。法人直接管理的责任财产仍不能清偿债务的，人民法院可以直接执行该法人其他分支机构的财产。

（10）作为被执行人的法人，直接管理的责任财产不能清偿生效法律文书确定债务的，人民法院可以直接执行该法人分支机构的财产。

（11）个人独资企业、合伙企业、法人分支机构以外的非法人组织作为被执行人，不能清偿生效法律文书确定的债务，申请执行人申请变更、追加依法对该非法人组织的债务承担责任的主体为被执行人的。

（12）作为被执行人的营利法人，财产不足以清偿生效法律文书确定的债务，申请执行人申请变更、追加未缴纳或未足额缴纳出资的股东、出资人或依《公司法》规定对该出资承担连带责任的发起人为被执行人，在尚未缴纳出资的范围内依法承担责任的。

（13）作为被执行人的营利法人，财产不足以清偿生效法律文书确定的债务，申请执行人申请变更、追加抽逃出资的股东、出资人为被执行人，在抽逃出资的范围内承担责任的。

（14）作为被执行人的公司，财产不足以清偿生效法律文书确定的债务，其股东未依法履行出资义务即转让股权，申请执行人申请变更、追加该原股东或依《公司法》规定对该出资承担连带责任的发起人为被执行人，在未依法出资的范围内承担责任的。

（15）作为被执行人的一人有限责任公司，财产不足以清偿生效法律文书确定的债务，股东不能证明公司财产独立于自己的财产，申请执行人申请变更、追加该股东为被执行人，对公司债务承担连带责任的。

（16）作为被执行人的公司，未经清算即办理注销登记，导致公司无法进行清算，申请执行人申请变更、追加有限责任公司的股东、股份有限公司的董事和控股股东为被执行人，对公司债务承担连带清偿责任的。

（17）作为被执行人的法人或非法人组织，被注销或出现被吊销营业执照、被撤销、被责令关闭、歇业等解散事由后，其股东、出资人或主管部门无偿接受其财产，致使该被执行人无遗留财产或遗留财产不足以清偿债务，申请执行人申请变更、追加该股东、出资人或主管部门为被执行人，在接受的财产范围内承担责任的。

（18）作为被执行人的法人或非法人组织，未经依法清算即办理注销登记，在登记机关办理注销登记时，第三人书面承诺对被执行人的债务承担清偿责任，申请执行人申请变更、追加该第三人为被执行人，在承诺范围内承担清偿责任的。

（19）执行过程中，第三人向执行法院书面承诺自愿代被执行人履行生效法律文书确定的债务，申请执行人申请变更、追加该第三人为被执行人，在承诺范围内承担责任的。

（20）作为被执行人的法人或非法人组织，财产依行政命令被无偿调拨、划转给第三人，致使该被执行人财产不足以清偿生效法律文书确定的债务，申请执行人申请变更、追加该第三人为被执行人，在接受的财产范围内承担责任的。

（三）变更、追加的程序

1. 变更、追加

申请人申请变更、追加执行当事人，应当向执行法院提交书面申请及相关证据材料。执行法院应当自收到书面申请之日起 60 日内作出裁定。有特殊情况需要延长的，由本院院长批准。

2. 救济

（1）一般情况下：裁定——上一级复议。

被申请人、申请人或其他执行当事人对执行法院作出的变更、追加裁定或驳回申请裁定不服的，可以自裁定书送达之日起 10 日内向上一级人民法院申请复议。上一级人民法院对复议申请应当组成合议庭审查，并自收到申请之日起 60 日内作出复议裁定。有特殊情况需要延长的，由本院院长批准。

（2）特殊情况下：裁定——执行异议之诉。

有限合伙企业的有限合伙人、公司的股东，对作出的变更、追加裁定或驳回申请裁定不服的，可以自裁定书送达之日起 15 日内，向执行法院提起执行异议之诉。

① 被申请人提起执行异议之诉的，以申请人为被告：理由成立的，判决不得变更、追加被申请人为被执行人或者判决变更责任范围；理由不成立的，判决驳回诉讼请求。

② 申请人提起执行异议之诉的，以被申请人为被告：理由成立的，判决变更、追加被申请人为被执行人并承担相应责任或者判决变更责任范围；理由不成立的，判决驳回诉讼请求。

【例 1】李某去世，李某生前欠张某 30 万元，李某有一儿子李小，法院应当把李小追加和变更为被执行人，但是法院误把王大追加为被执行人，如果王大不服，救济途径是向上一级法院申请复议。

【例 2】甲公司诉乙公司返还合同货款 1000 万元的案件，甲公司胜诉，但乙公司没有 1000 万元可以执行。甲公司认为乙公司的股东杨某没有足额缴纳出资，申请法院将杨某追加为被执行人。若法院将杨某追加为被执行人，杨某不服，可提起执行异议之诉，以甲公司为被告；若法院不予追加，甲公司可提起执行异议之诉，以股东杨某为被告。

十三、执行中止和执行终结

（一）执行中止

执行中止，是指在执行过程中，由于出现法定事由，暂时停止执行程序，待特殊情形消除后再恢复执行的制度。执行中止，应当使用裁定书，待执行中止原因消除后，由当事人申请或法院依职权恢复执行程序，继续执行。

根据《民事诉讼法》第 267 条规定，应当中止执行的情形包括：

（1）申请人表示可以延期执行的；

（2）案外人对执行标的提出确有理由的异议的；

（3）作为一方当事人的公民死亡，需要等待继承人继承权利或承担义务的；

（4）作为一方当事人的法人或者其他组织终止，尚未确定权利义务承受人的；

（5）人民法院认为应当中止执行的其他情形。

根据《执行规定》《民诉解释》等相关法律规定，其他情形具体有：

（1）法院已经受理以被执行人为债务人的破产申请或者执行法院将执行案件移送破产审查的；（《民诉解释》第511、512条）

（2）被执行人申请撤销仲裁裁决并已由人民法院受理的，或者被执行人、案外人对仲裁裁决执行案件提出不予执行申请并提供担保的，但是申请执行人提供充分、有效的担保请求继续执行的除外；（《最高人民法院关于人民法院办理仲裁裁决执行案件若干问题的规定》第7条）

（3）执行依据按审判监督程序决定再审的，但属于法定情形可以不中止执行的除外；

（4）人民法院受理第三人撤销之诉后，第三人提供相应担保并请求中止执行的；（《民诉解释》第297条）

（5）申请执行人与被执行人达成和解协议后请求中止执行的；（《民诉解释》第464条）

（6）被执行人提出不予执行公证债权文书案件审查期间、提起请求不予执行公证债权文书诉讼审理期间，利害关系人就公证债权文书涉及的民事权利义务争议提起诉讼审理期间，被执行人或者利害关系人提供充分、有效的担保并请求停止相应处分措施的，但是申请执行人提供充分、有效的担保请求继续执行的除外；（《最高人民法院关于公证债权文书执行若干问题的规定》第17条第2款、第22条第2款、第24条第3款）

（7）执行过程中发现有非法集资犯罪嫌疑或者执行标的属于非法集资形式案件的涉案财物的。（《最高人民法院、最高人民检察院、公安部关于办理非法集资刑事案件适用法律若干问题的意见》第7条）

（二）执行终结

执行终结，是指在执行过程中，由于出现法定的特殊情况，执行程序不可能或没有必要继续执行，从而裁定执行终结，非正常结束执行程序的制度。执行终结，以裁定方式作出，该裁定送达后立即生效。当事人既不能上诉也不能申请复议。

《民事诉讼法》第268条规定了引起执行终结的情形：

（1）申请人撤销申请的；

（2）据以执行的法律文书被撤销的；

（3）作为被执行人的公民死亡，无遗产可供执行，又无义务承担人的；

（4）追索赡养费、扶养费、抚养费案件的权利人死亡的；

注意：追索赡养费、扶养费、抚养费案件，在诉讼中任意一方当事人死亡即诉讼终结，在执行中权利人死亡执行终结，义务人死亡应当执行中止。

（5）作为被执行人的公民因生活困难无力偿还借款，无收入来源，又丧失劳动能力的；

（6）法院认为应当终结执行的其他情形。

根据《执行规定》《民诉解释》等相关法律规定，其他情形具体有：

（1）当事人双方达成执行和解协议，申请执行人撤回执行申请的；（《民诉解释》第464条）

（2）被执行人被人民法院裁定宣告破产的；（《执行规定》第61条）

（3）作为被执行人的企业法人或其他组织被撤销、注销、吊销营业执照或者歇业、终止后既无财产可供执行，又无义务承受人，也没有能够依法追加变更执行主体的；（《最高人民法院关于执行案件立案、结案若干问题的意见》第17条第6项）

（4）公证债权文书进入执行程序后债权人就涉及的民事权利义务争议直接向有管辖权的人民法院提起诉讼且被立案受理的；（《最高人民法院关于公证债权文书执行若干问题的规定》第24条第2款）

（5）申请执行人就履行执行和解协议提起诉讼且被立案受理的；（《最高人民法院关于执行和解若干问题的规定》第14条）

（6）执行标的物为特定物，原物确已毁损或者灭失，双方当事人对折价赔偿不能协商一致的。（《民诉解释》第492条）

十四、执行措施

执行措施，是指执行机构依据法律的规定，在执行中强制被执行人履行义务，以实现申请执行人合法权益的方法和手段。执行措施的配备需要以执行对象为依据，即保证执行措施与执行对象的性质相适应。

（一）财产报告制度

被执行人财产报告制度，是指被执行人未按执行通知履行法律文书确定的义务的，应当向法院申报当前及收到执行通知之日前 1 年的财产情况，否则将受到罚款或拘留等司法处罚的制度。

《民事诉讼法》第 252 条规定："被执行人未按执行通知履行法律文书确定的义务，应当报告当前以及收到执行通知之日前一年的财产情况。被执行人拒绝报告或者虚假报告的，人民法院可以根据情节轻重对被执行人或者其法定代理人、有关单位的主要负责人或者直接责任人员予以罚款、拘留。"

1. 被执行人财产申报的启动程序

申报财产的前提条件是被执行人未按执行通知履行法律文书确定的义务。执行立案后，人民法院应当及时启动财产调查程序，向被执行人发出执行通知，被执行人接到执行通知后，应当按照执行通知的要求履行法律文书确定的义务，否则应当报告财产情况，接受执行人员对其进行有关财产状况和履行义务能力的调查。

《最高人民法院关于民事执行中财产调查若干问题的规定》（以下简称《民事执行财产调查规定》）第 3 条规定：人民法院依申请执行人的申请或依职权责令被执行人报告财产情况的，应当向其发出报告财产令。金钱债权执行中，报告财产令应当与执行通知同时发出。

第 4 条规定：报告财产令应当载明下列事项：（1）提交财产报告的期限；（2）报告财产的范围、期间；（3）补充报告财产的条件及期间；（4）违反报告财产义务应承担的法律责任；（5）人民法院认为有必要载明的其他事项。

第 7 条规定：被执行人报告财产后，其财产情况发生变动，影响申请执行人债权实现的，应当自财产变动之日起 10 日内向人民法院补充报告。

2. 被执行人财产报告的范围

《民事执行财产调查规定》第 5 条规定：被执行人应当在报告财产令载明的期限内向人民法院书面报告下列财产情况：（1）收入、银行存款、现金、理财产品、有价证券；（2）土地使用权、房屋等不动产；（3）交通运输工具、机器设备、产品、原材料等动产；（4）债权、股权、投资权益、基金份额、信托受益权、知识产权等财产性权利；（5）其他应当报告的财产。

被执行人的财产已出租、已设立担保物权等权利负担，或者存在共有、权属争议等情形的，应当一并报告；被执行人的动产由第三人占有，被执行人的不动产、特定动产、其他财产权等登记在第三人名下的，也应当一并报告。

被执行人在报告财产令载明的期限内提交书面报告确有困难的，可以向人民法院书面申请延长期限；申请有正当理由的，人民法院可以适当延长。

第 6 条规定：被执行人自收到执行通知之日前一年至提交书面财产报告之日，其财产情况发生下列变动的，应当将变动情况一并报告：（1）转让、出租财产的；

（2）在财产上设立担保物权等权利负担的；（3）放弃债权或延长债权清偿期的；（4）支出大额资金的；（5）其他影响生效法律文书确定债权实现的财产变动。

3. 拒绝报告、虚假报告或者无正当理由逾期报告的责任

《民事执行财产调查规定》第9条规定：被执行人拒绝报告、虚假报告或无正当理由逾期报告财产情况的，人民法院可以根据情节轻重对被执行人或者其法定代理人予以罚款、拘留；构成犯罪的，依法追究刑事责任。人民法院对有前款规定行为之一的单位，可以对其主要负责人或者直接责任人员予以罚款、拘留；构成犯罪的，依法追究刑事责任。

第10条规定：被执行人拒绝报告、虚假报告或者无正当理由逾期报告财产情况的，人民法院应当依照相关规定将其纳入失信被执行人名单。

（二）对财产的执行措施

1. 对存款、债券、股票、基金份额等财产执行（《民事诉讼法》第253条）

被执行人未按执行通知履行法律文书确定的义务，人民法院有权向有关单位查询被执行人的存款、债券、股票、基金份额等财产情况。人民法院有权根据不同情形扣押、冻结、划拨、变价被执行人的财产。人民法院查询、扣押、冻结、划拨、变价的财产不得超出被执行人应当履行义务的范围。

法院决定扣押、冻结、划拨、变价财产，应当作出裁定，并发出协助执行通知书，有关单位必须办理。

（1）查封、扣押、冻结与处分的关系。

《民诉解释》第484条规定："对被执行的财产，人民法院非经查封、扣押、冻结不得处分。对银行存款等各类可以直接扣划的财产，人民法院的扣划裁定同时具有冻结的法律效力。"

（2）查封、扣押、冻结的期限。

《民诉解释》第485条规定："人民法院冻结被执行人的银行存款的期限不得超过一年，查封、扣押动产的期限不得超过两年，查封不动产、冻结其他财产权的期限不得超过三年。申请执行人申请延长期限的，人民法院应当在查封、扣押、冻结期限届满前办理续行查封、扣押、冻结手续，续行期限不得超过前款规定的期限。人民法院也可以依职权办理续行查封、扣押、冻结手续。"

2. 扣留、提取被执行人的收入（《民事诉讼法》第254条）

被执行人未按执行通知履行法律文书确定的义务，人民法院有权扣留、提取被执行人应当履行义务部分的收入。但应当保留被执行人及其所扶养家属的生活必需费用。

人民法院扣留、提取收入时，应当作出裁定，并发出协助执行通知书，被执行人所在单位、银行、信用合作社和其他有储蓄业务的单位必须办理。

3. 查封、扣押、拍卖、变卖被执行人的财产（《民事诉讼法》第255条）

被执行人未按执行通知履行法律文书确定的义务，法院有权查封、扣押、拍卖、变卖被执行人应当履行义务部分的财产。但应当保留被执行人及其所扶养家属的生活必需品。采取以上措施，人民法院应当作出裁定。

（1）查封、扣押财产的程序（《民事诉讼法》第256条）。

① 通知被执行人及有关人员到场。

被执行人是公民的，应当通知被执行人或者其成年家属到场；被执行人是法人或者其他组织的，应当通知其法定代表人或者主要负责人到场。拒不到场的，不影响执行。被执行人是公民的，其工作单位或者财产所在地的基层组织应当派人参加。

② 对被查封、扣押的财产必须清点、编号、登记、制作清单、加贴封条。

（2）拍卖、变卖被查封、扣押财产（《民事诉讼法》第258条）。

① 拍卖、变卖的前提条件。

人民法院指定履行期限是拍卖、变卖的前置程序，即财产被查封、扣押后，执行员应当责令被执行人在指定期间履行法律文书确定的义务。

② 拍卖的主体。

被执行人逾期不履行的，人民法院应当拍卖被查封、扣押的财产。根据《民诉解释》第486条规定，人民法院可以自行组织拍卖，也可以交由具备相应资质的拍卖机构拍卖。交拍卖机构拍卖的，人民法院应当对拍卖活动进行监督。

③ 拍卖优先原则。

拍卖优先原则，是指在执行程序中执行法院应首先选择拍卖的方式进行变价，只有在法律有特别规定时，才采用其他变价方式。

④ 变卖的适用情形。

变卖分为经过拍卖的变卖以及未经过拍卖的直接变卖。

民事执行程序中的变价应当遵循拍卖优先原则，但拍卖有一整套严格的程序，要花费一定的时间和费用，一概通过拍卖方式变价，在很多情况下未必对当事人有利，也不利于节约司法资源。因此，在坚持拍卖优先原则的同时，《民事诉讼法》第258条又有例外规定，不适于拍卖或者当事人双方同意不进行拍卖的，人民法院可以委托有关单位变卖或者自行变卖。

"不适于拍卖"主要包括两种情形：一是金银及制品、当地市场有公开交易价格的动产；二是执行标的有价值减损的危险或不易保管的，如易腐烂变质的物品、季节性商品、保管困难或者保管费用过高的物品。

⑤ 变卖的主体和方式。

根据《民诉解释》第 488 条规定，人民法院在执行中需要变卖被执行人财产的，可以交有关单位变卖，也可以由人民法院直接变卖。对变卖的财产，人民法院或者其工作人员不得买受。

此外，对于禁止或限制流通物，查封、扣押后应通过交有关单位依国家规定的价格及收购的方法变价，而不能进行拍卖或在市场上直接变卖。

4. 搜查被执行人财产（《民事诉讼法》第 259 条）

被执行人不履行法律文书确定的义务，并隐匿财产的，法院有权发出搜查令，对被执行人及其住所或者财产隐匿地进行搜查。采取以上措施，由院长签发搜查令。

（1）搜查的条件。

根据《民诉解释》第 494 条规定，在执行中，被执行人隐匿财产、会计账簿等资料的拒不交出的，人民法院可以采取搜查措施。

对被执行人及其住所或者财产隐匿地进行搜查，必须符合以下条件：①生效法律文书确定的履行期限已经届满；②被执行人不履行生效的法律文书确定的义务；③法院认为有隐匿财产的行为。

（2）搜查的程序。

① 人民法院在对被执行人采取搜查措施前，首先应向被执行人发出执行通知书，责令其在指定的期限内履行义务，如被执行人逾期仍不履行又有隐匿财产行为的，则可以决定适用搜查措施。

② 人民法院决定对被执行人及其住所或财产隐匿地进行搜查时，应由院长签发搜查令，否则，一律不允许进行。搜查工作由执行员、书记员和司法警察进行。《民诉解释》第 495 条规定，搜查人员应当按规定着装并出示搜查令和工作证件。

③ 根据《民诉解释》第 496 条规定，人民法院搜查时禁止无关人员进入搜查现场；搜查对象是公民的，应当通知被执行人或者其成年家属以及基层组织派员到场；搜查对象是法人或者其他组织的，应当通知法定代表人或者主要负责人到场。拒不到场的，不影响搜查。搜查妇女身体，应当由女执行人员进行。

④ 根据《民诉解释》第 498 条规定，搜查应当制作搜查笔录，由搜查人员、被搜查人及其他在场人签名、捺印或者盖章。拒绝签名、捺印或者盖章的，应当记入搜查笔录。而且，《民诉解释》第 497 条规定，搜查中发现应当依法采取查封、扣押措施的财产，依照《民事诉讼法》相关规定办理。

5. 强制被执行人交付法律文书指定的财物或票证（《民事诉讼法》第 260 条）

法律文书指定交付的财物或者票证，由执行员传唤双方当事人当面交付，或者由执行员转交，并由被交付人签收。有关单位持有该项财物或者票证的，应当根据人民法院的协助执行通知书转交，并由被交付人签收。有关公民持有该项财物或者票证的，人民法院通知其交出。拒不交出的，强制执行。

"财物"是指作为执行依据的法律文书中指定交付的财产，主要是指金钱以外的动产。

"票证"是指具有财产内容的各项证明文书、执照和支付凭证等，如房产证、土地证、山林权属证、车辆证照、专利证书、商标证书及汇票、本票和支票等票据。

6. 要求有关单位办理财产权证转移手续（《民事诉讼法》第262条）

在执行中，需要办理有关财产权证照转移手续的，人民法院可以向有关单位发出协助执行通知书，有关单位必须办理。

（三）对行为的执行措施

1. 强制被执行人迁出房屋或退出土地（《民事诉讼法》第261条）

由院长签发公告，责令被执行人在指定期间履行。被执行人逾期不履行的，由执行员强制执行。

强制执行时，被执行人是公民的，应当通知被执行人或者其成年家属到场；被执行人是法人或者其他组织的，应当通知其法定代表人或者主要负责人到场。拒不到场的，不影响执行。被执行人是公民的，其工作单位或者房屋、土地所在地的基层组织应当派人参加。执行员应当将强制执行情况记入笔录，由在场人签名或者盖章。

强制迁出房屋被搬出的财物，由人民法院派人运至指定处所，交给被执行人。被执行人是公民的，也可以交给其成年家属。因拒绝接收而造成的损失，由被执行人承担。

2. 强制被执行人履行法律文书中指定的行为（《民事诉讼法》第263条）

对判决、裁定和其他法律文书指定的行为，被执行人未按执行通知履行的，人民法院可以强制执行或者委托有关单位或者其他人完成，费用由被执行人承担。

（1）对可替代行为请求权的执行。

可替代行为请求权行为的执行特征在于该行为与被执行人的人身联系不密切，行为是由被执行人亲自为之还是由他人代位实施，对债权人来说并无法律效果上的不同。例如，拆除障碍物的义务。

《民诉解释》第501条规定："被执行人不履行生效法律文书确定的行为义务，该义务可由他人完成的，人民法院可以选定代履行人；法律、行政法规对履行该行为义务有资格限制的，应当从有资格的人中选定。必要时，可以通过招标的方式确定代履行人。申请执行人可以在符合条件的人中推荐代履行人，也可以申请自己代为履行，是否准许，由人民法院决定。"

《民诉解释》第502条规定："代履行费用的数额由人民法院根据案件具体情况确定，并由被执行人在指定期限内预先支付。被执行人未预付的，人民法院可以对该费用强制执行。代履行结束后，被执行人可以查阅、复制费用清单以及主要凭证。"

（2）对不可替代行为请求权的执行。

不可替代行为因与债务人的特别学识、技能、身份或资格密不可分，使该行为不具有可替代性，必须由债务人亲自为之，否则债权人的权利即不能实现或不能完全实现。例如，某著名演员的演出义务。

只能由被执行人完成的行为，经教育被执行人仍拒不履行的，通常认为一般的处理办法可以根据《民诉解释》第503条规定采用间接执行的方式，所谓间接执行，是指法院对债务人采取罚款、拘留等措施，对债务人施加压力，促使义务人自觉完成判决确定的行为。同时，损害赔偿和支付迟延履行金也是不可替代行为执行的基本方法。

（四）保障性执行措施

1. 迟延履行利息和迟延履行金（《民事诉讼法》第264条、《民诉解释》第505条）

（1）被执行人未按生效法律文书指定的期间履行给付金钱义务的，应当加倍支付迟延履行期间的债务利息。

（2）被执行人未按判决、裁定和其他法律文书指定的期间履行非金钱给付义务，无论是否已给申请执行人造成损失，都应当支付迟延履行金。已经造成损失的，双倍补偿申请执行人已经受到的损失；没有造成损失的，迟延履行金可以由法院根据具体案件情况决定。

（3）迟延履行期间的债务利息、迟延履行金的计算起点。

根据《民诉解释》第504条规定，迟延履行利息或者迟延履行金自判决、裁定和其他法律文书制定的履行期间届满之日起计算。

【例】甲拒不履行法院令其迁出乙房屋的判决，因乙已与他人签订了租房合同，房屋无法交给承租人，使乙遭受损失，乙无奈之下向法院申请强制执行。法院受理后，责令甲15日内迁出房屋，但甲仍拒不履行。法院可以对甲采取何种强制执行措施？

分析： 首先，甲未在生效法律文书确定的履行期限内履行生效法律文书确定的义务，构成了迟延履行；其次，本案中生效判决书中确定的内容为责令甲迁出房屋，并非金钱给付义务，不能加倍计算利息，应当计算迟延履行金；最后，本案中甲已经给权利人乙造成损失，故应当双倍补偿其损失作为迟延履行金。结论：责令甲双倍补偿乙的损失作为迟延履行金；同时，甲拒绝履行的行为构成妨碍执行，法院可以对其拘留罚款。

2. 剩余债务继续履行义务及随时申请执行

根据《民事诉讼法》第 265 条、《民诉解释》第 515、第 517 条规定，法院用尽执行措施后，被执行人仍不能偿还债务的，在申请执行人签字确认或者执行法院组成合议庭审查核实并经院长批准后，可以裁定终结本次执行程序。但申请执行人如果发现被执行人还有其他财产的，可随时请求法院继续执行。申请执行人依法请求法院继续执行的，不受申请执行时效期间的限制。

3. 妨害执行行为的强制措施

（1）对拒不履行人民法院已经生效判决、裁定的个人，法院可以对其予以罚款、拘留，构成犯罪的依法追究刑事责任。

（2）对拒不履行人民法院已经生效判决、裁定的单位，法院可以对其予以罚款；对其主要负责人或者直接责任人员可予以罚款、拘留，构成犯罪的依法追究刑事责任。

4. 国家执行威慑机制（《民事诉讼法》第 266 条）

被执行人不履行法律文书确定的义务时，法院可以对其采取或者通知有关单位协助采取相关措施，主要包括：

（1）限制出境：限制被执行人的出境自由，并通知有关单位协助采取限制出境措施。

（2）在征信系统记录：将其纳入失信被执行人名单，将被执行人不履行或者不完全履行义务的信息向征信机构、其他相关机构、所在单位等通报。

（3）通过媒体公布不履行义务信息：相关费用由被执行人承担，申请执行人申请公布的应当垫付费用。

（4）限制被执行人高消费。

根据《最高人民法院关于限制被执行人高消费的若干规定》第 3 条规定，被限制的高消费行为：①乘坐交通工具时，选择飞机、列车软卧、轮船二等以上舱位；②在星级以上宾馆、酒店、夜总会、高尔夫球场等场所进行高消费；③购买不动产或者新建、扩建、高档装修房屋；④租赁高档写字楼、宾馆、公寓等场所办公；⑤购买非经营必需车辆；⑥旅游、度假；⑦子女就读高收费私立学校；⑧支付高额保费购买保险理财产品；⑨乘坐 G 字头动车组列车全部座位、其他动车组列车一等以上作为等其他非生活和工作必需的消费行为。

限制高消费的启动：限制高消费一般依申请执行人的申请而启动，必要时执行法院也可依职权启动。由法院向被执行人出限制高消费令（法院院长签发）。

 **真题自测**

1. 张某投资建厂，欠王某部分工程款，协议将部分厂房给王某。后张某因其他欠款诉讼败诉，法院要执行所有厂房，王某提出执行异议。张某与其达成协议，承诺进行赔偿，王某撤回异议。后张某又不履行，王某再次提出异议，法院以王某重复异议为由驳回，王某应当如何救济？（2022，单选）

A. 向本院提起执行异议之诉

B. 向上一级法院提起执行异议之诉

C. 向本院提起复议

D. 向上一法院提起复议

答案：A。提示：执行异议之诉。《民事诉讼法》第238条。

2. 张某从李某处借了价值10万元的古董花瓶，约定几天后返还，几个月后仍未返还，李某向法院起诉返还，法院判决张某返还花瓶。后经查花瓶已打碎，达成和解协议约定张某把另外一个其他的花瓶给李某。后张某觉得吃亏，遂不履行协议。下列说法正确的有？（2022，不定项）

A. 李某可申请执行原判决

B. 李某可就赔偿另行起诉

C. 李某可申请执行和解协议

D. 李某可申请法院执行张某价值10万元的其他财产

答案：AB。提示：执行和解。《民事诉讼法》第241条；《最高人民法院关于执行和解若干问题的规定》第9条；《民诉解释》第492条。

3. 马某以10万元价格购买张某的一套茶具，双方约定马某分期付款，张某拿到首付款后交付茶具，但在马某付清全部价款前茶具仍归张某所有。收到2万元首付款后，张某交付茶具。合同履行过程中，因张某拖欠李某借款被诉至法院，李某胜诉后申请法院强制执行，法院对茶具进行了扣押。关于对马某的救济措施，下列哪一表述是正确的？（2021，单选）

A. 提出执行异议之诉，法院应予受理

B. 对扣押行为提出执行异议，法院应予支持

C. 要求继续履行合同，法院应予支持

D. 提供担保后申请解除扣押，法院应予支持

答案：C。提示：《最高人民法院关于人民法院民事执行中查封扣押、冻结财产

的规定》第 14 条。

4. A 知道 B 喜欢收藏 C 的画，于是 A 与 B 签订买卖合同，约定某画的售价为 100 万元，任何一方违约需另外支付 50 万元的违约金，两人约定 B 付款后的第二天交付该画，其实该画的真正所有权人是 D。事后 A 得知 B 买画是为了交付给情敌 E，于是拒绝交付该画。B 据此起诉至法院，要求 A 交付该画。法院判决 B 胜诉后，A 仍拒不交付该画，B 遂申请法院强制执行该判决。在执行过程中，A 将画撕毁，并同意向 B 返还 100 万元，但是 B 要求 A 另外支付 50 万元的违约金。关于本案的处理，下列说法中正确的是？（2020，单选）

A. 法院强制执行 100 万元，对于 50 万元的违约金，告知 B 另行起诉

B. 裁定中止执行，等待 B 另行起诉的裁判结果

C. 裁定终结执行，告知 B 另行起诉

D. 直接执行 150 万元

答案：C。提示：执行标的毁损灭失时的处理方式。《民诉解释》第 492 条。

5. 案外人对执行标的提出异议后，法院作出裁定，关于该裁定说法正确的是？（2020，多选）

A. 该裁定不是终局裁定，对该裁定不服的，可以再审，也可以提起执行异议之诉

B. 该裁定是终局裁定，一经作出立即生效

C. 法院裁定的内容可以是中止执行，也可以是驳回异议

D. 如果法院裁定中止执行，且执行标的与原生效法律文书无关，则申请执行人必须在 15 日内起诉，不起诉的，法院裁定解除对该标的的执行措施

答案：ACD。提示：案外人执行异议。《民事诉讼法》第 238 条；《民诉解释》第 314、463 条。

6. 法院判决乙向甲还债（金钱），执行了乙的房屋。乙的父亲站出来说该房屋是他的。下列说法中正确的是？（2020，多选）

A. 乙的父亲可以直接提起异议诉讼

B. 乙的父亲可以对执行标的提出异议

C. 法院作出判决支持乙的父亲的请求后，执行法院应解除对该房屋的查封

D. 乙的父亲可以对执行行为提出异议

答案：BC。提示：案外人执行异议。《民事诉讼法》第 238 条。

7. 付某诉甲公司借款纠纷一案，法院主持作出调解书：甲公司以其位于 A 地工业园区厂区内的所属地上附着物抵偿借款。因甲公司到期未履行民事调解书确定的义务，付某向法院申请强制执行。执行中，法院发现工业园区管委会已经拆除了甲公司在该园区建设的部分地上附着物，并允许其他企业入驻建厂。双方当事人就折

价赔偿一事未能达成协议。法院此时应该如何处理？（2018，单选）

A. 中止执行，申请执行人另诉请求赔偿

B. 终结执行，申请执行人另诉请求赔偿

C. 法院按照原来的借款数额继续执行

D. 应当裁定折价赔偿或按标的物的价值强制执行被执行人的其他财产

答案：B。提示：民事执行。《民诉解释》第 492 条。

8. 甲诉乙合同纠纷一案，法院判决甲胜诉。在执行过程中，甲和乙自愿达成和解协议：将判决中确定的乙向甲偿还 100 万元减少为 80 万元，协议生效之日起 1 个月内还清。乙按照和解协议的约定履行了相关义务。后甲以发现新证据为由向法院申请再审，法院对再审申请进行审查时，发现和解协议已经履行完毕。法院的正确做法是？（2018，单选）

A. 应当裁定执行回转

B. 应裁定驳回甲的再审申请

C. 审查执行和解协议是否违反自愿与合法原则

D. 裁定终结对再审的审查

答案：D。答案：提示：《民诉解释》第 400 条。

 案例讨论

1. 2017 年 7 月 5 日，家住甲县的王五向乙县法院起诉家住乙县的张三，请求法院判决张三交付合同项下的位于丙县的三辆小轿车。一审法院审理后认为事实清楚，于 8 月 20 日作出一审判决，判决张三向王五交付价值 30 万元的 A、B、C 三辆小轿车，并承担全部诉讼费用。张三不服提起上诉，二审法院审理后于 10 月 15 日作出二审判决驳回上诉，维持原判。由于张三一直未履行生效判决，2020 年 3 月王五向法院申请强制执行。法院接受申请，执行过程中，张三的好友黄四向执行法院提出异议，主张其中一辆小汽车是其所有。执行法院经审查认为异议理由不成立，驳回了黄四的异议。4 月，王五与张三告知执行法院，称双方已经达成和解协议：A、B 两辆小轿车折算人民币 20 万元，张三在 2020 年 12 月底之前向王五交付，C 汽车折算成人民币 8 万元，在 2021 年 5 月底之前向王五交付。执行法院将协议内容记入笔录并由双方当事人签名。2020 年 10 月张三向王五交付了 20 万元。但剩下的 8 万元直至 2021 年 8 月仍未支付，于是王五向原申请强制执行的法院申请恢复执行原生效判决。

请问：

（1）王五应向哪个法院申请强制执行？

（2）王五于 2020 年 3 月向法院申请强制执行，法院是否应当受理？

（3）如果法院超过 6 个月仍未执行，王五应当如何维护自己的权利？

（4）如果黄四提出的异议理由成立，法院应如何处理？

（5）如果黄四对执行法院驳回执行异议的裁定不服，应当如何维护自己的权利？

（6）若法院在恢复执行原生效判决时，发现张三除了有一笔对张三的 10 万元的到期债权外无其他财产，此时王五是否可以向法院申请执行这一到期债权？法院应如何处理？

2. 老张去世后，儿子张甲、张乙因为一幅古字画的继承问题发生纠纷，诉至某区法院。法院判决字画归张甲所有，张甲向张乙支付 20 万元。张乙拒不交付这幅字画，张甲申请法院强制执行。案外人李某向法院主张该幅字画是自己借给老张鉴赏的，实属自己所有。请回答以下问题：

（1）法院在审理张甲、张乙继承纠纷过程中，发现张甲、张乙是恶意串通损害李某合法权益的，应当如何处理？

（2）在法院审理张甲、张乙继承纠纷过程中，李某发现自己权利受到损害，可以何种方式维护自身合法权益？

（3）法院判决生效后，尚未进入执行，李某发现该生效判决侵犯自身合法权益，可以何种方式维护自身合法权益？

（4）法院判决后，进入执行程序中，李某发现自己权益受到损害，可以哪两种方式维护自身合法权益？

（5）题（4）中所述两种方式关系如何？

Chapter 20
第二十章
涉外民事诉讼程序

经典案例

天卓国际发展有限公司、盈发创建有限公司企业借贷纠纷①

【案情】天卓公司、盈发公司均系在中国香港注册成立的公司。2011 年 1 月 17 日，天卓公司与案外人泰和投资发展有限公司（以下简称泰和公司）签订盈发公司股东协议，其中贷款与融资部分约定天卓公司应向盈发公司提供金额相当于人民币 1900 万元的外部借款。在关于法律适用及管辖部分约定："本契约受香港法律管辖并根据香港法律解释，因执行本契约引起的任何索赔，双方在此不可撤销地接受香港法院的非排他性司法管辖权。"2011 年 1 月 18 日，香港歌德有限公司从香港上海汇丰银行电汇盈发公司 2882281 美元。

天津市第一中级人民法院受理原告天卓公司与被告盈发公司借款纠纷一案后，被告盈发公司在提交答辩状期间对管辖权提出异议，认为原告诉请的依据是股东协议，实际借款人是香港歌德有限公司，该公司注册地在中国香港，且香港歌德公司已经就此笔借款诉至香港高等法院，香港高等法院亦已作出终局判决，天津市第一中级人民法院不应再受理此案。

天津市第一中级人民法院一审经审理认为，根据当事人注册地，本案属于涉香港特别行政区案件，依据《最高人民法院关于适用〈民事诉讼法〉的解释》第 549 条规定，可以参照适用涉外民事诉讼的特别规定审理。依据《中华人民共和国民事诉讼法》第 270 条的规定，涉外民事诉讼适用《民事诉讼法》第四编"涉外民事诉讼程序的特别规定"，该编没有规定的，适用《民事诉讼法》其他有关规定。因此本案民事诉讼程序适用《中华人民共和国民事诉讼法》。本案双方当事人均系在中国香港注册成立的公司，双方在股东协议中约定"本契约受香港法律管辖并根据香港法律解释，因执行本契约引起的任何索赔，双方在此不可撤销地接受香港法院的

---

① 案件来源：案号 一审：（2015）——中民五初字第 112 号 二审：（2016）津高民终 45 号。

非排他性司法管辖权"。其中关于"非排他性"管辖权的约定虽然不排除其他有管辖权的法院行使管辖权，但据此亦可认定，双方不存在选择中国内地法院管辖的协议。同时借款案件不属于中华人民共和国专属管辖，借款行为的实施地亦在中国香港特别行政区，香港特别行政区法院审理该案件更加方便。综上，天津市第一中级人民法院于 2015 年 10 月 30 日作出（2015）——中民五初字第 112 号民事裁定，裁定驳回原告天卓公司的起诉。

宣判后，天卓公司向天津市高级人民法院提起上诉。天津市高级人民法院经审理认为，天卓公司与盈发公司均系注册在中国香港特别行政区的法人，本案为涉港民事纠纷，可以参照适用涉外民事诉讼程序的特别规定。天卓公司、盈发公司在涉案《贷款协议》第八条约定："借款人不可撤销地同意香港特别行政区法院有权限解决本协议产生的纠纷"。该条款约定系天卓公司、盈发公司真实意思表示，不违反法律、行政法规强制性规定，应认定为有效。由于该条款并未明确约定香港特别行政区法院对因涉案《贷款协议》产生纠纷的管辖权为非排他性，故应将该条款认定为当事人为解决因《贷款协议》产生的争议而以书面形式明确约定香港特别行政区法院具有唯一管辖权的协议，亦即排他性管辖协议。按照该条款之约定，作为内地法院的天津市第一中级人民法院并不具有管辖权，一审裁定并无不当。驳回上诉，维持原裁定。

评析：司法管辖权是国家司法主权的重要组成部分，一国法院不能拒绝行使或者轻易放弃行使管辖权。我国法院行使管辖权的连接点较多，司法实践中经常出现案件不属于我国法院专属管辖，争议的主要事实也不发生在我国境内，案件不适用我国法律且外国法院对案件享有管辖权等情形，而案件由外国法院审理则更加方便。在涉外民事诉讼中，不方便法院原则是根据国内法和国际条约的规定，对于涉外案件享有管辖权的情况下，考虑案件审理中诸多不方便因素，由其他国家法院审理更加方便，而拒绝行使管辖权。我国《民诉解释》第 530 条对于该原则已通过立法的方式予以确立，但在司法实践中，仍出现滥用本条规定的情形。本案通过纠正原审法院关于该原则的认识，从而确立了不方便法院原则适用的基本条件，具有典型意义。

知识梳理

1. 涉外民事诉讼程序的概念
2. 涉外民事诉讼程序的原则
3. 涉外民事诉讼管辖
4. 涉外民事诉讼的送达、调查取证、期间
5. 涉外仲裁
6. 司法协助

一、涉外民事诉讼程序的概念

涉外民事诉讼程序，是指含有涉外因素的民事诉讼，即诉讼主体、客体或者诉讼内容具有外国因素，经由国内法院审理的民商事案件（涉港澳台的民事案件，可以参照适用涉外民事诉讼程序的特别规定）。

根据《民诉解释》第520条规定，有下列情形之一，人民法院可以认定为涉外民事案件：

（一）当事人一方或者双方是外国人、无国籍人、外国企业或者组织的；

（二）当事人一方或者双方的经常居所地在中华人民共和国领域外的；

（三）标的物在中华人民共和国领域外的；

（四）产生、变更或者消灭民事关系的法律事实发生在中华人民共和国领域外的；

（五）可以认定为涉外民事案件的其他情形。

二、涉外民事诉讼程序的原则

涉外民事诉讼的一般原则，既是人民法院审理涉外民事案件的基本准则，也是涉外民事案件当事人以及诉讼参加人必须遵循的基本准则。

（一）适用我国《民事诉讼法》原则

审理涉外民事案件在适用程序方面，按照国际上公认的属地主义原则，应当适用法院所在地国家的程序法。《民事诉讼法》第270条规定："在中华人民共和国领域内进行涉外民事诉讼，适用本编规定。本编没有规定的，适用本法其他有关规定。"因此，我国法院审理涉外民事案件，必须适用我国《民事诉讼法》。

这一原则在具体的司法实践中，应当包括以下三项基本要求。

第一，任何外国人、无国籍人、外国企业和组织在我国起诉、应诉，适用我国《民事诉讼法》。

第二，依照我国《民事诉讼法》规定，凡属我国人民法院管辖的涉外案件，人民法院均享有司法管辖权；当事人同时在外国法院起诉的，并不影响我国法院对该案件行使审判权，而且凡是属于我国法院专属管辖的案件，任何外国法院都无权管辖。

第三，任何外国法院的裁判和外国仲裁机构的裁决，必须经我国人民法院审查并承认后，才能在我国发生法律效力。

（二）同等和对等原则

《民事诉讼法》第5条规定："外国人、无国籍人、外国企业和组织在人民法院起诉、应诉，同中华人民共和国公民、法人和其他组织有同等的诉讼权利义务。外国法院对中华人民共和国公民、法人和其他组织的民事诉讼权利加以限制的，中华人民共和国人民法院对该国公民、企业和组织的民事诉讼权利，实行对等原则。"

（三）优先适用我国缔结或者参加的国际条约原则

《民事诉讼法》第271条规定："中华人民共和国缔结或者参加的国际条约同本法有不同规定的，适用该国际条约的规定，但中华人民共和国声明保留的条款除外。"

国际条约是国家之间、国家和地区之间，规定相互间在一定国际事务中的权利和义务的协定。凡是参加条约的国家和地区，都有信守该国际条约的义务。根据本条规定，我国法院审理涉外民事案件，必须遵守我国缔结或者参加的国际条约。国际条约和我国《民事诉讼法》发生冲突时，依照国际条约的规定办理，但我国声明保留的条款除外。

（四）外交特权与豁免原则

《民事诉讼法》第272条规定："对享有外交特权与豁免的外国人、外国组织或者国际组织提起的民事诉讼，应当依照中华人民共和国有关法律和中华人民共和国缔结或者参加的国际条约的规定办理。"

1. 外交特权与豁免概述

外交特权与豁免，是指为了便于外交代表或者具有特殊身份的外交官员有效地执行职务，各国根据缔结或者参加的国际条约、国际惯例，或者根据平等互惠原则，给予驻在本国的外交代表和以外交官员的身份来本国执行职务的人员以特别权利和优惠待遇。外交特权与豁免原则是主权国家平等原则在司法领域的具体体现，它是建立在国与国对等原则基础之上的，有利于各国外交代表和国际组织在驻在国顺利履行职务。外交特权与豁免包括民事上的司法豁免权，即外交代表和有特殊身份的外交官员的民事行为及其财产免受驻在国法院管辖。如不受驻在国法院的审判，不受强制执行，以及没有以证人身份作证的义务等。此外，某些外国组织和国际组织也享有司法管辖豁免。

我国有关司法豁免权规定的法律有 1986 年制定的《中华人民共和国外交特权与豁免条例》、1990 年通过的《中华人民共和国领事特权与豁免条例》等规定。我国参加的国际条约有 1946 年的《联合国特权与豁免公约》，1947 年的《联合国各专门机构特权与豁免公约》，1961 年的《维也纳外交公约》以及 1963 年的《维也纳领事关系公约》，另外还包括我国与一些国家和国际组织签订的有关特权与豁免的条约等。

2. 享有司法豁免权的主体

根据我国法律和有关国际条约的规定，《民事诉讼法》第 272 条所指的享有外交特权与豁免的外国人，主要是外国驻在我国的外交代表（外国驻华使馆的馆长和具有外交官衔的使馆工作人员），还包括来我国访问的外国国家元首、政府首脑、外交部长及其他具有同等身份的官员。此外，与外交代表共同生活的配偶及未成年子女、使馆行政技术人员及与其共同生活的配偶和未成年子女、来我国参加的有关国际组织（如联合国）召开的国际会议的代表、临时来我国的有关国际组织的官员和专家，以及途经我国的驻第三国的外交代表等，也在不同程度上享有司法管辖豁免。

3. 民事司法豁免的内容

民事司法豁免权包括管辖豁免、民事诉讼程序豁免和执行豁免。

管辖豁免，是指不能对享有司法豁免权的人提起民事诉讼，即使提起，法院也不应受理。

诉讼程序豁免，是指享有司法豁免权的人即使是同意法院受理案件，法院在诉讼过程中，也不能对其采取强制措施。

执行豁免，是指享有司法豁免权的人即使参加诉讼并败诉，法院也不能对其强制执行。

这三种豁免是相互独立的，放弃何种豁免权必须明确表示。

4. 民事司法豁免的例外

对享有司法管辖豁免权的外国人提起的民事诉讼，在一般情况下，我国人民法院不予受理。但是，民事管辖豁免并不是绝对的，享有司法豁免权的人员只能在我国法律和我国缔结或者参加的国际条约规定的范围内享有民事上的司法管辖豁免。就外交代表来说，我国《外交特权与豁免条例》《领事特权与豁免条例》对其享有的民事管辖豁免的例外情形作了以下规定：

（1）享有司法豁免权的外交代表被诉至我国法院，其派遣国明确表示放弃司法豁免权的；

（2）享有司法豁免权的外交代表以私人身份参加遗产继承诉讼的；

（3）享有司法豁免权的外交代表从事与外交职务无关的行为或者商业活动引起的民事诉讼；

（4）享有司法豁免权的外交代表向我国法院提起民事诉讼引起反诉的；

（5）享有司法豁免权的外交代表因自己在中国境内的私有不动产与他人发生的诉讼；

（6）享有司法豁免权的外交代表在未表明身份的情况下订立合同引起的纠纷，或者由于他们的车辆、船舶或航空器等交通工具在中国境内造成事故而涉及损害赔偿的诉讼。

（五）使用我国通用的语言、文字原则

审理涉外民事案件使用本国通用的语言、文字，是国家主权原则的具体体现，也是世界各国通用的准则。《民事诉讼法》第 273 条规定："人民法院审理涉外民事案件，应当使用中华人民共和国通用的语言、文字。当事人要求提供翻译的，可以提供，费用由当事人承担。"

人民法院审理涉外民事案件，使用我国通用的语言、文字，是维护国家主权和尊严，体现人民法院行使司法权的严肃性的重要内容。根据该原则，外国当事人提交诉状时，必须附具中文译本。外国当事人在诉讼中必须使用中国通用的语言、文字。外国当事人要求提供翻译的，可以提供，费用由当事人负担。

【例】我国某公司因与 Y 国某公司履行合同发生纠纷，我国公司向我国某高级人民法院提起诉讼。法院受理后，按照规定向被告送达案件受理通知、起诉状副本，根据《民事诉讼法》规定的涉外案件必须使用中国语言文字的原则，这些法律文书一律使用中文。Y 国公司委托了中国律师代理诉讼，同时还委托了一位 Y 国律师以普通诉讼代理人的身份进行诉讼。诉讼进行中，Y 国公司向我国法院提交了其公司注册登记证明、法定代表人身份证明等一系列材料，并按照我国《民事诉讼法》规定提交了这些材料的中文译本与中文答辩状。法院依照涉外民事诉讼特别程序对案件进行审理。

（六）委托中国律师代理诉讼原则

《民事诉讼法》第 274 条规定："外国人、无国籍人、外国企业和组织在我国人民法院起诉、应诉，需要委托律师代理诉讼，必须委托中国律师。"律师制度是国家司法制度的重要组成部分，一国的司法制度只能适用于本国，而不能延伸至国外。任何一个主权国家都不允许外国司法制度干涉其本国的司法事务，这是国际上公认的一条原则。因此，任何国家的律师只能在其本国领域内从事诉讼代理业务，而不

能到外国法院以律师身份代理诉讼。

《民诉解释》第 526 条规定："涉外民事诉讼中的外籍当事人，可以委托本国人为诉讼代理人，也可以委托本国律师以非律师身份担任诉讼代理人；外国驻华使馆领馆官员，受本国公民的委托，可以以个人名义担任诉讼代理人，但在诉讼中不享有外交特权和豁免。"

《民诉解释》第 527 条规定："涉外民事诉讼中，外国驻华使领馆授权其本馆官员，在作为当事人的本国国民不在中华人民共和国领域内的情况下，可以以外交代表身份为其本国国民在中华人民共和国聘请中华人民共和国律师或者中华人民共和国公民代理民事诉讼。"

外国当事人委托中国律师或者其他人代理诉讼的，必须根据我国法律规定，办理有关授权委托手续。《民事诉讼法》第 275 条规定："在中华人民共和国领域内没有住所的外国人、无国籍人、外国企业和组织委托中华人民共和国律师或者其他人代理诉讼，从中华人民共和国领域外寄交或者托交授权委托书，应当经所在国公证机关证明，并经中华人民共和国驻该国使领馆认证，或者履行中华人民共和国与该所在国订立的有关条约中规定的证明手续后，才具有效力。"

三、涉外民事诉讼管辖

涉外民事诉讼管辖权，是指一国法院处理涉外民商事案件的权限或者资格，是一种国际民事管辖权。

（一）特殊地域管辖（牵连管辖）

《民事诉讼法》第 276 条规定："因涉外民事纠纷，对在中华人民共和国领域内没有住所的被告提起除身份关系以外的诉讼，如果合同签订地、合同履行地、诉讼标的物所在地、可供扣押财产所在地、侵权行为地、代表机构住所地位于中华人民共和国领域内的，可以由合同签订地、合同履行地、诉讼标的物所在地、可供扣押财产所在地、侵权行为地、代表机构住所地人民法院管辖。除前款规定外，涉外民事纠纷与中华人民共和国存在其他适当联系的，可以由人民法院管辖。"

（1）适用范围：对在中华人民共和国领域内没有住所的被告提起除身份关系以外的涉外民事纠纷。

（2）适用条件：合同在中华人民共和国领域内签订或者履行，或者诉讼标的物在中华人民共和国领域内，或者被告在中华人民共和国领域内有可供扣押的财产，或者侵权行为地在中华人民共和国领域内，或者被告在中华人民共和国领域内设有代表机构。

（3）管辖法院确定：案件可以由合同签订地、合同履行地、诉讼标的物所在地、可供扣押财产所在地、侵权行为地或者代表机构所在地人民法院管辖。

（4）涉外民事纠纷与中华人民共和国存在其他适当联系，即可由中国人民法院管辖。

（二）协议管辖

《民事诉讼法》第 277 条规定："涉外民事纠纷的当事人书面协议选择人民法院管辖的，可以由人民法院管辖。"

（1）涉外案件的协议管辖更加强调当事人意思自治。

（2）所有的涉外民事纠纷都可以协议选择中国法院管辖。

（3）不管中国与该涉外民事纠纷是否有实际联系，中国法院都可以基于双方的协议选择而行使管辖权。

（三）应诉管辖（默示接受管辖）

《民事诉讼法》第 278 条规定："当事人未提出管辖异议，并应诉答辩或者提出反诉的，视为人民法院有管辖权。"

（四）专属管辖

《民事诉讼法》第 279 条规定："下列民事案件，由人民法院专属管辖：（一）因在中华人民共和国领域内设立的法人或者其他组织的设立、解散、清算，以及该法人或者其他组织作出的决议的效力等纠纷提起的诉讼；（二）因与在中华人民共和国领域内审查授予的知识产权的有效性有关的纠纷提起的诉讼；（三）因在中华人民共和国履行中外合资经营企业合同、中外合作经营企业合同、中外合作勘探开发自然资源合同发生纠纷提起的诉讼。

（五）平行管辖（中国法院与外国法院均享有管辖权时的处理方式）

《民事诉讼法》第 280 条规定："当事人之间的同一纠纷，一方当事人向外国法院起诉，另一方当事人向人民法院起诉，或者一方当事人既向外国法院起诉，又向人民法院起诉，人民法院依照本法有管辖权的，可以受理。当事人订立排他性管辖权协议选择外国法院管辖且不违反本法对专属管辖的规定，不涉及中华人民共和国主权、安全或者社会公共利益的，人民法院可以裁定不予受理；已经受理的，裁定驳回起诉。"

所谓"平行管辖",是指根据"各国司法主权平等原则",同一案件为外国法院受理,在没有国际条约义务约束的情况下,另一国法院依然可以受理。前一国法院与后一国法院相互无权剥夺对方的司法管辖权。我国最高人民法院对平行诉讼有明确的态度:"对同一争议我国法院和外国法院均享有管辖权时,产生管辖权的积极冲突,根据司法主权原则,我国法院依据我国《民事诉讼法》的规定行使管辖权,不受外国法院是否已经行使管辖权的影响。"

这一规定丰富了"平行管辖"规定的内容允许当事人有条件地选择外国法院的管辖,尊重当事人意思自治。同时,"平行管辖"也坚持了我国的司法主权。

(六)一定条件下尊重他国的在先管辖权

当然,如果各国竞相对一个案件行使管辖权,会导致管辖权冲突,出现"一案两判"的情况。因此,根据"国际礼让"原则,一定条件下为尊重他国的在先管辖权,《民事诉讼法》第281条规定:"人民法院依据前条规定受理案件后,当事人以外国法院已经先于人民法院受理为由,书面申请人民法院中止诉讼的,人民法院可以裁定中止诉讼,但是存在下列情形之一的除外:(一)当事人协议选择人民法院管辖,或者纠纷属于人民法院专属管辖;(二)由人民法院审理明显更为方便。外国法院未采取必要措施审理案件,或者未在合理期限内审结的,依当事人的书面申请,人民法院应当恢复诉讼。外国法院作出的发生法律效力的判决、裁定,已经被人民法院全部或者部分承认,当事人对已经获得承认的部分又向人民法院起诉的,裁定不予受理;已经受理的,裁定驳回起诉。"

同时,《民事诉讼法》第302条在协调中国法院管辖权与外国法院的在先管辖权方面作了进一步的规定:"当事人向人民法院申请承认和执行外国法院作出的发生法律效力的判决、裁定,该判决、裁定涉及的纠纷与人民法院正在审理的纠纷属于同一纠纷的,人民法院可以裁定中止诉讼。外国法院作出的发生法律效力的判决、裁定不符合本法规定的承认条件的,人民法院裁定不予承认和执行,并恢复已经中止的诉讼;符合本法规定的承认条件的,人民法院裁定承认其效力;需要执行的,发出执行令,依照本法的有关规定执行;对已经中止的诉讼,裁定驳回起诉。"

这一规定在法律层面填补了过去的立法空白,再次体现了国际法上的"国际礼让"原则,将为避免在国际层面一案两裁发挥重要作用。

(七)告知向更为方便的外国法院起诉

《民事诉讼法》第282条规定:"人民法院受理的涉外民事案件,被告提出管辖异议，且同时有下列情形的，可以裁定驳回起诉，告知原告向更为方便的外国法院提起诉讼：（一）案件争议的基本事实不是发生在中华人民共和国领域内，人民法院审理案件和当事人参加诉讼均明显不方便；（二）当事人之间不存在选择人民法院管辖的协议；（三）案件不属于人民法院专属管辖；（四）案件不涉及中华人民共和国主权、安全或者社会公共利益；（五）外国法院审理案件更为方便。裁定驳回起诉后，外国法院对纠纷拒绝行使管辖权，或者未采取必要措施审理案件，或者未在合理期限内审结，当事人又向人民法院起诉的，人民法院应当受理。"

本条是关于不方便管辖的规定。该条规定将之前《民诉解释》第530条规定的"不方便法院原则"上升为法律的规定。

"不方便法院原则"本不是我国《民事诉讼法》上的内容，而是英美法上民事诉讼中的一项原则。在当今经济贸易全球化的背景下，各国都想方设法扩大本国法院的管辖权，以便更好地维护本国利益和保护本国一方当事人，导致管辖权积极冲突频繁，原告挑选法院日益增多。如果原告在一个诉讼毫无相干的法院进行诉讼，却不赋予被告相应的救济方式和法院一定的自由裁量权，无疑会浪费司法资源，有损于诉讼的公正价值。而不方便法院原则正是基于私人利益和公共利益的综合考虑，本着公正、效率、司法经济以及国际协调、国际礼让的理念，避免当事人"挑选法院"和"一案两审"等管辖权冲突，将那些与本国缺乏必要联系，而且调查取证、当事人及证人出庭困难，诉讼成本高昂的案件交由其他可替代的更合适更便利的法院管辖，有利于保障本国司法管辖的有效性，主动减少涉外民商事案件管辖权的国际冲突。

我国司法实践，在关于不方便法院原则的应用上，也经历了一个从逐步认知到适用的探索过程。《民诉解释》和《民事诉讼法》先后对涉外民事案件的不方便法院原则作出了具体规定，正式确立这一法条，标志着我国《民事诉讼法》日趋完善，也必将对我国的涉外司法实践产生巨大影响。

（四）涉外民事诉讼的送达、调查取证、期间

（一）送达

根据《民事诉讼法》第283条规定，对在中国领域内没有住所地当事人送达文书，可以采用下列方式：

（1）依照受送达人所在国与中华人民共和国缔结或者共同参加的国际条约中规定的方式送达；

（2）通过外交途径送达；

（3）对具有中华人民共和国国籍的受送达人，可以委托中华人民共和国驻受送达人所在国的使领馆代为送达；

（4）向受送达人在本案中委托的诉讼代理人送达；

（5）向受送达人在中华人民共和国领域内设立的独资企业、代表机构、分支机构或者有权接受送达的业务代办人送达；

（6）受送达人为外国人、无国籍人，其在中华人民共和国领域内设立的法人或者其他组织担任法定代表人或者主要负责人，且与该法人或者其他组织为共同被告的，向该法人或者其他组织送达；

（7）受送达人为外国法人或者其他组织，其法定代表人或者主要负责人在中华人民共和国领域内的，向其法定代表人或者主要负责人送达；

（8）受送达人所在国的法律允许邮寄送达的，可以邮寄送达，自邮寄之日起满三个月，送达回证没有退回，但根据各种情况足以认定已经送达的，期间届满之日视为送达；

（9）采用能够确认受送达人收悉的电子方式送达，但是受送达人所在国法律禁止的除外；

（10）以受送达人同意的其他方式送达，但是受送达人所在国法律禁止的除外。

不能用上述方式送达的，公告送达，自发出公告之日起，经过六十日，即视为送达。

（二）调查取证

《民事诉讼法》第284条规定："当事人申请人民法院调查收集的证据位于中华人民共和国领域外，人民法院可以依照证据所在国与中华人民共和国缔结或者共同参加的国际条约中规定的方式，或者通过外交途径调查收集。在所在国法律不禁止的情况下，人民法院可以采用下列方式调查收集：（一）对具有中华人民共和国国籍的当事人、证人，可以委托中华人民共和国驻当事人、证人所在国的使领馆代为取证；（二）经双方当事人同意，通过即时通信工具取证；（三）以双方当事人同意的其他方式取证。"

（三）期间

根据《民事诉讼法》第285、286、287条规定：

（1）答辩期间：被告在中华人民共和国领域内没有住所的，被告答辩期为收到起诉状副本后三十日内，被告申请延期的，是否准许由法院决定。

（2）上诉期间：在中华人民共和国领域内没有住所的当事人，不服一审判决、裁定的，上诉期为判决书、裁定书送达之日起三十日内；被上诉人收到上诉状副本后，应当在三十日内提出答辩状；当事人不能在法定期间内提起上诉或者提出答辩状的，可以申请延长上诉期、答辩期，是否准许由法院决定。

（3）审结期限：法院审理涉外民事案件不受一审、二审审限的限制。

五、涉外仲裁

（一）涉外仲裁与诉讼关系

《民事诉讼法》第 288 条规定："涉外经济贸易、运输和海事中发生的纠纷，当事人在合同中订有仲裁条款或者事后达成书面仲裁协议，提交中华人民共和国涉外仲裁机构或者其他仲裁机构仲裁的，当事人不得向人民法院起诉。当事人在合同中没有订有仲裁条款或者事后没有达成书面仲裁协议的，可以向人民法院起诉。"

（二）涉外仲裁保全

《民事诉讼法》第 289 条规定："当事人申请采取保全的，中华人民共和国的涉外仲裁机构应当将当事人的申请，提交被申请人住所地或者财产所在地的中级人民法院裁定。"

（三）涉外仲裁裁决的效力

《民事诉讼法》第 290 条规定："经中华人民共和国涉外仲裁机构裁决的，当事人不得向人民法院起诉。一方当事人不履行仲裁裁决的，对方当事人可以向被申请人住所地或者财产所在地的中级人民法院申请执行。"

（四）涉外仲裁裁决不予执行的情形

根据《民事诉讼法》第 291 条规定，对中华人民共和国涉外仲裁机构作出的裁决，被申请人提出证据证明仲裁裁决有下列情形之一的，经人民法院组成合议庭审查核实，裁定不予执行：

（1）当事人在合同中没有订有仲裁条款或者事后没有达成书面仲裁协议的；

（2）被申请人没有得到指定仲裁员或者进行仲裁程序的通知，或者由于其他不属于被申请人负责的原因未能陈述意见的；

（3）仲裁庭的组成或者仲裁的程序与仲裁规则不符的；

（4）裁决的事项不属于仲裁协议的范围或者仲裁机构无权仲裁的；

（5）人民法院认定执行该裁决违背社会公共利益的，裁定不予执行。

当然，无论是当事人申请不予执行，还是人民法院依职权裁定不予执行，当涉外仲裁裁决不予执行后，应当给予当事人权利救济的途径。《民事诉讼法》第 292 条规定："仲裁裁决被人民法院裁定不予执行的，当事人可以根据双方达成的书面仲裁协议重新申请仲裁，也可以向人民法院起诉。"

 六、 司法协助

所谓司法协助，是指不同国家的法院之间，根据本国缔结或者参加的国际条约，或者按照互惠原则，彼此之间相互协助，为对方代为一定诉讼行为或者相互承认、执行判决和仲裁裁决的行为。

（一）请求和提供司法协助的途径

根据《民事诉讼法》第 294 条规定，请求和提供司法协助的途径主要有两种：

（1）通过公约或者双边条约规定的途径开展司法协助。

（2）外交途径，即在两国没有条约关系的情况下，请求和提供司法协助的，通过外交途径开展。

① 外交途径：由该国驻华使馆将法律文书交外交部领事司转递给有关高级人民法院，再由该高级人民法院指定有关中级人民法院送达给当事人。当事人在所附送达回证上签字后，中级人民法院将送达回证退高级人民法院，再通过外交部领事司转退给对方；如未附送达回证，则由有关中级人民法院出具送达证明交有关高级人民法院，再通过外交部领事司转给对方。

② 委托送达法律文书须用委托书。委托书和所送达法律文书须有中文译本。

③ 法律文书的内容有损我国主权和安全的，予以驳回；如受送达人享有外交特权和豁免，一般不予送达；不属于我国法院职权范围或因地址不明或其他原因不能送达的，由有关高级人民法院提出处理意见或注明妨碍送达的原因，由外交部领事司向对方说明理由，予以退回。

（二）司法协助的种类

1. 一般司法协助

一般司法协助，即代为送达文书、调查取证和提供法律资料等行为。

外国驻中国使领馆可以向其本国公民送达文书和调查取证，但不得违反中国法

律，并不得采取强制措施。(《民事诉讼法》第 294 条第 2 款)

我国法院应外国法院的请求提供司法协助，依照中国法律规定的程序进行；外国法院请求采取特殊方式的，也可以按照其请求的特殊方式进行，但不得违反中国法律。(《民事诉讼法》第 296 条)

2. 特殊司法协助

特殊司法协助是指两国法院相互承认并执行对方法院的裁判和涉外仲裁机构裁决。

(1) 对我国法院作出的生效裁判：如果被执行人或者其财产不在我国领域内，当事人请求执行的，可以由当事人直接向有管辖权的外国法院申请承认和执行，也可以由法院依照我国缔结或者参加的国际条约规定，或者按照互惠原则，请求外国法院承认和执行。(《民事诉讼法》第 297 条)

(2) 对我国领域内依法作出的生效的仲裁裁决：当事人请求执行的，如果被执行人或者其财产不在我国领域内，当事人可以直接向有管辖权的外国法院申请承认和执行。(《民事诉讼法》第 297 条)

(3) 对外国法院裁判的承认和执行：可以由当事人直接向我国有管辖权的中级人民法院申请执行；也可以由外国法院按照我国与该国间的条约关系或互惠关系向我国法院申请。(《民事诉讼法》第 298 条)

(4) 对外国仲裁裁决的承认与执行：当事人可以直接向被执行人住所地或财产所在地的中级人民法院申请。被执行人住所地或者其财产不在中国领域内的，当事人可以向申请人住所地或者与裁决的纠纷有适当联系的地点的中级人民法院申请。人民法院按照缔结或参加的国际条约，或者互惠原则办理。(《民事诉讼法》第 304 条)

(5) 对申请或者请求承认和执行的外国法院作出的发生法律效力的判决、裁定，我国法院经审查，有下列情形之一的，裁定不予承认和执行。(《民事诉讼法》第 300 条)

① 依照本法第 301 条规定，外国法院对案件无管辖权；

② 被申请人未得到合法传唤或者虽经合法传唤但未获得合理的陈述、辩论机会，或者无诉讼行为能力的当事人未得到适当代理；

③ 判决、裁定是通过欺诈方式取得的；

④ 人民法院已对同一纠纷作出判决、裁定，或者已经承认第三国法院对同一纠纷作出的判决、裁定；

⑤ 违反中华人民共和国法律的基本原则或者损害国家主权、安全、社会公共利益。

其中，《民事诉讼法》第 301 条规定法院对以下情形之一的，应当认定该外国法院对案件无管辖权：外国法院依照其法律对案件没有管辖权，或者虽然依照其法律有管辖权但与案件所涉纠纷无适当联系；违反本法对专属管辖的规定；违反当事人排他性选择法院管辖的协议。

（6）当事人对承认和执行或者不予承认和执行的裁定不服的，可以自裁定送达之日起十日内向上一级法院申请复议。（《民事诉讼法》第304条）

 真题自测

1. H国星辉公司和中国A市的益华公司订立合同，约定合同纠纷由H国S市法院适用中国《民事诉讼法》解决。后双方达成补充协议，约定合同纠纷可以向H国S市法院诉讼外，还可向中国A市仲裁委员会申请仲裁，但须适用H国国际仲裁中心规则。后双方发生合同纠纷，根据我国相关法律和司法解释，关于该纠纷解决方式，下列判断正确的是？（2021，不定项）

A. 可由H国S市法院适用中国《民事诉讼法》解决

B. 可由H国S市法院适用H国民事诉讼规则解决

C. 可由中国A市仲裁委员会适用H国国际仲裁中心仲裁规则解决

D. 可由中国A市仲裁委员会适用自己的仲裁规则解决

答案：B。提示：涉外合同纠纷管辖。《民诉解释》第529条；《仲裁法解释》第7条。

2. Y国人朴某与中国人杨某在Y国诉讼离婚，杨某向中国某法院申请承认Y国法院的判决。中国和Y国之间没有关于法院判决承认和执行的双边协议，也没有相应的互惠关系，根据相关法律及司法解释，下列判断正确的是？（2020，不定项）

A. 法院应依两国既无双边协议也无互惠关系，拒绝承认Y国的离婚判决

B. 若Y国离婚判决是在朴某缺席且未得到合法传唤情况下作出的，法院应拒绝承认

C. 若法院已经受理了杨某的申请，朴某向法院起诉与杨某离婚的，法院应当受理

D. 若法院已经受理了杨某的申请，杨某不得撤回其申请

答案：B。提示：对外国法院作出的判决、裁定的承认与执行。《民事诉讼法》第298条；《关于中国公民申请承认外国法院离婚判决程序问题的规定》第19、第21条。

 案例讨论

住在北京市海淀区的中国公民张三和住在北京市东城区外国公民约翰因为一份合同纠纷，诉至北京市东城区法院，东城区法院经过审理后作出一审判决。当事人

不服，提起上诉，北京市第二中级人民法院作出终审判决后，张三欲请求约翰所在国家的法院承认和执行该判决。请分析：

（1）约翰能否委托其哥哥琼斯（美国人）担任代理人？为什么？

（2）本案中法院可否对双方当事人适用相同方式送达文书？为什么？

（3）本案中当事人对一审判决不服，上诉期是否相同？为什么？

（4）本案的审理是否受到一审、二审审限限制？为什么？

（5）如果本案法院经过调解达成调解协议的，可否申请法院根据调解协议制作判决书？为什么？

（6）本案张三可以通过何种方式请求约翰所在国家的法院承认和执行该判决？